大学赤本シリーズ

550

立命館大学
文系選択科目

〈全学統一方式〉

2 日程 ×

JN060898

教学社

は し が き

　おかげさまで，大学入試の「赤本」は，今年で創刊 70 周年を迎えました。

　これまで，入試問題や資料をご提供いただいた大学関係者各位，掲載許可をいただいた著作権者の皆様，各科目の解答や対策の執筆にあたられた先生方，そして，赤本を使用してくださったすべての読者の皆様に，厚く御礼を申し上げます。

　以下に，創刊初期の「赤本」のはしがきを引用します。これからも引き続き，受験生の目標の達成や，夢の実現を応援してまいります。

　本書を活用して，入試本番では持てる力を存分に発揮されることを心より願っています。

編者しるす

＊　　　＊　　　＊

　学問の塔にあこがれのまなざしをもって，それぞれの志望する大学の門をたたかんとしている受験生諸君！　人間として生まれてきた私たちは，自己の欲するままに，美しく，強く，そして何よりも人間らしく生きることをねがっている。しかし，一朝一夕にして，この純粋なのぞみが達せられることはない。私たちの行く手には，絶えずさまざまな試練がまちかまえている。この試練を克服していくところに，私たちのねがう真に人間的な世界がはじめて開かれてくるのである。

　人生最初の最大の試練として，諸君の眼前に大学入試がある。この大学入試は，精神的にも身体的にも，大きな苦痛を感ぜしめるであろう。あるスポーツに熟達するには，たゆみなき，はげしい練習を積み重ねることが必要であるように，私たちは，計画的・持続的な努力を払うことによって，この試練を克服し，次の一歩を踏みだすことができる。厳しい試練を経たのちに，はじめて満足すべき成果を獲得できるのである。

　本書は最近の入学試験の問題に，それぞれ解答を付し，さらに問題をふかく分析することによって，その大学独特の傾向や対策をさぐろうとした。本書を一般の参考書とあわせて使用し，まとはずれのない，効果的な受験勉強をされるよう期待したい。

（昭和 35 年版「赤本」はしがきより）

目 次

解答用紙は，赤本オンラインに掲載しています。
https://akahon.net/kkm/rit/index.html

※掲載内容は，予告なしに変更・中止する場合があります。

掲載内容についてのお断り

- 本書には，一般選抜全学統一方式 2 月 1 日，2 月 3 日実施分の「日本史」「世界史」「地理」「政治・経済」「文系数学」を掲載しています。
- 立命館大学の赤本には，ほかに下記があります。

『立命館大学（文系－全学統一方式・学部個別配点方式）／立命館アジア太平洋大学（前期方式・英語重視方式)』

『立命館大学（理系－全学統一方式・学部個別配点方式・理系型 3教科方式・薬学方式)』

『立命館大学（英語〈全学統一方式 3 日程× 3 カ年〉)』

『立命館大学（国語〈全学統一方式 3 日程× 3 カ年〉)』

『立命館大学（IR 方式〈英語資格試験利用型〉・共通テスト併用方式）／立命館アジア太平洋大学（共通テスト併用方式)』

『立命館大学（後期分割方式・「経営学部で学ぶ感性＋共通テスト」方式）／立命館アジア太平洋大学（後期方式)』

『立命館大の英語』（難関校過去問シリーズ）

TREND & STEPS

傾向 と 対策

　科目ごとに問題の「傾向」を分析し，具体的にどのような「対策」をすればよいか紹介しています。まずは出題内容をまとめた分析表を見て，試験の概要を把握しましょう。

━━━━━━━━━━ 注 意 ━━━━━━━━━━

　「傾向と対策」で示している，出題科目・出題範囲・試験時間等については，2024年度までに実施された入試の内容に基づいています。2025年度入試の選抜方法については，各大学が発表する学生募集要項を必ずご確認ください。

立命館大学の全学統一方式は
試験日が異なっても出題傾向に大きな差はないから
過去問をたくさん解いて傾向を知ることが合格への近道

　立命館大学の入試問題は，「同じ入試方式であれば，学部を問わず統一の出題形式・問題傾向（英語は全日程・全学部問題傾向が同じ）で，学部ごとの対策は不要」であると公式にアナウンスされています。また，同じ入試方式内であれば試験日が異なっても出題形式・問題傾向に大きな差はみられません。

　受験する日程にかかわらず多くの過去問にあたり，苦手科目を克服し，得意科目を大きく伸ばすことが，立命館大学の合格への近道と言えます。

── 立命館大学「全学統一方式」の赤本ラインナップ ─

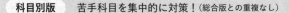

総合版　まずはこれで全体を把握！

✓ 『立命館大学（文系－全学統一方式・学部個別配点方式）／立命館アジア太平洋大学（前期方式・英語重視方式）』

✓ 『立命館大学（理系－全学統一方式・学部個別配点方式・理系型3教科方式・薬学方式）』

科目別版　苦手科目を集中的に対策！（総合版との重複なし）

✓ 『立命館大学（英語〈全学統一方式3日程×3カ年〉）』

✓ 『立命館大学（国語〈全学統一方式3日程×3カ年〉）』

✓ 『立命館大学（文系選択科目〈全学統一方式2日程×3カ年〉）』

難関校過去問シリーズ

最重要科目「英語」を出題形式別にとことん対策！

✓ 『立命館大の英語〔第10版〕』

日　本　史

年　度	番号	内　　容	形　式
2024	2月1日 〔1〕	律令国家形成期	記述・選択
	〔2〕	「新補地頭の設置」「御成敗式目」ほか−中世の武家法 ✅史料	選択・記述
	〔3〕	近世・近代の繊維業 ✅地図	記述・選択
	2月3日 〔1〕	原始の生業	記述・選択
	〔2〕	中世の院政	記述・選択
	〔3〕	近代の軍事	記述・選択
2023	2月1日 〔1〕	古代の東北地方	記述・選択
	〔2〕	「金剛三昧院文書」「建武以来追加」−中世の荘園経営 ✅史料	記述・選択
	〔3〕	近世・近代の宗教 ✅地図	記述・選択
	2月3日 〔1〕	古代の政争と争乱 ✅地図	選択・記述
	〔2〕	「大乗院日記目録」「薩戒記」「建内記」−中世・近世の一揆 ✅史料	記述・選択・配列
	〔3〕	近代の芸能・大衆文化	記述・選択
2022	2月1日 〔1〕	原始の墓制	記述・選択
	〔2〕	中世〜近世の町村自治	記述・選択・正誤
	〔3〕	近代歴史学の成立	記述・選択
	2月3日 〔1〕	「令義解」「類聚三代格」ほか−古代の制度改革 ✅史料	記述・選択
	〔2〕	戦後歴史学の登場	記述・選択
	〔3〕	明治政府と内閣制度 ✅史料	記述・選択

 史料・地図問題が頻出
文化史に注意

01　出題形式は？

　例年，大問3題で，解答個数50個，試験時間は80分。全体に占める記

述法の割合は，60〜70％で定着している。選択法は四者択一式であること
が多いが，2023年度2月3日実施分〔2〕では配列法，2022年度2月1日
実施分〔2〕では正誤法の出題もみられた。史料問題が頻出で，地図や視覚
資料の利用もある。地図については，2024年度2月1日実施分〔3〕で絹
織物などの産地の場所，2023年度2月1日実施分〔3〕でアジアの都市の
場所，2月3日実施分〔1〕で平城京図が問われた。なお，2022年度2月
3日実施分〔2〕では会話形式のリード文もみられた。

　なお，2025年度は出題科目が「日本史探究」となる予定である（本書
編集時点）。

02　出題内容はどうか？

　時代別では，原始〜現代まで全時代にわたって出題されている。おおよ
そ，原始・古代，中世・近世，近現代の区分で大問3題に割り当てられて
いることが多い。その中でも〔3〕は近現代からの出題が定番となっている
が，近世とあわせて構成されることもある。現代史からの出題は全体的に
少ないが，2022年度2月3日実施分〔2〕では中世を中心とする大問の中
で出題されたり，他日程では大問で出題されているので，注意が必要であ
る。さらに，原始〜古墳時代の出題が他の大学に比べて多いのも特徴であ
り，2024年度2月3日実施分〔1〕では大問で出題された。

　分野別では，文化史に注意しよう。例年出題され，その形式もさまざま
で，史料を利用した出題も多い。2023年度2月1日実施分〔3〕では近世・
近代の宗教が，2月3日実施分〔3〕では近代の芸能・大衆文化が，2022
年度では両日程とも歴史学に関する大問が出題された。なお，他日程には
視覚資料を利用したものもみられたので注意しよう。

　また，他日程では外交関係を機軸にした出題も目立っており，外交文書
を利用したものや史料問題が頻出しているだけに今後も注意が必要である。
なお，立命館大学創設に深く関わった西園寺公望もよく出題され，選択肢
に立命館大学関係者がみられるなど，立命館大学に関係する人物には今後
も注意が必要である。

　史料問題は，毎年いずれかの日程で出題されており，2024年度2月1
日実施分〔2〕，2022年度2月3日実施分〔1〕のように，リード文として

使用されることもある。2023年度2月3日実施分〔2〕では，史料の配列問題が出題された。立命館大学定番の史料中の空所補充は難問で，教科書などでよくみる史料でもよほど読み込んでいないと正答できないものが多いが，史料内容や設問文などにヒントが隠されていることもある。また，過去に出題されたものが再度出題されることも多い。

03 難易度は？

　教科書をベースに基礎的知識が問われている。一見難しいようでも，教科書で学習した内容が問われていることが多い。ただ，一部では詳細な知識が問われることもある。視覚資料や地図も使用され，また，受験生の敬遠しがちなテーマを出題するなど工夫が凝らされており，全体的にみて，難度の高い問題といえよう。史料の空所補充は基礎的知識で勝負できるものもあるが，その場合でも大半が記述式で，なかには史料文の読み取り能力や高度な漢字の書き取りを求められるものもあるので，高いレベルの学習が必要である。試験時間80分は妥当であるが，問題の難易を見極めて基礎的なものからスピーディーに解答し，難しい問題に十分な時間をかけられるよう時間配分を工夫しよう。

対 策

01 教科書・史料集の熟読で基礎的知識の確立を

　教科書学習を中心に基礎的知識の確立に努めてほしい。まずは，教科書の太字レベルの用語・人物を抽出し，その内容や背景，時代，関連人物・語句などをセットにして覚えよう。歴史的背景を理解するためには，太字前後の文章をしっかり読み込むことが大切である。また，用語の確認については，『日本史用語集』（山川出版社）などを利用するとよいだろう。『日本史用語集』の説明文が設問に使われている場合もある。細かい部分は問題演習に取り組みながらつけ足していけばよい。なお，漢字を正確に書く力が重視されているので，その練習もしておこう。

　また，教科書学習と並行して史料集にも目を通してほしい。教科書掲載の史料をはじめとして，『詳説　日本史史料集』（山川出版社）なども利用し，史料をしっかり読み込もう。その際，注釈などをチェックし，史料中のキーワードや人物，書かれた時代などを確認しておこう。さらに教科書の内容と照らし合わせる。そのようにして史料に慣れておけば，初見史料が出題されても対応できるようになる。さらに，可能ならばメインで使用している教科書以外の教科書にも目を通したい。複数の教科書を確認することで，難度の高い出題に対応できる。

02　地図・視覚資料などの利用

　地図や視覚資料などの出題では，総合的な歴史理解が試される。教科書学習の際は図説（『詳説　日本史図録』山川出版社など）を大いに利用すること。普段の学習から継続して使用し，記憶に残しておくことが大切である。なお，原始・古代の石器や土器などの遺物は頻出なので入念にチェックしておこう。

03　文化史の攻略

　頻出の文化史は受験生の苦手とするところだろう。教科書を熟読しながら作品・人物などをしっかり覚え，同時に美術作品などは図説を利用して，視覚的に覚えておきたい。また，政治史など他分野と関連させて出題されることも多いため，文化史と関連する分野の用語なども確認しておこう。そして，問題演習を通じて知識をアウトプットする練習を欠かさないことが大切である。

04　漢字の練習を欠かさない

　歴史的用語は漢字で書くことが原則である。学習に際してはとにかく書いて覚えるという習慣をつけておこう。

05　過去問に取り組もう

　出題形式・傾向・内容は，数年を通してみても一定している。本書を利用してできる限り多くの過去問に取り組んでおくこと。過去問を解いていくと，独自の出題傾向がわかり，出題内容の重複や類似問題が多いことにも気がつく。特に原始の石器，古墳時代，近現代の思想に関する設問などは繰り返し出題されている。なお，過去問に取り組む際に以下の事項に注意してほしい。

　　1．完答は望まず，まず6，7割以上の正答を目指そう。詳細な知識は後回しにして基礎的知識の定着をはかってほしい。
　　2．史料の空所補充が正答できなくても，空所部分をむやみに暗記するより，まず史料を読んで法令や事件・人物などを想起できるようにすること。そうすれば初見史料にあたったときにも落ち着いて解答できるはずである。
　　3．解答の際には本書の解説を熟読するとともに，学習の基盤にしている教科書・史料集を再チェックし，同時に『日本史用語集』（山川出版社）などで細部にも目を通したい。
　　4．時間のある限り何度も繰り返し，根気よく取り組んでほしい。設問部分だけでなくリード文も熟読しておけば，本番で必ず役立つはずである。

06　難問でも消去法で対処する

　たとえ難問でも，選択法の問題であれば基礎的知識を使って消去法で対処できるものが多い。学習する際も細かい用語に気をとられず，基礎的知識の確立に努めよう。

世　界　史

年　度	番号	内　容	形　式
2024	〔1〕	近代以前の東アジア世界	記　述
	〔2〕	プロレタリア文化大革命の影響	記　述
	〔3〕	セルジューク朝	記　述
	〔4〕	戦争の歴史とアメリカ合衆国	記　述
	〔1〕	インドの古典文明	記　述
	〔2〕	古代から現代までの中国史	記　述
	〔3〕	イングランドにおける王権と議会の関係	記　述
	〔4〕	歴代のアメリカ大統領と先住民　　　⦿視覚資料	記　述
2023	〔1〕	中国の少数民族	記　述
	〔2〕	明の朝貢一元体制の成立	記　述
	〔3〕	古代ギリシア史	記　述
	〔4〕	19〜20 世紀初めのアメリカ合衆国	記　述
	〔1〕	古代インドと仏教のアジア各地への広がり　⦿視覚資料・地図	記述・選択
	〔2〕	大航海時代と地球規模の経済システムの出現	記　述
	〔3〕	化石人類とラテンアメリカの文明	記　述
	〔4〕	近世〜現代におけるフランスの海外進出	記　述
2022	〔1〕	敦煌を拠点とした中国諸王朝による西域経営	記　述
	〔2〕	パンダ外交から見た近現代の中国	記　述
	〔3〕	オスマン帝国の版図の拡大	記述・選択
	〔4〕	独ソ戦を中心にした第二次世界大戦	記　述
	〔1〕	歴代の中国王朝による学問支配	記　述
	〔2〕	沖縄・台湾をめぐる海洋アジアの歴史	記　述
	〔3〕	ロンドン塔に残る歴史上の人物の痕跡　⦿視覚資料	記　述
	〔4〕	西欧諸国によるアメリカ大陸の植民地支配	記　述

中国史重視＋記述法中心で漢字記述がポイント
中国以外のアジア史も要注意！

01 出題形式は？

　例年，大問4題の出題で，解答個数50個，試験時間は80分。ほとんどの設問が記述法であるが，選択法がごく少数出題されることもある。空所補充と下線部に対する設問形式が中心である。

　なお，2025年度は出題科目が「世界史探究」となる予定である（本書編集時点）。

02 出題内容はどうか？

　地域別では，欧米地域2題，アジア地域2題の構成となることが多い。アジア地域では中国史が中心であるが，インドや西アジアからも大問が出題されているので，中国以外のアジア史も手が抜けない。ほとんどが記述法であるため，中国史の漢字記述がポイントであるが，中国以外の地域や国をおろそかにすると思わぬ失点をすることになる。欧米地域は，全体としては西欧やロシア・アメリカ合衆国といった主要国中心の問題となっている。

　時代別では，古代から現代まで幅広く出題されている。現代史からの出題もよくみられ，2024年度2月1日実施分では大問1題が20世紀からの出題であり，2022年度2月1日実施分では大問1題が20世紀からの，大問1題が20世紀中心の出題であった。なお，2023年度2月3日実施分〔3〕では先史時代からの出題がみられた。

　分野別では，政治史が中心ではあるが，文化史も重視されている。特に中国の文化史は頻出であるとともに難度も高いので，難しい人名や書名も正確な漢字で書けるようにしておきたい。さらに，社会史・経済史分野の視点からの小問も散見され，現代世界の用語が出題されたこともある。時事的な事項を理解しているかが問われる場合もあるので注意したい。

03 難易度は？

　標準的な問題が多く，欧米地域は教科書中心の学習で対応できる内容が多いが，問い方に工夫が凝らされているため，その点で難度の高い問題が散見される。アジア地域，特に中国史は，かなり深く細かい知識を問う問題がみられる。しかも記述法であるため正確な漢字表記が求められ，いっそう難度を高めている。大問4題で80分の試験時間であるから，各大問15分程度でひと通り解き，見直しの時間を十分に確保したい。特に，空所補充問題では空所の前後との対応にも気をつけて見直しをしたい。

対　策

01 教科書＋用語集で裏付けのある知識を

　中国史などで少なからず難問があるといっても，やはり大部分は教科書の範囲内から出題されており，まず教科書をくまなく熟読し，学習の手薄な時代や地域・分野をなくすように心がけたい。ただし，それだけでは不十分で，さらに一歩踏み込んだ学習が必要となるが，だからといって分厚い参考書を丸暗記しようなどと思ってはいけない。教科書を読みながら，あるいはその後問題演習などを行う場合も『世界史用語集』(山川出版社)などを常に利用して，教科書中の語句の意味を完全に理解しておきたい。また，歴史上重要な国・都市・地域などは必ず歴史地図で確認しておこう。

02 漢字は書いて覚える努力を

　選択法がごく少数みられるが，それ以外は例年，全問記述法である。2024年度出題の「溥儀」「林彪」，2023年度出題の「新疆」，2022年度出題の「董仲舒」「澎湖(諸島)」などの漢字を正確に書けるだろうか。このような中国史などに出てくる難しい人名・書名・地名・制度名などは，書いて覚える地道な努力を積み重ねてほしい。これが着実に得点を伸ばすことにつながる。

03　近現代史の徹底理解

　近現代史については，アヘン戦争以後の中国史は流れも複雑で覚えるべき事項も多い。特に辛亥革命から日中戦争にかけては難しいし，中華人民共和国の歴史も出題されるので，こうした中国近現代史は参考書を読んで理解を深めておくのもよいだろう。欧米地域では第二次世界大戦後の冷戦とその終結，ヨーロッパ統合，民族問題などのテーマに沿って出題されることが多いので，『体系世界史』（教学社）など，テーマ別の問題集などで演習するのもよい方法である。また，ここ数年の間に起きた事件も取り上げられることがあるため，新聞の社説などを読んで現在起きている諸事件の背景を理解しておくことが必要だろう。

04　テーマ史学習も必要

　第二次世界大戦後まで学習し終わったら，一度テーマ史学習に挑戦してほしい。中国北方民族史や土地制度・税制などの制度史などが代表的なテーマだが，文化史のテーマ学習も重要である。儒学史・道教史・仏教史・文学史・史学史・絵画書道史などで，各時代ごとの文化とともにこれらのテーマを自分で縦に整理してみると理解も深まるし，実際にそういった形で出題されることも多い。

05　過去問の研究

　早い時期に過去の問題を演習し，出題形式やそのレベルに慣れておこう。また，難問といえるものも，過去に出題されたものと一部重複している場合があるので，過去問の研究の際に疑問点を残さないように努めてほしい。

地 理

年　度	番号	内　容	形　式
2024	2月1日 〔1〕	山口県美祢市の地形図読図　　　　**☑地形図・視覚資料**	記述・選択・論述・正誤
	〔2〕	ドイツの自然・産業・国際的な移動　　**☑地図・統計表**	記述・選択
	〔3〕	世界の食料問題　　　　　　　　　　　　　**☑統計表**	記述・計算・選択
	2月3日 〔1〕	日本の領土・領海　　　　　　　　　　　　　**☑地図**	記述・選択・計算
	〔2〕	オーストラリアの地誌　　　　　　　**☑地図・統計表**	記述・選択
	〔3〕	マレーシアの産業と社会・文化	記述・選択
2023	2月1日 〔1〕	新潟県胎内市の地形図読図　　　　　　　　**☑地形図**	記述・論述・計算・正誤
	〔2〕	世界の河川　　　　　　　　　　　　　　　　**☑地図**	記　　　述
	〔3〕	経度と緯度	計算・記述・選択・正誤
	2月3日 〔1〕	静岡県浜松市天竜川下流付近の地形図読図　**☑地形図**	記述・論述・計算・正誤
	〔2〕	南アジアの地誌　　　　　　　　　　**☑地図・統計表**	記述・選択
	〔3〕	世界の食料	記述・正誤
2022	2月1日 〔1〕	北海道稚内市の地形図読図　　　　　　　　**☑地形図**	記述・計算・選択・論述・正誤
	〔2〕	アフリカの地形・気候・農業　　　　**☑地図・統計表**	記述・選択
	〔3〕	世界の島嶼国	記述・選択
	2月3日 〔1〕	メッシュマップから見る世界の人口・標高・気候　　　**☑統計地図・地図・グラフ**	計算・記述・選択
	〔2〕	ヨーロッパ連合の成立と拡大　　　　　**☑年表・地図**	記述・選択
	〔3〕	世界の経済格差と開発途上国への援助　　　　**☑年表**	記述・選択

基本事項の徹底と知識の豊かさを
地形図の読図練習と地誌のまとめも大切

01　出題形式は？

　例年，大問3題で，それぞれが多くの小問に分かれている。小問の形式はリード文の空所補充と，下線部に関連した事項についての設問が中心である。いずれの大問も，設問の多くは記述法と選択法で構成されるが，短文の論述法や，正誤法，計算法などが出題されることもある。年度によっては正誤法と選択法を組み合わせる形式もみられ，思考力が試されるので注意を要する。地形図のほか，統計表，グラフ，地図，統計地図などの資料類を使った問題も目立っている。試験時間は80分。

　なお，2025年度は出題科目が「地理総合，地理探究」となる予定である（本書編集時点）。

02　出題内容はどうか？

　第1の特徴は，地誌問題が比較的多いことである。特にアジア，ヨーロッパ，南北アメリカの割合が高い。いずれも，自然環境，国名や地名，産業を中心としながら，関連事項を含めて多角的に各地の特色を問う総合問題である。そのなかで，2022年度2月1日実施分の世界の島嶼国のように，あるテーマに沿って地誌的内容が出題されることもある。また，EU（ヨーロッパ連合），ASEAN（東南アジア諸国連合）のように，地域連合（国家群）を題材とした出題もみられる。地図が出されていなくても，地図による理解の必要な問題が多い。

　第2の特徴として，自然環境・産業活動，国家，それに人口・集落などといった系統地理の問題が目立つことがあげられる。それらの多くは地理事象の特色を問う内容であるが，なかには詳細な用語や時事的な動きも含まれるほか，統計数値と結びつけたり，関連する事項や地名が出されて総合問題になったりと思考力が必要な場合も少なくない。

　第3の特徴としては，現代の社会的関心事についての問題がみられることである。環境問題，資源問題，人口問題，国家間の関係などがそれにあ

たり，この場合，やや詳細な統計資料を用いる問題もみられる。ほかに情報化と地域の関わり，消費活動や衣食住など生活文化に関することがらが出題されることもある。

　最後に，地図を利用した問題や地図に関する問題が目立つことをあげておく。その一つは地形図の読図問題で，地理的思考力を問うねらいから立命館大学では長く重視されてきたので，出題傾向の一つとして注意しておく必要がある。近年は地図の作成や利用に関係した問題もみられ，統計や地理事象の地図的処理である GIS（地理情報システム）も取り上げられている。

03 難易度は？

　全体として，高校地理の学習内容に準拠した標準程度の問題である。地理の基本事項をもとに応用力を働かせれば十分に対応できる内容とはいえ，問われている内容を読み違えやすい設問もあることから思考のポイントを間違えないことが大切である。標準の設問のなかに難問が混在するのでケアレスミスをしないことも重要。試験時間 80 分で大問 3 題であるから，難易度を見定めて時間配分しつつ，1 題あたり 20 分程度で解いてしっかり見直しをするようにしたい。

対 策

01 基本事項の完全な理解

　問題の多くは高校地理の基本事項に関するものなので，まずは教科書を読みこなし，内容を完全に理解することが必要である。特に地理用語と地名を知ることが大切で，『地理用語集』（山川出版社）や地図帳を十分に活用した学習が望まれる。その上で，『新詳地理資料 COMPLETE』（帝国書院）のような副読本により知識の幅を広げておきたい。

02　地理的思考力をつける

　いくつかの基本事項をもとに，地理的な思考をすることで解答がわかる問題も少なくない。複数の地理事象の関連を考えたり，事象を総合して地域の特色を判断したりする能力を養っておきたい。普段の学習時から，事象の仕組みや理由，背景を意識することに加え，過去問などを利用した問題演習を通じて，各事象についての知識・理解をどう問題に応用するのか，実戦の中で体得することが重要である。

03　自然地理を土台に産業の学習を

　出題頻度からは，農牧林業・鉱工業など産業関係に特に注目してほしいが，国家の領土や国家群といった時事的な諸問題も重要である。また土壌や気候についての出題も多く，自然地理分野の理解も必須である。産業や人口，都市・居住問題のいずれにおいても自然地理が土台にある上，頻出の地誌問題においても地形や気候など自然地理が必出の内容であり，きわめて重要であるといえる。環境問題，食料・資源問題，人口問題，情報化，ヒトやモノの移動のような現代的課題についても，しっかりと理解を深めておこう。消費活動や衣食住などの生活文化も要注意。

04　世界地誌のまとめは必須

　系統的内容を地域別にまとめ，地誌としての学習をしっかりしておいてほしい。特にアジア・ヨーロッパ・南北アメリカが重要であるが，オセアニアなどのほかの地域についても手を抜かないようにしたい。大陸別や国別のほか，海域や経済圏といった地域単元ごとに，山脈・河川・島嶼などの地名，国・州・主要都市，各種の地理事象，関連事項を必ず地図上での位置とあわせて整理しておこう。関係の深い国・都市・地域に関して，共通点や相違点をまとめてみる学習も必要である。

05　地図帳と統計書に親しむ

　地名の位置や事象の分布がわからないと答えられない問題も多い。学習に際しては，必ず地図帳によって位置や分布などをこまめに確認しておこう。統計については，統計表，グラフ，統計地図などが頻出のほか，数的理解の必要な問題も出されることから，よく引用される『日本国勢図会』『世界国勢図会』（いずれも矢野恒太記念会）や『データブック オブ・ザ・ワールド』（二宮書店）の活用が望まれる。基本的な統計は各分野の学習とあわせてあらかじめ理解しておき，細かい統計は問題演習を通じてその都度確認するとよい。

06　地形図や地図に強くなる

　地形図の読図問題への備えも必須である。縮尺・等高線・地図記号といった地形図そのものの知識はもとより，地形や土地利用の判定，地域の暮らしとその変化など，かなり高度な読図力が求められることもあるので，読図練習を積み重ねておこう。地形図に関連して，地域調査も気をつけておいてほしい。地図に関しては，各種図法のほかコンピュータマップなど新しい地図への理解も欠かせない。

07　論述問題への対策も

　短文の論述問題が出題されることもあるので，20〜50字くらいで地理用語の説明をしたり，地理事象の背景や地域の特色，図表から読み取った内容をまとめてみることなどが望まれる。特に近年は事象の理由や変化を問う問題が多いため，普段の学習時からそうした点を意識して対策しておきたい。また，実際の問題考察にあたっては，「何が問われているのか」（理由・変化など）を確実に把握し，求められている要素を的確に論じることが重要である。過去問を中心に論述に取り組む機会を確保するとともに，地理の先生などから添削指導を受けるとよいだろう。

政治・経済

年　度	番号	内　容	形　式
2024	2月1日 〔1〕	日本の社会保障	記述・選択
	〔2〕	公害と環境問題	記述・選択
	〔3〕	社会主義の歴史	記述・選択
	2月3日 〔1〕	世界の政治体制	記述・選択
	〔2〕	国際貿易理論と経済のグローバル化	記述・選択・計算
	〔3〕	消費者問題	記述・選択
2023	2月1日 〔1〕	民主政治と人権保障の発展	記述・選択
	〔2〕	国民所得と経済成長	記述・選択・計算
	〔3〕	経済協力と人間開発の課題	記述・選択
	2月3日 〔1〕	選挙制度の歴史と課題	記述・選択
	〔2〕	国際貿易体制	記述・選択
	〔3〕	日本の社会保障制度	記述・選択
2022	2月1日 〔1〕	55年体制以降の日本政治史	選択・記述
	〔2〕	戦後の日本経済史　　　　　　⊘グラフ	記述・選択
	〔3〕	主な経済学者と経済学説　　　⊘年表	記述・選択
	2月3日 〔1〕	日本国憲法の制定過程と基本原則	選択・記述
	〔2〕	1980年代以降の日本経済と国際経済	記述・選択・配列
	〔3〕	株式会社と中小企業	記述・正誤・選択

傾　向　基本事項の知識問題が中心
教科書中心の学習が不可欠

01　出題形式は？

　大問3題の構成となっている。解答個数は40個程度で，試験時間は80分。記述法と選択法で答える形式が主であるが，これらに配列法，計算法

や正誤法が加わったり，記述法の形式のみの大問もみられる。多くの大問では，リード文中の空所補充と関連事項の設問に答える形式で出題されている。記述法では，アルファベットやカタカナ，漢字，字数などの指定がある場合が多い。

02 　出題内容はどうか？

　政治・経済の全範囲から幅広く出題されている。社会保障や環境，消費者問題といった身近なテーマや，国際政治・国際貿易といった国際分野からの出題も多い。総合問題が出題されることもあるものの，多くの大問はテーマを絞ったオーソドックスな内容で，空所補充問題ではその大半が教科書に準拠した基本事項を問うものである。しかし，なかには統計数値や時事問題，判例，あるいは法律名や制度の名称，その成立・導入年度を問うなど詳細な知識を要する問題も出題されている。また，法律や条約の成立順について問う問題も出題されている。

03 　難易度は？

　多くの問題は，教科書の基本事項の知識や理解を問う内容である。空所補充の記述法では使用語句・字数指定のある問題も多い。時事的内容を問う問題や統計データに基づく問題ではやや詳細な知識を必要とするものもみられるが，全体としては教科書に準拠した標準的なレベルである。問題量に対して試験時間80分は十分に余裕があると思われるので，ひと通り解答した後は見直しをしっかりとしておきたい。

対　策

01　基本事項の正確な知識・理解

　全分野を網羅的に学習しておく必要がある。空所補充問題に対応するために，教科書を丁寧に読み，重要事項を理解していく学習が効果的である。対策には，『共通テスト　公共，政治・経済集中講義』（旺文社）といった基本事項を整理した参考書や『政治・経済資料』（とうほう）のような資料集が役に立つ。また単に重要語句を暗記するのではなく，文脈の中で理解していくよう心がけよう。

02　用語集を活用しよう

　用語集があると，教科書や参考書の理解がより一層深まる。『用語集　公共＋政治・経済』（清水書院）のような用語集には重要語句の解説が簡潔に書かれている。これらの解説を読んでそれぞれの語句の意味を理解しよう。また，その理解を確認するために，『現代用語の基礎知識』（自由国民社）などの現代用語辞典も利用すれば，なおよいだろう。

03　日本国憲法の条文や重要判例に関する理解

　日本国憲法の文言が空所補充となったり，重要判例の内容に関して正誤問題が出題されたりする場合がある。日頃から教科書の巻末などに掲載されている日本国憲法の条文や重要判例を読んで理解を深めておこう。

04　資料集・新聞・インターネットを活用しよう

　資料集に掲載されているようなグラフや表が出題されるケースもみられる。資料集や新聞，インターネットなどのツールを活用して，時事的な内容に関する理解を深めておこう。またそれらのツールに掲載されている統計データにも目を通してほしい。例えば，各国のGDP（国内総生産）の

規模や経済成長率，さらには合計特殊出生率や国民負担率の推移など，比較的出題されやすいものには注意しておきたい。こうしたデータの確認によって，教科書や参考書の理解がより一層深まる。

05 　演習力や実戦力の向上

　学習した事柄が知識として定着しているかどうかを確認するために，知識のアウトプット，すなわち演習を繰り返しておこう。教科書に準拠したオーソドックスな問題が数多く出題されるため，問題集や過去問を数多く解くことがさらなる得点力のアップにつながる。また，政治・経済の全範囲から幅広く出題されるので，どの分野もくまなく知識を整理しておこう。

数　学

年　度	番号	項　目	内　容
2024	〔1〕	小 問 3 問	(1)必要条件・十分条件に関する問題　(2)放物線上の点などによる図形　(3)三角関数の連立方程式と4次方程式
2月1日	〔2〕	数　　列	単利計算と複利計算，等差数列と等比数列の和，目標額を貯蓄するのに必要な条件
	〔3〕	場合の数・確率	7つの部分の塗り分け方の場合の数，カードに従ったときに塗り分けられる確率
2月3日	〔1〕	小 問 3 問	(1)平面ベクトルに関する問題　(2) 2024 に関する整数問題　(3) 2次方程式の解の配置
	〔2〕	確　　率	確率の和の法則・積の法則，条件付き確率
	〔3〕	微・積分法	関数の決定，接するための条件，囲まれた部分の面積，定積分を含む関数，平行移動
2023	〔1〕	小 問 3 問	(1)カードを取り出したときの得点に関する確率　(2)数列の一般項およびそれらの和　(3)放物線と直線により囲まれた部分の面積の最小値
2月1日	〔2〕	指数・対数関数	1次不等式，対数不等式，累乗の桁数および最高位の数字
	〔3〕	図形と方程式	外接する2円，共通接線の方程式
2月3日	〔1〕	小 問 3 問	(1) 17 の倍数の判定法　(2)経路に関する確率　(3)複素数の実部・虚部に関する漸化式
	〔2〕	データの分析	データの整理，平均値，四分位偏差，分散・共分散，相関係数，データの変更
	〔3〕	微・積分法	接点の座標，積分法，4次関数，微分法
2022	〔1〕	小 問 3 問	(1)対数不等式　(2)放物線への2接線が垂直に交わるための条件　(3)2つのデータの平均値・四分位数・分散・標準偏差・相関係数
2月1日	〔2〕	数　　列	等比数列および一般項，隣接2項間漸化式，対数を含む不等式
	〔3〕	場 合 の 数	数字を並べる順列
2月3日	〔1〕	小 問 3 問	(1)さいころの確率　(2)隣接2項間漸化式　(3)円と直線が接するための条件，2接点を結ぶ直線の方程式
	〔2〕	データの分析	データの整理，平均値，中央値，四分位範囲，標準偏差，データの変更
	〔3〕	微・積分法	1次関数，2次関数，3次関数，グラフで囲まれた部分の面積が等しくなる条件　⊘証明

出題範囲の変更

　2025 年度入試より，数学は新教育課程での実施となります。詳細については，大学から発表される募集要項等で必ずご確認ください（以下は本書編集時点の情報）。

2024 年度（旧教育課程）	2025 年度（新教育課程）
数学 I・II・A・B（数列，ベクトル）	数学 I・II・A・B（数列）・C（ベクトル）

旧教育課程履修者への経過措置

　旧教育課程履修者が不利にならないように配慮した出題を行う。

 傾　向　広範囲から出題，計算力と思考力の養成を

01　出題形式は？

　出題数は例年大問 3 題。2 題は空所補充問題で 1 題は記述式となっている。試験時間は 80 分で，解答用紙は B 4 判 1 枚の表に空所補充問題 2 題，裏に記述式 1 題となっており，記述式の解答欄は適切なスペースである。

02　出題内容はどうか？

　年度と日程を通してみると，広範囲にわたって出題がなされている。〔1〕はまったく内容の異なる小問 3 問からなる。〔2〕は実用的・応用的な設定の問題が出題されている。丁寧に誘導されているので難しくはないが，文章量が多く，読み取りに時間がかかる。〔3〕は記述式で，答えに至る過程の記述も求められている。2022 年度には証明問題もみられた。

03　難易度は？

　全体的に基本ないし標準問題が中心である。ただし，計算力が試される問題も出題されるので準備しておきたい。3 題で試験時間 80 分であるが，問題量が多いので，空所補充形式の 2 題を手際よく解くことがポイントである。

対　策

01　基礎力を身につける

　基本的・標準的な事項を組み合わせて解いていく問題が多いので，基礎力を十分に養っておくことが重要である。まず，教科書の内容をしっかり学習し，公式や定理は証明もできるように正しく理解すること。

02　空所補充に慣れる

　空所補充の問題では，ケアレスミスは許されない。問題文をよく読んで，何を答えるべきかを理解し，速く正確な計算ができることが大切である。わかりやすい図やグラフを描くことにより，目標がみえてくることが多いので，日頃から空所補充の問題を演習して慣れておくとよい。ただし，空所補充とはいっても内容的には記述式レベルのものもあるので注意しておきたい。

03　文章量の多い問題に慣れる

　例年，〔2〕は実用的・応用的な設定の問題で，文章量が非常に多く，読み取りに時間がかかる。普段から長い文章問題に取り組み，解答に必要な情報を読み取るスピードを上げておきたい。

04　応用力をつける

　文系としてはレベルが高いものも出題されているので，受験用参考書・問題集を用いて十分練習を積み，さまざまな解法を学び，計算力・応用力をつけておきたい。また，毎年小問集合などで幅広く出題されているので，各分野を満遍なく学習し，苦手分野をなくしておきたい。

05　答案作成の練習

　記述式の問題ではきちんとした答案が書けていないと，たとえ答えが合っていても減点されることもある。論理的に正しく飛躍のない答案をきちんと作成できるように練習しておきたい。採点者にわかるよう簡潔に，読みやすい字で書き，自己満足で終わる答案にならないように心がけること。

2024年度

年度

問題と解答

2月1日実施分 　問題 日本史

（80分）

Ⅰ 次の文章を読み，空欄 A ～ J にもっとも適切な語句・数字などを記入し，かつ（a）～（e）の問いに答えよ。

　589年，南朝の陳を滅ぼした隋が中国を統一した。しかし，大運河の築造や外征①の失敗によって疲弊し，618年に唐によって滅ぼされた。唐は，朝鮮半島にあった国の一つ， A と連合し，660年に百済を滅ぼし，668年には百済と同盟関係にあった B も滅ぼした。滅ぼされた百済の遺臣は，日本（倭）に亡命して，大和政権に対して百済復興の支援を求めた。当時即位していた C 天皇は中大兄皇子とともに，九州に遠征して，さらに軍勢を朝鮮半島に派遣したが， D の戦いで唐と A の連合軍に敗れ，百済の復興はかなうことはなかった。

　日本では， D での敗戦を受け，大陸からの攻撃に備えた防衛政策が急ピッチですすめられた。大宰府周辺をはじめとする畿内より西方の各地に山城が数多く②　　　　　　　　　　　　　　　　　　　　　　　　　　③築かれるとともに， E や烽が置かれた。 E は，主に東国の若い男子が徴発される場合が多く，『 F 』には，彼らが詠んだとする家族や恋人，故郷を想う歌がいくつも載せられている。

　さらに中大兄皇子は，防衛政策の一環で，667年には，海岸から遠く離れた G 宮に都を遷している。中大兄皇子は， C 天皇が661年に死去した後も即位せずに政治を執り行なった。④

　そののち中大兄皇子は即位して天智天皇となり， H 年には，近江令を制定したとされるなど，中国に倣った国家の基礎づくりに邁進した。

　天智天皇の死後，その後継をめぐって，天智天皇の子である I 皇子と天智天皇の弟で出家していた大海人皇子との間で戦いが起こった。戦いに勝利した大海人皇子は，翌年， J 宮にて即位し，天武天皇となる。天智天皇が構想した古代国家の構築は，天武天皇，さらには持統天皇の手に委ねられていくこととなる。⑤

（a）　下線部①に関して，この大運河が完成した時の中国の皇帝は誰か。漢字2文字で答えよ。

（b）　下線部②に関して，古代における大宰府の役割について，**誤っているもの**はどれか。下から一つ選び，記号で答えよ。

　　　あ　九州（西海道）の統治

　　　い　中国・朝鮮半島からの防衛

　　　う　九州（西海道）の僧尼への授戒

　　　え　外交使節の接待・饗応

（c）　下線部③に関して，大宰府周辺に築かれた防塁や山城の組み合わせとして，もっとも適切なものを下から一つ選び，記号で答えよ。

　　　あ　水城・高安城・屋嶋城　　　　　　　い　水城・金田城・鞠智城

　　　う　水城・大野城・基肄城　　　　　　　え　水城・大野城・鬼ノ城

（d）　下線部④に関して，このように天皇が空位のまま，天皇に準ずる立場にある者が政治を執り行なうことを何というか。もっとも適切なものを下から一つ選び，記号で答えよ。

　　　あ　摂政　　　　　　い　治天　　　　　　う　重祚　　　　　　え　称制

（e）　下線部⑤に関して，持統天皇の在位中に完成した藤原京は，中国の都城にならい東西・南北方向の大路や小路によって碁盤の目状に土地を区画して整備がなされた。このような制度を何というか。漢字3文字で答えよ。

Ⅱ　次の武家法に関する〔1〕～〔5〕の史料を読み，（ａ）～（ｏ）の問いに答えよ。なお，史料は読みやすく改めてあるところがある。

〔1〕　<u>去々年</u>の兵乱以後，諸国の庄園郷保に補せらるる所の地頭，沙汰の条々
　　　①
　　　一　得分の事

　　　　右，<u>宣旨の状</u>の如くば，仮令，田畠各拾一町の内，十町は領家国司の分，一丁
　　　　　②
　　　　は地頭の分，広博狭小を嫌はず，此の率法を以て免給の上，加徴は段別に五升
　　　　を充て行はるべしと云々。（中略）加之，　Ａ　の中，本司の跡，得分尋常
　　　　の地に至っては，又以て成敗に及ばず。

〔2〕　一　国司・領家の成敗は関東御口入に及ばざる事

　　　　右，国衙・庄園・神社・仏寺領，本所の進止たり。沙汰出来においては，いま
　　　　さら御口入に及ばず。もし申す旨ありといへども敢て叙用されず。次に，本所
　　　　の挙状を帯びず　Ｂ　致す事，諸国庄公ならびに神社・仏寺は本所の挙状を
　　　　もって訴訟を経べきの処，その状を帯びずばすでに道理に背くか。自今以後，
　　　　成敗に及ばず。

〔3〕　さてこの式目をつくられ候事は，なにを本説として注載せらるるの由，人
　　　さだめて謗難を加ふる事候か。ま事にさせる本文にすがりたる事候はねども，
　　　たゞどうりのおすところを記され候もの也。（中略）この式目は，只かなをし
　　　れる物の世間におほく候ごとく，あまねく人に心へやすからせむために，武家
　　　の人へのはからひのためばかりに候。これによりて京都の御沙汰，　Ｃ　の
　　　おきて聊もあらたまるべきにあらず候也。

〔4〕　関東御事書の法
　　　一　質券売買地の事（中略）

　　　　右，地頭御家人買得の地に於いては，本条を守り，　Ｄ　箇年を過ぐるは，
　　　　本主取り返すに及ばず。非御家人并びに　Ｅ　の輩買得の地に至りては，年
　　　　紀の遠近を謂はず，本主これを取り返すべし。

〔5〕　一　寺社本所領の事（中略）

　　次に近江・美濃・　F　三ヶ国の本所領半分の事，兵粮料所として，<u>当年</u>
③
一作，軍勢に預け置くべきの由，守護人等に相触れ訖んぬ。半分に於いては，
宜しく本所に分かち渡すべし。若し預人事を左右に寄せ，去渡さざれば，一円
に本所に返付すべし。

（a）　下線部①に関して，該当する年を下から一つ選び，記号で答えよ。
　　　　　㋐　1213年　　　　㋑　1221年　　　　㋒　1232年　　　　㋓　1247年
（b）　下線部②について，この法令は朝廷からの命令を幕府が周知する形で出
　　　されている。この時の天皇は誰か。もっとも適切なものを下から一つ選び，
　　　記号で答えよ。
　　　　　㋐　高倉　　　　㋑　後高倉　　　　㋒　堀河　　　　㋓　後堀河
（c）　空欄　A　に入るもっとも適切な語句を漢字2文字で答えよ。
（d）　〔1〕の法令が出されてから〔2〕の法令が出される間に設置された，
　　　三浦氏ら有力御家人や大江氏ら文筆官僚から選ばれ，幕府の重要政務を審
　　　議した役職を何と言うか。
（e）　〔2〕について，この法令に関する説明として，もっとも適切なものを
　　　下から一つ選び，記号で答えよ。
　　　　　㋐　今後，あらゆる訴訟において，幕府の判決は本所の判決に優越する。
　　　　　㋑　今後，あらゆる訴訟において，本所の判決は幕府の判決に優越する。
　　　　　㋒　今後，本所が支配する対象について，訴訟は幕府が取り扱う。
　　　　　㋓　今後，本所が支配する対象について，訴訟は幕府では取り扱わない。
（f）　空欄　B　に入るもっとも適切な語句を下から一つ選び，記号で答え
　　　よ。
　　　　　㋐　強訴　　　　㋑　国訴　　　　㋒　越訴　　　　㋓　雑訴
（g）　〔3〕を書いた人物の叔父で，初代の連署となったのは誰か。
（h）　〔3〕が掲載されている式目の注釈書を著した人物は誰か。もっとも適
　　　切なものを下から一つ選び，記号で答えよ。
　　　　　㋐　慈円　　　　㋑　唯浄　　　　㋒　是円　　　　㋓　玄恵
（i）　空欄　C　に入るもっとも適切な語句を答えよ。

（ j ）〔4〕について，この法令が出されたときの執権は誰か。

（ k ）空欄 D には数字が入る。**算用数字**で答えよ。

（ l ）空欄 E には，侍身分ではない一般庶民を指す言葉が入る。もっと
　　　も適切な語句を下から一つ選び，記号で答えよ。

　　　　あ　凡下　　　　　い　土民　　　　　う　雑色　　　　　え　奉公人

（ m ）〔5〕について，この法令に関する説明として，もっとも適切なものを
　　　下から一つ選び，記号で答えよ。

　　　　あ　当年に限り，本所領半分の年貢について，兵粮料所として守護が納入
　　　　　を請け負った。

　　　　い　当年に限り，本所領半分の年貢について，兵粮料所として守護に与え
　　　　　られた。

　　　　う　当年に限り，本所領半分の土地について，兵粮料所として守護の軍勢
　　　　　動員が認められた。

　　　　え　当年に限り，本所領半分の土地について，兵粮料所として守護の所領
　　　　　となった。

（ n ）空欄 F に入る旧国名としてもっとも適切な語句を答えよ。

（ o ）下線部③に関して，該当する年を下から一つ選び，記号で答えよ。

　　　　あ　1324年　　　　い　1336年　　　　う　1352年　　　　え　1378年

Ⅲ　次の文章〔1〕・〔2〕を読み，空欄 | A | 〜 | N | にもっとも適切な語句を記
入し，かつ（a）〜（f）の問いに答えよ。

〔1〕　江戸時代，各地の城下町・宿場町が発展するが，その要として，江戸・
| A | ・京都の三都が大きな役割を果たした。江戸幕府は朝廷の権威を利用
するため，京都の支配を重視した。京都には呉服屋・両替商などの大商人の本
拠地が多く存在し，高度な技術を用いた手工業生産が発達していた。

　応仁の乱で京都にいた織物職人たちは四散したが，乱後，西軍の諸将を率い
た大名 | B | が本陣を置いた場所で，織物業を再開した。そのため，この織
物は | C | と呼ばれ，現在も高級織物として知られている。

　近世の初頭まで，織物の原料として中国産の | D | が輸入されており，オ
ランダ船による輸入品にもそれが含まれていた。17世紀後半には絹消費量が増
加し輸入量が膨大になったため，国産化を奨励した。それを受け，18世紀以降，
各地で養蚕が盛んとなった。近世後半までには国産 | D | の生産量が多くな
り，桐生・足利でも絹織物が生産されるようになった。
　　　　①　　②

　幕末の開港を契機として | D | ・茶・ | E | ・海産物などが輸出された。
| E | は「たねがみ」とも言われた紙である。当時，ヨーロッパでは蚕の伝
染病のために養蚕が低迷しており，これらは重宝された。海外からは毛織物や
綿織物などが輸入された。

　殖産興業を目指した明治政府は，長崎造船所，千住製絨所， | F | などの
「 | G | 」と呼ばれる工場を設け，西洋の先進技術の導入と普及をはかった。
| F | はその後，民間に払い下げられ，2014年には，「 | F | と絹産業遺産
群」として | H | に登録された。

（a）　下線部①に関して，その場所を下の地図上から一つ選び，記号で答えよ。
（b）　下線部②に関して，その場所を下の地図上から一つ選び，記号で答えよ。

〔2〕　幕末以降，開国によって，国産　D　の輸出が急激に増大し，国産絹糸の

生産も増加した。その一方で安価な綿製品が輸入されたため，国産綿花の生産

や綿糸・綿織物の生産は一時的に衰えた。しかし，安価な輸入綿糸を原料とし，

手織機に横糸（緯糸）をすばやく通す　I　を導入するなどしたため，綿織

物業は回復しはじめた。1882年に渋沢栄一らが設立し，翌年操業を開始した

J　は，輸入した紡績機械を採用し，大規模に蒸気機関を用いた。これを

契機に各地に大規模な機械制生産による紡績工場が設立されていった。その結

果，1890年には綿糸の生産量が輸入量を上回り，1897年には綿糸の輸出量が輸

入量を上回った。また輸入した大型力織機や，　K　が考案した国産力織機

の普及などによって綿織物の生産力が上がり，1909年には綿布輸出額が輸入額

を越えた。

　　1900年には，工場労働者総数約39万人のうち，繊維産業の従事者が約24万人

と過半数を占めた。しかも，そのうち，88％が女性であった。この女性たちは

「女工」や「工女」と呼ばれ，近代日本の成長を支えたが，　L　が執筆し

た『あゝ野麦峠』や　M　が執筆した『日本之下層社会』などに記述されて
　　　　　　③　　　　　　　　　　　　　　　　④

いるように，極めて過酷な条件のもとで労働に従事させられていた。

　　　日清・日露戦争を経て朝鮮半島や中国大陸への綿糸・綿布の輸出が拡大した。繊維産業に限ることではないが，植民地の市場は日本の近代化に大きな役割を果たした。その反面，過酷な労働条件が社会問題を発生させ，ストライキが頻
発した。1897年には高野房太郎が職工義友会を結成し，その指導により各地に労働組合が結成されるようになった。職工義友会は，同年7月には　Ｎ　に
改組された。

（ c ）　空欄　Ｊ　が導入した紡績機械はどの国から輸入したものか。もっと
　　も適切な国名を下から一つ選び，記号で答えよ。
　　　　あ　イギリス　　　い　アメリカ　　　う　フランス　　　え　ドイツ

（ d ）　下線部③に記述された場所を，前ページの地図上から一つ選び，記号で
　　答えよ。

（ e ）　下線部④には，当時の女工たちの労働実態を記述した下記の一節がある。
　　　　「其の職工の境遇にして憐れむべき者を挙ぐれば，　　　　第一たるべ
　　　し。」
　　　　　　　　に入る語句は何か。もっとも適切なものを下から一つ選び，記
　　　号で答えよ。
　　　　あ　織物職工　　　い　紡績職工　　　う　炭鉱婦　　　え　製糸職工

（ f ）　下線部⑤に関して，日本最初のストライキは1886年の甲府の雨宮製糸工
　　場で起きたものと言われている。その3年後の1889年に大阪で賃上げを要
　　求して女工たちが起こしたストライキを何というか。

2月1日実施分　　　　解答　日本史

I　解答　　A. 新羅　B. 高句麗　C. 斉明　D. 白村江
E. 防人　F. 万葉集　G. 近江大津　H. 668※
I. 大友　J. 飛鳥浄御原　(a)煬帝　(b)―㋒　(c)―㋑　(d)―㋔　(e)条坊制

※Hについては，一部教科書の記載を考慮し，670も正解としたと大学から発表があった。

=== 解説 ===

《律令国家形成期》

C. 皇極天皇が重祚して斉明天皇となることから，どちらを選択するか迷うかもしれないが，Dの白村江の戦いの時期であるため，斉明天皇が正解となる。

E.「東国の若い男子」が徴発されることや，Fの『万葉集』に詠んだ歌が収録されることから防人と判断できる。律令制での衛士や桓武朝の健児と混同しないように注意しよう。

G・J. 中大兄皇子は飛鳥から近江大津宮へ，天武天皇は近江大津宮から飛鳥浄御原宮へ都を移している。皇極天皇の飛鳥板蓋宮，孝徳天皇の難波宮など天皇と宮都をセットにして確認しておこう。

I. 壬申の乱は，天智天皇の子である大友皇子と天智天皇の弟である大海人皇子の戦いである。大友皇子とともに『懐風藻』に漢詩が収録される大津皇子と混同しないように注意しよう。

(a) やや難問。煬帝が正解。煬帝の事績については，日本史の教科書で言及されることは少ないが，隋の最後の皇帝であり，大運河の造営と高句麗遠征により国力が減じて隋の滅亡につながることを想起して解答したい。

(b) ㋒が正解。九州の僧尼への授戒は，筑紫観世音寺の戒壇院で行われる。「遠の朝廷」と呼ばれたことから九州の統治，防人が配置されたことから防衛，鴻臚館などが設置されたことから外交使節対応を行うことを踏まえれば，消去法でも解答可能である。

(c) ㋑が正解。大宰府周辺に築城された朝鮮式山城は，大野城，基肄城である。なお，高安城は大和国，屋嶋城は讃岐国，金田城は対馬国，鞠智城

は肥後国，鬼ノ城は備中国に位置する。

(d)　ⓔが正解。即位しないまま天皇権力を行使することを称制と言う。教科書の注記レベルの用語であるが，摂政は天皇権力の代行，治天は院政期に見られる天皇家家長として国を治めること，重祚は天皇経験者が再び即位することから，消去法で解答しよう。

(e)　条坊制が正解。都城に見られる都市区画である。農地区画である条里制と混同しやすいので注意しよう。

 **解　答**　(a)—ⓘ　(b)—ⓔ　(c)新補　(d)評定衆　(e)—ⓔ　(f)—ⓒ
(g)北条時房　(h)—ⓘ　(i)律令　(j)北条貞時　(k)20
(l)—ⓐ　(m)—ⓘ　(n)尾張　(o)—ⓒ

━━━━━━━━━━━ **解　説** ━━━━━━━━━━━

《中世の武家法》

(a)　ⓘが正解。史料〔1〕は「新補地頭の設置」，〔2〕は「御成敗式目」，〔3〕は御成敗式目制定に関する「北条泰時書状」，〔4〕は「永仁の徳政令」，〔5〕は「観応の半済令」である。11町のうち1町を免田とする内容や「率法」の語句から，史料〔1〕は承久の乱後の新補地頭の設置に関する史料であるとわかり，「去々年」が1221年と判断できる。

(b)　やや難問。ⓔが正解。承久の乱後に即位したのは後堀河天皇である。高倉天皇や堀河天皇は院政期の人物であるが，後高倉院は後堀河天皇治世において治天の君として院政を行った人物である。即位時期については教科書記載の系図などから判断する必要があり，解答には詳細な知識が必要となる。

(c)　やや難問。新補が正解。「新補」地頭のうち，もとの下司など荘官の収益が適当であった場合には，新補率法は適用されない。史料〔1〕が新補地頭設置のものであると理解していても，Aに「新補」を入れるには，新補率法が収益の少ない土地に対する措置であることを理解する必要があり，教科書の注記レベルの知識である。

(e)　ⓔが正文。ⓐ・ⓘ誤文。「あらゆる訴訟」が誤り。史料に「国衙・庄園・神社・仏寺領，本所の進止たり」とあるように，本所の支配地を対象としている。ⓒ誤文。「訴訟は幕府が取り扱う」が誤り。事書に「一　国司・領家の成敗は関東御口入に及ばざる事」とあるように，本所の支配

地の成敗については，幕府（＝関東）は干渉（＝御口入）をしない。

(f) ⓒが正解。越訴とは正式な手続きを経ずに訴訟することをいう。史料に国衙領や荘園などは「本所の挙状をもって訴訟を経べきの処，その状を帯びずばすでに道理に背くか」とあることから，越訴が該当する。なお，強訴は院政期や室町時代，国訴は近世，雑訴は建武期に関わる語句であるため，消去法でも解答できる。

(h) 難問。ⓘが正解。御成敗式目の注釈書である「式目抄裏書（唯浄裏書）」は六波羅探題奉行の斎藤唯浄が著した。慈円は『愚管抄』，是円と玄恵は『建武式目』に関与した人物であり，消去法でも詳細な知識が必要である。

(i)・(k)・(l)・(n) Cは律令，Dは20，Eはⓐ凡下，Fは尾張が正解となる。史料〔3〕・〔4〕・〔5〕は頻出史料であり，いずれもポイントとなる語句であるため確認しておこう。

(m) やや難問。ⓘが正文。ⓐ誤文。「守護が納入を請け負った」が誤り。「本所領半分」を「軍勢に預け置」き，「半分に於いては，宜しく本所に分かち渡す」とある。ⓒ・ⓔ誤文。「本所領半分の土地について」が誤り。「兵粮料所」とは兵粮米の用途のため指定された所領を意味し，守護に一国内の荘園・公領の年貢の半分を徴収する権利を認めたものである。「寺社本所領」や「兵粮料所」の語句や，後に半済令が土地分割を伴うことを踏まえ「土地について」でも正しいと考えるかもしれないが，観応の半済令当初の内容に従って解答したい。

(o) ⓒが正解。観応の半済令は観応の擾乱（1350～52年）で特に混乱した近江・美濃・尾張に対して，年貢の徴収のため出されたものである。観応の擾乱とセットで理解しておこう。

 Ⅲ　解答　　A．大坂　B．山名持豊〔山名宗全〕　C．西陣織

D．生糸　E．蚕卵紙　F．富岡製糸場

G．官営模範工場　H．世界遺産　I．飛び杼　J．大阪紡績会社

K．豊田佐吉　L．山本茂実　M．横山源之助　N．労働組合期成会

(a)―4　(b)―3　(c)―ⓐ　(d)―6　(e)―ⓔ　(f)天満紡績スト

━━━━━━━━━ 解　説 ━━━━━━━━━

《近世・近代の繊維業》

D． 生糸は江戸時代前期まで輸入品であったが，幕末には輸出品となって
いく。生糸産業の動向は重要であるため，「糸割符制度」や「五品江戸廻
送令」などを想起しながら，時系列を確認しておきたい。

E．「『たねがみ』とも言われた紙」で，養蚕のために使うものであること
から，蚕卵紙と判断したい。

F．「絹産業」関連での官営模範工場（Gの解答）であることから富岡製
糸場と判断できる。

G．「殖産興業」に関連して，「西洋の先進技術の導入と普及」を図るため
設置された工場が，官営模範工場である。

(a)・(b) 桐生は4，足利は3に位置する。桐生は上野国に位置するので，
上野国にある4となる。また，足利は下野国に位置するが，桐生と隣接す
ることから，3と判断できる。旧国名は日本史の基礎知識として把握して
おきたい。

I． やや難問。飛び杼はイギリスの産業革命時に発明されたもので，緯糸
をおさめた杼を左右に動かすものである。飛び杼の内容については注記で
解説する教科書もある。

J． 渋沢栄一らの設立で，「各地に大規模な機械制生産による紡績工場が
設立され」る契機となったことから，大阪紡績会社と判断できる。

K． 国産力織機を考案したのは豊田佐吉である。ガラ紡の臥雲辰致と混同
しないように注意しよう。

L． やや難問。『あゝ野麦峠』の著者は山本茂実である。教科書によって
はコラムに記載されている場合もある。

M．『日本之下層社会』の著者は横山源之助である。『職工事情』を編纂し
た農商務省と混同しやすいので注意しよう。

N． 高野房太郎による職工義友会は労働組合期成会に改組される。大正期
の鈴木文治による友愛会と混同しやすいので注意しよう。

(c) あが正解。大阪紡績会社はイギリスの紡績機械を輸入した。教科書に
は図のキャプションにて説明しているものもあるが，紡績業による産業革
命の発祥地であるイギリスを想起して判断したい。

(d) やや難問。野麦峠は6に位置する。野麦峠は岐阜と長野の県境にある。

(e)　やや難問。㋐が正解。受験生にとってなじみの薄いフレーズではあろうが，富岡製糸場や『あゝ野麦峠』など製糸工女に関わることなどから想起したい。

(f)　難問。天満紡績ストが正解。大阪天満紡績工場での工女ストライキ。教科書での言及も少なく，解答には詳細な知識が必要となる。

2月3日実施分　　問題　日本史

（80分）

Ⅰ　次の文章を読み，空欄　A　～　F　にもっとも適切な語句を記入し，かつ
（a）～（i）の問いに答えよ。

　　食料の確保は，時代を問わず重要である。縄文時代には　A　舟に乗って海に
出て漁労をおこなっていた。また，早期の鹿児島県上野原遺跡にみられるように，
　　　　　　　　　　　　　　　　　　　①
木の実をさかんに利用した。採集された木の実は，地中に掘られた　B　穴に保
存された。多様化した生業により安定的に食料が確保できるようになると，人口が
増加し，広場を中心に複数の竪穴住居を配した　C　集落が営まれるようになる。
青森県三内丸山遺跡のように，約1500年間も継続する集落があらわれたが，特定植
　　　　　　　　　　　　　　　　　　　　　　　　　　　　　　　　　　　　②
物を管理して栽培することにより，安定的な食料の確保が可能になったことも要因
のひとつだと考えられている。

　　弥生時代になり朝鮮半島から水稲農耕が伝わり水田が営まれた。集落は水田のあ
　　　　　　　　　　　　　　　　　　　　　③
る低地に営まれ，乾燥した状態で穀物を保存するために　D　がつくられるよう
になった。弥生時代後半になると，低地以外の場所につくられる集落が増加する。
それらは　E　集落と呼ばれており，陸路や海路を見渡すのにも適していた。
「魏志」倭人伝によると，3世紀前半に邪馬台国の卑弥呼を共立する小国の連合が
④
生まれたとされる。

　　3世紀中頃に，墳丘長約280ｍの大規模な前方後円墳が奈良盆地東南部に出現し，
　　　　　　　　　⑤
その古墳に隣接した政権の拠点が纒向遺跡である。古墳出現期に最も大規模な古墳
　　　　　　　　　　　　　　　⑥
が築造されたこの地方を中心とする政治連合を　F　政権という。

　　5世紀の初め頃，それまで日本列島にはなかったかまどや，米を蒸すために使用
　　　　　　　　　　　　　　　　　　　　　　　　　　　　　　　⑦
する底部に孔がある土器が河内平野で多く使用されるようになり，朝鮮半島南部の
人々が倭へ渡来した様子がうかがえる。新たな技術を伝えた渡来人たちは，韓鍛冶
　　　　　　　　　　　　　　　　　　　　　　　　　　　　　　　　⑧
部，陶作部，錦織部，鞍作部などに組織された。5世紀から6世紀にかけて，大阪
湾から河内潟に入る上町台地の先端に，16棟の倉庫が整然と並ぶ倉庫群が形成され
　　　　　　　　　　　　　　　　　⑨

た。この倉庫には食料も貯蓄されたかもしれないが，交易でもたらされた武器や財もおさめられたと考えられている。

（a）　下線部①に関して，上野原遺跡から見つかった遺物で，植物性食料を利用した証拠になるものはどれか。もっとも適切なものを下から一つ選び，記号で答えよ。

　　　あ　石皿　　　　　　い　釣針　　　　　う　石鏃　　　　え　石包丁

（b）　下線部②に関して，三内丸山遺跡では人為的にある植物の管理がおこなわれたが，それは何か。もっとも適切なものを下から一つ選び，記号で答えよ。

　　　あ　小麦　　　　　　い　リンゴ　　　　う　アワ　　　　え　クリ

（c）　下線部③に関して，水田が**発見されていない**遺跡はどれか。下から一つ選び，記号で答えよ。

　　　あ　板付遺跡　　　い　垂柳遺跡　　　う　荒神谷遺跡　　え　菜畑遺跡

（d）　下線部④に関して，倭はある郡を通じて魏に朝貢した。この郡の名称を答えよ。　　　　　　　　　　　　　　　　　　　　〔解答欄〕　＿＿＿＿＿＿郡

（e）　下線部⑤に関して，この古墳からは吉備地方の墳丘墓におかれることの多い特殊器台が見つかっている。この特殊器台から派生した，古墳に用いられる器物は何か。もっとも適切な語句を漢字4文字で答えよ。

（f）　下線部⑥に関して，この遺跡の説明としてもっとも適切なものを下から一つ選び，記号で答えよ。

　　　あ　1辺80ｍ余りの方形の地を濠と柵で囲む。その中には大型建物や竪穴住居群，導水施設がある。

　　　い　大規模な環濠集落。多重の環濠に囲まれた空間の中央には大型建物と井戸がある。環濠の外には墓域が広がる。

　　　う　九州から関東までの各地域から搬入された土器が多く見つかった。大型建物群があり，幅5ｍの大溝が掘削されている。

　　　え　大規模な環濠集落。前期に集落が形成され，後期には物見櫓を設置し防御的な性格を備える。

（g）　下線部⑦に関して，この土器の名称は何か。漢字1文字で答えよ。

（h）　下線部⑧に関して，これらの部を総称して何と呼ぶか。もっとも適切なものを下から一つ選び，記号で答えよ。

　　　㋐　品部　　　　　㋑　部曲　　　　　㋒　田部　　　　　㋓　刑部

（ｉ）　下線部⑨に関して，もっとも適切な遺跡名を答えよ。

〔解答欄〕　＿＿＿＿＿遺跡

Ⅱ　次の文章〔1〕・〔2〕を読み，空欄　| A |　～　| J |　にもっとも適切な語句を記
　　入し，かつ（ａ）～（ｅ）の問いに答えよ。

〔1〕　院の権力の源泉は，天皇の直系尊属として皇位選定権を掌握した点にあるが，
　　　貴族の人事権を掌握した点も重要である。院は，貴族に位階や官職を与える叙
　　　位・| A |等の儀式に介入し，近臣の多くを実入りのいい国の受領に任命さ
　　　せたほか，院庁の職員である| B |を太政官機構の重要ポストに据えて国政
　　　への介入も行った。人事権の掌握によって，藤原宗忠が日記に「我が上皇已に
　　　　　　　　　　　　　　　　　　　　　　　　　①
　　　専政主也」と記したような専制政治が実現したのである。

　　　　受領に任ぜられた近臣たちは私財を投じて院御所や寺院などの造営を引き受
　　　ける| C |を行い，見返りとして新たなポストを得た。比較的身分の高い近
　　　臣が| D |となり，子弟などをその国の受領につけることも一般化し，
　　　| E |も実質的に近臣達の収入源となった。さらに六勝寺など皇族のための
　　　祈願を行う| F |に財源となる荘園を設定することで，王家は膨大な荘園群
　　　　　　　　　　　　　　　　　　　　　　　　　　　　②
　　　を手に入れた。また，近臣の貴族や女房を荘園の領有権を持つ領家職や上級荘
　　　官としての| G |職とすることで，主従関係も強化された。このように，院
　　　政の経済基盤は| E |と荘園の両方にわたる。その莫大な収入が大規模造営
　　　　　　　　　　　　　　　　　　　　　　　　　　　　　　　　　③
　　　事業を可能にし，院の権威を高めたのである。

（ａ）　下線部①にあてはまる日記名はどれか。もっとも適切なものを下から一
　　　つ選び，記号で答えよ。
　　　㋐　『小右記』　　㋑　『玉葉』　　㋒　『百練抄』　　㋓　『中右記』

（ｂ）　下線部②のうち，白河院が郁芳門院媞子の菩提を弔うため，持仏堂にそ
　　　の財源として設定した荘園群を何というか。もっとも適切なものを下から
　　　一つ選び，記号で答えよ。
　　　㋐　八条院領　　㋑　長講堂領　　㋒　六条院領　　㋓　殿下渡領

（c）　下線部③の結果として**建てられたものではない**建造物はどれか。下から
　　　一つ選び，記号で答えよ。

　　　あ　法成寺　　　　い　成勝寺　　　　う　鳥羽殿　　　　え　白河殿

〔2〕　┃ H ┃　天皇の即位が幕府の意向によって決められたことは，皇位選定権に
依拠する専制的な院権力の変容を象徴する出来事であった。変容のきっかけと
なったのは，1246年，前将軍である九条　┃ I ┃　が幕府への謀反に加担して京
　　　　　　　　　　　　　　　　　　　　　　　　④
都に送還された，宮騒動である。これに伴って　┃ I ┃　の父親である九条道家
　　　　　　　　　　　　　　　　　　　　　　　　　　　　　　　　　⑤
が失脚すると，幕府は朝廷に改革を要求し，所領・人事関係の訴訟を扱う
┃ J ┃　が設置された。

（d）　下線部④に関して，この時の幕府の執権は誰か。もっとも適切なものを
　　　下から一つ選び，記号で答えよ。

　　　あ　北条高時　　　い　北条時宗　　　う　北条重時　　　え　北条時頼

（e）　下線部⑤に関して，九条道家が罷免されるまで務めていた，幕府と朝廷
　　　の連絡役を何というか。もっとも適切なものを下から一つ選び，記号で答
　　　えよ。

　　　あ　鎌倉番役　　　　　　　　　い　関東申次

　　　う　関東管領　　　　　　　　　え　武家伝奏

Ⅲ 次の文章〔1〕・〔2〕を読み，空欄 A ～ L にもっとも適切な語句・数字などを記入し，かつ（a）～（h）の問いに答えよ。

〔1〕 対外緊張の中で開国した日本は，来たる国際戦争に備え，一刻も早く軍備・軍制を整える必要があった。明治新政府の直属の軍隊は， A 年に廃藩置県への備えとして編成された御親兵を始まりとしており，それは翌年に ① B と改称された。この B ，特に砲兵隊は後の西南戦争で新政府軍の主力として従軍した。しかし西南戦争後，軍費負担から政府財政が危機に瀕 ② したことから，彼ら B の待遇は著しく悪化し，それへの不満から一部の兵が暴発し， C 事件と呼ばれる反乱事件を起こした。この事件は，日本が軍制の手本としてきたフランスが D に敗退したことに危惧を抱いた陸 ③ 軍卿の E の危機感をさらにあおり，軍人訓戒の発布など，軍人に対する統制は強化されることとなった。その後1882年には明治天皇から F が下 ④ され，軍人の政治不関与が明示された。これに先駆け， G 年には陸軍の最高軍令機関である H が創設され，軍政を担当する陸軍省と共に，大元帥である天皇の大権を輔弼するシステムが完成した。

（a） 下線部①に関して，この御親兵を構成した兵隊を拠出**していない藩**はどれか。下から一つ選び，記号で答えよ。

    あ 土佐藩   い 薩摩藩   う 肥前藩   え 長州藩

（b） 下線部②に関して，西南戦争期に政府財政を担当していた大蔵卿は誰か答えよ。

（c） 下線部③に関して，この戦争の開戦当初のフランスの元首は誰か。もっとも適切なものを下から一つ選び，記号で答えよ。

    あ クレマンソー   い ティエール

    う ナポレオン三世   え ビスマルク

（d） 下線部④に関して，この文章を起草した人物は誰か。もっとも適切なものを下から一つ選び，記号で答えよ。

    あ 福沢諭吉   い 加藤弘之   う 西周   え 谷干城

〔2〕　軍隊に関する天皇大権の存在が大きな問題となったのは初期議会期である。

　　　明治政府は大日本帝国憲法の中に天皇大権を明確に位置づけていたが，実際に
　　　⑤
帝国議会が開会し，政府予算案の審議を開始すると，軍が要望する巨額の軍事
予算が民党の攻撃対象となり，対立と混乱が生じた。第一議会においては民党
からなぜかくも巨額な軍事予算が必要なのか問われ，時の首相は国境内の「主
権線」だけではなく，国家の安全独立を保障する勢力範囲である「　I　
線」をも維持する必要があるという説明を展開し，それに賛同した一部議員の
　　　　　　　　　　　　　　　　　　　　　　　　　　⑥
賛成票を得たことで僅差で予算案の可決を得ることができた。

　　　続く第一次松方正義内閣もこの問題への対応には苦慮し，第二議会で民党か
ら予算削減を突き付けられた際には，海軍大臣の　J　がいわゆる　K　
演説を行って政府を擁護したが，「民力休養，地租軽減」を求める民党の攻勢
　　　　　　　　　　　　　⑦
は強まるばかりであった。

　　　これに対して政府は大日本帝国憲法の第六十七条を持ち出し，憲法に定めら
れた天皇大権（軍隊の編成大権，指揮統率権）に関する予算は，政府の同意な
しに議会が削減することができないとする規定を盾に戦った。続く第二次伊藤
博文内閣においても状況は変わらず，第四議会では政府の予算案に対して軍事
費の大幅削減要求が出され，この攻撃をかわすために，首相伊藤博文は明治天
皇に対して特別に依頼を行い　L　の詔書を出してもらい，これに自由党が
妥協する姿勢を見せたことから危機を乗り切った。こうした両者の妥協に向け
た姿勢が，第五議会における伊藤内閣と自由党との歴史的な協力体制構築につ
　　　　　⑧
ながっていった。やがて民党と超然内閣との対立で彩られた初期議会期は終焉
を迎え，日本は政党政治の確立へと向かうこととなる。

（e）　下線部⑤に関して，大日本帝国憲法第十一条に定められた天皇大権は何
　　　か。漢字3文字で答えよ。

（f）　下線部⑥に関して，この予算案の議決において民党の中から予算案賛成
　　　に転じる議員が出て僅差で可決された。この行為に激怒して議員を辞職し
　　　た自由民権運動の思想的リーダーは誰か。もっとも適切なものを下から一
　　　つ選び，記号で答えよ。

　　　ⓐ　福地源一郎　　　ⓘ　大井憲太郎　　　ⓤ　中江兆民　　　ⓔ　小野梓

（g）　下線部⑦に関して，「地租軽減，条約改正，言論の自由」を求めて三大
　　　事件建白運動を主導し，政党政治への道を切り開くも，後に暗殺された人
　　　物は誰か。もっとも適切なものを下から一つ選び，記号で答えよ。

　　　ⓐ　星亨　　　　　　ⓘ　片岡健吉　　　ⓤ　三島通庸　　　ⓔ　河野広中

（h）　下線部⑧に関して，この協力の代償として伊藤が内務大臣に迎え入れた
　　　自由党の政治家は誰か。

2月3日実施分　　解答 日本史

Ⅰ 解答 A. 丸木　B. 貯蔵　C. 環状　D. 高床
E. 高地性　F. ヤマト〔大和〕

(a)—ⓐ (b)—ⓔ (c)—ⓒ (d)帯方 (e)円筒埴輪 (f)—ⓒ (g)甑 (h)—ⓐ
(i)法円坂

━━━━━ 解説 ━━━━━

《原始の生業》

C. 教科書によっては環状集落の用語がない場合もあるが,「広場を中心に複数の竪穴住居を配した」という記述から「環状」を想起したい。

E. 弥生時代の防衛的な集落として高地性集落や環濠集落があるが,「陸路や海路を見渡すのにも適していた」ことから高地性集落と判断できる。

F. 奈良盆地東南部に位置する纒向遺跡など, 三輪山の麓を中心とする豪族連合をヤマト政権（ヤマト王権）という。

(a) ⓐが正解。石皿は木の実などのすりつぶしに使用したと考えられる。釣針は漁労, 石鏃は狩猟で使用し, 石包丁は弥生時代に稲の収穫に使用されていることから, 消去法でも解答できる。

(b) ⓔが正解。三内丸山遺跡の遺構が残る縄文時代では, クリ林の管理・増殖が行われていた。なお, ムギやアワの栽培が始まっていた可能性はあるが, 本格的な農耕段階には達していないとされる。

(c) ⓒが正解。荒神谷遺跡は銅矛・銅鐸という青銅器が発見された遺跡である。なお, 板付遺跡, 菜畑遺跡は縄文晩期に水稲耕作の可能性を示唆する遺跡として, 垂柳遺跡は同じ青森県に位置する砂沢遺跡と同様に弥生時代に東北地方まで水稲耕作が広がっていることを示す遺跡であり, 消去法でも解答できる。

(d) 帯方郡が正解。漢の武帝が設置し,『漢書』地理志にも登場する楽浪郡と混同しないように注意しよう。

(e) やや難問。円筒埴輪が正解。「この古墳」は箸墓古墳であり,「古墳に用いられる器物」から円筒埴輪を想起したいが, 特殊器台については注記や図中のみに掲載されるなど, 解答にはやや詳細な知識が必要となる。

（f）　⑤が正文。纏向遺跡がヤマト（Fの解答）政権の拠点とされており，ヤマト政権が九州から東日本の豪族連合政権であることを踏まえて判断したい。⑥誤文。日本で初めて豪族居館跡が発見された三ツ寺Ⅰ遺跡の説明である。⑥・⑥誤文。「環濠集落」が誤り。消去法で解答するにはやや詳細な知識が必要となる。

（g）　やや難問。甑が正解。米を蒸すための土器で，水を入れた甕の上にのせて使用する。教科書によっては言及していない場合もあり，解答にはやや詳細な知識が必要となる。

（i）　難問。法円坂遺跡が正解。大阪市中央区にある古墳時代の遺跡で，国の史跡に指定されている。解答には詳細な知識が必要となる。

A. 除目　**B.** 院司　**C.** 成功　**D.** 知行国主
E. 公領〔国衙領〕　**F.** 御願寺　**G.** 預所
H. 後嵯峨　**I.** 頼経　**J.** 院評定衆
（a）—⑥　（b）—⑤　（c）—⑥　（d）—⑥　（e）—⑥

══════════════ 解　説 ══════════════

《中世の院政》

B. 受領や后妃や乳母の一族など上皇の側近である院の近臣と混同しやすいが，「院庁の職員」であることから院司と判断したい。

C. 私費で院御所などを造営し，「見返りとして新たなポストを得た」のは成功である。同じポストに就く重任と混同しないように注意しよう。

D. 知行国主となり，子弟などをその国の受領に任命して，その国からの収益を取得させる制度を，知行国制という。

F. 難問。天皇や皇族らの祈願のために建立された寺院を御願寺という。教科書に言及されていない場合も多く，解答には詳細な知識が必要となる。

G. やや難問。荘官のうち「上級」にあたるものを預所という。預所は領家の代理として荘園経営を行う。なお，荘官としては現地の有力者が任命される下司や公文などもいる。教科書によっては注記や図中で説明されており，解答にはやや詳細な知識が必要である。

（a）　やや難問。⑥が正解。藤原宗忠の日記は『中右記』である。教科書では史料として掲載されるなど，教科書本文での言及は少ない。なお，藤原実資の『小右記』，九条兼実の『玉葉』は頻出であるが，『百練抄』に言及

する教科書は少なく，消去法での解答は困難である。

(b)　難問。⑦が正解。白河院が設定した荘園群は六条院領である。八条院領は鳥羽院，長講堂領は後白河院が設定した荘園群であり頻出であるが，殿下渡領は摂関家氏長者が受け継ぐ荘園群で，受験生にはなじみの薄い語句であるため，消去法での解答も困難である。

(c)　あが正解。法成寺は藤原道長が建立したものであり，「御堂関白」の由来となる寺院である。

H.　難問。後嵯峨天皇の即位は幕府の意向による。リード文には後嵯峨天皇の即位を「院権力の変容」と評価し，その契機を1246年の宮騒動としているが，後嵯峨天皇の即位は1242年であるため，判断に迷う可能性はある。しかし，1246年以降に即位した後深草天皇，亀山天皇は幕府の意向とは言えないことから，後嵯峨天皇と判断したい。

I.　空欄直前に「九条」とあることから，摂家将軍であるとわかる。摂家将軍は九条頼経と九条頼嗣の2人だが，「前将軍」とあることから，九条頼経が該当すると判断できる。

(d)　えが正解。宮騒動に関連して，皇族将軍である宗尊親王が鎌倉に下向した時，執権であったのは北条時頼である。北条高時は幕府滅亡時の得宗，北条時宗はモンゴル襲来時の執権，北条重時は執権でないため，消去法での解答も可能である。

(e)　いが正解。関東申次は教科書での言及も少なく詳細な事項であるが，御家人役である鎌倉番役，室町時代の鎌倉公方の補佐である関東管領，江戸時代の朝幕間の調整役である武家伝奏は基本事項のため，消去法で解答したい。

 **Ⅲ**　**解　答**　A.　1871　B.　近衛兵　C.　竹橋
D.　プロイセン〔ドイツ〕　E.　山県有朋
F.　軍人勅諭　G.　1878　H.　参謀本部　I.　利益　J.　樺山資紀
K.　蛮勇　L.　和衷協同
(a)—⑦　(b)大隈重信　(c)—⑦　(d)—⑦　(e)統帥権　(f)—⑦　(g)—あ
(h)板垣退助

=== **解 説** ===

《近代の軍事》

B. 薩摩藩・長州藩・土佐藩から構成される御親兵が近衛兵と改称されて，さらに近衛師団となっていく。同時期に各地に設置された鎮台と混同しないように注意しよう。

C. やや難問。西南戦争を契機とする近衛兵への待遇悪化をめぐって，1878 年に近衛砲兵が起こした反乱を竹橋事件という。解答には教科書の注記レベルの知識が必要である。

D. やや難問。フランス・プロイセン戦争（普仏戦争）（1870〜71 年）によってナポレオン三世による第二帝政が崩壊する。日本史の教科書ではあまり言及されていない。

E. 陸軍卿として陸軍の基礎を確立したのは山県有朋である。近代軍制の創設に関わった兵部大輔の大村益次郎と迷うかもしれないが，徴兵告諭発布以前に亡くなっていることから山県有朋と判断したい。

F. 1882 年に天皇への軍人の忠節を強調する軍人勅諭が出された。教科書によっては注記レベルの場合もあるが，竹橋事件とセットで確認しておこう。

G・H. 1878 年に参謀本部が新設された。「陸軍の最高軍令機関」から判断したい。

(b)　大隈重信が正解。明治十四年の政変（1881 年）で大隈重信が参議・大蔵卿を罷免されたことを踏まえて判断したい。

(c)　やや難問。⑦が正解。フランス・プロイセン戦争開戦時のフランス元首はナポレオン三世である。クレマンソーは第一次世界大戦のパリ講和会議の出席者，ティエールはフランス・プロイセン戦争末期のフランス臨時政府首相，ビスマルクはドイツ帝国首相などの知識が必要であり，消去法での解答はやや困難である。

(d)　難問。⑦が正解。軍人勅諭は西周らの起草である。起草者に言及する教科書も少なく，解答には詳細な知識が必要となる。

J・K. やや難問。第一次松方正義内閣の海軍大臣であった樺山資紀により，第二回帝国議会において薩長政府の正当性を訴える蛮勇演説が行われた。これにより議会は解散し，第 2 回衆議院議員総選挙において松方内閣による選挙干渉が行われることになる。蛮勇演説に言及する教科書も少な

2024年度　2月3日　日本史

く，解答には詳細な知識が必要となる。

L． やや難問。第二次伊藤博文内閣の要請によって，軍艦建造に協力する旨を命じる和衷協同の詔勅（建艦の詔勅）が出された。教科書によっては，詔勅の名称に言及していない場合もあり，解答には詳細な知識が必要である。

(e)　統帥権が正解。リード文に「政府予算」について触れられており，政府が軍事予算を編成する第12条の編制権と迷うかもしれないが，同じくリード文に「軍隊の編成大権」とあることからその可能性を消去し，統帥権と確定できる。

(f)　やや難問。⑤が正解。第一次山県有朋内閣の予算成立に関して，切り崩されたのが自由党であることを想起して，中江兆民と判断したいが，大阪事件の大井憲太郎も旧自由党員であるため迷うかもしれない。なお，福地源一郎は立憲帝政党，小野梓は立憲改進党に関連する人物であるが，消去法でもやや詳細な知識が必要となる。

(g)　難問。あが正解。三大事件建白運動に関わる人物として，星亨と片岡健吉が選択肢にあるが，「後に暗殺された人物」と限定されることから，星亨が正解となる。なお，三島通庸と河野広中は共に激化事件である福島事件に関連しており，セットで確認しておきたい。

2月1日実施分　　　**問題** 世界史

（80分）

Ⅰ　次の文章を読んで空欄に最も適切な語句を記入せよ。

　中国・朝鮮半島・日本・ベトナムなどを含む東アジア地域は，近代以前，一つの
「世界」を構成していたという考え方がある。その考えによると，この「東アジア
世界」を構成する諸地域においては共通する幾つかの文化現象が見られる。即ち，
第一に漢字の使用，第二に　A　制という国家体制の採用，第三に儒教思想の影
響，第四に仏教の浸透である。これらの共通する文化現象は全て中国起源であった
ため，「東アジア世界」はその文化的性格からいえば中国文化圏ともいえる。以下，
これらの4点について説明していこう。

　漢字はいうまでもなく中国起源の文字で，現在知られている最古の漢字は殷王朝
後期の都の跡とされる　B　から出土した甲骨文字である。その後，春秋戦国時
代を通じて漢字にも地域差が生じるようになったため，前221年に中国を統一した
始皇帝は統一書体として小篆（しょうてん）を制定した。ただし，この小篆は装飾的で実用に向か
なかったため，その後，簡略化された幾つかの書体が登場し，4世紀中頃に現在私
たちが使用している楷書が完成した。

　朝鮮半島とベトナムでは現在では漢字はほとんど使用されていないが，両地域は
その一部が前2世紀に中国王朝の直轄領となったことで，自ずと漢字が使用される
ようになった。両地域でそれ以前から使われていた在来言語である朝鮮語・ベトナ
ム語にはそれを表記する文字が無かったが，両言語の構造は中国語と異なっていた
ために，漢字はこれらの言語を表記するには適さなかった。それゆえ，漢字が使わ
れるようになっても，漢字はあくまで漢文を書くための文字として使用された。

　朝鮮では，朝鮮語を表記するために日本の万葉仮名のように漢字を朝鮮語の音に
当てはめて使用する吏読（りとう）という表記法が考案されたこともあったが，難解で大衆向
きではなかった。その後，朝鮮王朝の時代になって第4代世宗が朝鮮語を表記する

ための新たな文字として　C　を制定した。　C　は，当初，漢字に習熟していない女性などが専ら用いる文字として格下に見られていたが，20世紀の初め頃から「大いなる文字」という意味の「ハングル」と呼ばれ広く使用されるようになった。一方のベトナムでは，ベトナム語を表記するための新たな文字として　D　が14世紀までには作られていた。しかし，この文字は漢字を組み合わせるなどして作られたため字形が複雑で実用には適さなかった。そのため，ベトナムでは19世紀末以降ローマ字表記が使用されている。

　共通する文化現象の第二に挙げた　A　制について，日本に関しては遣唐使などによって導入されたことがよく知られている。朝鮮では，8世紀半ばに郡県名や官名が唐風に改められ，10世紀に成立した　E　においては唐および宋の制度をモデルとしてそれに独自性を加えた官僚制度が編成・運用された。ベトナムは10世紀まで中国王朝の支配下に置かれており，11世紀初頭に成立した　F　朝およびその後継王朝において中国的な制度が取り入れられている。

　第三に挙げた儒教は春秋時代の孔子に始まるものである。　G　王朝の時に官学に立てられて以降，歴代王朝に尊重され，官吏登用試験である科挙の出題科目にもなった。特に，　H　によって大成された新儒学である　H　学は朝鮮や日本に大きな影響を与えた。

　第四に挙げた仏教はガウタマ゠シッダールタによりインドで創始された宗教である。仏教諸派のうち，東アジアに伝わったのは紀元前後に起こった　I　仏教で，北インドから中央アジアを経由して中国に入り，中国から東の朝鮮半島や日本へ，また南のベトナムへと伝播した。インド発祥の仏教を中国起源といったのは，東アジアに伝播した仏教は中国で漢語に翻訳された漢訳仏典を経典とするためである。漢訳仏典は，敦煌出身で西域を巡歴し仏典を中国に持ち帰って翻訳した竺法護や，亀茲出身で長安にて多くの経典を翻訳した鳩摩羅什等によって整備されていった。朝鮮半島に仏教が伝わったのは，五胡十六国の前秦の君主である苻堅が僧に経典と仏像を持たせて高句麗に派遣した372年とされる。半島南部の百済にはその12年後に，江南の漢人王朝である　J　から伝わった。日本には，一説によると538年に伝わったとされる。ベトナムは先述のように10世紀まで中国王朝の支配下にあったことで中国仏教が広まり，特に　F　朝では歴代君主が仏教を厚く信奉し保護したため大いに発展し，多くの仏寺が建てられた。

　このように，近代以前の東アジア地域は中国起源の文化を共有する一つの「世界」と見ることもできるのである。

Ⅱ 次の文章を読んで空欄に最も適切な語句または数字を記入せよ。

1968年，世界ではさまざまな政治運動が生まれた。個々の運動は，それぞれの国家や地域における独自の政治的文脈のなかで展開したものの，他方で，多くの運動がこの2年前に中国で起こったプロレタリア文化大革命（文革）の影響を受けたと言われる。

中華人民共和国の建国以来，一貫して最高指導者であった毛沢東は急速な社会主義建設を推し進めたものの，科学的見地の軽視や自然災害の影響により多くの餓死者を出すに至った結果，1959年，国家主席の再選を辞退した。その毛沢東が実権を奪回すべく発動したのが文革である。この革命は，従来の思想や文化あるいは風俗・習慣を打ち壊すことを通じて，権力の中枢にいた「資本主義の道を歩む」 A 派を追い落とそうとする権力闘争にその本質があったが，これに B 兵と呼ばれた学生や青少年が動員された。文革を発動した毛沢東の著作は多くの外国語に翻訳され，100以上の国や地域で刊行された。

1967年のパリでは毛沢東の著作は品切れの状態が続き，彼の名が付いた詰襟のスーツが流行した。1960年代のフランスでは，第 C 共和政の初代大統領ド゠ゴールのもとで経済成長と技術革新が加速していた。これによって社会的な流動性と中産階級の経済的余裕が生まれ，さらには政府の教育政策を背景に大量の大学生が誕生していた。ところが，学生たちは管理された学生生活や旧態依然の受動的な教育内容に不満を持っていた。そのような学生たちが文革の理念に影響を受け学生運動を繰り広げた。そして，運動は警察による暴力的な弾圧のなかで，より高い報酬やより良い労働条件を求める労働者によるストライキなどの労働運動と連合し，いわゆる，1968年の D 月革命（危機）へと進展したのである。この時，哲学者のサルトルは，人間の主体性や内面の自由を重んじ，主体的な行動により本質が創造されるという E 主義（哲学）の立場からこの運動を礼賛している。

こうした学生運動は日本でも展開された。1960年に F 党が新安保条約の批准を強行採決すると，学生を中心とする反対運動が起きた。その後，60年代半ばには，大学の授業料の値上げや大学経費の使途不明金などの問題に対して，学生がデモやストライキを通じて大学の改革を主張した。1968年とその翌年に運動は過激化し，これを鎮圧しようとする機動隊と衝突し多くの死傷者が出た。そして，この運

動では，大学の改革を文化の革命ととらえ，文革と重ね合わせて世界革命が到来したと考える学生や教員も存在した。そこまで明確な意識を持たないまでも，多くの学生が毛沢東や文革の影響を多少なりとも受けていたという。例えば，後に清朝最後の皇帝である　G　の生涯を描いた映画に出演し音楽も担当した坂本龍一は，高校在学中に学生運動に熱中し，フランス映画を通じて毛沢東の思想や文革の影響を受けた。また，坂本はソロデビュー曲の序奏に　H　山を詠った毛沢東の漢詩を引用している。ここは毛沢東が1927年にソヴィエトを樹立したところであり，中国革命の聖地のひとつであった。

　さて，1950年代半ばにアメリカで活発になった公民権運動は，1964年の公民権法，翌年の投票権法の成立により一定の成果をあげた。しかし，改善されない社会的差別や暴力のなかで，キング牧師らが掲げた非暴力主義とは異なる「ブラック・パワー」をスローガンとするアフリカ系アメリカ人による急進的な運動が生まれた。この時期，1955年にはネルーと周恩来の呼びかけによってバンドンで　I　会議（バンドン会議）が開催され，1960年の「アフリカの年」にはアフリカで17の独立国が誕生し，さらにその2年後にはアルジェリアも独立していた。アフリカ系アメリカ人による先述の運動の背景には，脱植民地化のために闘うこれら非同盟諸国の人々の存在と，みずからもその一員であるという意識があった。

　この運動のなかで誕生した集団のなかには，黒人民族主義とマルクス主義を信奉したり，文革期に毛沢東の後継者とされた　J　が編纂した『毛沢東語録』を学び毛沢東主義に傾倒したりする者もあった。そして，こうした急進的な運動は暴力に訴える流れを生み，平和的なデモの声をかき消してしまった。1968年4月のキング牧師の死によって各地で発生した暴動も，こうした流れのなかにあっては必然的な結果だったと言えるかもしれない。

　文革には従来の価値観を否定することで新たな文化を創造するという理念があったが，この革命がもたらした悲惨な実態を知っている現代の私たちは文革を否定的に評価せざるを得ない。しかし，同時代においては，その悲惨な実態を軽視あるいは無視して，毛沢東の理念に共鳴した人々が数多くいたのである。ただ，上に述べたいずれの場合においても，中国と同様に暴力により多くの人々が落命したり，精神と肉体に傷を負ったりしたことは否定できない事実であった。

Ⅲ　次の文章を読んで空欄に最も適切な語句を記入し，下線部についてあとの問いに
　答えよ。

　　セルジューク朝は，セルジュークを祖とするセルジューク家によって建てられた
　王朝である。セルジューク家は，もともとは，アム川が注いでいた　　A　　海東方
　で暮らすトルコ系遊牧民であった。後にマー＝ワラー＝アンナフルへ移り，サー
　マーン朝の首都であった　　B　　周辺を冬営地として，サマルカンド周辺を夏営地
　として生活を営むようになった。10世紀に起こったマー＝ワラー＝アンナフルをめ
　ぐる戦いに巻き込まれたセルジューク家は，1038年，混乱に乗じて<u>ニーシャープー</u>
　<u>ル</u>に入城し，ホラーサーンの支配権を確立した。セルジューク家の　　C　　はさら
　　　(1)
　に西進し，ブワイフ朝を撃退してイスファハーンを攻略した。

　　ブワイフ朝によって政治の実権を奪われていたアッバース朝カリフの求めに応じ
　て，スンナ派を奉じるセルジューク朝の創始者　　C　　が1055年，バグダードに入
　城し，シーア派を奉じるブワイフ朝を滅ぼした。ブワイフ朝の君主は　　D　　の称
　号を用いていたが，セルジューク朝の君主は　　E　　の称号をアッバース朝カリフ
　から公に承認されたものとして使用していくこととなった。その結果，宗教的権威
　をアッバース朝カリフが，世俗の権力をセルジューク朝　　E　　が保持し，互いに
　承認・擁護するという相互補完関係が生まれた。

　　その後，セルジューク朝は支配域を拡大していくが，ほかのトルコ系諸王朝と同
　じく後継者争いに伴う分裂傾向を持ち続けた。　　C　　の跡を継いだアルプ＝アル
　スラーンは，その治世こそ短いものの，マラーズギルドの戦いでビザンツ帝国に勝
　利したことで，トルコ系の人々のアナトリアへの進出のさきがけとなった。このア
　ルプ＝アルスラーンとの後継者争いに敗れた一派は，地方政権である<u>ルーム＝セル</u>
　<u>ジューク朝</u>をアナトリアに建てた。アルプ＝アルスラーン没後の後継者争いを制し
　　　(2)
　たマリク＝シャーは，<u>アレッポ</u>や<u>アンティオキア</u>を制圧し王朝の領域を最大にし
　　　　　　　　　(3)　　　　(4)
　た。しかし，マリク＝シャーの没後，セルジューク朝の分裂が加速する。王朝は二
　分され，様々な地方政権が乱立し，アッバース朝が勢いを盛り返してセルジューク
　朝と敵対するようになった。この頃には，ローマ教皇ウルバヌス2世による
　　F　　宗教会議での呼びかけによって<u>十字軍</u>の遠征がはじまったが，セルジュー
　　　　　　　　　　　　　　　　　　　　(5)
　ク朝がこれに団結して立ち向かう状況にはもはやなかった。

　衰退しつつあったセルジューク朝であったが，8代目のサンジャルによってその輝きを取り戻した。11世紀後半にセルジューク朝から独立していた　G　朝などに対し，サンジャルの宗主権を認めさせるなどして，セルジューク朝を再統一し広大な領域を支配するようになったのである。しかし，サンジャルが没するとセルジューク朝は再び分裂し，アターベクという称号を戴く地方政権が各地に生まれることとなった。アターベクとは，セルジューク朝の王子の養育係・後見役を務める将軍に与えられる称号であったが，そこから台頭し政権を樹立する者が現れたのである。そして12世紀末，ついにセルジューク朝は滅亡した。

　セルジューク朝は先行する王朝の行政制度を継承していた。例えば，俸給の代わりに徴税権を付与する　H　制は，ブワイフ朝で発展したものである。セルジューク朝は地方の有力者をそのまま支配下に組み込むべく　H　を彼らに付与し，その代わりにセルジューク朝君主の名前をモスクにおける説教や貨幣に入れさせた。アッバース朝で見られた宰相を頂点とする官僚制度もセルジューク朝で用いられたが，セルジューク朝では前述のアターベクといった独自の官職もつくられるようになった。これらの制度はほかの王朝においても用いられ，セルジューク朝の行政制度が，西アジアにおいては20世紀に至るまで継続していた，と後代のある研究者は評している。

　また，セルジューク朝の時代には，シーア派の台頭で一時的に衰退していたスンナ派が復興し，神秘主義思想が発展したと言われる。アルプ゠アルスラーンとマリク゠シャーに仕えた宰相　I　がスンナ派教育を行う学院を各地に建設したことはよく知られている。その背景には，シーア派を奉じるエジプトのファーティマ朝などとの対峙があった。他方で，神秘主義思想が発展し，修道場がつくられるようになった。前述のサンジャルのように，セルジューク朝の君主のなかには神秘主義者を保護する者も現れた。12世紀にはカーディリー教団をはじめとした様々な神秘主義教団が成立した。以上述べたような学院の増加や神秘主義の発展によって，セ〔6〕ルジューク朝が支配した地域の幅広い階層にイスラームの理念が定着することとなったのである。

〔1〕　ニーシャープールに生まれた詩人ウマル゠ハイヤームの代表作である『四行詩集』をペルシア語で何と言うか，カタカナで答えよ。

〔2〕　325年にアタナシウスの説を正統とする公会議が開かれたことで知られる，
　　　ルーム＝セルジューク朝がはじめて首都を置いた都市はどこか。

〔3〕　アレッポを含む一帯は様々な為政者によって支配されてきたが，そのうち
　　　ティグリス川中流域に興り，ニネヴェなどを首都として栄え，前612年に崩壊
　　　した王国を何というか。

〔4〕　アレクサンドロス大王の後継者のひとりによって建てられ，アンティオキア
　　　に首都を置いた王朝を何というか。

〔5〕　十字軍によって建設されたキリスト教国のうち，1099年にパレスティナに
　　　興った王国を何というか。

〔6〕　16世紀にイラン高原に興ったサファヴィー朝は神秘主義教団を母体としてつ
　　　くられた。この教団の教主にしてサファヴィー朝の創設者は誰か。

Ⅳ　次の文章を読んで空欄に最も適切な語句を記入し，下線部についてあとの問いに
　　答えよ。

　　「歴史の父」と称される　　A　　は，その著書『歴史』でペルシア戦争について
描いた。この戦争は前500年頃，アケメネス朝ペルシア支配下の小アジア西岸で起
きた反乱がきっかけで始まったものである。また，アテネ出身のトゥキュディデス
は，アテネを中心とする　　B　　同盟とスパルタを盟主とするペロポネソス同盟が
衝突して前431年に始まったペロポネソス戦争について，著書『歴史』のなかで記
述している。史料批判に基づいて書かれたこの書も歴史記述の祖とされている。
　　これら二人による歴史記述のテーマがともに戦争であったというのは，人類そし
て国家の歴史と戦争の関係を考える上で示唆に富んでいる。上述のように遠い紀元
前の国家ではなく，18世紀後半の1776年にイギリスからの独立を宣言し，その後の
　　　　　　　　　　　　　　〔1〕
戦争によって独立を果たしたアメリカは，戦争とどのように向き合ってきたのだろ
うか。
　　アメリカは大統領の専横を防ぐため，宣戦布告の権限を立法府である議会に与え
ていた。2015年に発表された議会調査局の資料によると，アメリカが海外で行った
注目すべき軍事行動は369例あったが，建国以降，アメリカ議会が宣戦布告を行っ

たのは 5 回にとどまる。

　最初の宣戦布告は，1812年に始まるアメリカ゠イギリス戦争においてであった。これはフランスが1806年に発令した　C　令に対するイギリスの対抗措置などがきっかけで始まった戦争である。

　2度目にアメリカ議会が宣戦布告を行ったのは，アメリカ゠メキシコ戦争においてである。19世紀初頭以降，ラテンアメリカ地域が次々と独立し，ヨーロッパにおけるウィーン体制にも動揺を与えていた。中米では，1810年にクリオーリョの神父である　D　の蜂起によってメキシコの独立運動が活発化し，1821年にスペインとの条約によって独立を果たしたが，その後もメキシコでは政治的な混乱が続いた。そして，1846年に，そのメキシコとアメリカが国境を巡って争っていた地域にアメリカが軍隊を送り込んで起きたのがアメリカ゠メキシコ戦争である。この戦争に勝利したアメリカは，メキシコから　E　やニューメキシコを獲得した。その後，人口が急増した　E　は1850年に西海岸で最初の州となった。

　1898年のアメリカ゠スペイン戦争において，アメリカ議会は 3 回目となる宣戦布告を行う。この戦争のきっかけは，スペインの統治に対するキューバの独立蜂起であった。キューバの支援と，ハバナ湾で撃沈された米軍艦の報復を口実として，アメリカ側から戦争を仕掛けたのである。このアメリカ゠スペイン戦争の勝利によってアメリカは植民地を保有することになった。しかしその後，アメリカが植民地獲得などのために海外における軍事行動を活発化させたというわけではない。例えば，　F　大統領は「弾丸をドルに取り換える」と述べ，アメリカの企業が中国などに投資しやすい環境の整備に尽力した。このように，アメリカは経済面での海外進出を重視していたのである。

　1914年に，オーストリアの帝位継承者夫妻がセルビア人の民族主義者に暗殺された　G　事件をきっかけとして，オーストリアがセルビアに宣戦布告し，やがて，ドイツ・オーストリア陣営から成る　H　国と，イギリス・フランス・ロシア陣営から成る協商国が争う第一次世界大戦へとエスカレートした。しかし，その時もアメリカの世論は参戦に消極的であった。東部戦線では，1914年の 8 月から 9 月にかけて起きた　I　の戦いでドイツ軍がロシア軍を破ったものの，その後は膠着状態に陥った。また，西部戦線においても，　I　の戦いとほぼ同時に起きた　J　の戦い以降，戦況は一進一退となった。このような状態でもアメリカは参

戦しなかった。しかし，ドイツがイギリスの客船ルシタニア号を撃沈させて多数の
アメリカ人犠牲者が出た上に，中立国籍の船舶であっても攻撃する　K　作戦の
開始を宣言すると，アメリカ世論は参戦を容認するように変化した。それを受けて
アメリカ議会が　H　国陣営に対して宣戦布告に踏み切った時には，第一次世界
大戦の開戦からすでに3年ほどが経過していた。

　アメリカ議会にとって最後となる5度目の宣戦布告を行ったのは，1941年12月の
日本軍による真珠湾攻撃がきっかけである。日本からの宣戦布告に先立って行われ
たこの攻撃は，アメリカ人にとって衝撃的な出来事であった。直ちにアメリカ議会
が日本に宣戦布告したのみならず，その後のアメリカ人の国際政治観を大きく変え
た。それまで海外での軍事行動に消極的だった姿勢を一転し，アメリカは戦争に勝
利するだけでなく，戦後も世界秩序の主要な維持者として行動しなければならない
と考えるようになったのである。そのため，戦後発足した国際連合においては，そ
の主要機関のなかでも強大な権限を持つ　L　会の常任理事国として，アメリカ
は国際紛争を解決するための軍事的制裁を主導するようになった。

　第二次世界大戦後，アメリカ議会が宣戦布告することはなくなったが，アメリカ
は軍事超大国へと変貌し，大統領の最高司令官権限による海外派兵は飛躍的に増え
た。さらに，核兵器などの兵器開発にも力を注ぎ，1954年には太平洋上の　M
環礁で水爆実験も成功させている。これは国際紛争を解決するための軍事力増強の
一環という建前であったが，この実験の成功は，核開発競争が激化するとやがて人
類の歴史が核戦争によって終わりかねないとして，反核運動の興隆をもたらすこと
となった。

〔1〕　独立宣言が発表されたのと同じ年に，アメリカ独立の必要性を訴えて大きな
　　　反響をよんだ『コモン゠センス』が出版された。この著者は誰か。
〔2〕　四国同盟と並んで，この体制の維持と大国間の戦争の回避に貢献した同盟を
　　　何というか。

2月1日実施分　　解答　世界史

 **I**　解答　A.　律令　B.　殷墟　C.　訓民正音
D.　チュノム〔字喃〕　E.　高麗　F.　李　G.　前漢
H.　朱子　I.　大乗　J.　東晋

=== 解　説 ===

《近代以前の東アジア世界》

A. 律令のうち律は刑法典，令は行政法ないし民法典。隋・唐では，律令の補充や改正規定である格，律令の施行細則である式をあわせて法体系を完成させた。日本は，これらを遣唐使などを通じて摂取した。

D. チュノム（字喃）は陳朝のときに考案された。陳朝は元を3度にわたって撃退したことでも知られる。

E. 高麗（918～1392年）は，開城を都に王建が建国。文化的には世界最古の金属活字・高麗青磁・高麗版大蔵経などが注目される。

F. 李朝（1009～1225年）はベトナム最初の長期王朝。国号を大越国と称し，都を昇竜（現在のハノイ）に置いた。

G. 前漢の武帝の時期，董仲舒の建言によって儒教（儒学）は官学とされ，五経博士が設置された。五経とは『詩経』『書経』『易経』『春秋』『礼記』。

H. 朱子（朱熹）は南宋の人。朱子学は華夷の区別や君臣の秩序を重視する大義名分論などを説いた。四書（『大学』『中庸』『論語』『孟子』）を五経より重視した。

I. 大乗仏教の中心思想が菩薩信仰。竜樹（ナーガールジュナ）によって確立された。

J. やや難。百済に仏教が伝わったのはリード文から384年となるので，当時の江南の漢人王朝は東晋。東晋は，317年に司馬睿が建康を都に建国し，420年に滅亡した。

 **II**　解答　A.　実権〔走資〕　B.　紅衛　C.　五　D.　五
E.　実存　F.　自由民主〔自民〕　G.　溥儀〔宣統帝〕
H.　井崗　I.　アジア・アフリカ　J.　林彪

═══════════════ 解　説 ═══════════════

《プロレタリア文化大革命の影響》

A. プロレタリア文化大革命では実権派とされた国家主席の劉少奇や鄧小平らが失脚。鄧小平は後に復活し，「四つの現代化」の中心として，改革・開放政策を推進した。

C. 第二次世界大戦後のフランスでは第四共和政が 1946 年に成立し，その後，アルジェリア問題をめぐって 1958 年に第五共和政が成立し現在に至る。

D. 1968 年の五月革命（危機）に際し，大統領ド＝ゴールは解散・総選挙で危機を切り抜けたが，翌年辞任した。

G. 溥儀（宣統帝）は辛亥革命で退位。1932 年には日本が建てた満州国の執政となり，1934 年には皇帝となった。

H. 難問。井崗山は湖南・江西省の境界。ここにソヴィエト政権を建てた毛沢東は，1931 年江西省瑞金に中華ソヴィエト共和国臨時政府を樹立した。

I. アジア・アフリカ会議（1955 年）の開催地バンドンはインドネシアの都市。平和共存と反植民地主義を掲げ「平和十原則」を採択した。会議を呼びかけたインド首相のネルーと中華人民共和国首相の周恩来は，前年 1954 年の会談で「平和五原則」を発表している。

J. 林彪は抗日戦・国共内戦で活躍した軍の指導者。毛沢東の後継者とされたが 1971 年クーデタに失敗し，ソ連へ飛行機で逃亡中モンゴルにおいて墜落死した。

 **解答**　**A.** アラル　**B.** ブハラ　**C.** トゥグリル＝ベク
　D. 大アミール　**E.** スルタン　**F.** クレルモン
G. ホラズム＝シャー　**H.** イクター　**I.** ニザーム＝アルムルク
〔1〕ルバイヤート　〔2〕ニケーア　〔3〕アッシリア
〔4〕セレウコス朝　〔5〕イェルサレム王国　〔6〕イスマーイール

═══════════════ 解　説 ═══════════════

《セルジューク朝》

B. ブハラは，中央アジアのソグディアナの都市。古くからソグド人の商業で栄えた。ブハラを都としたサーマーン朝（875〜999 年）はイラン系

イスラーム王朝。

F. クレルモン宗教会議は 1095 年。セルジューク朝の攻撃を受けたビザンツ皇帝の救援要請を受けて開催された。クレルモンはフランス中南部の町。翌 1096 年に第 1 回十字軍が始まった。

G. ホラズム゠シャー朝（1077〜1231 年）はセルジューク朝のマムルークがアム川下流域に建国したイスラーム王朝。チンギス゠ハンの侵攻を受け，その後滅亡した。

H. ブワイフ朝が創始したイクター制は，軍人や官僚に対し，俸給の代わりに一定の土地の徴税権を付与する制度。セルジューク朝・マムルーク朝でも行われ，オスマン帝国ではティマール制として普及した。

I. ニザーム゠アルムルクが各地に設立したスンナ派の学院（マドラサ）は，彼の名にちなんでニザーミーヤ学院と呼ばれる。

〔1〕 『四行詩集（ルバイヤート）』を著したウマル゠ハイヤームは，セルジューク朝時代のイラン系の詩人・科学者。正確な太陽暦であるジャラリー暦の作成でも知られる。

〔2〕 ニケーアは小アジアの町。ニケーア公会議は，教義統一のためにコンスタンティヌス帝が招集。正統とされたアタナシウスの説は，のち三位一体説として確立され，異端とされたアリウス派はゲルマン人に広まった。

〔3〕 アッシリアは，前 7 世紀前半に全オリエントを統一。全盛期の王がアッシュルバニパル王。過酷な統治のため前 612 年に崩壊した。崩壊後，リディア・メディア・新バビロニア・エジプトの 4 王国が分立した。

〔4〕 セレウコス朝は，アレクサンドロス大王の後継者（ディアドコイ）の一人がシリアに建国。ローマのポンペイウスに滅ぼされた。

〔5〕 イェルサレム王国（1099〜1291 年）は，第 1 回十字軍により建設。1187 年にアイユーブ朝のサラディンにイェルサレムを奪回され，1291 年には最後の拠点アッコンが陥落して消滅した。

〔6〕 サファヴィー朝の建国者イスマーイールは，シーア派を国教とし，イラン風のシャーを君主の称号とした。

　　**解答**　　**A.** ヘロドトス　**B.** デロス　**C.** 大陸封鎖
D. イダルゴ　**E.** カリフォルニア　**F.** タフト
G. サライェヴォ　**H.** 同盟　**I.** タンネンベルク　**J.** マルヌ

K. 無制限潜水艦　**L.** 安全保障理事　**M.** ビキニ
〔1〕トマス＝ペイン　〔2〕神聖同盟

════════════ 解　説 ════════════

《戦争の歴史とアメリカ合衆国》

A. ペルシア戦争を主題としたヘロドトスの『歴史』は，物語的記述が特徴。ヘロドトスの言葉としては「エジプトはナイルのたまもの」が有名。

B. デロス同盟は，前478年頃アケメネス朝の再侵攻にそなえて結成された。本部はデロス島に置かれたが，その後金庫がアテネに移された。ペリクレスはその資金を流用してパルテノン神殿を再建したとされる。

C. 大陸封鎖令は，ナポレオン1世がイギリス経済に打撃を与えるために発令。同時にフランス産業によるヨーロッパ市場の独占もねらったが，かえってイギリス市場を失った大陸諸国を苦しめた。

D. ラテンアメリカでは，イダルゴらアメリカ植民地生まれの白人クリオーリョが独立運動の中心となった。独立を指導したクリオーリョとしてはシモン＝ボリバル，サン＝マルティンも知られる。

E. アメリカ＝メキシコ戦争は，アメリカによるテキサス併合が背景。1848年にアメリカが獲得したカリフォルニアから金鉱が発見されると，世界各地から移民が殺到した（ゴールドラッシュ）。

F. やや難。タフト大統領（任1909～13年）のカリブ海・中南米・東アジアへの投資推進による外交政策は「ドル外交」と呼ばれる。前任のセオドア＝ローズヴェルトによる「棍棒外交」，後任のウィルソンによる「宣教師外交」も重要。

I. タンネンベルクの戦いでロシアを破ったドイツの将軍がヒンデンブルク。第一次世界大戦後のヴァイマル共和国で第2代大統領に選出され，1933年にはヒトラーを首相に任命し組閣を命じた。

L. 安全保障理事会は拒否権を持つ常任理事国5カ国と非常任理事国10カ国（当初は6カ国）で構成される。常任理事国はアメリカ・イギリス・フランス・ソ連（現在はロシア）・中国（中華民国から中華人民共和国に交代）。

M. 1954年のビキニ環礁での水爆実験では，日本の漁船第五福竜丸が被爆した。この事件は，国際的な原水爆禁止運動のきっかけとなった。

〔1〕トマス＝ペインの著書『コモン＝センス』は，13植民地の独立と共

和国建設を訴え，独立をためらう植民地人の心を動かして独立の機運を高
めた。

〔2〕　神聖同盟は，キリスト教の友愛精神に基づく君主間の同盟。ロシア
皇帝アレクサンドル1世が提唱し，イギリス・オスマン帝国・ローマ教皇
を除く全ヨーロッパの君主が加入。四国同盟はイギリス・ロシア・オース
トリア・プロイセンが締結。後にフランスが加入し五国同盟に拡大した。

2月3日実施分　　問題　世界史

（80分）

Ⅰ　次の文章を読んで空欄に最も適切な語句または数字を記入せよ。

インドでは，前2600年頃〜前1800年頃にインダス川流域にインダス文明が栄えた。ハラッパーとモエンジョ゠ダーロはその代表的な遺跡である。モエンジョ゠ダーロでは縦横に走る大通りを枠組とする整然たる都市計画の下に，煉瓦造りの家屋，大浴場とよばれるプール状の建造物，穀物倉などが建てられ，さらには井戸や排水溝といった給排水設備も完備されていた。このインダス文明は　A　人の侵入によって滅ぼされたと以前は理解されていたが，現在ではインダス川の水位変化などがその原因だったのではないかとされている。

その　A　人は，前1500年頃に中央アジアからインド西北部のパンジャーブ地方に移動してきた人々である。彼らは当時，太陽・月・風・雨などの自然を神格化した多数の神を信仰していた。インド最古の宗教作品である『リグ゠ヴェーダ』は，それらの神々への　B　を集成したものである。

前1000年頃になると，先住民と融合した　A　人はガンジス川中流域に進出し，肥沃なこの土地で農耕村落を形成していった。これ以降，前600年頃までを後期　C　時代と呼ぶが，バラモン教の祭式・哲学関係の諸聖典が編纂されたのがこの時期である。この時期に　D　者たちは祭式を極度に複雑化させてそれを独占すると共に，祭式の知識を持ち神々と接触できる者こそが人間の中の最高の存在であると唱えることで，排他的な　D　階層であるバラモンを形成していった。さらに，バラモンによって，バラモンを最高とし，クシャトリヤ，ヴァイシャ，シュードラという宗教的にも社会的にも大きな差別を定めた四つのヴァルナ（種姓）の理念が説かれ，現実にも身分的な差別を持つ世襲的な社会制度が成立した。この四種姓の理念は次第に体系づけられて，前200年頃〜後200年頃にまとめられた『　E　』ではその権利や義務が明確に規定されている。

　前6世紀になると，ガンジス川中流域を中心として諸国家が出現した。この頃には，政治の中心は潤湿で肥沃なガンジス川中流域に完全に移っていた。土地の開拓と農業生産の増大によってインドで最も豊かになったこの地方で，それまでの部族制国家とは異なる新しい君主制国家が出現し強大化した。この君主制国家の発展は国家の枠を超えた通商活動を刺激し，富裕な商人の活躍も見られるようになった。このような社会的・経済的発展を背景として，地縁・血縁を離れた個人の活躍が可能になった結果，祭式至上主義のバラモン教に対して，人間の内面を重視する思想運動が盛んとなり，　F　哲学が誕生した。この哲学の基本は，宇宙の根本原理であるブラフマン（梵）と人間存在の根本原理であるアートマン（我）が同じものであるという真理を悟るところにあった。この頃のバラモン教信仰の中心地であるガンジス川の上中流域よりも東方のマガダ国の地域では，バラモンの唱えるヴァルナ制度に反対する思想家が現れた。人生の「苦」から脱する道を禁欲的な苦行生活に求めた　G　もその一人である。彼のような思想家が創設した教団は，ヴァルナ的身分秩序に囚われずに活動していた王族や富裕者などの経済的支援を受けて，通商路に沿って周辺地域に伝えられていった。

　アレクサンドロス大王がインダス川流域を席巻していた前　H　世紀終盤，ガンジス川流域のほぼ全域はマガダ国のナンダ朝の支配下に置かれていた。そのマガダ国の辺境で挙兵したチャンドラグプタは，アレクサンドロス大王の死後，混乱状態にあったパンジャーブ地方からギリシア勢力を一掃し，また，アレクサンドロスの東方領の回復を目指して東征してきたセレウコス朝シリア軍の進出も阻んだ。ここにインド史上はじめてガンジス・インダス両河の流域に跨がる統一帝国が出現した。　I　朝である。さらに，　I　朝第3代のアショーカ王がデカン東北部のカリンガ国を征服したことによって，南端部を除くインド亜大陸の統一もはじめて実現した。アショーカ王は，人種的・文化的・経済的に多様な要素からなる帝国を維持するために，国王・臣民間の信頼関係の樹立と守るべき社会倫理の遵守とを基本とする　J　の政治を進めた。この　J　の理想を子々孫々に伝えるため，アショーカ王はその内容を領内各地の磨崖や石柱に刻ませた。しかし，これは実を結ばず，王の死後，ほどなく帝国は分裂・衰退した。

Ⅱ　次の文章を読んで空欄に最も適切な語句を記入せよ。

　「中国」という言葉は，伝統的には，国家の名称ではなく，文明の中心ととらえた漢人の集団あるいはその居住範囲を漠然とさす語として用いられていた。近代以前に中国において興亡した国々の名称は，あくまで明や清といった王朝名であって，「中国」が国名あるいはその略称として定着するのは，19世紀半ば以降，とりわけ辛亥革命により　　A　　が成立してからである。

　紀元前5000年頃から，黄河中流域の仰韶遺跡や長江下流域の河姆渡遺跡などの　　B　　文化が発達するが，はじめて王朝が誕生したのは黄河中流域であった。ただ，殷王朝にしても周王朝にしても，あくまで，樹木や土塁などでかこまれた集落である　　C　　の連合体として成立した王朝であり，いわば点と線の支配を行うにとどまり，その周辺には文化の異なる集団が存在していた。こうした異文化集団が吸収され「中国」という観念が形成されるのは春秋・戦国時代のことである。そして，秦・漢の統一王朝の時代において，直接支配する領域を「中国」としその外側の領域と対比する用法が一般化する。

　しかし，この「中国」の観念は，その後もさまざまな影響を受けて，変化を繰り返していく。

　後漢の滅亡から隋の統一にいたる約370年間の　　D　　時代に，北方の草原から侵入した遊牧民族は次々と王朝を建てたが，これにより胡漢の文化の融合がみられた。例えば，漢代に西域経由で流入した仏教は，鳩摩羅什によって大乗諸経が漢訳され大衆化していく。この他にもマニ教や，中国で　　E　　教と呼ばれたゾロアスター教といった西方起源の宗教が伝播し，隋唐時代に都が置かれた長安では多くの寺院が建立された。ここからは周辺民族の文化と融合する「中国」の姿がうかがえる。

　他方，宋朝では「中国」の独自性を守ろうとした姿勢が見て取れる。唐朝滅亡後の約300年間は，北方や西方に誕生した遼・金・西夏などの異民族王朝と宋朝とが併存する状況にあったが，宋朝は多様な文化を融合する「中国」よりも，　　F　　の区別を重視し，排他的で他者を受容しない狭隘な「中国」を志向し，みずからの文化的優勢を示そうとした。このことは，漢人王朝の明朝でも同様であった。

　17世紀半ばに中国を統一した異民族王朝の清朝においても，明朝の遺臣や秘密結

社あるいは太平天国が「反清復明」や「　　G　　」のスローガンを掲げたように，漢人のあいだでは狭隘な「中国」が求められた。一方，清朝はみずからの文化を守りつつも，儒教や芸術などの「中国」文化の後援に積極的であっただけでなく，モンゴル・漢・チベット・ウイグルなどの多様な文化を包摂することで広い版図を形成した。そして，このことが近代以降の中国に影響をもたらすことになる。

　19世紀半ばのアヘン戦争を契機とする欧米列強の中国進出は，中国に「民族」やナショナリズムといった概念をもたらした。中国に「民族」という用語を紹介したのはジャーナリストでもあった　　H　　である。彼は，清朝を立憲君主制に改革すべく，亡命先の日本で新たな民のかたちを模索した。そして，国民と民族とが同質的にとらえられていた当時において，チベット族やモンゴル族などの異民族も漢族の同胞であり「中華民族」とみなすことができると考えた。彼の主張は，近代中国における民族意識の形成に大きな影響を与えた。

　他方，共和制の国家を目指し革命を主張した孫文は，活動の初期においては異民族を排除した明朝の版図での建国を想定した。しかし，彼は，　　A　　の臨時大総統に就任した際に，漢・　　I　　・蒙（モンゴル）・回（ムスリム）・蔵（チベット）などの諸族の居住地を合わせて一国とし，これらを一つの民族とすると宣言した。すなわち，狭隘な「中国」ではなく，融合の「中国」でなければ欧米列強と渡り合えないと考えたのである。

　こうして創出された「中華民族」はナショナリズムと結びつき，その後の革命運動においてたびたび強調されていく。例えば，目指す社会が異なるふたつの政党が2度にわたって協力した　　J　　は，軍閥や帝国主義から「中華民族」を解放するという目標を共有することで実現した。また，その後の中華人民共和国の成立も，「中華民族」が独立と自由を勝ち取った民族解放運動としてとらえることができる。しかし，為政者が国民を統合するために自己本位に「中華民族」のあり方を規定したり，これを人々に強要したりするのであるならば，それは融合の「中国」ではなく，狭隘な「中国」を志向するものであると言わざるを得ないだろう。

Ⅲ　次の文章を読んで空欄に最も適切な語句を記入し，下線部についてあとの問いに
答えよ。

　2023年5月，イギリスでは，前年に逝去したエリザベス2世を継いだチャールズ
3世とカミラ王妃の戴冠式が行われた。このように現在でも君主を戴くイギリスだ
が，同時に議会制民主主義発祥の国の一つとしても知られている。では，このイギ
リス，とりわけイングランドにおいて，王権と議会の関係は中世から近世にかけて
どのように変化したのだろうか。

　中世のイングランドでは，国王は臣民中の有力者である諸侯と相談しながら統治
を進めなければならないという原則が存在した。しかし，1199年に即位した
　　A　　王は，大陸の領土を失うなどの失政を重ねたため諸侯の反発を招き，諸侯
の権利を確認した大憲章（マグナ゠カルタ）を承認することを余儀なくされた。そ
の後も国王と諸侯の対立は続き，その中から国王の専制を抑えるための諸侯による
封建的集会が成長してくることになる。

　1250年代には当時の国王ヘンリ3世の政策に対する反発から，　　B　　を指導者
とする諸侯が反乱を起こした。1265年，この　　B　　が支持獲得のために諸侯や高
位聖職者のみならず州や都市の代表も集めて開催した集会が，今日のイギリス議会
の起源とされている。この　　B　　を破ったエドワード1世も治世中にしばしば議
会を招集した。彼が1295年に開いた議会は，参加者が当時のイングランドの身分制
社会の構成をよく反映していたことから　　C　　議会と呼ばれている。その後，イ
ングランドの議会は貴族院と庶民院から構成される　　D　　制議会の形をとること
になった。

　こうしてイングランドでは社会の各身分の代表が参加する身分制議会が確立した。
　　　　　　　　　　　　　　　　　　　　　　　　　　　　　　　〔1〕
この議会には，国王の専制を抑えるとともにその統治を助けるという役割もあった。
イングランド以外の多くのヨーロッパ諸国ではこのような身分制議会は王権の強化
に伴い力を失っていったが，それとは対照的に，バラ戦争を収束させた　　E　　世
が開いたテューダー朝期のイングランドでは，議会は王権と協力することでその力
を伸長させていった。

　しかし，17世紀に入りステュアート朝の時代になると，王権と議会の関係は変化
する。ジェームズ1世は，君主の権力は神から与えられたものであり，臣民はこれ

に絶対的に服従する義務があるとする　F　説を主張していた。この説を信奉するジェームズ１世とつづくその子のチャールズ１世は，それゆえにしばしば議会との協力を怠り寵臣に依存した政治を行った。議会との対立を深めたチャールズ１世は，1629年に議会を解散すると，その後11年もの長きにわたって議会を招集しなかった。ところが，スコットランドで反乱がおこると，戦費調達のために議会の招集を余儀なくされた。1640年４月に開かれたこの議会では国王への批判が噴出したため，チャールズ１世はすぐにこれを解散した。この議会はわずか３週間しか続かなかったことから　G　議会と呼ばれている。

　その後，チャールズ１世は財政的理由から1640年11月に再び議会を招集したが，議会は国王やその側近への批判を強め，それまでの国王の政策を無効にすべく議会主導の改革を進めた。この改革を支持する議会派と国王を支持する王党派の間で対立が激化し，ピューリタン革命とも呼ばれる内戦が勃発することとなった。その中〔2〕で頭角を現してきたのがクロムウェルである。クロムウェルは，議会派の一派で国王との妥協を拒否し共和政の導入を唱える　H　派の指導者として，自ら鉄騎隊を率いて議会派を勝利に導いた。捕らえられたチャールズ１世は1649年に処刑され，イングランドは共和政の国となった。〔3〕

　しかし，その後，クロムウェル率いる軍が議会と対立するようになったため，クロムウェルは1653年に議会を解散した。クロムウェル自身は強力な権限を持つ最高官職の　I　に就任し，議会も組み込む形で新たな統治体制を樹立したが，この体制は彼の没後まもなく崩壊し，クロムウェルに解散させられていた議会が復活した。そして，1660年にはチャールズ１世の息子が亡命先から呼び戻され，チャールズ２世として即位した。この王政復古によりイングランドは伝統的な国制に戻ったが，国王の専制政治を制限するという革命中の成果はその後も継承された。

　新国王のチャールズ２世は親フランス・親カトリック的な姿勢や専制的傾向を見せたため，国教会主導のプロテスタント体制を守ろうとする議会との間に再び対立が生じた。議会は，公職就任者を国教徒に限るとした1673年の審査法や，正当な理由のない逮捕や拘禁を禁じた1679年の　J　法などを制定することで国王の専制に対抗した。このような対立は王弟のジェームズ（後のジェームズ２世）の王位継承問題をめぐって一段と激化することになった。〔4〕

　その後，王位に就いたジェームズ２世もカトリック化政策を押し進めたため，こ

れに反発する指導的政治家たちは，プロテスタント国である隣国オランダから
ジェームズ2世の娘メアリとその夫である総督オラニエ公ウィレムとを招いて，名
誉革命が実現した。これにより王権に対する議会の優位が確立した。
⁽⁵⁾

　これ以後，イギリスでは君主を戴きつつも，議会はいかなる法も制定・改廃でき
るとする議会主権の理念とともに，君主の恣意的な意向ではなく法規に基づいて統
治が行われる立憲王政が徐々に定着していくことになったのである。

〔1〕　同様の身分制議会はヨーロッパの他の国でも見られた。1302年に始まったと
　　　されるフランスの身分制議会の名称を答えよ。

〔2〕　ピューリタンとは，議会と王権の対立の中で重要な役割を果たしたイングラ
　　　ンドにおけるカルヴァン派プロテスタントの呼称である。このピューリタンの
　　　うち，宗教的自由を求めて1620年に北米に移住し，プリマス植民地を築いた
　　　人々を何というか。

〔3〕　共和政期には，クロムウェルによるアイルランドの征服や土地の収奪も行わ
　　　れた。この時期以降に奪われた土地をアイルランド人の手に戻すため，1870年
　　　と1881年にグラッドストン内閣の下で制定された小作人の権利保護を目指す法
　　　律の総称を何というか。

〔4〕　この時，ジェームズの王位継承に反対し，議会の権利を主張した人々の集ま
　　　りで，後の自由党の前身の一つともなった政治的党派の呼称は何か。

〔5〕　名誉革命後の議会により制定された重要な法律のうち1689年に制定されたも
　　　ので，議会の同意を得ない課税の禁止や議会内での言論の自由などの諸権利を
　　　確認し，その後イギリスの重要な基本法の一つとなった法律を何というか。

Ⅳ　次の文章を読んで空欄に最も適切な語句を記入し，下線部についてあとの問いに
答えよ。

　アメリカのサウスダコタ州西部の広大な平原にブラックヒルズの山々が広がって
いる。降水量が少ない地域にありながら，この山々は緑が豊かで，紀元前8000年ご
ろから先住民が暮らしてきた。現在でもブラックヒルズ近辺には，先住民である
スー族が居住する　A　地がある。　A　地といえば，1830年にジャクソン大
統領によって制定された強制移住法によって，チェロキー族などの先住民が肥沃な
アパラチア山脈からミシシッピ川西方の荒れ地にある　A　地に移住させられた
ことが思い出される。その移動は，過酷で多数の犠牲者を出したため「　B　」
として知られている。一方，スー族は別の土地に強制移住させられることはなかっ
たものの，部族発祥の地であり聖地とされるブラックヒルズを奪われた。そのブ
ラックヒルズの岩壁の一角には，左から順にワシントン，ジェファーソン，セオド
ア゠ローズヴェルト，そしてリンカンの４人のアメリカ大統領の巨大な顔が彫り込
まれている（下図）。これらは1927年から1941年まで約14年の歳月をかけて建設さ
れ，現在ではマウントラシュモア国立記念碑として，毎年200万人が訪れる観光名
所となっている。

ユニフォトプレス提供
著作権の都合により，類似の写真に差し替えています。

　では，この４人の大統領は先住民をどのように扱ったのであろうか。ワシントン
は1775年にアメリカの13植民地の代表によって開かれた第２回　C　会議で植民
地軍の総司令官に選出され，独立戦争を勝利に導いた。そして，1800年までアメリ
カの首都であった　D　で開催された　E　会議の議長を務めたあと，1789年

にアメリカ初代大統領に就任した。ワシントン政権の初代国務長官として彼を支え
た人物がジェファーソンである。農業による国家の発展を目指すジェファーソンは,
商業や製造業を重視するハミルトン財務長官ら F 派と対立したが, 1801年に
は第3代アメリカ大統領に就任している。これらの人物はいずれも「アメリカ建国
の父」として知られている。しかし, 独立宣言において先住民が「情け容赦のない
野蛮な」人々と表現され, 合衆国憲法の第一条において先住民が人口の算出から除
外されたように, 彼等にとって先住民は差別と排斥の対象にすぎなかった。

　リンカンもまた先住民に対する「建国の父」の姿勢を受け継いでいた。1861年に
リンカンが大統領に就任すると間もなく南北戦争が起きたが, その激戦地となった
ゲティスバーグにおける演説で, 彼が「 G の G による G のため
の政治」と述べたことはよく知られている。さらに, 1863年には奴隷解放宣言を発
表するなど, アメリカの民主主義を体現する政策を実行した。しかし, その一方で,
彼は H 法を導入し, 西部の公有地で5年間定住して畑を開墾すれば160エー
カーの土地を無償で与えることとした。この法律でリンカンが西部の入植者に与え
た土地は先住民を排除して得たものであった。また, 彼が率いるアメリカ政府は先
住民と幾つもの条約を締結したが, 条約に規定された多くの合意事項を守らなかっ
た。そのためミネソタではスー族が蜂起したものの, この蜂起はアメリカ軍によっ
て鎮圧され, リーダーはみな絞首刑に処せられた。このことは, リンカンが謳う
「 G 」に先住民は含まれていなかったことを物語っている。

　リンカン以降, アメリカは西部で抵抗する先住民に対して武力による鎮圧を加速
させる。武力行使は, 1890年にサウスダコタ州のウンデッド=ニーにおいて祈りの
ために集まって踊りはじめたスー族をアメリカ軍が攻撃し惨殺する事件が起きるま
で続いた。なお, アメリカの国勢調査局が, 国内には白人の入植地と未開地の境界
線がなくなったと判断し I の消滅を宣言したのが, まさにこの年である。

　19世紀終盤になると, アメリカは海外領土の獲得を目指し始めた。そして, 1898
年のアメリカ=スペイン戦争の勝利によって, アメリカは J を保護国化した。
また同時期に K を併合したが, これは現地の人びとの同意を得て行われたわ
けではなかった。 K 王国の最後の君主であったリリウオカラニ元女王をはじ
めとする K 先住民は, アメリカによる併合に反対の立場を取っていた。しか
し, アメリカ政府はこのような声に耳を傾けることはなかった。そして, アメリカ

＝スペイン戦争を主導した　 L 　大統領が暗殺された後，副大統領から大統領に昇格したローズヴェルトは，必要とあらばカリブ海諸国に軍隊を派遣して軍事的政治的に介入するいわゆる　 M 　外交を展開し，カリブ海や中央アメリカに対する支配を正当化した。さらに，1903年にはコロンビアから　 N 　を独立させ，翌年 N 　運河の建設を開始した。

　こうしてカリブ海や中央アメリカへの支配を強化する一方，ローズヴェルトは先住民を排除した西部を中心とする地域の自然保護に力を注いだ。若い時から登山や狩猟を通して自然に親しんできた彼は，大統領在任中も現在のヨセミテ国立公園を訪れてキャンプを楽しんだ。しかし，そのヨセミテも先住民を排除して手に入れた土地であった。そして，ローズヴェルトの顔が彫刻されたブラックヒルズも，19世紀半ば以降に鉱物資源が発見されたことで，アメリカ政府はスー族から強制的に接収した。1960年代以降に先住民の主権回復運動が高まりを見せると，スー族はブラックヒルズの返還を求めてアメリカ政府と交渉を開始するが，現在まで解決には至っていない。

　マウントラシュモア国立記念碑の４人の大統領の像はアメリカが誇る民主主義の殿堂とされているが，それはまた，先住民にとって，失われた主権と傷つけられた尊厳の象徴でもあるのである。

〔問い〕　この時期にアメリカで高まった人種差別撤廃を求める運動を何と呼ぶか。

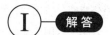

解答 世界史

Ⅰ 解答
A. アーリヤ　B. 賛歌〔讃歌〕　C. ヴェーダ
D. 司祭　E. マヌ法典　F. ウパニシャッド
G. ヴァルダマーナ〔マハーヴィーラ〕　H. 4　I. マウリヤ
J. ダルマ〔法〕

===== 解説 =====

《インドの古典文明》

A. アーリヤ人は，インド=ヨーロッパ系民族。インドでは，前1500年頃，カイバル峠をこえて西北部のパンジャーブ地方に進出した。

C. さまざまなヴェーダの原型が形成されたヴェーダ時代は，『リグ=ヴェーダ』が成立した前期（前1500～前1000年頃）と，他のヴェーダが成立した後期（前1000～前600年頃）に区分される。

E. マヌ法典は，バラモンの優越や下位ヴァルナに対する差別などを特徴とする。

F. ウパニシャッド哲学は，ブラフマン（梵）とアートマン（我）の合一とそれを悟る梵我一如や輪廻からの解脱などを説いた。

G. ヴァルダマーナ（マハーヴィーラ）は，ジャイナ教の開祖。マハーヴィーラは尊称で「偉大な英雄」の意。ジャイナ教は徹底した苦行・禁欲・不殺生を説いた。現在も商人層に信者が多い。

H. アレクサンドロス大王の東方遠征は前334～前324年。アケメネス朝を征服してギリシア・エジプトからインダス川にいたる大帝国を建設した。

I. マウリヤ朝（前317年頃～前180年頃）は，ナンダ朝を倒したチャンドラグプタが建国。都はパータリプトラ。第3代アショーカ王は，第3回仏典結集やスリランカ布教でも知られる。

A. 中華民国　B. 新石器　C. 邑　D. 魏晋南北朝
E. 祆　F. 華夷　G. 滅満興漢　H. 梁啓超
I. 満　J. 国共合作

─── 解 説 ───

《古代から現代までの中国史》

A. 中華民国は，1912 年に南京を首都，孫文を臨時大総統として建国された共和国。辛亥革命は 1911〜12 年。

D. 魏晋南北朝時代は，後漢の滅亡から隋の統一までの分裂期。三国時代を経て晋（西晋）が統一したが，西晋滅亡後，華北には五胡十六国，江南には東晋が建国された。その後，華北は北魏に統一されたが，東魏・西魏，北斉・北周と変遷した。江南では，宋・斉・梁・陳が相次いで建国された。

E. 祆教（ゾロアスター教）は火を神聖視することから拝火教とも呼ばれる。世界をアフラ＝マズダ（光明の神）とアーリマン（暗黒神）の対立ととらえる。「最後の審判」の思想はユダヤ教・キリスト教にも影響を与えた。

F. 南宋の朱子（朱熹）によって大成された宋学（朱子学）では，華夷の区別とともに大義名分論が強調された。

G. 太平天国が掲げた「滅満興漢」は清朝打倒と漢民族の王朝の復興を意味する。

H. 難問。「ジャーナリスト」とあるので梁啓超が正解。同じく戊戌の政変で日本に亡命した康有為の弟子である。康有為は学者・政治家である。

J. 国共合作は，中国の国民党と共産党の協力体制。第 1 次は 1924 年に孫文が実現したが，蔣介石による上海クーデタ（1927 年）で分裂。第 2 次は 1936 年の西安事件を経て，日中戦争勃発後の 1937 年に成立した。

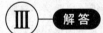 **Ⅲ** 解答 **A.** ジョン **B.** シモン＝ド＝モンフォール **C.** 模範 **D.** 二院 **E.** ヘンリ 7 **F.** 王権神授 **G.** 短期 **H.** 独立 **I.** 護国卿 **J.** 人身保護
〔1〕三部会 〔2〕ピルグリム＝ファーザーズ〔巡礼始祖〕
〔3〕アイルランド土地法 〔4〕ホイッグ党 〔5〕権利の章典

─── 解 説 ───

《イングランドにおける王権と議会の関係》

A. ジョン王はプランタジネット朝第 3 代の王。「欠地王」とも呼ばれる。大憲章の承認は 1215 年。新たな課税には大貴族・高位聖職者の会議の同意を必要とするなど，国王の専制を制限した。

C. 模範議会は，大貴族・高位聖職者のほか，各州2名の騎士・各都市2名の市民が参加し，その後の議会の模範となった。

D. イギリスの二院制議会のうち，貴族院が上院で大貴族と高位聖職者の代表で構成された。庶民院が下院で各州代表の騎士と各都市代表の市民で構成された。

E. ヘンリ7世が開いたテューダー朝の国王は，ヘンリ8世・エドワード6世・メアリ1世・エリザベス1世と続く。絶対王政期で王権が強化され，エリザベス1世の時期にはイギリス国教会が確立した。

G. 1640年の短期議会の解散後，同年11月に招集され，1653年まで続いた議会が長期議会。議会と国王が激しく対立し，内乱へと至った。

H. 独立派は王権の制限・議会主権を主張した。議会派は，独立派のほか，急進派で参政権と財産権の平等を主張した水平派，穏健派で立憲王政と教会における長老制度を主張した長老派に分裂した。

〔1〕　三部会は，聖職者・貴族・平民の代表で構成されたフランスの身分制議会。1302年に教皇ボニファティウス8世と争ったフランス国王フィリップ4世が招集。フィリップ4世は翌1303年アナーニで教皇を捕らえた。

〔2〕　ピルグリム=ファーザーズ（巡礼始祖）が使用した船がメイフラワー号。イギリス王ジェームズ1世のピューリタン迫害から逃れ，北米に移住した。

〔3〕　アイルランド土地法を制定したグラッドストンは自由党の政治家。晩年，アイルランド自治法の成立をめざしたが成立しなかった。

〔4〕　ホイッグ党に対し，カトリック教徒のジェームズの王位継承を容認し，後の保守党の前身となった政治的党派がトーリ党。

〔5〕　1689年に議会が決議した「権利の宣言」を受け入れてメアリ2世とウィリアム3世が即位すると，議会は「権利の宣言」を「権利の章典」として制定した。

Ⅳ　解答　**A.** 保留　**B.** 涙の旅路〔涙の道〕　**C.** 大陸
　D. フィラデルフィア　**E.** 憲法制定　**F.** 連邦
G. 人民　**H.** ホームステッド〔自営農地〕　**I.** フロンティア
J. キューバ　**K.** ハワイ　**L.** マッキンリー　**M.** 棍棒　**N.** パナマ

〔**問い**〕公民権運動

━━━━━━━━━━━━ **解 説** ━━━━━━━━━━━━

《歴代のアメリカ大統領と先住民》

C. 大陸会議は13植民地の代表者会議。1774年に開かれた第1回会議では，前年のボストン茶会事件への対応が協議された。

D. フィラデルフィアはペンシルヴェニア植民地の中心都市。独立戦争遂行の拠点として，大陸会議や独立宣言，合衆国憲法の起草などの舞台となった。

E. 憲法制定会議の開催は1787年。中央集権を強化した合衆国憲法が制定された。合衆国憲法は，人民主権・連邦主義・三権分立を特徴とする。

F. 連邦派は中央政府の権限強化を主張した人々。第3代大統領となったジェファソン（『独立宣言』の起草者）ら州の自治・主権を主張した人々は反連邦派と呼ばれた。

H. ホームステッド法の制定は1862年。南北戦争での西部農民の北部支持と，戦後の西部開拓の促進につながった。

J. アメリカはキューバ憲法に外交権の制限や内政干渉権などを内容とする「プラット条項」をおしつけ，事実上保護国とした。

K. ハワイは，18世紀末にカメハメハ王朝が全島を統一。1893年にアメリカ合衆国の圧力で最後の女王リリウオカラニが退位して滅亡。1898年に合衆国に併合された。

N. パナマ運河の開通は1914年。パナマ運河開通によって大西洋と太平洋が結ばれた。

〔**問い**〕 公民権運動の頂点が，キング牧師が指導した1963年の「ワシントン大行進」。1964年にはジョンソン大統領のもとで公民権法が成立した。

2月1日実施分　　問題　地理

（80分）

I　次の地形図をよく読んで，〔1〕〜〔11〕の問いに答えよ。なお，この地形図は等
　倍であり，平成29年発行（平成25年図式）のものである。

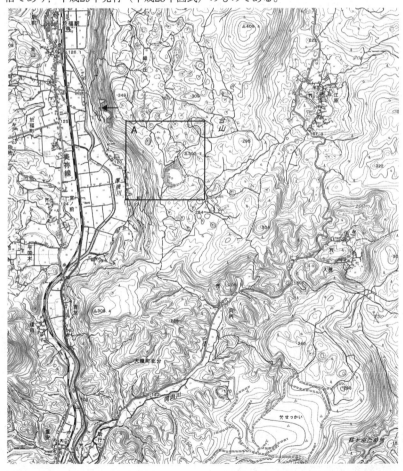

編集部注：実際の問題はカラー印刷
　　　　　編集の都合上，70％に縮小

〔1〕　この地形図の縮尺を答えよ。　　　　　　　　　　〔解答欄〕_____分の1

〔2〕　この地形図の標高は，どこの平均海面を基準としているか，答えよ。

〔3〕　この地形図において，太さの異なる2種類の実線で描かれる等高線のうち，
　　　　細い方の等高線は何と呼ばれるか，最も適切な名称を答えよ。

〔4〕　この地形図の南東部には石灰の採鉱地がみられる。石灰を主原料とする製品
　　　　として，最も適切なものを，次の選択肢の中から1つ選び，符号で答えよ。

　　　　　あ　コークス　　　　い　セメント　　　　う　ナフサ　　　　え　パルプ

〔5〕　「厚狭川」の東側にひろがる台地には，二酸化炭素を含む雨水などによって
　　　　石灰岩が溶けて形成された地形がみられる。このような地形の総称は何と呼ば
　　　　れるか，最も適切な地形名をカタカナで答えよ。また，その語源となった地名
　　　　がある国はどこか，その国名を答えよ。　　〔「総称」の解答欄〕_____地形

〔6〕　この地形図の中央より北にみられる，「台山」付近に点在する小さな凹地は
　　　　何と呼ばれるか，最も適切な地形名を答えよ。

〔7〕　この地形図の北東部に位置する「江原」の集落は，複数の小さな凹地が結
　　　　合・拡大し形成された平らな谷底にひろがる。このような凹地の地形は何と呼
　　　　ばれるか，最も適切な地形名を答えよ。

〔8〕　この地形図の「緑ヶ丘」付近には，畑と果樹園がある一方で，水田はみられ
　　　　ない。自然条件から，その理由を簡潔に述べよ。

〔9〕　この地形図の矢印で示された道路には，急カーブがある。その理由を簡潔に
　　　　述べよ。

〔10〕　この地形図に関する次の(1)〜(4)の文で，正しいものには〇印を，誤っている
　　　　ものには×印を記せ。

　　　(1)　この地形図の「厚狭川」は，南から北に流れている。

　　　(2)　この地形図の「美祢線」は，単線である。

　　　(3)　この地形図の範囲には，高等学校がある。

　　　(4)　この地形図の範囲には，有料道路が通っている。

〔11〕　**A**の枠内を示す空中写真はどれか，最も適切なものを㋐〜㋓の中から1つ選び，符号で答えよ。なお，写真はすべて2013年撮影であり，上が北である。

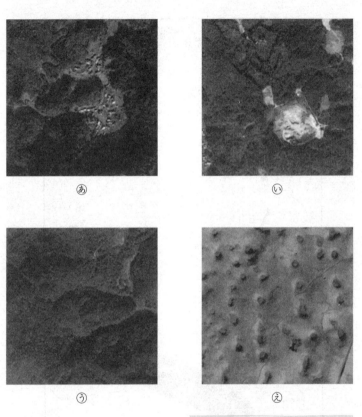

編集部注：実際の問題はカラー印刷

Ⅱ　ドイツに関する次の地図と文をよく読んで，〔1〕〜〔7〕の問いに答えよ。なお，
　　地図中と文中の記号（A〜D）および数字（1〜4）は対応している。

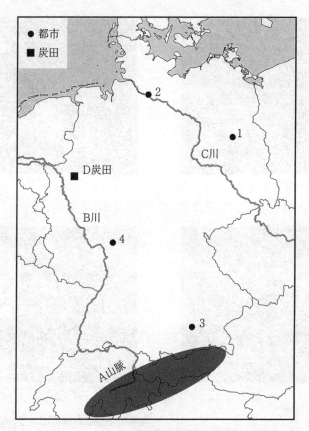

編集部注：実際の問題はカラー印刷

　　ドイツは北東部の　1　を首都とする国である。自然環境からみていくと，ド
イツの地形は，低平な北部と山がちな南部とに大きく分けることができる。北部は
かつて氷河に覆われており，氷河の運んだ土砂によって形成された　イ　と呼ば
れる土地の高まりがみられる。南部には新期造山帯の　A　山脈があり，オース
トリアとの国境には標高約3,000 mの山が存在する。国内にはいくつかの大きな河
川があり，西部には　A　山脈を源とする　B　川が流れている。東部には
　C　川が流れ，その河口付近はラッパ状に開いた沈水海岸の　ロ　となって
いる。　C　川の下流部に位置し，国内で第2位の人口を擁する　2　までは，

外洋航行船の遡行が可能である。

　次に，産業についてみていこう。ドイツでは，　D　炭田から採掘される豊富
な石炭資源と，　B　川の水運とを背景にして，北西部で鉱工業が発達した。そ
の代表的な都市としては，デュースブルク，エッセン，ドルトムントなどが挙げら
れる。石炭から石油へのエネルギー資源の転換以降，こうした地域の工業は停滞し
た。一方で，南西部のシュツットガルトなどを中心に自動車産業が発達しており，
　　　　　　　　　　　　　　　　　　　　　　　　　(a)
その生産台数は世界有数である。さらに，バイエルン州の州都で国内人口が第3位
である　3　においては，先端技術産業なども成長している。

　人々の移動に注目してみると，ヨーロッパのうち　ハ　に加盟した国々の間で
は，パスポートを提示することなく自由に国境を越えることができる。そのため，
夏などに長期間の休暇を取る　ニ　の習慣においても，旅行を目的とした国際的
　　　　　　　　　　　　　　　　　　　　　　　　　　　　　　　　　　　(b)
な移動がよりうながされた。　4　にある空港は，国際的なハブ空港としての役
割を担っている。さらにドイツでは，国内の労働力不足を補うために，多くの外国
　　　　　　　　　　　　　　　　　　　　　　　　　　　　　　　　　　(c)
人の労働者を受け入れてきた。こうした人々をめぐっては，文化の違いなどによる
差別や排斥運動が生じた。そのため，国内の外国人に対する教育の充実をはじめ，
共生に向けた取り組みが進められている。

〔1〕　文中の　1　～　4　に当てはまる最も適切な都市名を答えよ。

〔2〕　文中の　イ　～　ニ　に当てはまる最も適切な語句を答えよ。

　　　〔ハの解答欄〕　　　　　　協定

〔3〕　文中の　A　～　D　に当てはまる最も適切な地名を答えよ。

〔4〕　ドイツと国境を接していない国を次の選択肢の中から2つ選び，符号で答え
　　　よ。

　　　あ　イタリア　　　　　い　オランダ　　　　　う　スロバキア

　　　え　チェコ　　　　　　お　デンマーク　　　　か　フランス

〔5〕　下線部(a)に関して，次の表は2000年，2010年，2020年のアメリカ合衆国，中
　　　国，ドイツ，日本における自動車生産台数である。ドイツはどれか，表中の
　　　あ～えの中から1つ選び，符号で答えよ。

（千台）

国	2000年	2010年	2020年
㋐	12,800	7,743	8,821
㋑	10,141	9,629	8,068
㋒	5,527	5,906	3,743
㋓	2,069	18,265	25,225

注）自動車には乗用車，およびトラック・バスが含まれる。

『世界国勢図会 2022/23年版』により作成

〔6〕 下線部(b)に関して，次の表はドイツ，ノルウェー，フランス，ポルトガルの旅行収支（2015年）を示したものである。ドイツはどれか，表中の㋐〜㋓の中から1つ選び，符号で答えよ。

（百万米ドル）

国	旅行収入	旅行支出
㋐	66,441	47,713
㋑	50,669	85,334
㋒	16,007	4,576
㋓	6,370	16,485

注）旅行収入は他国の旅行客から得た収入額，旅行支出は自国の旅行客が外国で支出した額である。

『世界の統計 2023年版』により作成

〔7〕 下線部(c)に関して，次の表は，ドイツが受け入れている国外からの移住者の出身国別人口割合（2020年）を示したものである。表中の㋐に当てはまる国名を答えよ。

	国名	割合（%）
1位	ポーランド	13.6
2位	㋑	11.7
3位	ロシア	7.6
4位	カザフスタン	7.2
－	その他	59.9
計	－	100.0

『世界国勢図会 2022/23年版』により作成

Ⅲ　食料問題に関する次の文と表をよく読んで，〔1〕〜〔9〕の問いに答えよ。

　　2021年に国連食糧農業機関（　A　）が，国際農業開発基金（IFAD），国連 イ 基金（UNICEF），国連世界食糧計画（　B　），そして世界保健機関（　C　）と共同で制作した「世界の食料安全保障と栄養の現状2021」によると，2020年時点，世界で最大8億1100万人が，慢性的な栄養不足に苦しんでいたとされる。この推計値は，世界人口の約　X　分の1に相当する人々が，十分な食料を得ることのできない飢餓状態にあったことを示している。

　　国連世界食糧計画は，「世界の食料安全保障と栄養の現状2021」にもとづき，世界の飢餓の状況を6段階に色分けした地図である「ハンガーマップ2021」を公表した。それによると，栄養不足人口の割合が全人口の25%を超えた国の多くは，アフリカに集中している。アフリカ諸国では，経済の成長や食料の増産を上回る速さで人口が増加していることにくわえて，長期間の少雨にともなう干ばつや大雨による洪水などの自然災害，あるいは内戦などの混乱によって，飢餓が発生している。とりわけ，赤道付近には，栄養不足人口の割合が35%を超える国が複数みられる。
(a)
　　この地域の食料生産を左右するのは，異常気象や紛争ばかりではない。ヨーロッパ諸国による植民地支配を受けてきたことも，アフリカの食料事情を悪化させている要因の1つである。なぜなら，植民地時代にはじまる，輸出用の特定の商品作物
(b)
ばかりを生産する農業が現在も続いており，自国で必要な食料を十分に確保できていないからである。

　　飢餓の撲滅は，全世界がめざす目標の1つに数えられている。2015年，　1

の国連本部で開催された「国連持続可能な開発サミット」において，「持続可能な開発のための2030アジェンダ」が採択され，　Y　の目標からなる「持続可能な開発目標」（　D　）が定められた。その中の1つに，飢餓の撲滅が掲げられたのである。

　このように，途上国の飢餓は深刻な問題となっている一方で，経済力のある先進国では十分な食料が確保されている。ただし，豊かな食生活を維持している先進国においても，一様に食料の自給率が高いというわけではない。

主要国の食料自給率（％）

国	カロリーベース	生産額ベース
カナダ	233	118
2	169	126
フランス	131	82
アメリカ合衆国	121	90
ドイツ	84	64
イギリス	70	61
イタリア	58	84
日本	38	63

諸外国は2019年，日本は2021年度。
農林水産省ウェブサイトによる。

　上の表に示される8か国の食料自給率をカロリーベースでみると，カナダ，　2　，フランス，アメリカ合衆国では100％を超えているのに対して，日本は40％にも満たず，主要国の中でも最低の水準にある。また，穀物にかぎってみても，日本の自給率は経済協力開発機構（　E　）加盟38か国のうち，32番目の低さである。途上国か先進国かを問わず，食料自給率の低い国は，輸入する食料が生産国の輸出量に左右されるだけでなく，国際的な取引価格の変動にも大きな影響を受けるため，十分な食料の確保が不可能となるリスクをつねに抱えている。

　さらにまた，生産された農作物が食料に配分されない問題もある。世界のさまざまな食文化の中でも，主食にもなっている米・小麦・　ロ　は，「三大穀物」と

呼ばれている。このうち　ロ　の世界有数の生産国・輸出国であるアメリカ合衆国では，農薬や化学肥料のみならず，「　ハ　組み換え品種」を用いることで大量の家畜飼料を生産し，大規模な肥育場で肉牛を飼養している。この背景には，食肉消費量の増大があり，肉類を中心とした食事は，栄養を過剰に摂取する「飽食」をもたらしていることも指摘されている。

　近年，大量に生産された食品が，食べられることなく日常的に廃棄されている「食品　ニ　」も問題となった。この問題は，「持続可能な開発のための2030アジェンダ」でも指摘されており，日本では「食品　ニ　の削減の推進に関する法律」が2019年に施行された。そこでは，「世界には栄養不足の状態にある人々が多数存在する中で，とりわけ，大量の食料を輸入し，食料の多くを輸入に依存している我が国として，真摯（しんし）に取り組むべき課題である」と記されている。

〔1〕　文中の　A　～　E　に当てはまる最も適切な英字略称を答えよ。

〔2〕　文中の　イ　～　ニ　に当てはまる最も適切な語句を答えよ。

〔3〕　文中の　X　に当てはまる数値を，次の選択肢の中から1つ選び，符号で答えよ。

　　　あ　5　　　　　　　い　10　　　　　　　う　15　　　　　　　え　20

〔4〕　文中の　1　に当てはまる都市名を答えよ。

〔5〕　文中の　Y　に当てはまる数値を答えよ。

〔6〕　表中・文中の　2　に当てはまる国名を答えよ。

〔7〕　下線部(a)に関して，赤道に位置し，「アフリカの角」と呼ばれる地域に含まれる国はどこか，次の選択肢の中から1つ選び，符号で答えよ。

　　　あ　リベリア　　　　　　　　　　い　中央アフリカ

　　　う　ソマリア　　　　　　　　　　え　マダガスカル

〔8〕　下線部(b)に関して，栄養不足人口の割合が35％を超えるコンゴ民主共和国の旧宗主国はどこか，答えよ。

〔9〕　下線部(c)に関して，日本の米・小麦・肉類の自給率（重量ベース，2019年）はどれか，最も適切なものを次の選択肢の中から1つずつ選び，それぞれ符号で答えよ。

米　：	あ 54%	い 74%	う 94%
小　麦：	あ 16%	い 36%	う 56%
肉　類：	あ 11%	い 31%	う 61%

『世界の統計 2023年版』により作成

注）肉類とは，牛肉，羊・山羊肉，豚肉，家きん肉および
その他の食肉。くず肉を含む。

解答 地理

Ⅰ ─ **解答** 〔1〕25000（分の1）　〔2〕東京湾
〔3〕主曲線　〔4〕―ⓘ

〔5〕総称：カルスト（地形）　国名：スロベニア

〔6〕ドリーネ　〔7〕ウバーレ

〔8〕台地上に位置し地下水面が深く，水が得にくいから。

〔9〕急傾斜の崖を緩やかに登れるように道路を設けたため。

〔10〕⑴―×　⑵―○　⑶―×　⑷―×

〔11〕―ⓘ

━━━━━━━━━━━━ **解　説** ━━━━━━━━━━━━

《山口県美祢市の地形図読図》

〔1〕　地形図内の主曲線が10m間隔で示されていること，また地形図の南端に150mの計曲線が見られることから，25000分の1の縮尺の地形図であると判断できる。

〔4〕　ⓘ適当。あ不適。コークスの原料は石炭。鉄鋼業に用いられる。ⓒ不適。ナフサは石油化学工業の原料で，石油精製の過程で生じる。ⓔ不適。木材チップを加工して生産されるパルプは，紙の原料となる。

〔6〕・〔7〕　石灰岩の溶食によって形成された凹地をドリーネ，複数のドリーネが集合し，その境界が不明瞭になったものをウバーレといい，ウバーレは長さ1kmほどである。さらに大きくなって人が生活できる盆地まで広がったものをポリエといい，面積は数km²から数百km²ほどである。

〔8〕　「緑ヶ丘」付近は，西側の「厚狭川」が流れているところと比べると標高が200m近く高く，台地上に位置しているとわかる。「緑ヶ丘」付近は，地下水面までの距離があり水が得にくいことから，水はけがよい土地が適した畑や果樹園として利用されており，水田には向かない。

〔10〕⑴　誤文。「厚狭川」沿いに見られる三角点を南北で比較すると，北側の標高が高いため，「厚狭川」が北から南に流れていることがわかる。

⑵　正文。地形図上でのJR線は，白い部分に線が1本加えられていれば複線以上，白い部分に線がなければ単線を示している。

(3)　誤文。「重安」に小中学校（文）は見られるが，高等学校（⊗）は見られない。

(4)　誤文。有料道路（════）は，この地形図では見られない。

〔11〕　地形図内のAの範囲の南東部には，採石場らしき崖が見られるので，採掘場の空中写真と思われるⓘが適当。

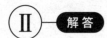

　　　　　　　〔1〕1．ベルリン　2．ハンブルク
　　　　　　　　3．ミュンヘン　4．フランクフルト

〔2〕イ．モレーン　ロ．エスチュアリ〔三角江〕

ハ．シェンゲン（協定）　ニ．バカンス

〔3〕A．アルプス　B．ライン　C．エルベ　D．ルール

〔4〕―ⓐ・ⓒ　〔5〕―ⓒ　〔6〕―ⓘ　〔7〕トルコ

=============== 解　説 ===============

《ドイツの自然・産業・国際的な移動》

〔1〕2．ハンブルクは，エルベ川河口に見られるエスチュアリの潮汐限界点に位置し，古くから海上交通の要所として発展してきた。

3．ミュンヘンは，ビールの醸造や自動車工業がさかんであるが，近年では電子工業など先端技術産業の発達が見られるようになった。

4．フランクフルトはライン川の支流，マイン川沿岸に位置する国際的な金融都市であり，フランクフルト空港は，ロンドンのヒースロー空港・パリのシャルル=ド=ゴール空港と並ぶ，ヨーロッパを代表するハブ空港である。

〔2〕ハ．1985年に結ばれたシェンゲン協定により，協定国間の国境における出入国審査が廃止された。締結国は，EU加盟27カ国のうちアイルランドなどを除く22カ国と，ノルウェー・アイスランド・スイス・リヒテンシュタインを加えた26カ国である（2024年1月現在）。

〔5〕ⓒのドイツはヨーロッパの自動車工業の中心国であり，かつてはアメリカ合衆国や日本に次ぐ世界第3位の自動車生産国であった。しかし，近年ⓔの中国が大きく生産を伸ばし，世界第1位の自動車生産国となっている。ⓐは，2007年からの金融危機の影響で2010年の自動車生産が大きく減少したアメリカ合衆国，残るⓘが日本。

〔6〕一般的に，ヨーロッパの観光客の移動は，北部から南部の地中海沿

岸への移動が多い。収入・支出の合計が多い⑂・⑃が，経済規模の大きい
ドイツかフランス。そのうち，地中海に面するフランスは旅行収入のほう
が大きい⑂，北部のドイツが旅行支出のほうが大きい⑃とわかる。

〔7〕　ヨーロッパ最大の GDP を誇るドイツへは，多くのトルコ人労働者
が流入しているが，文化的共存がドイツの課題となっている。

〔1〕 **A.** FAO　**B.** WFP　**C.** WHO　**D.** SDGs
E. OECD

〔2〕 **イ.** 児童　**ロ.** とうもろこし　**ハ.** 遺伝子　**ニ.** ロス

〔3〕―⑃　〔4〕ニューヨーク　〔5〕17

〔6〕オーストラリア　〔7〕―⑦　〔8〕ベルギー

〔9〕米：⑦　小麦：⑂　肉類：⑦

===========================　解　説　===========================

《世界の食料問題》

〔3〕　2020 年時点での世界人口が約 78 億人なので

8.11 億〔人〕÷78 億〔人〕×100≒10.4〔%〕

と求められる。

〔5〕　「持続可能な開発目標」（SDGs）は，2030 年を年限とした 17 の目
標と 169 のターゲットから構成されている。

〔6〕　食料自給率が 100 % を上回っている国々は，食料の輸出が多い国々。
オーストラリアは，肉牛の飼育や小麦の生産が企業的に大規模に行われて
おり，輸出量が多い。

〔9〕　第二次世界大戦後，国で管理していた米の生産・流通・販売体制は
徐々に変化し，1995 年には米の輸入が部分的に認められるようになった
が，現在でも米の自給率は高いまま推移している。一方，小麦はアメリカ
合衆国・カナダ・オーストラリアからの輸入量が多く，自給率は低い。肉
類の自給率は，1980 年代後半の牛肉輸入自由化以降大きく低下した。

2月3日実施分　　問題　地理

（80分）

Ⅰ　日本の領土・領海に関する次の文と地図をよく読んで，〔1〕～〔10〕の問いに答えよ。

日本の領土は，ヨーロッパからアジアにかけてひろがるユーラシア大陸の東にあり，東アジアに含まれる。日本は，太平洋，オホーツク海，日本海，そして(a) ⎡A⎤ 海の4つの海に囲まれ，陸地で国境を接している国はない。(b)

日本の領土のおおよその範囲を示すために，次の地図のように1次メッシュで覆うことにした。ここで，1次メッシュの各区画の幅は，南北方向（緯度）が40分，(c)東西方向（経度）が1度である。

この地図をみると，日本の領土の東・西・南・北の4つの端には，それぞれ島が位置している。東端は ⎡イ⎤ の南鳥島（メッシュ①），西端は沖縄県の与那国島（メッシュ②），南端は ⎡イ⎤ の沖ノ鳥島（メッシュ③），北端は北海道の択捉島(d)（メッシュ④）である。

日本の領海は，基本的に，基線（低潮時の海岸線）から ⎡甲⎤ 海里までで，排他的経済水域は基線から ⎡乙⎤ 海里までである。それよりも外側は，⎡B⎤ と呼ばれる。領海は他国の干渉を受けることなく統治する権利である ⎡C⎤ がおよぶ海域で，その国は自由に海域の資源を採取することができる。排他的経済水域では，水産資源や鉱産資源を利用する権利が認められているが，外国船の航行は自由(e)である。また ⎡B⎤ は，どこの国にも属さない海域を指す。日本の面積は，領土のみでは約38万 km² である。領海と排他的経済水域の合計面積は約447万 km² で(f)あり，領土の約12倍の広さである。

現在の日本の領土は，第二次世界大戦後の ⎡D⎤ 平和条約によって定められたが，隣国との間で，解決すべき問題が存在している。まず，北方領土に関しては，択捉島，⎡E⎤ 島，色丹島，歯舞群島をめぐる問題があり，ロシアによる不法占(g)拠の状態が続いている。そして，⎡ロ⎤ に属する竹島は，国際法にもとづいて日

本固有の領土と認められているが，1952年以降，韓国に不法に占拠されている。日本は，このような領土をめぐる問題に対して，関係国との平和的解決を目指している。

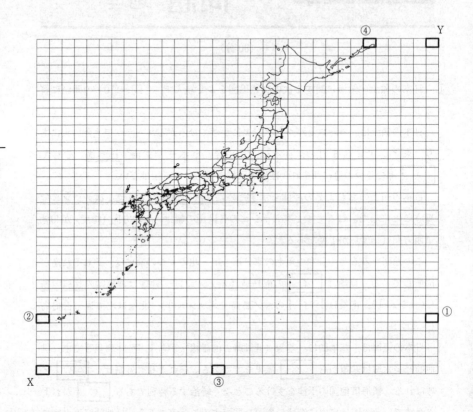

〔1〕　文中の　A　～　E　に当てはまる最も適切な地名または語句を答えよ。

〔2〕　文中の　イ　・　ロ　に当てはまるものを次の選択肢の中から1つずつ選び，それぞれ符号で答えよ。

　　　㋐　鹿児島県　　　㋑　静岡県　　　㋒　島根県　　　㋓　東京都
　　　㋔　鳥取県　　　㋕　福岡県　　　㋖　宮城県　　　㋗　山口県

〔3〕　文中の　甲　・　乙　に当てはまる数字を答えよ。

〔4〕　下線部(a)に関して，日本海には暖流と寒流が流れている。その暖流と寒流の組み合わせとして適切なものを，次の選択肢の中から1つ選び，符号で答えよ。

　　　㋐　［暖流　千島海流　　　寒流　対馬海流　］

　　　　ⓘ　〔暖流　千島海流　　　　寒流　日本海流　　〕

　　　　ⓤ　〔暖流　対馬海流　　　　寒流　千島海流　　〕

　　　　ⓔ　〔暖流　対馬海流　　　　寒流　リマン海流〕

　　　　ⓞ　〔暖流　日本海流　　　　寒流　千島海流　　〕

　　　　ⓚ　〔暖流　日本海流　　　　寒流　リマン海流〕

　　　　ⓢ　〔暖流　リマン海流　　　寒流　日本海流　　〕

　　　　ⓠ　〔暖流　リマン海流　　　寒流　対馬海流　　〕

〔5〕　下線部(b)に関して，国境には山脈や河川などの自然の地形に沿って定められ
　　る自然的国境がある。その事例として，アメリカ合衆国とメキシコの国境であ
　　り，メキシコ湾に注ぐ，河川の名称を答えよ。　　　　　〔解答欄〕　＿＿＿＿＿川

〔6〕　下線部(c)に関して，地図中には，東西方向に32の1次メッシュ，南北方向に
　　39の1次メッシュが描かれている。1次メッシュXの南西隅の経緯度は，東経
　　122度，北緯20度である。1次メッシュYの北東隅の経緯度はいくらか，それ
　　ぞれ答えよ。

〔7〕　下線部(d)に関する説明として，正しいものを次の選択肢から1つ選び，符号
　　で答えよ。

　　　　ⓐ　与那国島からタイペイまでの距離は，与那国島から那覇までの距離より短
　　　　い。

　　　　ⓘ　与那国島の南には尖閣諸島が位置している。

　　　　ⓤ　与那国島はトカラ列島に属する島である。

〔8〕　下線部(e)に関して，日本近海の排他的経済水域では，天然ガスなどの海底資
　　源が確認されており，傾斜のゆるやかな海底地形が海岸から続く。このような
　　海底地形は何と呼ばれるか，答えよ。

〔9〕　下線部(f)に関して，領海と排他的経済水域の合計面積が日本のそれよりも狭
　　い国はどこか，次の選択肢の中から1つ選び，符号で答えよ。

　　　　ⓐ　アメリカ合衆国　　　　　　　ⓘ　オーストラリア

　　　　ⓤ　カナダ　　　　　　　　　　　ⓔ　ブラジル

　　資料：『海洋白書2004』による

〔10〕　下線部(g)に関して，北方領土から北東方向に千島列島とカムチャツカ半島が
　　位置している。これらの島々や半島は，西側のプレートに東側のプレートが沈

みこんで形成されたと考えられている。2つのプレートの組み合わせとして適切なものを，次の選択肢の中から1つ選び，符号で答えよ。

あ ［西側　北アメリカプレート　　　東側　太平洋プレート　　　　　］

い ［西側　北アメリカプレート　　　東側　フィリピン海プレート］

う ［西側　北アメリカプレート　　　東側　ユーラシアプレート　　］

え ［西側　フィリピン海プレート　　東側　北アメリカプレート　　］

お ［西側　フィリピン海プレート　　東側　太平洋プレート　　　　］

か ［西側　フィリピン海プレート　　東側　ユーラシアプレート　　］

き ［西側　ユーラシアプレート　　　東側　北アメリカプレート　　］

く ［西側　ユーラシアプレート　　　東側　太平洋プレート　　　　］

け ［西側　ユーラシアプレート　　　東側　フィリピン海プレート］

Ⅱ　オーストラリアに関する次の地図と文をよく読んで，〔1〕〜〔8〕の問いに答えよ。なお，地図中と文中の記号（甲・乙）は対応している。また，地図中の●は首都・州都の位置を示し，●に付された数字は文中・問いに関係する数字と対応している。

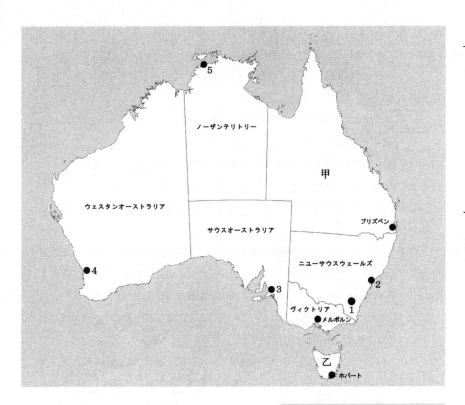

編集部注：実際の問題はカラー印刷

　オーストラリアは，　A　と呼ばれる先住民が暮らしてきた。18世紀後半にイギリスによる開発がはじまり，その後，白人以外の移住を厳しく制限する　B　主義がとられてきた。だが，　B　主義が1970年代前半に撤廃されるにともない，欧州以外の多様な国・地域から移り住む人々が増加した。そのため，異なる宗教・価値観・言語を尊重する　C　主義が，推し進められてきた。

　オーストラリアの首都は　1　であり，各州・準州には，それぞれ州都がある。
これらの州・準州のいくつかを具体的にみていくと，ブリズベンを州都とする(a)
　甲　州は，豊かな自然にめぐまれ，北東部沿岸には世界最大のサンゴ礁である
　D　がひろがっている。

　また，ニューサウスウェールズ州は，1851年に大量の金が発見されたことにより，オーストラリアで　E　の始まった場所である。現在は，オーストラリア国内でとくに経済活動や文化活動が活発な地域となっており，州都　2　はオーストラ

リア屈指の大都市である。ヴィクトリア州の州都メルボルンは，コロニアル調の建築とモダンな建築とが融合した美しい街並みを形成している。そして，このヴィクトリア州とバス海峡をはさんで位置しているのが，ホバートを州都とする　乙　州である。

　甲　州の北部からニューサウスウェールズ州，ヴィクトリア州にかけては，　F　造山帯に属するグレートディヴァイディング山脈が延びている。この山脈付近では，モウラ炭田やボウエン炭田などが立地しており，石炭の採掘がさかんである。(b)　また，グレートディヴァイディング山脈の西に位置するグレートアーテジアン盆地では，乾燥帯がひろがり，掘り抜き井戸の水によって羊などの放牧が営まれている。(c)

　サウスオーストラリア州の地図中●3付近は，夏季が高温乾燥で，冬季は温暖湿潤となる　G　気候区に属している。そのため，この地域ではワインの製造がさかんである。ウェスタンオーストラリア州は同国最大の面積を有する州であり，大部分は乾燥した台地や砂漠からなる。この州の北西部に位置するピルバラ地区などでは，大量の鉄鉱石が産出されている。(d)(e)

　準州であるノーザンテリトリーの南端付近には，硬い岩石が侵食から取り残されてできた巨大な残丘（モナドノック）である　H　がある。この　H　は，オーストラリアの先住民の聖地の1つでもあり，これと，カタジュタ（オルガ山）を含む国立公園が，UNESCOの世界遺産（複合遺産）に登録されている。

〔1〕　文中の　A　〜　H　に当てはまる最も適切な語句または地名を答えよ。

〔2〕　文中の　1　・　2　に当てはまる都市名を答えよ。

〔3〕　文中の　甲　・　乙　に当てはまる州名を答えよ。

〔4〕　下線部(a)に関して，ボーキサイトなどの鉱産資源の開発とともに発展した，進化論を提唱したC.ダーウィンの名にちなむ都市はどこか，地図中の都市●（3〜5）から1つ選び，数字で答えよ。

〔5〕　下線部(b)に関して，次の表は2019年における，石炭の産出量・輸出量・輸入量の世界上位4か国を示したものである。産出量・輸出量・輸入量の組み合わせとして適切なものを，下の選択肢（あ〜か）の中から1つ選び，符号で答えよ。

①

国	（万トン）
インドネシア	45,914
オーストラリア	39,293
ロシア	20,539
アメリカ合衆国	7,917

②

国	（万トン）
中国	29,977
インド	24,854
日本	18,689
韓国	12,738

③

国	（万トン）
中国	384,633
インド	73,087
インドネシア	61,617
オーストラリア	43,398

『世界国勢図会 2022/23年版』により作成

- あ　[①　産出量　②　輸出量　③　輸入量]
- い　[①　産出量　②　輸入量　③　輸出量]
- う　[①　輸出量　②　産出量　③　輸入量]
- え　[①　輸出量　②　輸入量　③　産出量]
- お　[①　輸入量　②　産出量　③　輸出量]
- か　[①　輸入量　②　輸出量　③　産出量]

〔6〕　下線部(c)に関して，この掘り抜き井戸において汲みだされる，不透水層にはさまれた層に含まれる地下水は何と呼ばれるか，最も適切な名称を答えよ。

〔解答欄〕　＿＿＿＿＿地下水

〔7〕　下線部(d)に関して，ピルバラ地区に位置する鉄鉱山を，次の選択肢の中から1つ選び，符号で答えよ。

- あ　カラジャス
- い　マウントホエールバック
- う　メサビ
- え　レンジャー

〔8〕　下線部(e)に関して，次の表は2020年における，オーストラリアの品目別輸出額と，輸出総額に占める割合（％）を示したものである。次の表の輸出品①・②に該当する組み合わせとして適切なものを，下の選択肢あ〜えの中から1つ

選び，符号で答えよ。

順位	品目	輸出額（百万米ドル）	割合（％）
1	①	80,234	32.7
2	②	30,098	12.3

『世界国勢図会 2022/23年版』により作成

ⓐ　〔①　石炭　　　②　肉類　　〕

ⓘ　〔①　鉄鉱石　　②　石炭　　〕

ⓤ　〔①　石炭　　　②　鉄鉱石〕

ⓔ　〔①　鉄鉱石　　②　肉類　　〕

Ⅲ　マレーシアに関する次の文をよく読んで，〔1〕〜〔7〕の問いに答えよ。

　マレーシアは，マレー半島南部とカリマンタン（ボルネオ）島に領土を有する東
南アジアの国である。この国の首都は　Ａ　であり，国土のほとんどがケッペン
の気候区分の熱帯雨林気候に属している。同国では人口の多数を占めるマレー系住
民のほかに，中国系住民（華人）やインド系住民，少数民族などによって多民族社
会が構成されている。そのため，国語のマレー語のほかにも，中国系住民の間では
中国語が，インド系住民の間では　Ｂ　語が日常的に使われている。以上の概要
をふまえ，次にマレーシアの産業と社会・文化についてみていく。

　マレーシアでは伝統的に焼畑農業がさかんであったが，植民地時代に宗主国で
あった　Ｃ　によって，　Ｄ　農業が発展した。そこには中国やインドからの
移民の労働力が導入され，天然ゴムなどの農産物が大規模に栽培された。第二次世
界大戦後，　Ｄ　農業はマレーシア系企業による経営に移行し，油やし栽培への
転換が進められた。その油やしから精製され，洗剤やマーガリンの原料になる
　Ｅ　の生産量は，現在（2020年），マレーシアとインドネシアの2か国で世界全
体の8割以上を占めている。

　Ｃ　からの独立後，特定の一次産品の生産と輸出に依存する　Ｆ　経済か
ら脱却し，経済的な自立をはかるために工業化が推進された。その際，商工業に従
事するマレー系住民を増加させることが，大きな課題であった。都市に住む中国系

住民と農村部のマレー系住民との間で大規模な衝突が起きたことを契機に，1971年からマレー系住民のあらゆる産業への進出を優遇する　G　政策が本格的にとられ，多民族国家として民族共存と民族間の経済格差の是正がはかられてきた。さらに，1981年に　H　政策を掲げ，欧米ではなく，日本や韓国にならい，工業化を進めた。その結果，日本からの工場誘致が進み，輸入　I　型の工業から輸出指向型の工業へと転換することで，工業化が進展した。1980年代以降は<u>アジアNIEs</u>(d)の企業による投資が増加しており，また多国籍企業は工業化にとってさまざまな利点のあるマレーシアの地理的条件を活かし，<u>ASEAN域内</u>(e)での連携強化による国際分業体制を促進した。

　最後に，マレーシアにおける多民族社会の文化の特徴をみてみよう。古くから東西交易の重要な中継地であったマレーシアでは，人の往来によってもたらされた外来の文化がひろく受容された。マレー半島とスマトラ島との間にある　J　海峡は，<u>イスラーム</u>(f)やキリスト教などの伝播ルートとなった。このように，この地域では多様性や混交性に富んだ独自の文化が発展し，2008年，　J　海峡に面する2つの港湾都市の歴史的な街並みが，UNESCOの世界遺産（文化遺産）に登録された。

〔1〕　文中の　A　～　J　に当てはまる最も適切な地名または語句を答えよ。

〔2〕　下線部(a)に関して，カリマンタン島には複数の国が領土を有する。そのうちで，南シナ海に面し，領土面積が最も小さい国はどこか，国名を答えよ。

〔3〕　下線部(b)に関して，この気候区でみられる熱帯雨林は何と呼ばれるか，次の選択肢の中から1つ選び，符号で答えよ。

　　　あ　サバナ　　　　　い　ジャングル　　　う　プスタ　　　　え　リャノ

〔4〕　下線部(c)に関して，焼畑農業では，草木を刈り払い，乾燥後に火入れをする。その目的として最も適切なものを，次の選択肢の中から1つ選び，符号で答えよ。

　　　あ　灰を肥料にするため

　　　い　土壌の溶脱をうながすため

　　　う　土壌の酸性度を高めるため

〔5〕　下線部(d)に関して，1965年にマレーシアから分離独立し，アジアNIEsの1

つにかぞえられた国はどこか，国名を答えよ。

〔6〕　下線部(e)に関して，ASEAN 域内での貿易の拡大と外国からの投資の促進を
　　　目的として，1993年に発足した経済協力の地域的枠組みは何か，その略称をア
　　　ルファベット4文字で答えよ。

〔7〕　下線部(f)に関して，マレーシアのムスリムで多数派を占めている宗派は何か，
　　　その名称を答えよ。　　　　　　　　　　　　　　　〔解答欄〕　＿＿＿＿＿派

解答 地理

Ⅰ　**解答**　〔1〕A．東シナ　B．公海　C．主権
　　　　　　D．サンフランシスコ　E．国後

〔2〕イー〈え〉　ロー〈う〉　〔3〕甲：12　乙：200

〔4〕—〈え〉　〔5〕リオグランデ（川）

〔6〕（東経）154（度）　（北緯）46（度）

〔7〕—〈あ〉　〔8〕大陸棚

〔9〕—〈え〉　〔10〕—〈あ〉

―――――――――――― 解　説 ――――――――――――

《日本の領土・領海》

〔4〕　日本海に流れる暖流が対馬海流，寒流がリマン海流。太平洋側には，暖流の日本海流（黒潮），寒流の千島海流（親潮）が流れている。

〔6〕　リード文中に，1次メッシュの各区画の幅が，南北方向で40分，東西方向で1度とあることから，1次メッシュYの北東隅の経度は

　　32〔マス〕×1〔度〕＋（東経）122〔度〕＝（東経）154〔度〕

と求められる。また，緯度60分＝1度なので，40分＝$\frac{2}{3}$度とすると，北東隅の緯度は

　　39〔マス〕×$\frac{2}{3}$〔度〕＋（北緯）20〔度〕＝（北緯）46〔度〕

と求められる。

〔7〕　〈あ〉正文。〈い〉誤文。尖閣諸島は与那国島の北に位置している。〈う〉誤文。トカラ列島は，鹿児島県の屋久島と奄美大島の間約180kmにわたる火山島群。

〔9〕　排他的経済水域の面積はそれぞれ，アメリカ合衆国が762万km²，オーストラリアが701万km²，カナダが470万km²，ブラジルが317万km²。一般的に，面積が広く海岸線が長い国や島嶼国で排他的経済水域は広くなる。

〔10〕　北アメリカプレートと太平洋プレートの境界に千島・カムチャッカ

海溝と日本海溝が見られ，それぞれに沿う形で千島弧・東北日本弧が分布する。

2024年度　2月3日　地理

Ⅱ　解答　〔1〕A．アボリジニー〔アボリジニ〕　B．白豪
C．多文化　D．グレートバリアリーフ〔大堡礁〕
E．ゴールドラッシュ　F．古期　G．地中海性
H．ウルル〔エアーズロック〕
〔2〕1．キャンベラ　2．シドニー
〔3〕甲：クインズランド（州）　乙：タスマニア（州）
〔4〕―5　〔5〕―え　〔6〕被圧（地下水）
〔7〕―い　〔8〕―い

=========== 解説 ===========

《オーストラリアの地誌》
〔4〕　ボーキサイトは一般的に，熱帯のラトソルが分布する地域で産出される。オーストラリアでは，北部のケープヨーク半島・アーネムランド半島でサバナ気候（Aw）が分布するので5が適当。
〔5〕　資源の多くを輸入に頼る日本が3位に入ることから，②が石炭の輸入量と判断できる。また，中国は石炭の産出量が多いものの国内消費量も多いため，輸出量は少なくなることから，①が輸出量，③が産出量とわかる。
〔7〕　い適当。あ不適。カラジャスはブラジル北東部の鉄鉱山。う不適。メサビはアメリカ合衆国の鉄鉱山。え不適。レンジャーはオーストラリアのアーネムランド半島に位置するウラン鉱山。

Ⅲ　解答　〔1〕A．クアラルンプール　B．タミル〔タミール〕
C．イギリス　D．プランテーション　E．パーム油
F．モノカルチャー　G．ブミプトラ　H．ルックイースト　I．代替
J．マラッカ
〔2〕ブルネイ〔ブルネイ=ダルサラーム〕
〔3〕―い　〔4〕―あ　〔5〕シンガポール
〔6〕AFTA　〔7〕スンナ〔スンニ〕（派）

2024年度 2月3日 地理

=== 解 説 ===

《マレーシアの産業と社会・文化》

〔1〕**B.** マレーシアの約1割を占めるインド系住民は，インド南部に分布するタミル語を使用している。

G. ブミプトラとは，マレーシアの先住民を指す。ブミプトラ政策により政治的・経済的・社会的にマレー系住民が優遇されているが，経済格差の解消は進んでいない。

I. 輸入代替型の工業とは，輸入に依存してきた消費財の生産を国内で行う工業のこと。

〔3〕 ⓘ適当。ⓐ不適。サバナはサバナ気候で見られる熱帯草原。ⓤ不適。プスタはハンガリーに見られる温帯草原。ⓔ不適。リャノはオリノコ川流域に見られる熱帯草原。

〔4〕 ⓐ適当。ⓘ不適。土壌の溶脱とは，雨水などにより土壌の養分が下方へ流れることである。ⓤ不適。酸性の強い土壌は農業に適さない。

〔6〕 AFTA（ASEAN自由貿易地域）は，国際競争力の向上や外国資本の導入のために，域内関税を引き下げて地域経済統合を目指す目的で，1993年に発足した。

〔7〕 スンナ（スンニ）派はイスラームの多数派。

2月1日実施分　問題　政治・経済

（80分）

Ⅰ　次の文章を読んで，あとの問いに答えよ。

　日本国憲法が保障する基本的人権は，人が生まれながらにもっている権利として
①
人類の長年の闘争によって確立されてきたものである。憲法第12条が「この憲法が
国民に保障する自由及び権利は，国民の　A　の努力によって，これを保持しな
ければならない」と定めているのも，基本的人権成立の歴史を反映しているのであ
る。

　基本的人権のうち，憲法第25条に「すべて国民は，健康で　B　な最低限度の
生活を営む権利を有する」と規定されている生存権は，その実現のために社会保障
②
立法による積極的な具体的施策を必要とする。

　この施策の具体的な内容・水準をめぐって争われたのが，1957年に提訴された朝
日訴訟であった。重症結核患者として国立療養所に入院していた朝日茂氏は，
　C　法による医療扶助と月600円の日用品費を受給していた。実兄から連絡があ
り，毎月1500円の仕送りを受けることになったものの，福祉事務所は900円を医療
費の自己負担分として差し引き，600円のみを手元に残し，日用品費の支給を打ち
切るという処分を行った。朝日氏は月600円という日用品費の基準は「健康で
　B　な最低限度の生活」水準を維持できない違法なものであるとして，処分を
取り消すよう求めて提訴したのであった。

　1960年の第一審判決は朝日氏の勝訴であったが，1963年の控訴審では逆転敗訴と
なり，上告中に本人が死亡したため，養子夫婦が訴訟を承継した。しかし，
　D　年の最高裁判所判決は，保護を受ける権利は承継できないため，本人死亡
により訴訟は終了したと判断した。さらにこの判決は，　E　規定説にもとづく
考え方により，　C　基準設定における，　F　省（当時）を所管する
　F　大臣（当時）の広範な行政裁量を容認したのであった。

　また，母子家庭の全盲の母親が，　イ　と　ロ　の併給を禁止した当時の法

律が憲法第25条などに違反するとして1970年に提訴したのが ｜ G ｜ 訴訟である。第一審では原告が勝訴し，控訴審では敗訴したものの，その間に法改正で併給が認められた。だが， ｜ H ｜ 年に最高裁判所が社会保障給付は国会の広範な立法裁量に委ねられているとして上告を棄却した。

〔1〕 ｜ A ｜ ～ ｜ H ｜ にあてはまるもっとも適切な語句を記入せよ。なお，**A・F・Gは漢字2字，Bは漢字3字，Cは漢字4字，DとHは西暦を算用数字，Eはカタカナ5字**で答えよ。

〔2〕 ｜ イ ｜ と ｜ ロ ｜ にあてはまる語句の組み合わせとしてもっとも適切なものを下から選び，記号で答えよ。

　　　　あ　イ：障害福祉年金　　ロ：児童扶養手当

　　　　い　イ：老齢福祉年金　　ロ：児童手当

　　　　う　イ：遺族福祉年金　　ロ：特別児童扶養手当

　　　　え　イ：母子福祉年金　　ロ：児童手当

〔3〕 下線部①に関して，日本国憲法の三大基本原理は，国民主権，基本的人権の尊重，平和主義である。平和主義について日本国憲法は，第二次世界大戦という大惨禍に対する深い反省を踏まえ，「｜　　　｜の発動たる戦争」は「国際紛争を解決する手段としては，永久にこれを放棄する」と宣言している。空欄にあてはまるもっとも適切な語句を**漢字2字**で答えよ。

〔4〕 下線部②に関して，生存権のように，人間らしい生活を保障するために国家による積極的な具体的施策によって実現される基本的人権を ｜ ハ ｜ と呼ぶ。日本国憲法は，生存権のほかに ｜ ニ ｜ を受ける権利（第26条）や勤労の権利（第27条）も保障している。勤労の権利は第22条第1項の「居住，移転及び ｜ ホ ｜ の自由」とは異なり，政府の積極的施策によって労働の機会を提供すべきであるという考え方にもとづくものである。また第28条には労働者の団結権・団体交渉権・団体行動権が保障されているが，このうち団体行動権は ｜ ヘ ｜ とも呼ばれる。 ｜ ハ ｜ ～ ｜ ヘ ｜ にあてはまるもっとも適切な語句を記入せよ。なお，**ハとヘは漢字3字，ニは漢字2字，ホは漢字4字**で答えよ。

Ⅱ　次の文章を読んで，あとの問いに答えよ。

　　第二次世界大戦後の高度成長期，日本の主力産業であった重化学工業の工場など
　から有害物質が排出され，住民の健康や農林水産業などに大きな被害を与えた。
　　　　　　　　　　　　　　　　　①
　1960年代後半に相次いで提訴された四大公害訴訟はその典型的な事例で，公害が大
　　　　　　　　　　　　　　　　　②
　きな社会問題となり，政府による法整備が進むことになった。

　　1967年には，公害　A　法が制定された。公害　A　法には当初，産業の発
　展と生活環境の調和をはかるという調和条項が入っていたが，1970年のいわゆる
　「公害国会」で改正・削除され，生活環境の保全を最優先するという原則が明確に
　された。1971年には環境行政を総合的に推進する官庁として環境庁が設置された。
　1973年には公害　B　補償法が制定され，裁判を待たなくても被害者は療養費・
　障害補償費などの給付を受けることができるようになった。

　　1992年には，ブラジルの　C　で開かれた国連環境開発会議で，将来の世代に
　　　　　　　　　　　　　　　　　　　　　　　　　③
　も素晴らしい環境や豊かな資源を残すための原則として「持続可能な開発（発
　展）」が提唱された。この国連環境開発会議を契機として，日本の環境行政は公害
　　　　　　　　　　　　　　　　　　　　　　　　　　　　　　　　　　　　　④
　への対応や公害の防止にとどまらず，環境への負荷が少ない仕組みづくりにも目を
　向けるようになっていく。1993年には，公害　A　法と自然環境保全法を見直し
　て，　D　法が制定され，2000年には　E　形成推進基本法が成立した。資源
　の大量消費と大量廃棄を抑制し，環境への負荷を少なくする取組みが現在も進めら
　　　　　　　⑤
　れている。

〔1〕　　A　～　E　にあてはまるもっとも適切な語句を記入せよ。なお，
　　　A・B・Dは漢字4字，Cはカタカナ8字，Eは漢字5字で答えよ。

〔2〕　下線部①に関して，公害が日本で初めて社会問題になったのは，明治時代中
　　ごろに起きた　イ　銅山鉱毒事件である。　イ　銅山鉱毒事件では，栃木
　　県の銅山から排出された銅，亜鉛などの鉱毒により，多くの農作物，魚類に被
　　害がでた。同じころ，愛媛県における銅製錬所からの亜硫酸ガスが原因で，周
　　辺の農作物や樹木に被害を与えた　ロ　銅山煙害事件も起きている。
　　　イ　と　ロ　にあてはまるもっとも適切な語句を，それぞれ漢字2字で
　　答えよ。

〔3〕 下線部②に関して、四大公害訴訟の一つで、大気汚染をおもな原因とするものを下から一つ選び、記号で答えよ。

ⓐ 尼崎公害訴訟 　　　ⓘ 新潟水俣病訴訟

ⓤ 富山イタイイタイ病訴訟 　　　ⓔ 四日市ぜんそく訴訟

〔4〕 下線部③に関して、この会議において地球の気候に危険な影響を及ぼさない水準に、大気中の温室効果ガスの濃度を安定化させることを目的とした ハ 枠組み条約が制定された。さらに1997年の ハ 枠組み条約締約国会議において、2008年から2012年までに温室効果ガス排出量を1990年に比べ、EUは8％、アメリカは7％、日本は6％引き下げることを決めた京都 ニ が採択された。 ハ と ニ にあてはまるもっとも適切な語句を記入せよ。なお、**ハは漢字4字、ニは漢字3字**で答えよ。

〔5〕 下線部④に関して、今日ではおもに三つの原則が確立している。第一は汚染者負担の原則（ ホ ）で、公害防止費用や企業が社会に与えた損害は企業が負担すべきであるとされる。第二は、 ヘ の原則で、企業側に過失がなくても賠償責任を義務づけるものである。第三は、環境 ト の実施で、地域開発が環境にどのような影響を及ぼすかを事前に予測評価するものである。 ホ 〜 ト にあてはまるもっとも適切な語句を記入せよ。なお、**ホは英語略称をアルファベットの大文字3字、ヘは漢字5字、トはカタカナ6字**で答えよ。

〔6〕 下線部⑤に関して、資源と廃棄物の分別回収、再資源化、再利用について定めた3つのリサイクル法について、**制定年で古い順**に並べたものとして正しい順序を下から一つ選び、記号で答えよ。

ⓐ 容器包装リサイクル法→家電リサイクル法→自動車リサイクル法

ⓘ 家電リサイクル法→自動車リサイクル法→容器包装リサイクル法

ⓤ 容器包装リサイクル法→自動車リサイクル法→家電リサイクル法

ⓔ 自動車リサイクル法→家電リサイクル法→容器包装リサイクル法

Ⅲ 次の文章を読んで，あとの問いに答えよ。

　①社会主義とは，生産手段を私的所有から人々の共同所有へとあらためて，人間本来の自由と平等を回復しようとする思想と運動のことである。これまで，さまざまな社会主義が唱えられ，試みられてきた。

　たとえば，19世紀初頭の　イ　，サン・シモン，フーリエらの社会主義思想がある。　イ　は，全財産を投じて自給自足で完全平等の理想的協同社会を，アメリカのインディアナ州に建設しようと試みたが，失敗した。また，サン・シモンは，「すべては産業によって，すべては産業のために」という標語をかかげ，働く人々の連合としての搾取なき産業体制社会の実現を主張した。さらに，フーリエは，農業生産と消費組織を基礎とする理想的協同社会を構想した。しかし，ユートピア的世界を構想し，　A　なものの見方に欠けていたという点で，空想的社会主義といわれている。これに対して，②マルクスとエンゲルスが確立した社会主義思想は，歴史的な見方や　A　な見方で構築した　A　社会主義といわれている。

　社会主義をどのようにして実現するのかによっても，革命により独裁権力を樹立しようとするマルクス・　B　主義と，議会制民主主義のもとで漸進的に社会主義を実現しようとする社会民主主義，③資本主義体制内での社会的改良をめざす民主社会主義などの違いがある。

　社会主義国家としては，1917年に　B　が世界で最初の社会主義革命を成功させ，　C　年にソ連が誕生することになった。第二次世界大戦後は，ソ連だけでなく，東欧や中国でも社会主義国家が誕生した。社会主義諸国の中には重化学工業に重点を置いた経済発展を成し遂げた国もあった。しかし，社会主義経済体制のもとでは，労働者の働く意欲の低下や企業の技術革新の停滞といった問題が生じた。

　1980年代後半になると，ソ連の指導者であるゴルバチョフは　D　（たて直し，または改革）と　E　（情報公開）をかかげて，自由化をおし進めた。東欧諸国でも自由化がおし進められ，共産党による一党支配が崩壊した。1991年には，バルト3国（エストニア，ラトビア，　F　）がソ連から分離独立し，同年末にはソ連が解体して，ロシア，ウクライナ，ベラルーシの3か国首脳が　G　（CIS）の創立を宣言した。④中国では改革開放政策により，沿岸部の広東省や福建省などに　H　が設置され，外国資本の導入が行われるなど，⑤社会主義に市場経済を取り入れるようになった。

〔1〕　　A　〜　H　にあてはまるもっとも適切な語句を記入せよ。なお，**A は漢字3字，Bはカタカナ4字，Cは西暦を算用数字，Dは漢字7字，E はカタカナ6字，Fは国名をカタカナ5字，Gは漢字7字，Hは漢字**で答えよ。

〔2〕　　イ　にあてはまるもっとも適切な人名を下から一つ選び，記号で答えよ。

　　　　あ　ビスマルク　　　　　　　　　い　ガルブレイス

　　　　う　マックス・ウェーバー　　　え　ロバート・オーエン

　　　　お　クロムウェル　　　　　　　か　エドワード・コーク

〔3〕　下線部①に関して，　　　　　はソ連で行われた社会主義経済体制の特徴の一つであり，商品の生産，流通，販売などを個々人の自由にまかせず，国家や地方公共団体が経済を運営するものである。空欄にあてはまるもっとも適切な語句を下から一つ選び，記号で答えよ。

　　　　あ　経済安全保障　　　　　　　い　ブロック経済

　　　　う　社会的連帯経済　　　　　　え　計画経済

　　　　お　第三の道　　　　　　　　　か　ニューエコノミー

〔4〕　下線部②に関して，『　　　　』は，1867年から1894年に刊行されたマルクスの主著であるが，その第二部（第二巻）と第三部（第三巻）は彼の遺稿をもとにしてエンゲルスが編集した。空欄にあてはまる**書名を漢字3字**で答えよ。

〔5〕　下線部③に関して，政府が一つの経済主体として市場に介入する経済は，資本主義に社会主義的な要素を加えた経済という意味で修正資本主義と呼ばれ，民間部門と公共部門が相互補完的な役割を果たしているという意味で，　　　　　と呼ばれる。空欄にあてはまるもっとも適切な語句を**漢字4字**で答えよ。

〔6〕　下線部④に関して，社会主義市場経済などの改革開放政策を定着させた指導者として，もっとも適切な人名を下から一つ選び，記号で答えよ。

　　　　あ　毛沢東　　　　　い　孫文　　　　　う　鄧小平

　　　　え　張学良　　　　　お　李登輝　　　　か　蔣介石

〔7〕　下線部⑤に関して，　　　　　は，1986年よりベトナムで実施されている市場経済システムや対外開放政策のことであり，ベトナム語で「刷新」を意味している。空欄にあてはまるもっとも適切な語句を**カタカナ4字**で答えよ。

2月1日実施分　解答　政治・経済

 解答

〔1〕**A.** 不断　**B.** 文化的　**C.** 生活保護
D. 1967　**E.** プログラム　**F.** 厚生　**G.** 堀木
H. 1982
〔2〕—あ　〔3〕国権
〔4〕**ハ.** 社会権　**ニ.** 教育　**ホ.** 職業選択　**ヘ.** 争議権

━━━━━━━━━ 解説 ━━━━━━━━━

《日本の社会保障》

〔1〕　朝日訴訟では，実兄からの仕送りを受けるにあたり，行われた生活保護の減額処分に対し，日本国憲法第25条の「健康で文化的な最低限度の生活」の水準を維持できず憲法違反であるとして，処分の取り消しを求めた。この裁判をめぐり原告は「国が必要な義務を講ずるように要求する権利が保障される」と法的権利説の立場をとったが，最高裁判所はこれを認めず「憲法25条の規定は国民に具体的権利を保障したものではない」というプログラム規定説の立場をとり，当時生活保護行政を所管する厚生大臣の裁量を認めた。

〔2〕　あが正解。生存権をめぐる裁判として朝日訴訟に並び有名な裁判が堀木訴訟である。堀木訴訟とは障害福祉年金を受給していた全盲の堀木文子さんが，離婚し子供を養育しようと児童扶養手当の受給資格の認定を請求したが退けられ，児童扶養手当法の併給禁止規定が憲法の「法の下の平等」と「生存権」の規定に反するとして起こした裁判である。

〔4〕　ハは「国家による積極的な具体的施策によって実現される」とあるので，社会権が正解。日本国憲法では生存権のほか，労働基本権，ニの教育を受ける権利，参政権，国務請求権などを定めている。ホは勤労の権利に対応して書かれているので，自由権のうち関係の深い職業選択の自由が入る。

〔1〕**A.** 対策基本　**B.** 健康被害
　　　C. リオデジャネイロ　**D.** 環境基本

E. 循環型社会

〔2〕**イ.** 足尾　**ロ.** 別子

〔3〕—ⓔ　〔4〕**ハ.** 気候変動　**ニ.** 議定書

〔5〕**ホ.** PPP　**ヘ.** 無過失責任　**ト.** アセスメント

〔6〕—ⓐ

=== 解　説 ===

《公害と環境問題》

〔3〕　ⓔが正解。四大公害訴訟は水俣病，新潟水俣病，イタイイタイ病，四日市ぜんそくであり，ⓐ尼崎公害訴訟は含まれない。四大公害訴訟のうち大気汚染が原因のものは四日市ぜんそくだけであり，他は水質汚濁が原因である。

〔4〕　ハは説明文に「大気中の温室効果ガスの濃度を安定化させることを目的とした」とあるので，1992年の国連環境開発会議で採択された気候変動枠組み条約とわかる。その後1997年の第3回締約国会議で定められた京都議定書では，先進国に対し法的拘束力のある数値目標を定め，目標達成の仕組みとして排出量取引など京都メカニズムも導入された。なお，アメリカはブッシュ政権の時に京都議定書から離脱した。

〔5〕　ホの汚染者負担の原則（PPP：Polluter-Pays Principle）は，1972年にOECDが提唱した環境保護の原則である。ヘの無過失責任の原則は，従来の法制度では企業側の故意や過失の立証が必要であり（過失責任主義），公害被害者の救済が困難であったことから採用された原則である。トの環境アセスメントは，事業実施時に環境への影響を事前に調査・評価する制度である。

〔6〕　ⓐが正解。容器包装リサイクル法は2000年，家庭や事業者から出される家電製品（エアコン，テレビ，冷蔵庫・冷凍庫，洗濯機）のリサイクルを義務付けた家電リサイクル法は2001年，自動車購入時にリサイクル料を支払う制度を導入した自動車リサイクル法は2005年に，それぞれ施行された。

**解 答**

〔1〕**A.** 科学的　**B.** レーニン　**C.** 1922
D. ペレストロイカ　**E.** グラスノスチ
F. リトアニア　**G.** 独立国家共同体　**H.** 経済特区〔経済特別区〕
〔2〕—え　〔3〕—え　〔4〕資本論
〔5〕混合経済　〔6〕—う　〔7〕ドイモイ

═════ **解説** ═════

《社会主義の歴史》

〔1〕　**A～C.** マルクスとエンゲルスは資本主義経済を分析して確立した社会主義思想を科学的社会主義と名付け，それまでの社会主義を空想的社会主義として批判した。科学的社会主義の影響を受けたレーニンは1917年ロシア革命で皇帝による専制政治を倒し，1922年に史上初の社会主義国家であるソビエト社会主義共和国連邦が誕生した。

D～G. 経済・政治が行き詰まる中，1985年に登場したゴルバチョフは，ペレストロイカとよばれる改革を進め，情報公開（グラスノスチ）や新思考外交を行った。しかし1991年のバルト三国（エストニア・ラトビア・リトアニア）の独立をきっかけにソ連は解体し，それまでの連邦を構成した共和国による緩やかなつながりである独立国家共同体へと移行した。

〔2〕　えロバート・オーエンが正解。空想的社会主義を唱えた人物としてオーエン，サン゠シモン，フーリエが有名である。あビスマルクは「アメとムチ」政策を行ったドイツの政治家，うマックス・ウェーバーは官僚制やカリスマ的支配についての分析を行った学者，おクロムウェルはイギリスの清教徒革命を指導した人物，かエドワーク・コークはイギリスの「権利の請願」を起草した人物である。いガルブレイスは米国の経済学者で，現代資本主義を批判的に分析し，公共工事や教育などへの公的投資の有効性を訴えた人物である。

〔3〕　え計画経済が正解。文章に「商品の生産，流通，販売などを個々人の自由にまかせず，国家や地方公共団体が経済を運営するもの」とあるので，資本主義の市場経済に対する，社会主義の計画経済が正解となる。

〔5〕　混合経済が正解。設問文にあるように，修正資本主義では，民間部門に完全に任せるのではなく，民間部門と公共部門が相互補完的な役割を果たすことが求められる。資本主義の市場経済と社会主義の計画経済が混じったような形態であることから混合経済とよばれる。

〔6〕　⑤鄧小平が正解。中国の鄧小平は1978年から外国資本を誘致する経済特区の導入や資本主義経済の方法を一部取り入れる市場経済の導入などの改革開放政策を行った。

2月3日実施分　問題 政治・経済

(80分)

I　次の文章を読んで，あとの問いに答えよ。

　現在，世界にはさまざまな政治体制が存在する。イギリスで発達した議院内閣制
①
は，立法権を担う議会の信任を受けて，行政権をもつ内閣が成立する仕組みである。
イギリスでは内閣を組織する与党に対して，野党は「　A　の内閣」を組織して
政権交代に備えるのが慣例となっている。

　現在の日本も議院内閣制をとっているため，衆議院において内閣不信任決議案が
②
可決されるか，信任決議案が否決された場合，内閣は，「10日以内に衆議院が解散
されない限り，　B　をしなければならない」と日本国憲法第69条に規定されて
いる。衆議院の解散については，そのほかに内閣が任意に衆議院を解散することも
あり，これは憲法が定める　C　の国事行為についての規定（第7条）にもとづ
いている。

　一方，アメリカに見られる大統領制は，行政権の長である大統領が国民によって
③
選ばれる仕組みであり，議院内閣制に比べて行政権が立法権に対して高い独立性を
もつことになる。だが，同じ大統領制でも，フランスの場合は議院内閣制を一部組
みあわせた大統領制がとられている。
④

　これらの政治体制の基礎には，国家権力を立法権，行政権，　D　権に分け，
それぞれを相互に監視し合う別々の機関に担わせることによって，権力の抑制と均
衡をはかろうとする三権分立の考え方がある。
⑤

　他方，ソ連や中国における共産党のように，特定の政党に権力を集中させる政治
体制もある。中国では，年に一度開催される全国人民代表大会が国家権力の最高機
関とされ，その閉会中は常設の　E　が法令の制定や解釈，条約の批准などの広
範な権限をもつ機関となっている。権力の集中は，一党支配や軍事政権といった体
⑥
制として，第二次世界大戦後に新たに独立した国々や中南米の国々，冷戦下の東欧
の国々などにも見られた。

　　さらに，アフリカから中東，アジアにかけて広がるイスラム社会には，民主主義的なものや王政，独裁政権など，さまざまな政治体制が存在する。政治とイスラム教の関係についても，自由主義体制に近く，憲法に世俗主義を明記する　F　のような国がある一方で，1979年の革命によって王政を打倒した　G　ではイスラム教にもとづいた共和国が成立するなど，多様である。

〔1〕　A　～　G　にあてはまるもっとも適切な語句を記入せよ。なお，**A は漢字1字，Bは漢字3字，CとDは漢字2字，Eは漢字5字，FとGは国名をカタカナ3字**で答えよ。

〔2〕　下線部①に関して，イギリスの議院内閣制の説明として，もっとも適切なものを下から一つ選び，記号で答えよ。

　　　　あ　下院（庶民院）は，政党を選択する比例代表制の選挙によって選ばれた議員によって構成されている。

　　　　い　上院（貴族院）は国王の任命する貴族のほか，高額納税者のうちの希望者が議員となるのが慣例となっている。

　　　　う　下院（庶民院）で多数を占める政党の党首が上院（貴族院）の形式的な任命によって首相となる。

　　　　え　下院（庶民院）は上院（貴族院）よりも優越した権限をもつという原則が確立している。

〔3〕　下線部②に関して，次の問いに答えよ。

　　（a）　1994年に公職選挙法が改正されてから導入されている，日本の衆議院の選挙制度を何というか。**漢字11字**で答えよ。

　　（b）　女性にも参政権を認める男女平等選挙が日本で初めて実施された年として適切なものを下から一つ選び，記号で答えよ。

　　　　あ　1925年　　　　い　1926年　　　　う　1942年　　　　え　1946年

〔4〕　下線部③に関して，アメリカの大統領制の説明として，**適切でないもの**を下から一つ選び，記号で答えよ。

　　　　あ　大統領は教書を送ることによって議会に法案を提出する。

　　　　い　大統領は間接選挙で選ばれる。

　　　　う　大統領は議会が可決した法案への署名を拒否することで拒否権を行使

する。

　　　え　大統領は議会を解散する権限をもたない。

〔5〕　下線部④のような制度のことを，□□□□大統領制という。空欄にあてはまるもっとも適切な語句を下から一つ選び，記号で答えよ。

　　　あ　近　　　　　い　半　　　　　う　中　　　　　え　間

〔6〕　下線部⑤に関して，三権分立の目的として，もっとも適切なものを下から一つ選び，記号で答えよ。

　　　あ　人々が自らの権利を主張しあって衝突し，社会秩序を崩壊させてしまうことを防ぐ。

　　　い　政府による権力の行使を制約し，政治権力の暴走を防ぐ。

　　　う　人々が権力の不法な行使に抵抗する。

　　　え　個人の利己的な振る舞いが社会全体の利益を損なうことを防ぐ。

〔7〕　下線部⑥に関して，□□□□の軍事政権を批判する民主化運動の指導者であるアウン・サン・スー・チーは，2016年に誕生した文民政権を指導したが，2021年に軍事クーデターが起き，拘束された。空欄にあてはまる**国名をカタカナ5字**で答えよ。

Ⅱ　次の文章を読んで，あとの問いに答えよ。

　経済が発展し生産力が高まってくると，商品を中心に国際取引が拡大し，やがて①取引対象は資本，労働力，情報などに及ぶ。国際収支を見ても日本と世界のつなが②りが増している状況をとらえることができる。経済のグローバル化が私たちの生活③に及ぼす影響はきわめて大きくなっているといえる。

　16～18世紀の　A　主義の経済思想の時代には，輸入を上回る輸出の実現によって金や銀を獲得するために，輸入を抑制しつつ，輸出を奨励する貿易政策がとられていた。これに対して19世紀の先進工業国　B　では，貿易に対する国家の介入をやめ，　C　貿易を行うことこそが利益になると主張された。この考え方を理論的に説明したのが，　B　のリカードによる比較生産費説である。この説④　　　　　　　　　　　　　　　　　　　　　　　⑤は国際分業の利益を説き，各国がそれぞれ得意とする相対的に　D　の高い分野の商品に生産を限定（特化）して，その商品を輸出し，　D　が低く不得意な分野の商品を輸入すれば，世界全体の生産量は増大し，各国ともより豊かになるとした。19世紀前半，当時後進工業国であったドイツの　E　は，比較生産費説にもとづく　C　貿易に反対し，後進工業国は，国内産業の発展を促すために　F　貿易政策が必要だと主張した。

〔1〕　A　～　F　にあてはまるもっとも適切な語句を記入せよ。なお，A・C・Fは漢字2字，Bは国名をカタカナ4字，Dは漢字3字，Eは人名をカタカナ3字で答えよ。

〔2〕　下線部①に関して，国際取引は外国為替を用いて行われることが多い。外国為替相場が円安になった場合の日本への影響の説明として，**適切でないもの**を下から一つ選び，記号で答えよ。

　　あ　外国人観光客が増える。

　　い　日本で働きたいと思う外国人労働者が減る。

　　う　輸入品の価格が上昇しやすい。

　　え　産業の空洞化が生じやすい。

〔3〕　下線部②に関して，日本の国際収支は1980年代以降，経常収支の黒字が定着している。これに関する記述として，**適切でないもの**を下から一つ選び，記号で答えよ。

　　あ　第一次所得収支の黒字が大きく，経常収支の黒字を支えている。

　　い　貿易収支については，2010年代には貿易赤字も見られた。

　　う　海外への直接投資や証券投資の増大が，投資収益という形で経常収支
　　　の黒字を拡大させてきた。

　　え　経常収支の黒字は，おもにアジアからのインバウンドの増加による
　　　サービス収支の黒字によるものである。

〔4〕　下線部③に関して，次の問いに答えよ。

　（a）　グローバル化に関する記述として適切なものを下から一つ選び，記号で
　　　答えよ。

　　あ　グローバル化が進むと，輸入品と競合する産品を生産している一部の
　　　産業で失業が生じるおそれがある。

　　い　資本の自由化により外国に工場を設立する直接投資が増加するが，そ
　　　れは投資先の国の産業に空洞化をもたらすことが懸念される。

　　う　グローバル化が進むと，モノの移動は自由化するが資本の移動は抑制
　　　され，高成長が見込まれる国にも資本が流入しないおそれがある。

　　え　グローバル・スタンダードとは，国連総会において全会一致で定めら
　　　れた基準を指す。

　（b）　グローバル化がもたらした影響として，**適切でないもの**を下から一つ選
　　　び，記号で答えよ。

　　あ　各国の経済を緊密に結びつけることで，新しい経済取引の機会を作り
　　　出し，より大きな成長の可能性をもたらした。

　　い　生産拠点の海外移転は国内の雇用の喪失や非正規労働者の増加をもた
　　　らし，中間層が縮小し，日本など多くの先進国で，所得格差が縮小した。

　　う　各国が競って福祉水準の引き下げや環境規制の緩和を進めてきたため，
　　　良好な労働環境を実現することが困難になっている。

　　え　企業の海外流出を引きとめるため，法人税率を引き下げる国も出現し
　　　た。

　（c）　グローバル化とともに進展した企業活動の国際化に関する説明として，
　　　適切でないものを下から一つ選び，記号で答えよ。

　　あ　大企業ばかりでなく，部品メーカーなどの中小企業も積極的に海外で

生産を行うようになっている。

　　ⓘ　企業の海外進出は，海外での現地法人や合弁企業の設立のほか，海外の会社との合併や買収という形でも行われている。

　　ⓤ　企業の国際的な投資に関する多国間の包括的なルールは，すでにWTOによって定められたものが運用されている。

　　ⓔ　タックス゠ヘイブンとよばれる国や地域に拠点を置いて活動する国際的な企業も見られる。

〔5〕　下線部④に関して，19世紀前半，リカードは工業品だけでなく農産物の自由化も主張し，農業保護を主張する経済学者の　　　と対立した。空欄にあてはまる**人名の姓をカタカナ4字**で答えよ。

〔6〕　下線部⑤に関して，下の表はリカードの比較生産費説にもとづく国際分業の例を示している。

		A国	B国	合計生産量
特化前	服地	120人で1単位	80人で1単位	2単位
	ぶどう酒	100人で1単位	90人で1単位	2単位

A国とB国で服地1単位とぶどう酒1単位を生産するのに表のような労働投入量が必要で，両国あわせて，服地を2単位，ぶどう酒を2単位生産している。両国が自国の比較優位産業に特化すると，特化前と同じ数の労働者で両国合わせた生産量が，服地では　イ　単位，ぶどう酒では　ロ　単位，特化前よりも増える。　イ　と　ロ　にあてはまる値を**算用数字（小数）**で答えよ。

Ⅲ　次の文章を読んで，あとの問いに答えよ。

　消費者問題は，<u>有害・欠陥商品</u>①，悪質商法，誇大広告，<u>消費者金融からの多額の借り入れによる自己破産</u>②など，多岐にわたる。

　契約は，私たちの日常生活に欠かせないものである一方で，悪質商法による消費者被害が社会問題となっている。たとえば，電話や郵便などで呼び出して商品の購入を勧誘する　A　セールス，ネズミ算式に販売会員を増やす　B　商法があり，これらについては，2000年に訪問販売法から改称された　C　商取引法により，一定期間内であれば，<u>無条件で購入申込みの撤回や契約の解除ができる制度</u>③が設けられている。また，2000年に制定された消費者契約法は，契約内容や条件などの重要事項について事実と異なることを告げ，消費者がそれを事実と誤認して契約した場合には，　D　告知にもとづき，契約を取り消すことができるとしている（第4条第1項第1号）。その後の消費者契約法の改正によって消費者団体訴訟制度が導入され，直接の被害者ではなく，内閣総理大臣の認定を受けた　E　消費者団体が消費者に代わって事業者の不当な行為を差し止めるための訴訟を起こせるようになった。このように<u>消費者被害</u>④に対応する方策が整備されている。

　<u>1968年</u>⑤に制定された消費者保護基本法を改正し，2004年に施行された消費者基本法は，「消費者の権利の尊重」と「消費者の　F　の支援」を基本理念としており，この基本理念にのっとり，消費者政策を推進することが国の責務とされている。

　G　年4月，民法上の成年年齢を20歳から18歳に引き下げる，改正された民法第4条が施行された。未成年者が親権者の同意なく結んだ契約については，原則として取り消すことができるのに対して，成年に達すると未成年者取消権を行使することができなくなる。従来，未成年者とされてきた18・19歳の消費者被害が増加する可能性も考えられることから，消費者教育のさらなる充実が求められている。

〔1〕　A　～　G　にあてはまるもっとも適切な語句を記入せよ。なお，**A はカタカナ8字，B はカタカナ3字，C・D・E・F は漢字2字，G は西暦を算用数字で答えよ。**

〔2〕　下線部①に関して，有害商品の問題としては，粉ミルクにヒ素が混入し，被害が発生した　イ　ヒ素ミルク事件，睡眠薬イソミンによって，四肢などに先天的な障害のある子どもが産まれた　ロ　薬害事件がある。また，欠陥商

品に対する被害救済のために，無過失責任を定めた ハ 法が制定された。

イ ～ ハ にあてはまるもっとも適切な語句を記入せよ。なお，**イは漢字2字**，**ロはカタカナ6字**，**ハは漢字5字**で答えよ。

〔3〕 下線部②に関して，複数の金融機関から本人の支払能力を超えて借り入れを繰り返す □ 債務が問題となっている。空欄にあてはまるもっとも適切な語句を**漢字2字**で答えよ。

〔4〕 下線部③に関して，この制度の名称を**カタカナ7字**で答えよ。

〔5〕 下線部④に関して，消費者被害に対するさまざまな相談窓口が用意されており，その一つとして電話番号が「188」の消費者 □ をあげることができる。空欄にあてはまるもっとも適切な語句を**カタカナ6字**で答えよ。

〔6〕 下線部⑤に関して，この2年後に消費生活に関する情報の提供や調査研究のために設置された組織の名称を下から一つ選び，記号で答えよ。

　　　あ　国民生活センター　　　　　い　消費者庁

　　　う　消費者安全調査委員会　　　え　食品安全委員会

2月3日実施分

解答 政治・経済

Ⅰ　解答　〔1〕A. 影　B. 総辞職　C. 天皇　D. 司法
E. 常務委員会　F. トルコ　G. イラン

〔2〕—え　〔3〕(a)小選挙区比例代表並立制　(b)—え

〔4〕—あ　〔5〕—い　〔6〕—い　〔7〕ミャンマー

━━━━━━━━　解　説　━━━━━━━━

《世界の政治体制》

〔1〕E. 全国人民代表大会は中国の最高権力機関であるが，その常設機関であり，全人代閉会期間中の最高機関にあたるのが全国人民代表大会常務委員会である。

F. 正解のトルコを導き出すには世界史の知識との融合が必要である。第1次世界大戦後のトルコ革命で，トルコはイスラム教との政教分離を唱える世俗主義を採用し，西欧化を目指し，他のイスラム教国とは一線を引いている。しかし，2010年代になると，エルドアン大統領の強権的な政治により，世俗主義や民主主義の後退が指摘されている。

G. 「1979年の革命」とあるので，それまでの国王を倒しイスラム教国家が誕生したイランが正解である。

〔2〕えが正解。イギリスの二院制は主に世襲制の上院（貴族院）と，選挙で選出される下院（庶民院）で構成されており，下院の優越が確立されている。下院は1つの選挙区から1人の代表を選ぶ小選挙区制度により選出され，下院で第一党となった政党の党首を首相として，国王が任命することが慣例となっているので，あ・い・うは，それぞれ誤り。

〔3〕(a) 小選挙区比例代表並立制が正解。同制度では衆議院議員465名のうち，小選挙区制度で289名，拘束名簿式比例代表制で176名を選出する。参議院議員選挙とは異なり，重複立候補制が採られているため，並立制という。

(b) えが正解。日本で女性に参政権が認められたのは第二次世界大戦後である。

〔4〕あが誤り。大統領は教書を送ることができるが，議院内閣制とは異

なり法案提出権は持たない。

〔5〕　◯いが正解。フランスは大統領に大きな権限が与えられながら，議院内閣制の枠組みをとることから，半大統領制と言われている。

〔6〕　◯いが正解。三権分立は権力者に権力を集中させることを避け，権力同士が「抑制と均衡（チェック＆バランス）」を行うことで，国民の権利を守ることを目的としている。

　**解答**　〔1〕A. 重商　B. イギリス　C. 自由　　D. 生産性　E. リスト　F. 保護

〔2〕—◯え　〔3〕—◯え　〔4〕(a)—◯あ　(b)—◯い　(c)—◯う
〔5〕マルサス　〔6〕**イ**. 0.125　**ロ**. 0.2

━━━━━━━━━━━━━ 解 説 ━━━━━━━━━━━━━

《国際貿易理論と経済のグローバル化》

〔1〕　重商主義とは，国家の産業を発展させ輸出により外貨を獲得することで国内に貴金属や貨幣などの富を充実させようとする考えである。リカードはこの立場に立ち，比較生産費説を唱え，生産費が安く済む生産性の高い分野の商品に特化して貿易により交換すれば双方が豊かになるという考えを述べ，自由貿易を主張した。これに対しリストは，自由貿易を推進すればドイツなど後進工業国の遅れている産業（幼稚産業）はダメージを受けるとし，保護貿易を主張した。

〔2〕　◯えが誤り。円高の際輸出に不利となるので企業の海外進出が増え国内産業が空洞化することである。円安では輸出品の価格が海外で下降し，輸出は増えるので誤り。

〔3〕　◯えが誤り。アジアからのインバウンドの増加は近年のことであり，1980年代以降の経常収支の黒字の要因とならない。◯あ日本の国際収支の黒字は第1次所得収支の黒字が支える構造となっており，国内で生産した製品を販売して貿易で稼ぐのではなく，日本企業が海外拠点で稼いだ資金を国内に還元させることで稼いでいる構造になっているので正しい。◯い2011年の東日本大震災による福島第一原子力発電所事故の影響により，原油等エネルギー資源の輸入が増加し貿易収支は赤字となったので正しい。

〔4〕(a)　◯あが正解。グローバル化により海外から安い製品が流入すると，国内で同一製品を生産している企業が競争に敗れ，倒産し，失業が生じる

ことがある。○い産業の空洞化とは企業が海外に進出することで国内産業が空洞化することをいう。○う グローバル化ではモノの移動だけでなく，資本の移動も活発になる。○え グローバル・スタンダードは国際工業規格や国際会計基準など世界で通用する標準的な基準のことをいう。

(b)　○いが誤り。「国内の雇用の喪失や非正規労働者の増加」は，所得格差の「縮小」ではなく拡大をもたらす。

(c)　○うが誤り。包括的な投資関連協定といったものはまだ存在せず，近年WTOでの新しいルール作りが進みつつある。

〔6〕　比較生産費説では2国が生産する2つの産業のうち生産性の高い方を選択する。この場合，A国がぶどう酒を生産し，B国が服地を生産する方が生産に関わる人数が少なくて済むので生産性が高い。これらに特化することで，A国は服地生産の120人をぶどう酒生産に，B国はぶどう酒生産の90人を服地生産に回すことができるので，A国のぶどう酒生産：$(100+120) \div 100 = 2.2$，B国の服地生産：$(80+90) \div 80 = 2.125$ となる。それまでの生産合計2単位と比較すると，イ（服地）が0.125単位，ロ（ぶどう酒）が0.2単位，それぞれ生産量が増加する。

 　　　〔1〕A．アポイントメント　B．マルチ　C．特定
　　　　　　　　D．不実　E．適格　F．自立　G．2022
〔2〕イ．森永　ロ．サリドマイド　ハ．製造物責任
〔3〕多重　〔4〕クーリングオフ　〔5〕ホットライン
〔6〕―○あ

========================= 解　説 =========================

《消費者問題》
〔1〕C～E．消費者を守る法律として，訪問販売・通信販売などを対象に消費者を守るルールを定めた特定商取引法，不当な勧誘行為によって結ばれた契約の取消や不当な契約条項の無効を定めた消費者契約法，消費者の権利の尊重と消費者の自立の支援を基本理念とした消費者基本法がある。このうち消費者契約法では不実告知による契約取り消しや，適格消費者団体が消費者に代わって事業者の不当な行為を差し止めできる消費者団体訴訟制度が導入された。
〔2〕イ．森永ヒ素ミルク事件は1955年に森永乳業徳島工場において製

造された粉ミルクに大量のヒ素化合物が混入していたことにより，それを飲んだ乳児がヒ素中毒を起こした事件である。

ロ. サリドマイド薬害事件とは，1958年以降日本でも発売されていた鎮静睡眠薬イソミンを飲んだ妊婦が，死産したり，四肢，聴覚，内臓などに障害を負った子供が生まれた事件である。

〔5〕　ホットラインが正解。消費者ホットラインは全国共通の番号（188）で，身近な地方公共団体が設置している消費生活センターや消費生活相談窓口を案内する制度である。

〔6〕　あが正解。1970年に設置された組織であるので国民生活センターが正解。い消費者庁は2009年に創設。

2月1日実施分　問題 数学

（80分）

次のⅠ，Ⅱ，Ⅲの設問について解答せよ。ただし，Ⅰ，Ⅱについては問題文中の
　　　　　にあてはまる適当なものを，解答用紙の所定の欄に記入せよ。なお，解答が
分数になる場合は，すべて既約分数で答えること。

Ⅰ

〔1〕

（1）x は実数，a, b は0以上の定数とし，次の条件 P，Q，R を考える。

P： $x^2 - 9x + 8 \leqq 0$

Q： $(x - a)^2 \leqq 4$

R： $|x - 1| \leqq b$

① P を満たす x の値の範囲は　ア　である。

② P が Q の必要条件であるとき，a の値の範囲は　イ　である。

③ Q が R の必要十分条件であるとき，a, b の値は $a =$　ウ　，

$b =$　エ　である。

（2）x, y は実数とする。次の　　　　　にあてはまるものを下の選択肢より
1つ選び記号で答えよ。

① $x^2 + y^2 = 0$ は，$xy = 0$ であるための　オ

② $(x - 1)(y - 1) \geqq 0$ は，$x \geqq 1$ または $y \geqq 1$ であるための　カ

③ x が有理数であることは，x^2, x^5 がともに有理数であるための　キ

【選択肢】　㋐　必要十分条件である。

　　　　　㋑　必要条件であるが十分条件でない。

　　　　　㋒　十分条件であるが必要条件でない。

　　　　　㋓　必要条件でも十分条件でもない。

〔2〕 a, b, c は定数とする。2次関数 $y = ax^2 + bx + c$ …… ① のグラフが3点 A $(4, 2)$, B $(1, -1)$, C $(-1, 7)$ を通る。

（1） 2次関数①は，$y = \boxed{}$ である。

（2） 2次関数①のグラフ上の点Dが，AD = BD を満たすとき，点Dの座標は，$\left(\boxed{}, \boxed{} \right)$ である。ただし，$1 \leqq \boxed{} \leqq 4$ である。次に，3点A, D, Bと点Eでできる四角形ADBEがひし形であるとき，点Eの座標は $\left(\boxed{}, \boxed{} \right)$ である。

（3） 点Pは，2次関数①のグラフ上の点Aから点Bの間にある。点Pと直線 AB との距離が最大となるのは，点Pの x 座標が $\boxed{}$ のときである。またそのときの最大値は $\boxed{}$ である。

〔3〕 $0 \leqq x \leqq \dfrac{\pi}{2}$, $0 \leqq y \leqq \dfrac{\pi}{2}$ …… ① とし，連立方程式

$$\begin{cases} \cos 2y = \sin x & \cdots\cdots ② \\ \sin y = \sin 2x & \cdots\cdots ③ \end{cases}$$

を考える。②の右辺について，すべての x で $\sin x = \cos \left(\boxed{} \right)$ が成り立ち，①の範囲により，$2y = \boxed{}$ を得る。$\boxed{}$ は，次の選択肢から正しいものを1つ選び記号で答えよ。

【選択肢】 　ⓐ $\dfrac{\pi}{2} - x$ 　ⓘ $\dfrac{\pi}{2} + x$ 　ⓤ $\pi - x$ 　ⓔ $\pi + x$

次に，③の右辺について，すべての x で $\sin 2x = \sin \left(\boxed{} \right)$ が成り立ち，①の範囲により，$y = 2x$, または，$y = \boxed{}$ を得る。$\boxed{}$ は，次の選択肢から正しいものを1つ選び記号で答えよ。

【選択肢】   あ $\dfrac{\pi}{2} - 2x$ い $\dfrac{\pi}{2} + 2x$ う $\pi - 2x$ え $\pi + 2x$

$2y = \boxed{\text{ソ}}$ と $y = 2x$, および $2y = \boxed{\text{ソ}}$ と $y = \boxed{\text{タ}}$ から,

$x = \boxed{\text{チ}}$, $\boxed{\text{ツ}}$ を得る。ただし, $\boxed{\text{チ}} < \boxed{\text{ツ}}$ とする。

次に, 2倍角の公式を使うと,

       ②は $\sin x = 1 - \boxed{\text{テ}}$ ……④

       ③は $\sin y = \boxed{\text{ト}}$ ……⑤

となる。ただし, $\boxed{\text{テ}}$ は x を含まず, $\boxed{\text{ト}}$ は y を含まない。④, ⑤より, $\sin y$ を消去し $t = \sin x$ とおいて整理すると整数係数の t の4次方程式

$$\boxed{\text{ナ}}\, t^4 - \boxed{\text{ニ}}\, t^2 - t + \boxed{\text{ヌ}} = 0 \cdots\!\cdots ⑥$$

が得られる。$x = \boxed{\text{チ}}$ のときは $0 < t < 1$ であるので, ⑥を解くと

$t = \boxed{\text{ネ}}$ となる。

よって, $\sin\left(\boxed{\text{チ}} \right) = \boxed{\text{ネ}}$ である。

２０２４年度　２月１日　数学

Ⅱ　Aさんは 2024 年 1 月 1 日より，毎年一定金額を積み立てて預金をすることにした。いま，2 つの銀行があり，どちらの銀行のほうがよりお金が貯まるかを考えている。銀行 G は利率が単利計算の口座で，銀行 H は利率が複利計算の口座という違いがある。

　ここで，

- 単利計算とは預け入れ期間中の元金についてのみ利息をつける方法
- 複利計算とは預け入れ期間の途中でそれまでについた利息を元金に加え，その金額をもとに利息をつける方法

である。

　なお，A さんは毎年 1 月 1 日にお金を預けるものとする。また，利息はその年の 12 月 31 日につくものとし，以降 n 年後と表記したときは n 年後の 12 月 31 日に利息がついた直後とする。

　ただし，$1.01^2 = 1.020$，$1.01^3 = 1.030$，$1.01^4 = 1.040$，$1.01^5 = 1.051$，$1.05^{14} = 2.000$，$1.05^{15} = 2.080$，$\log_{10} 2 = 0.301$，$\log_{10} 3 = 0.477$，$\log_{10} 5 = 0.699$，$\log_{10} 1.04 = 0.017$ として計算せよ。

〔1〕　まず A さんが毎年 10000 円ずつ 1 年間の利率が 1％である銀行 G に積み立てる場合を考える。銀行 G は単利計算の口座のため，1 年目に預けたお金は 1 年後に $10000 \times 0.01 = 100$ 円の利息がつくので，元金と利息を合わせた金額である元利合計は 10100 円となる。1 年目に預けたお金は 2 年後に $10000 \times 0.01 + 10000 \times 0.01 = 200$ 円の利息がつくため元利合計は 10200 円となる。1 年目に預けたお金は 3 年後に 　ア　 円だけ利息がつくため元利合計は 　イ　 円となる。A さんが毎年 10000 円ずつ 5 年間銀行 G で積み立てを行った場合，元利合計は 5 年後に 　ウ　 円となる。

　　一方で，毎年 10000 円ずつ 1 年間の利率が 1％である銀行 H に積み立てる場合を考える。銀行 H は複利計算の口座のため，1 年目に預けたお金は 1 年後に $10000 \times 0.01 = 100$ 円の利息がつき，元利合計は 10100 円となる。2 年後には 1 年目の元利合計である $10000(1 + 0.01)$ 円を元金として利息がつくので，その元利合計は

$$10000(1 + 0.01) + 10000(1 + 0.01) \times 0.01 = 10000(1 + 0.01)^2$$

より 10200 円となる。1 年目に預けたお金の 3 年後の元利合計は，[エ] 円
となる。A さんが 5 年間銀行 H で積み立てを行った場合，元利合計は 5 年後
に [オ] 円となる。したがって，A さんはより多くの元利合計を得ることの
できる銀行 [カ] に預け入れる。なお，[カ] は G か H のどちらかで解
答せよ。

〔2〕　毎年 C 円ずつ 1 年間の利率が r である銀行 G に積み立てる場合，1 年目に
預け入れた C 円は n 年後に $\left(\boxed{\text{キ}} \right) \times$ C 円になる。同様に，毎年 1 月 1
日に預け入れた C 円が n 年後にいくらになっているかを考え，それらの和を
とると n 年後の元利合計は $\left(\boxed{\text{ク}} \right) \times$ C 円となる。

〔3〕　毎年 C 円ずつ 1 年間の利率が r である銀行 H で積み立てる場合，n 年後の
元利合計は初項 [ケ]，公比 [コ]，項数 n の等比数列の和となる。し
たがって，元利合計は [サ] × C 円となる。

〔4〕　1 年間の利率が 5 ％であるときに，銀行 H で 14 年後に元利合計が 63 万円
になるためには，毎年 [シ] 円ずつ積み立てればよい。

〔5〕　1 年間の利率が 4 ％であるときに，目標の元利合計を 104 万円として毎年 4
万円ずつ銀行 H で積み立てる。このとき，最短で [ス] 年後にこの目標を
達成することができる。

Ⅲ　次の図のように7つの部分に分けられた長方形がある。7つの部分A～Gを絵の
　具を使って塗り分ける。ただし，隣り合う部分には異なる色を塗るものとする。
　　例えば，AとB，AとDは隣り合うため異なる色を塗る。また，AとE，CとE
　は隣り合わないため同じ色を塗ってもよい。このとき，次の問いに答えよ。

A	D	
B	E	G
C	F	

図

〔1〕

　（1）　7色で塗り分ける方法は何通りあるか求めよ。

　（2）　nを自然数とする。n色で7つの部分を塗り分けるとき，最小のnの値
　　　　を求めよ。また，そのとき，塗り分ける方法は何通りあるか求めよ。

　（3）　5色で塗り分ける方法は何通りあるか求めよ。

〔2〕「赤」と書かれたカードが3枚，「青」と書かれたカードが2枚，「黄」と書
　　かれたカードと，「緑」と書かれたカードがそれぞれ1枚ある。これら7枚の
　　カードをよく混ぜて，一列に並べる。最初のカードに書かれている色を部分A
　　に塗る。2番目のカードに書かれている色を部分Bに塗る。このように，一
　　列に並んでいるカードの順番にしたがって，そのカードに書かれている色を部
　　分Aからアルファベット順に部分Gまで塗る。

　（1）　隣り合う部分が異なる色で塗り分けられている確率を求めよ。

　（2）　隣り合う部分が異なる色で塗り分けられているときに，部分Aの色が
　　　　「黄」または「緑」である確率を求めよ。

2月1日実施分　　　　　**解答** 数学

Ⅰ ── 解答

ア. $1 \leqq x \leqq 8$ **イ.** $3 \leqq a \leqq 6$ **ウ.** 1 **エ.** 2
オ─ⓤ **カ**─ⓔ **キ**─ⓐ **ク.** $x^2 - 4x + 2$

ケ. $\dfrac{3+\sqrt{13}}{2}$ **コ.** $\dfrac{3-\sqrt{13}}{2}$ **サ.** $\dfrac{7-\sqrt{13}}{2}$ **シ.** $\dfrac{-1+\sqrt{13}}{2}$ **ス.** $\dfrac{5}{2}$

セ. $\dfrac{9}{8}\sqrt{2}$ **ソ**─ⓐ **タ**─ⓤ **チ.** $\dfrac{\pi}{10}$ **ツ.** $\dfrac{\pi}{2}$ **テ.** $2\sin^2 y$

ト. $2\sin x \cos x$ **ナ.** 8 **ニ.** 8 **ヌ.** 1 **ネ.** $\dfrac{-1+\sqrt{5}}{4}$

════════════ 解説 ════════════

《小問3問》

〔1〕(1)① P：$x^2 - 9x + 8 = (x-1)(x-8) \leqq 0$ より

　　　　$1 \leqq x \leqq 8$　→ア

② Q：$(x-a)^2 - 4 = (x-a+2)(x-a-2) \leqq 0$ より

　　　$\{x-(a-2)\}\{x-(a+2)\} \leqq 0$　　$a-2 \leqq x \leqq a+2$

　よって，PがQの必要条件であるとき，P⊃Qとなるので

　　　$1 \leqq a-2$　かつ　$a+2 \leqq 8$

　つまり　　$3 \leqq a \leqq 6$　→イ

③　b は0以上なので

　　　R：$-b \leqq x-1 \leqq b$　つまり　$1-b \leqq x \leqq 1+b$

　よって，QがRの必要十分条件であるとき，Q=Rとなるので

　　　$a-2 = 1-b$　かつ　$a+2 = 1+b$

　つまり　　$a=1, \ b=2$　→ウ，エ

(2)①　$x^2 + y^2 = 0$ が「$x=0$ かつ $y=0$」と同値であることに注意すると

　　　$x^2 + y^2 = 0 \implies xy = 0$　は真

　　　$xy = 0 \implies x^2 + y^2 = 0$　は偽（反例：$x=1, \ y=0$）

　よって，十分条件であるが必要条件でない（ⓤ）。　→オ

②　$(x-1)(y-1) \geqq 0 \implies x \geqq 1$ または $y \geqq 1$　は偽

　　　　　　　　　　　　　　　　（反例：$x=0, \ y=0$）

$$x \geqq 1 \text{ または } y \geqq 1 \implies (x-1)(y-1) \geqq 0 \quad \text{は偽}$$

（反例：$x=2$, $y=0$）

よって，必要条件でも十分条件でもない（え）。　→カ

③　x が有理数 $\implies$ x^2, x^5 がともに有理数　は真

$x^5 = x^2 \cdot x^2 \cdot x$ に注意すると，「x^2, x^5 がともに有理数」は「x^2, x がともに有理数」と同値となるので

$$x^2, \ x^5 \text{ がともに有理数} \implies x \text{ が有理数} \quad \text{は真}$$

よって，必要十分条件である（あ）。　→キ

〔2〕(1)　①に3点の座標を代入して　$\begin{cases} 2 = 16a + 4b + c \\ -1 = a + b + c \\ 7 = a - b + c \end{cases}$

これを解くと　$\begin{cases} a = 1 \\ b = -4 \\ c = 2 \end{cases}$

よって，①のグラフは　　$y = x^2 - 4x + 2$　→ク

(2)　線分 AB の中点をMとおくと $M\left(\dfrac{5}{2}, \dfrac{1}{2}\right)$ であり，

直線 AB の傾きは　　$\dfrac{2-(-1)}{4-1} = 1$

よって，2直線の垂直条件より，線分 AB の垂直二等分線の傾きは -1 であるから，線分 AB の垂直二等分線の方程式は

$$y - \frac{1}{2} = -\left(x - \frac{5}{2}\right) \quad \text{つまり} \quad y = -x + 3$$

この直線と①とを連立して

$$x^2 - 4x + 2 = -x + 3 \quad \text{つまり} \quad x^2 - 3x - 1 = 0$$

これより　　$x = \dfrac{3 \pm \sqrt{13}}{2}$

$1 \leqq x \leqq 4$ より　　$x = \dfrac{3 + \sqrt{13}}{2}$

となる。y 座標は $y = -x + 3$ を用いて

$$D\left(\frac{3 + \sqrt{13}}{2}, \ \frac{3 - \sqrt{13}}{2}\right) \quad \text{→ケ，コ}$$

また，四角形 ADBE がひし形となるとき，対角線 DE の中点もMとな

るので

$$\mathrm{E}\left(\frac{7-\sqrt{13}}{2},\ \frac{-1+\sqrt{13}}{2}\right)\ \rightarrow\text{サ, シ}$$

(3) $\mathrm{P}(t,\ t^2-4t+2)$ $(1\leqq t\leqq 4)$ とおくと，直線 $\mathrm{AB}:y=x-2$ つまり $x-y-2=0$ との距離は，点と直線の距離の公式より

$$\frac{|t-(t^2-4t+2)-2|}{\sqrt{1^2+(-1)^2}}=\frac{|-t^2+5t-4|}{\sqrt{2}}=\frac{\sqrt{2}}{2}\left|-\left(t-\frac{5}{2}\right)^2+\frac{9}{4}\right|$$

$1\leqq t\leqq 4$ において $0\leqq -\left(t-\frac{5}{2}\right)^2+\frac{9}{4}\leqq\frac{9}{4}$ なので

$t=\frac{5}{2}$ のときに最大値　$\dfrac{9}{8}\sqrt{2}$　→ス，セ

別解　最大値を与える点Pにおける接線が直線 AB と平行になることを利用して

$$y'=2x-4=1\quad\text{つまり}\quad x=\frac{5}{2}$$

〔3〕　余角公式より　　$\sin x=\cos\left(\dfrac{\pi}{2}-x\right)$　（あ）　→ソ

①より $0\leqq\dfrac{\pi}{2}-x\leqq\dfrac{\pi}{2}$, $0\leqq 2y\leqq\pi$ なので

$$2y=\frac{\pi}{2}-x$$

補角公式より　　$\sin 2x=\sin(\pi-2x)$　（う）　→タ

①より $0\leqq\pi-2x\leqq\pi$, $0\leqq y\leqq\dfrac{\pi}{2}$ なので

$$y=2x\quad\text{または}\quad y=\pi-2x$$

$$\begin{cases}2y=\dfrac{\pi}{2}-x\\y=2x\end{cases}\text{より}\quad x=\frac{\pi}{10}\quad\rightarrow\text{チ}$$

$$\begin{cases}2y=\dfrac{\pi}{2}-x\\y=\pi-2x\end{cases}\text{より}\quad x=\frac{\pi}{2}\quad\rightarrow\text{ツ}$$

②より　　$\sin x=\cos 2y=1-2\sin^2 y$　→テ

③より　　$\sin y=\sin 2x=2\sin x\cos x$　→ト

2式より　　$\sin x=1-2(2\sin x\cos x)^2=1-8\sin^2 x\cos^2 x$

$$= 1 - 8\sin^2 x\,(1 - \sin^2 x)$$

$t = \sin x$ とおいて整理すると

$$8t^4 - 8t^2 - t + 1 = 0 \quad \rightarrow ナ\sim ヌ$$

これより $(t-1)(2t+1)(4t^2+2t-1) = 0$ であり，$x = \dfrac{\pi}{10}$ のとき $0 < t < 1$ なので

$$t = \frac{-1+\sqrt{5}}{4} \quad \rightarrow ネ$$

つまり $\quad \sin\dfrac{\pi}{10} = \dfrac{-1+\sqrt{5}}{4}$

Ⅱ 解答　ア. 300　イ. 10300　ウ. 51500　エ. 10300
オ. 51510　カ. H　キ. $1+nr$

ク. $\dfrac{1}{2}n\{(n+1)r+2\}$　ケ. $(1+r)C$　コ. $1+r$　サ. $\dfrac{1+r}{r}\{(1+r)^n - 1\}$

シ. 30000　ス. 18

===== 解 説 =====

《単利計算と複利計算，等差数列と等比数列の和，目標額を貯蓄するのに必要な条件》

〔1〕　銀行Gは単利なので3年後までにつく利息は

$$(10000 \times 0.01) \times 3 = 300 \text{ 円} \quad \rightarrow ア$$

よって，元利合計は

$$10000 + 300 = 10300 \text{ 円} \quad \rightarrow イ$$

同様に考えて，5年間積み立てを行った場合の5年後の元利合計は

$$10500 + 10400 + 10300 + 10200 + 10100 = 51500 \text{ 円} \quad \rightarrow ウ$$

銀行Hは複利なので，3年後の元利合計は

$$10000(1+0.01)^3 = 10000 \times 1.01^3 = 10300 \text{ 円} \quad \rightarrow エ$$

同様に考えて，5年間積み立てを行った場合の5年後の元利合計は

$$10000(1+0.01)^5 + 10000(1+0.01)^4 + 10000(1+0.01)^3$$
$$+ 10000(1+0.01)^2 + 10000(1+0.01)$$
$$= 10510 + 10400 + 10300 + 10200 + 10100 = 51510 \text{ 円} \quad \rightarrow オ$$

よって，多くの元利合計を得られるのは　　銀行H　→カ

〔2〕 銀行Gは単利なので，〔1〕同様に考えると，1年目に預け入れたC円は n 年後

$$C + Cr \times n = (1 + nr) \times C \text{（円）} \quad →キ$$

これより，n 年後の元利合計は

$$\sum_{k=1}^{n} (1 + kr) \times C = \left\{ n + \frac{1}{2} n (n+1) r \right\} \times C$$

$$= \frac{1}{2} n \{(n+1) r + 2\} \times C \text{（円）} \quad →ク$$

〔3〕 銀行Hは複利なので，〔1〕同様に考えると，n 年後の元利合計は，項数 n で

初項 $(1+r) \times C$，公比 $1 + r$ →ケ，コ

の等比数列の和となる。よって，元利合計は

$$\frac{(1+r)^n - 1}{(1+r) - 1} \cdot (1+r) \times C = \frac{1+r}{r} \{(1+r)^n - 1\} \times C \text{（円）} \quad →サ$$

〔4〕 〔3〕で $r = 0.05$，$n = 14$ とすると

$$\frac{1.05}{0.05} \{(1.05)^{14} - 1\} \times C = 21 \times C = 630000$$

よって C = 30000 円 →シ

〔5〕 〔3〕で $r = 0.04$，$C = 40000$ とすると

$$\frac{1.04}{0.04} \{(1.04)^n - 1\} \times 40000 \geqq 1040000$$

整理すると $(1.04)^n \geqq 2$ となるので，両辺常用対数をとると

$$n \log_{10} 1.04 \geqq \log_{10} 2$$

よって，$n \geqq \dfrac{\log_{10} 2}{\log_{10} 1.04} = \dfrac{0.301}{0.017} = 17.7 \cdots$ となるので

n = 18 年後 →ス

Ⅲ 解答 〔1〕(1) 異なる7色で7つの部分を塗り分けるので

7! = 5040 通り ……(答)

(2) まず，D，E，F，Gの4つの部分を塗り分けることを考える。GとD，E，Fとは同じ色を用いることができない。D，E，FについてはG以外の色で塗ることになるが，DとFは同じ色を用いることができるので3色あれば塗り分けることができる。

　　例えば，Gを黒，DとFを赤，Eを白で塗り分けたとすると，Aは黒または白で

　　ⅰ）　Aが黒の場合：

　　「Bは赤，Cは黒」または「Bは赤，Cは白」

　　ⅱ）　Aが白の場合：

　　「Bは黒，Cは白」または「Bは赤，Cは黒」または「Bは赤，Cは白」
とA，B，Cも塗り分けることができる。

　　よって，最小の $n=3$ であり，方法は5通り，色の選び方は $3!=6$ 通り
あるので，求める方法は

　　　　　$5×6=30$ 通り　　……（答）

(3)　7つの部分を5色で塗り分けるのは

　　ⅰ）　ある1色で3つの部分，残りの異なる4色で4つの部分を塗り分ける

　　ⅱ）　ある2色でそれぞれ2つの部分ずつ，残りの異なる3色で3つの部分を塗り分ける

の2つの方法がある。

　　ⅰ）の場合：

3つの部分は

　　「A，C，E」「A，C，G」「B，D，F」

の3通りに限られるので

　　　　　$_5C_1\cdot4!×3=120×3=360$ 通り

　　ⅱ）の場合：

2つの部分は，アルファベットが若くならないように注意して

　　「A，C」に対して「B，D」「B，F」「B，G」「D，F」

　　「A，E」に対して「B，D」「B，F」「B，G」「C，D」
　　「C，G」「D，F」

　　「A，F」に対して「B，D」「B，G」「C，D」「C，E」
　　「C，G」

　　「A，G」に対して「B，D」「B，F」「C，D」「C，E」
　　「D，F」

　　「B，D」に対して「C，E」「C，G」

　　「B，F」に対して「C，D」「C，E」「C，G」

「B，G」に対して「C，D」「C，E」「D，F」

「C，E」に対して「D，F」

「C，G」に対して「D，F」

の 30 通りに限られるので

$$_5P_2 \cdot 3! \times 30 = 120 \times 30 = 3600 \text{ 通り}$$

以上より　　$360 + 3600 = 3960$ 通り　……(答)

〔2〕　まず，カードの並べ方は，これらのカードをすべて区別して

$7! = 5040$ 通り

(1)　題意を満たす塗り分け方において，赤で塗るのは「A，C，E」「A，C，G」「B，D，F」の 3 通りであり

ⅰ）「A，C，E」を赤で塗る場合：

青で塗るのは「B，D」「B，F」「B，G」「D，F」に限られるので，赤のカードの並べ方，青のカードの並べ方および黄，緑の並べ方も考慮して

$$3! \cdot 2! \cdot 2! \times 4 = 96 \text{ 通り}$$

ⅱ）「A，C，G」を赤で塗る場合：

青で塗るのは「B，D」「B，F」「D，F」に限られるので

$$3! \cdot 2! \cdot 2! \times 3 = 72 \text{ 通り}$$

ⅲ）「B，D，F」を赤で塗る場合：

青で塗るのは「A，C」「A，E」「A，G」「C，E」「C，G」に限られるので

$$3! \cdot 2! \cdot 2! \times 5 = 120 \text{ 通り}$$

よって，求める確率は　　$\dfrac{96 + 72 + 120}{5040} = \dfrac{2}{35}$　……(答)

(2)　条件を満たすのは(1)のⅲ)で青を「C，E」「C，G」に塗った場合なので

$$\frac{3! \cdot 2! \cdot 2! \times 2}{96 + 72 + 120} = \frac{1}{6} \quad ……(答)$$

═══════════════ 解　説 ═══════════════

《7つの部分の塗り分け方の場合の数，カードに従ったときに塗り分けられる確率》

図で与えられた7つの部分を異なる色で塗り分ける問題である。

〔1〕　(2)・(3)はともに丁寧な場合分けが必要とされる。特に(3)は塗り分けの方法についても場合分けが必要で，さらに書き出すときに重複や数え忘れなどに注意を払わなければならない。

〔2〕　〔1〕の(3)で用いた考え方が利用できる。

2月3日実施分 問題 数学

(80分)

次のⅠ，Ⅱ，Ⅲの設問について解答せよ。ただし，Ⅰ，Ⅱについては問題文中の
□□□にあてはまる適当なものを，解答用紙の所定の欄に記入せよ。なお，解答が
分数になる場合は，すべて既約分数で答えること。

Ⅰ

〔1〕 原点をOとする座標平面上に，A (2，5)，B (7，9)，C (11，2)，
D (3，14) の4点がある。

(1) $\overrightarrow{AB}$ の大きさは □ア□ である。

(2) 直線AB上に，$\overrightarrow{AE} = 3\overrightarrow{AB}$ となる点Eをとる。このとき，点Eの座標
は (□イ□ ， □ウ□) である。

(3) 線分BCを対角線にもつ平行四辺形ABFCを考える。このとき，点F
の座標は (□エ□ ， □オ□) である。

(4) 直線ABと直線CDの交点をGとし，実数 s，t を用いて
$\overrightarrow{OG} = \overrightarrow{OA} + s\overrightarrow{AB}$，$\overrightarrow{OG} = \overrightarrow{OC} + t\overrightarrow{CD}$ と考えると，t は □カ□ となり，
点Gの座標は (□キ□ ， □ク□) である。ただし，□カ□，□キ□，
□ク□ は s，t を用いないで表せ。

〔2〕

（1）　整数 2024 を素数の積で表すと，

$$2024 = \boxed{ケ} \times \boxed{コ} \times \boxed{サ} \times \boxed{シ} \times \boxed{ス} \text{ となる。}$$

ただし，$\boxed{ケ} \leqq \boxed{コ} \leqq \boxed{サ} \leqq \boxed{シ} \leqq \boxed{ス}$ とする。

（2）　k を自然数とし，$n = \sqrt{2024k}$ とする。

n が4桁の整数となるとき，n の最大値は $\boxed{セ}$，n の最小値は $\boxed{ソ}$ である。また，n の正の約数の個数が 20 であるとき $n = \boxed{タ}$ である。

〔3〕　a を定数とする。

（1）　放物線 $y = x^2 + ax + a + 3$ が x 軸と異なる2つの共有点をもつとき，a の値の範囲は $\boxed{チ}$ である。また，この放物線と x 軸の正の部分が異なる2つの共有点をもつとき，a の値の範囲は $\boxed{ツ}$ である。

（2）　a を $a > 0$，$a \neq 1$ とする。

放物線 $y = (\log_{10}a)x^2 + 2(\log_{10}a - 1)x - (\log_{10}a - 1)$ がある。

①　$a = 100$ のとき，この放物線は x 軸との共有点を $\boxed{テ}$ 個もつ。

②　この放物線が x の値にかかわらず常に x 軸の上側にあるとき，a の値の範囲は $\boxed{ト}$ である。さらに，この放物線と x 軸の正の部分が異なる2つの共有点をもつとき，a の値の範囲は $\boxed{ナ}$ である。

Ⅱ ある農園で生産される果物は，出荷時に品質を判定し，2つのグレードA，Bのどちらかに分類される。Aグレードの方がBグレードより品質が高い。

農園の果物全体の10%がBグレードである場合について考える。なお，小数の形で解答する場合は，小数第2位を四捨五入して，小数第1位まで求めよ。例えば，2.56は2.6，0.81は0.8と解答する。

〔1〕 検査装置Xはこの果物の品質を自動的に判定し，AグレードとBグレードのどちらかに分類する。Xでは，果物が

① Aグレードであるときに，正しくAグレードと判定する確率は88%

② Bグレードであるときに，正しくBグレードと判定する確率は92%

である。

この農園から出荷される果物から1個を取り出してXで検査するとき，Bグレードと判定される確率は ア ％である。また，XでBグレードと判定されたときに，実際はAグレードである確率は イ ％である。

〔2〕 〔1〕の検査装置XでBグレードと判定されたものについては，続いて人が検査を行い，AグレードかBグレードかを判定する。人の検査では，果物が

③ Aグレードであるときに，正しくAグレードと判定する確率は98%

④ Bグレードであるときに，正しくBグレードと判定する確率は98%

である。

農園から出荷される果物のうち，Xの検査でBグレードと分類されたものについて，この中から取り出した1個が，人の検査によりBグレードと判定される確率は ウ ％である。

農園から出荷される果物の中から取り出した1個が，Xの検査と人による検査の結果，Bグレードと判定される確率は エ ％である。

次に，1個当たりの検査費用は，Xによる場合は2円，人による場合は10円である。また，1個当たりの販売価格は，Aグレードの場合は100円，Bグレードの場合は30円とする。このとき

　　　1日の果物の出荷個数を1000個とすると，1日当たりの人による検査が必要

な個数は，（1日の出荷個数）× $\dfrac{\boxed{ア}}{100}$ で計算され，$\boxed{オ}$ 個となる。し

たがって，1日に必要な検査の総費用は $\boxed{カ}$ 円となる。

　　　Aグレードの果物を誤ってBグレードとする場合の販売価格差によって生

じる損失について考える。農園から出荷される果物の中から取り出した1個が，

Aグレードであり，かつXの検査と人による検査の結果，Bグレードと判定

される確率は $\boxed{キ}$ ％である。1日の出荷個数を1000個とすると，1日の

損失額は，

（1日に出荷される果物の個数）× $\dfrac{\boxed{キ}}{100}$ ×（1個当たりの損失額）

で計算でき，結果は $\boxed{ク}$ 円となる。

〔3〕　人の検査に代わるものとして新しい検査装置Yの導入を検討している。Y
　　　は，果物が

　　　　⑤　Aグレードであるときに，正しくAグレードと判定する確率は94％
　　　　⑥　Bグレードであるときに，正しくBグレードと判定する確率は96％

　　　である。

　　　　この農園から出荷される果物をまず〔1〕のXで判定し，Aグレードと判
　　　定されたものはさらに検査を行わず，そのまま出荷する。Bグレードと判定さ
　　　れたものについては，次にYで判定しAグレード，Bグレードに分類して出
　　　荷する。

　　　　この農園から出荷される果物の中から取り出した1個がBグレードであり，

　　　かつAグレードとして出荷される確率は，$\boxed{ケ}$ ％である。

　　　　農園から出荷される果物の検査において，人の検査の代わりにYを導入し
　　　た場合，Yによる果物1個当たりの検査費用は5円であるとすると，1日の出
　　　荷個数1000個当たりの総検査費用は，人の検査に比べて $\boxed{コ}$ 円低下する。

Ⅲ　次の問いに答えよ。

〔1〕　a, b, c, d を定数とする。3次関数 $f(x) = ax^3 + bx^2 + cx + d$ が次の3
　　つの条件を満たしている。

$$f(1) = 2, \quad f(-1) = -2, \quad \int_{-1}^{1} (bx^2 + cx + d)\, dx = 2$$

　（1）　条件より，関数 $f(x)$ を b, c, d を用いないで表せ。

　（2）　曲線 $y = f(x)$ と直線 $y = 2x$ が接するとき，a の値を求めよ。また，
　　　　そのとき，曲線 $y = f(x)$ と直線 $y = 2x$ で囲まれた部分の面積を求め
　　　　よ。

〔2〕　t は x と無関係な変数として，x の関数 $g(x)$ を

$$g(x) = -x^3 + x^2 + 6x + \int_{0}^{1} (x^2 t + 3)\, dt$$

　　とおく。

　（1）　$g(x)$ を求め，$g(x)$ の極大値，極小値を求めよ。

　（2）　$y = g(x)$ のグラフを x 軸方向に p，y 軸方向に q だけ平行移動したと
　　　　き，そのグラフが原点に関して対称になるとき，p, q の値を求めよ。

2月3日実施分

解答 数学

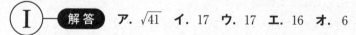

Ⅰ **解答** **ア**. $\sqrt{41}$ **イ**. 17 **ウ**. 17 **エ**. 16 **オ**. 6

カ. $\dfrac{51}{92}$ **キ**. $\dfrac{151}{23}$ **ク**. $\dfrac{199}{23}$ **ケ**. 2 **コ**. 2 **サ**. 2 **シ**. 11 **ス**. 23

セ. 9108 **ソ**. 1012 **タ**. 4048 **チ**. $a<-2,\ 6<a$ **ツ**. $-3<a<-2$

テ. 2 **ト**. $\sqrt{10}<a<10$ **ナ**. $1<a<\sqrt{10}$

―――――――――――――― 解説 ――――――――――――――

《小問3問》

〔1〕(1) $\overrightarrow{AB}=(5,\ 4)$ より $|\overrightarrow{AB}|=\sqrt{5^2+4^2}=\sqrt{41}$ →ア

(2) 条件より $\overrightarrow{OE}-\overrightarrow{OA}=3(\overrightarrow{OB}-\overrightarrow{OA})$

つまり $\overrightarrow{OE}=-2\overrightarrow{OA}+3\overrightarrow{OB}$

これより $\overrightarrow{OE}=-2(2,\ 5)+3(7,\ 9)=(17,\ 17)$

つまり E(17, 17) →イ, ウ

(3) 条件より対角線 BC の中点と対角線 AF の中点とは一致するので,F$(a,\ b)$ として

$$\left(\frac{7+11}{2},\ \frac{9+2}{2}\right)=\left(\frac{2+a}{2},\ \frac{5+b}{2}\right)$$

つまり $a=16,\ b=6$

よって F(16, 6) →エ, オ

(4) まず $\overrightarrow{OG}=\overrightarrow{OA}+s\overrightarrow{AB}=(2,\ 5)+s(5,\ 4)=(2+5s,\ 5+4s)$

また, $\overrightarrow{CD}=(-8,\ 12)$ より

$\overrightarrow{OG}=\overrightarrow{OC}+t\overrightarrow{CD}=(11,\ 2)+t(-8,\ 12)=(11-8t,\ 2+12t)$

これらが一致することから $\begin{cases}2+5s=11-8t\\5+4s=2+12t\end{cases}$

これを解くと $\begin{cases}s=\dfrac{21}{23}\\[2mm]t=\dfrac{51}{92}\end{cases}$ →カ

これより　　　$G\left(2+5\cdot\dfrac{21}{23},\ 5+4\cdot\dfrac{21}{23}\right)=\left(\dfrac{151}{23},\ \dfrac{199}{23}\right)$　→キ，ク

〔2〕(1)　$2024=2^3\times11\times23$ なので，条件より

$\qquad 2024=2\times2\times2\times11\times23$　→ケ〜ス

(2)　n が整数となるとき，m を自然数として $k=2\times11\times23\times m^2$ の形をしていて，このとき，$n=2^2\times11\times13\times m$ となるので，この数が4桁となるのは

$m=1$ の場合：$n=2^2\times11\times23=1012$

$m=2$ の場合：$n=2^3\times11\times23=2024$

$m=3$ の場合：$n=2^2\times3\times11\times23=3036$

$m=4$ の場合：$n=2^4\times11\times23=4048$

$m=5$ の場合：$n=2^2\times5\times11\times23=5060$

$m=6$ の場合：$n=2^3\times3\times11\times23=6072$

$m=7$ の場合：$n=2^2\times7\times11\times23=7084$

$m=8$ の場合：$n=2^5\times11\times23=8096$

$m=9$ の場合：$n=2^2\times3^2\times11\times23=9108$

よって，n の最大値は 9108，最小値は 1012 となる。　→セ，ソ

また，正の約数の個数が $20=4\times5=2\times2\times5$ となるとき，p，q，r を素数として

$\qquad p^{19}\qquad p^3\times q^4\qquad p\times q\times r^4$

と素因数分解される数に限られる。

上記の数で当てはまるのは　　　$n=4048$　→タ

〔3〕(1)　放物線 $y=\left(x+\dfrac{a}{2}\right)^2-\dfrac{a^2}{4}+a+3$ は下に凸の放物線となるので，このグラフが x 軸と異なる2つの共有点をもつとき，頂点の y 座標について

$\qquad -\dfrac{a^2}{4}+a+3<0$　つまり　$a^2-4a-12=(a+2)(a-6)>0$

よって　　$a<-2,\ 6<a$　→チ

さらに，2つの共有点の値が正であるとき

$\qquad$ 軸：$x=-\dfrac{a}{2}>0$　つまり　$a<0$

$x=0$ において　　$a+3>0$　つまり　$-3<a$

以上より　　　$-3 < a < -2$　→ツ

(2)　$(\log_{10} a) x^2 + 2(\log_{10} a - 1) x - (\log_{10} a - 1) = 0$ とすると，この方程式の判別式 D について

$$\frac{D}{4} = (\log_{10} a - 1)^2 + \log_{10} a (\log_{10} a - 1)$$

$$= 2(\log_{10} a)^2 - 3\log_{10} a + 1 \quad \cdots\cdots(*)$$

①　$a = 100$ のとき $\log_{10} a = 2$ となるので，$(*)$ の値は正である。

よって，x 軸との共有点は　　　2 個　→テ

②　条件を満たすとき，放物線は下に凸であることが条件となるから，x^2 の係数について

$$\log_{10} a > 0 \quad \text{つまり} \quad 1 < a$$

が必要。

さらに $(*)$ について，放物線は x 軸との共有点をもたないため

$$\frac{D}{4} < 0$$

つまり　　$2(\log_{10} a)^2 - 3\log_{10} a + 1 = (2\log_{10} a - 1)(\log_{10} a - 1) < 0$

これより　　$\dfrac{1}{2} < \log_{10} a < 1$　つまり　$\sqrt{10} < a < 10$

以上より　　$\sqrt{10} < a < 10$　→ト

$a \neq 1$ より $\log_{10} a \neq 0$ なので，平方完成をして

$$y = (\log_{10} a)\left(x + \frac{\log_{10} a - 1}{\log_{10} a}\right)^2 - \frac{(\log_{10} a - 1)^2}{\log_{10} a} - (\log_{10} a - 1)$$

$$= (\log_{10} a)\left(x - \frac{1 - \log_{10} a}{\log_{10} a}\right)^2 - \frac{(2\log_{10} a - 1)(\log_{10} a - 1)}{\log_{10} a}$$

ⅰ）　$\log_{10} a < 0$，つまり $0 < a < 1$ の場合：

軸：$x = \dfrac{1 - \log_{10} a}{\log_{10} a} < 0$ なので，題意を満たすことはない。

ⅱ）　$\log_{10} a > 0$，つまり $1 < a$ の場合：

軸：$x = \dfrac{1 - \log_{10} a}{\log_{10} a} > 0$ より

$\log_{10} a < 1$　つまり　$1 < a < 10$

頂点の y 座標：$-\dfrac{(2\log_{10} a - 1)(\log_{10} a - 1)}{\log_{10} a} < 0$ より

$$\log_{10}a<\frac{1}{2}, \quad 1<\log_{10}a \quad つまり \quad 1<a<\sqrt{10}, \quad 10<a$$

y 軸との交点について

$$-(\log_{10}a-1)>0 \quad つまり \quad \log_{10}a<1$$

より　　$a<10$

以上より　　$1<a<\sqrt{10}$　→ナ

ア. 20　**イ.** 54　**ウ.** 46.2　**エ.** 9.2　**オ.** 200

カ. 4000　**キ.** 0.2　**ク.** 140　**ケ.** 1.2　**コ.** 1000

═══════════════ 解　説 ═══════════════

《確率の和の法則・積の法則，条件付き確率》

〔1〕　取り出した1個について，実際にはAグレードで誤判定されBグレードとなる場合と，Bグレードで正しく判定されBグレードとなる場合があるので

$$\left(1-\frac{10}{100}\right)\left(1-\frac{88}{100}\right)+\frac{10}{100}\cdot\frac{92}{100}=\frac{108+92}{1000}=0.2$$

つまり　　20%　→ア

また，Xの検査でBグレードと判定されたときに，実際はAグレードである確率は

$$\frac{\left(1-\frac{10}{100}\right)\cdot\left(1-\frac{88}{100}\right)}{0.2}=0.54$$

つまり　　54%　→イ

〔2〕　Xの検査でBグレードと分類されたものから取り出した1個について，〔1〕同様に考えると

$$\frac{54}{100}\cdot\left(1-\frac{98}{100}\right)+\frac{46}{100}\cdot\frac{98}{100}=\frac{108+4508}{10000}=0.4616$$

つまり　　46.2%　→ウ

よって，農園から出荷される果物1個がBグレードと判定されるのは

$$0.2\times0.4616=0.09232 \quad つまり \quad 9.2\% \quad →エ$$

1日あたり検査が必要な個数は

$$1000\times\frac{20}{100}=200 個 \quad →オ$$

したがって，必要な検査の総費用は

$$1000 \times 2 + 200 \times 10 = 4000 \text{ 円} \quad \rightarrow \text{カ}$$

取り出した1個がAグレードでXの検査および人による検査でBグレードと判定されてしまうのは

$$\left(1 - \frac{10}{100}\right)\left(1 - \frac{88}{100}\right)\left(1 - \frac{98}{100}\right) = \frac{216}{100000} = 0.00216$$

つまり 0.2% →キ

よって，損失額は

$$1000 \times \frac{0.2}{100} \times (100 - 30) = 140 \text{ 円} \quad \rightarrow \text{ク}$$

〔3〕 取り出した1個がBグレードの果物で，Xの検査でAグレードと誤判定される場合と，Bグレードと正しく判定された後にYの検査で誤判定される場合があるので

$$\frac{10}{100}\left(1 - \frac{92}{100}\right) + \frac{10}{100} \cdot \frac{92}{100}\left(1 - \frac{96}{100}\right) = \frac{800 + 368}{100000} = 0.01168$$

つまり 1.2% →ケ

また，Yを導入したときに必要な検査の総費用は

$$1000 \times 2 + 200 \times 5 = 3000 \text{ 円}$$

よって，総検査費用の差額は

$$4000 - 3000 = 1000 \text{ 円} \quad \rightarrow \text{コ}$$

Ⅲ 解答 〔1〕(1) まず $f(1) = a + b + c + d = 2$ ……①

$$f(-1) = -a + b - c + d = -2 \quad \cdots\cdots ②$$

また $\displaystyle\int_{-1}^{1} (bx^2 + cx + d)\, dx = 2\int_{0}^{1} (bx^2 + d)\, dx = 2\left[\frac{b}{3}x^3 + dx\right]_{0}^{1}$

$$= \frac{2}{3}b + 2d = 2 \quad \cdots\cdots ③$$

①＋② より $2b + 2d = 0$ つまり $d = -b$

これを③に代入して $-\dfrac{4}{3}b = 2$

よって $b = -\dfrac{3}{2},\ d = \dfrac{3}{2}$

また，①－② より $2a + 2c = 4$ つまり $c = 2 - a$

以上より　　$f(x) = ax^3 - \dfrac{3}{2}x^2 + (2-a)x + \dfrac{3}{2}$ ……(答)

(2)　曲線 $y = f(x)$ と直線 $y = 2x$ とが接するとき，2式を連立して得られる3次方程式

$$ax^3 - \dfrac{3}{2}x^2 + (2-a)x + \dfrac{3}{2} = 2x$$

つまり　　$\left(ax - \dfrac{3}{2}\right)(x+1)(x-1) = 0$

が重解をもつので

　i)　$x = -1$ が重解のとき：

　　$-a - \dfrac{3}{2} = 0$ より　　$a = -\dfrac{3}{2}$ ……(答)

　このとき，求める面積は ax^3, $-2x$ が奇関数であることに注意すると

$$\int_{-1}^{1}(f(x)-2x)\,dx = \int_{-1}^{1}\{ax^3 - 2x + (bx^2 + cx + d)\}\,dx$$

$$= \int_{-1}^{1}(bx^2 + cx + d)\,dx = 2 \quad\text{……(答)}$$

　ii)　$x = 1$ が重解のとき：

　　$a - \dfrac{3}{2} = 0$ より　　$a = \dfrac{3}{2}$ ……(答)

　このとき，求める面積は同様にして

$$\int_{-1}^{1}(f(x)-2x)\,dx = 2 \quad\text{……(答)}$$

〔2〕(1)　$\displaystyle\int_{0}^{1}(x^2 t + 3)\,dt = \left[\dfrac{x^2}{2}t^2 + 3t\right]_{0}^{1} = \dfrac{1}{2}x^2 + 3$ なので

$$g(x) = -x^3 + x^2 + 6x + \left(\dfrac{1}{2}x^2 + 3\right)$$

$$= -x^3 + \dfrac{3}{2}x^2 + 6x + 3 \quad\text{……(答)}$$

　また，$g'(x) = -3x^2 + 3x + 6 = -3(x+1)(x-2)$ より，以下の増減表を得るので

$x = 2$ のとき　極大値　　13 ……(答)

$x = -1$ のとき　極小値　　$-\dfrac{1}{2}$ ……(答)

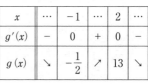

x	$\cdots$	-1	$\cdots$	2	$\cdots$
$g'(x)$	$-$	0	$+$	0	$-$
$g(x)$	$\searrow$	$-\dfrac{1}{2}$	$\nearrow$	13	$\searrow$

(2)　$y = g(x)$ を平行移動すると

2024年度　2月3日　数学

$$y - q = -(x-p)^3 + \frac{3}{2}(x-p)^2 + 6(x-p) + 3$$

整理すると

$$y = -x^3 + \left(3p + \frac{3}{2}\right)x^2 + (-3p^2 - 3p + 6)x + \left(p^3 + \frac{3}{2}p^2 - 6p + q + 3\right)$$

題意が成り立つとき，この関数は奇関数となるので，x^2 の係数および定数項について

$$3p + \frac{3}{2} = 0 \quad かつ \quad p^3 + \frac{3}{2}p^2 - 6p + q + 3 = 0$$

これらより　　$p = -\dfrac{1}{2}$, $q = -\dfrac{25}{4}$　……(答)

============ 解　説 ============

《関数の決定，接するための条件，囲まれた部分の面積，定積分を含む関数，平行移動》

微分法および積分法に関する問題である。

〔1〕　与えられた条件から連立方程式を作成する。面積は与えられた条件を利用すると，比較的簡単に求めることができる。

〔2〕(1)　どの文字について積分するかに注意して関数を求める。

(2)　関数のグラフが原点に関して対称となるとき奇関数であることを利用すると，〔解答〕のようになる。立方完成する方法もある。

//////////////// · memo · ////////////////

//////////////// · memo · ////////////////

/////////////// · **memo** · ///////////////

//////////////// · **memo** · ////////////////

/////////////// · memo · ///////////////

問題と解答

問題 日本史

（80 分）

Ⅰ　次の文章を読み，空欄　　A　　～　　I　　にもっとも適切な語句を記入し，かつ
（ a ）～（ f ）の問いに答えよ。

　7 世紀半ば，東北地方南部の広域的な行政管区として陸奥国が建てられ，712年
には新たに　　A　　国が置かれた。支配の拠点には城柵が設置され，周辺には関東
　　　　　　　　　　　　　　　　　　　　　　　①
地方などから移された　　B　　と呼ばれた人々が住み，開発を進めた。この地域に
住む蝦夷は新たに設けられた評（郡）に所属し，その一部は定期的に上京して，九
州南部に住む　　C　　と呼ばれた人々や南島人などとともに，天皇への服属儀礼に
従った。律令国家は，それぞれ全く別の地に住み，生活の形態も言語も異なる集団
を同じ儀礼に参加させることで，中華として日本国が辺境の異文化集団を支配下に
置き，独自の華夷秩序を確立していることを，唐や，東北部の　　D　　，朝鮮半島
の新羅といった東アジア諸国に対して示そうとしたのである。

　8 世紀初めに確立したこの辺境支配体制は，720年代以降，早くも崩れ始める。
　E　　国では　　C　　の反乱が起こって国守が殺害され，時を同じくして陸奥国
南部の海岸地域で蝦夷の反乱が始まった。律令国家は大規模な兵力を投入して鎮圧
　　　　　　　　　　　　　　　　　　　②
するとともに，国府・城柵間の交通路の開削・整備を進め，降伏した蝦夷を遠隔地
　　　　　　　　　　　　　　　　　　　　　　　　　　　③
に移すなどの積極策をとる。780年代には東北地方内陸部で反乱が大規模化した。
724年以来鎮守府が置かれていた　　F　　が，蝦夷の首長に率いられた反乱軍によ
　　　　　　　　　　　　　　　　　　　④
り焼失し，赴任していた按察使が殺害された。さらに789年から802年にかけて，北
上川中流域の　　G　　の地を主戦場とした激しい戦闘が展開され，征討軍が 1 千人
以上の死者を出す大敗を喫し，蝦夷側の14村が焼亡した。　　G　　には新たに城柵
が設けられ，鎮守府がここに移されたが，こうした戦争は，戦場となった陸奥国，
征討軍の兵力と兵糧の大部分を負担した関東諸国を疲弊させ，志波城の設置を最後
に，それ以北への国家による大規模な征討行動は停止される。以降，東北地方北部
　　　　　　　　⑤
では有力な蝦夷間の対立が続き，自然災害による凶作・飢饉も発生するなど不安定

であった。878年に雄物川下流域を中心に起こった　H　の乱では，秋田城が焼き尽くされ，平定までに3年を要した。11世紀に入ると，陸奥では蝦夷の系譜を引く安倍氏の勢力が拡大するが，1051年に起こった　I　で滅亡した後には，同じく蝦夷の末裔といわれている　A　の豪族清原氏が奥六郡の実質的支配者となった。1087年，同族間の争乱に勝利した清原清衡は奥州藤原氏を名乗る。三代の秀衡
⑥
は源義経と結び，東北地方の政治的自立を図ったが，四代の泰衡の時に源頼朝により滅ぼされた。

（a）下線部①に関して，7世紀半ば，日本海側に設置された城柵は次のうちどれか。もっとも適切なものを下から一つ選び，記号で答えよ。

　　あ　雄勝城　　　　い　淳足柵　　　　う　基肄城　　　　え　衣川柵

（b）下線部②に関連して，藤原不比等の子で当時式部卿に任じられていた官人も，持節大将軍としてこの遠征に加わった。この人物として，もっとも適切なものを下から一つ選び，記号で答えよ。

　　あ　藤原武智麻呂　　　　　　　　　い　藤原房前

　　う　藤原宇合　　　　　　　　　　　え　藤原麻呂

（c）下線部③に関して，こうした蝦夷はどのように呼ばれていたか。漢字2文字で答えよ。

（d）下線部④に該当する人名として，もっとも適切なものを下から一つ選び，記号で答えよ。

　　あ　伊治呰麻呂　　い　紀古佐美　　　う　阿弖流為　　　え　文室綿麻呂

（e）下線部⑤に関連して，民力の弱体化を理由に方針の転換を主張した公卿は誰か。もっとも適切なものを下から一つ選び，記号で答えよ。

　　あ　菅野真道　　　　　　　　　　　い　藤原百川

　　う　坂上田村麻呂　　　　　　　　　え　藤原緒嗣

（f）下線部⑥に関連して，藤原基衡が建立したものはどれか。もっとも適切なものを下から一つ選び，記号で答えよ。

　　あ　毛越寺　　　　い　富貴寺　　　　う　中尊寺　　　　え　三仏寺

Ⅱ　次の文章〔1〕～〔3〕を読み，（a）～（o）の問いに答えよ。なお，設問中の史料は
　読みやすく改めている箇所がある。

〔1〕　貴族や寺社の私的な大土地所有である荘園の拡大は，公領（国衙領）からの
　　税収の減少をもたらした。そのため，荘園整理令がたびたび出された。なかで
　　も，中世の土地制度である荘園公領制が確立する上で大きな契機となったの
　　が，後三条天皇の在位時に出された　　　A　　　の荘園整理令である。その後，院
　　①
　　政期には百町を越える大規模な荘園が登場する一方，公領と同じく荘園にも国
　　　　　　　　　　　　　　　　　　　　　　　　　　②
　　家的な課税が行われ，荘園と公領の同質化が進んだ。

　（a）　空欄　　A　　にあてはまる，もっとも適切な元号を答えよ。

　（b）　下線部①に関して，その内容のもっとも適切な説明を下から一つ選び，
　　　記号で答えよ。

　　　　あ　延喜2年以後の勅旨田の新規開発を停止した。

　　　　い　太政官に問注所を設置し，現地の国司に代わり，朝廷において荘園の
　　　　　実状を調査した。

　　　　う　寛徳2年以後の新立荘園を停止した。

　　　　え　新立荘園を停止するかわりに，貴族や寺社に封戸を支給した。

　（c）　下線部②に関連して，院政期に，内裏や寺院の造営などを目的に，公
　　　領・荘園を問わず，一律に賦課された税の名称を答えよ。

〔2〕　鎌倉時代に入ると，鎌倉幕府の成立により荘園の在り方にも変化が生じた。
　　とくに，荘園に設置された地頭と荘園領主の間で紛争が相次いだ。こうした当
　　時の荘園に関する史料に以下のようなものがある。

　　　B　　す

　　　備後国神崎庄下地以下所務条々の事

　　右，当庄の領家高野山金剛三昧院内遍照院雑掌行盛と，地頭阿野侍従殿〈季継〉
　　　　　　　　　③
　　御代官助景と相論す。当庄下地以下所務条々の事，　　C　　に番ふと雖も，
　　　　　　　　　　　　　　　　　　　　④
　　当寺知行の間，別儀を以て　　B　　せしむ。田畠・山河以下の下地は　　D
　　　　　　　　　　　　　　　　⑤
　　せしめ，各一円の所務を致すべし。仍て　　B　　の状，件の如し。

　　　文保弐年二月十七日　　地頭代左衛門尉助景〈在判〉

　　　　　　　　　　　雑掌行盛〈在判〉

　　　　　　　　　　　　　　　　　　　　　　（『金剛三昧院文書』）

（d）　空欄　B　には，判決前の解決を意味する語句が入る。漢字 2 字で答
　えよ。

（e）　下線部③に関連して，この寺院は源頼朝はじめ源氏将軍三代の菩提を弔
　う寺院として建立された。彼らの親族にして「二品」とも呼ばれた，この
　寺院の建立者は誰か。

（f）　下線部④は，鎌倉幕府の裁判における手続きを示している。空欄
　　C　にあてはまる，もっとも適切な語句を下から一つ選び，記号で答
　えよ。

　　　あ　起請　　　　　　い　引付　　　　　う　訴陳　　　　　え　道理

（g）　空欄　D　には，当時の荘園をめぐる紛争の解決手段を意味する語句
　が入る。漢字 2 文字で答えよ。

（h）　下線部⑤に関連して，紛争解決後に実際それぞれが支配する下地の領域
　を絵図に記録することがあった。このような例の絵図が残る荘園として，
　もっとも適切なものを下から一つ選び，記号で答えよ。

　　　あ　紀伊国阿氏河荘　　　　　　　　　い　伯耆国東郷荘

　　　う　肥後国鹿子木荘　　　　　　　　　え　備前国福岡荘

（i）　鎌倉時代に，一国ごとに荘園と公領の面積や所有者を記録した土地台帳
　が作成された。この帳簿の名称を答えよ。

（j）　鎌倉時代における荘園や公領に関する説明として，もっとも適切なもの
　を下から一つ選び，記号で答えよ。

　　　あ　たび重なる荘園整理令にもかかわらず，荘園の新立に歯止めがかから
　　　ず，荘園は増加の一途をたどった。

　　　い　地頭の介入により収入の確保が困難となり，領家は国衙に荘園を寄進
　　　し知行国主となり，現地の荘官は郷司や保司となった。

　　　う　院政期に皇女らに相続された天皇家領の荘園群は，皇統分裂に伴い各
　　　皇統で継承され，その経済基盤となった。

　ⓔ　各国で公領を支配した受領は，荘園の拡大で収入が減少したことから，
　　現地に赴任しない遙任が一般化した。

〔3〕　室町幕府の下で守護の権限が拡大し，一国内の武士を被官として編成した
　り，荘園の年貢納入を請け負うなど領国支配が進展した。ただし，すべての武
　　　⑥
　士が守護の被官となったわけではなく，将軍と直接の主従関係を結んだ直臣が
　独自の勢力として領国内に存在した。こうした室町時代の守護の領国支配に関
　する史料に以下のようなものがある。

　　　同じく守護人非法の条々　同日※1
　一，大犯三箇条〈付けたり，苅田狼藉・使節遵行〉の外，所務以下に相綺
　　　　　　　　　　　　　　　　⑦　　　　　　　　　　　　　　　いろ
　　ひ※2，地頭御家人の煩ひを成す事
　　　（中略）
　一，　　E　　と号し，名字を他人に仮り，本所寺社領を知行せしむる事
　　　（中略）
　一，自身の所課を以て，一国の地頭御家人に分配せしむる事
　　　（中略）
　　以前の条々，非法張行の由，近年普く風聞す。一事たりと雖も違犯の儀有
　　　　　　　　　　　　　　　たちま
　　らば，忽ち守護職を改易すべし。（後略）

　　　　　　　　　　　　　　　　　　　　　　　　　　（『建武以来追加』）

　　　※1　同日…ここでは貞和2年（1346）12月13日のこと

　　　※2　綺ひ…妨げること

　　　F　　の仁躰，守護人に対し其の咎出来の時，注進を致すべき事〈寛正
　四・卯・廿七〉
　　在国の輩，重科出来せば，速やかに守護として子細を注申し，御成敗に随う
　　⑧　　　　　　　　　　　　　　　　　　　　　　　　　　　　　　⑨
　べし，万一私の儀を以て，事問わず計らい沙汰を致すにおいては，たとひ道
　理たりと雖も，厳科に処さるべし。
　　参州渥美郡において，疋田三左〈時に二番衆〉と一色左京兆〈時に当郡
　　知行〉被官人黒田と，喧嘩の時，これを定めらる。

　　　　　　　　　　　　　　　　　　　　　　　　　　（『建武以来追加』）

（k） 空欄 ［ E ］ には，下線部⑥に関する語句が入る。漢字2文字で答えよ。

（l） 下線部⑦に関する説明として，もっとも適切なものを下から一つ選び，記号で答えよ。

　　あ 幕府から命じられた軍役に現地の御家人を動員すること。

　　い 幕府から賦課された段銭を現地で徴収すること。

　　う 幕府から派遣された使者の通行を現地で保証すること。

　　え 幕府から出された訴訟の裁定を現地で執行すること。

（m） 空欄 ［ F ］ には，五番に編成され，［ F ］ 衆とよばれた幕府の直轄軍を表す語句が入る。漢字2文字で答えよ。

（n） 下線部⑧に関連して，彼らが代官として管理した幕府直轄領の名称として，もっとも適切な語句を答えよ。

（o） 下線部⑨は誰の行為を指しているか。もっとも適切なものを下から一つ選び，記号で答えよ。

　　あ 将軍　　　　　い 守護　　　　　う 管領　　　　　え 天皇

Ⅲ　次の文章〔1〕・〔2〕を読み，（a）〜（t）の問いに答えよ。なお，史料は一部読みやすく改めてある箇所がある。

〔1〕　日本にキリスト教が初めて伝来したのは，1549年のことである。ポルトガル人たちが ［ A ］ 島に漂着し，鉄砲を伝えてから数年が経過していた。この間，ポルトガルが東アジア進出の拠点としたゴア・マラッカ・マカオ①などから，ポルトガルの商船が九州諸港に頻繁に来訪するようになっていた。こうして来日したポルトガル商人が，人を殺して追われていたアンジローにマラッカに行くことを勧め，アンジローはその地で男子修道会 ［ B ］ 会の宣教師であったスペイン人フランシスコ・ザビエルと出会った。アンジローはザビエルの勧めでキリスト教に入信し，その鹿児島上陸に際して道案内を務めることとなるが，これが日本へのキリスト教の初伝来となったのである。

　　鹿児島到着後ザビエルは，薩摩の領主 ［ C ］ と会見して布教許可を獲得，さらに1551年には上洛し全国布教の許可を得ようとしたが，未だ戦火の絶えて②いない京都の状況に落胆し，また天皇の威光に頼ることができないことをさ

とって，地方の有力大名を頼ることに方針を切りかえた。その後は，山口，豊後府内などを拠点として布教に従事し，同年末に離日した。

　ザビエルの後，　D　やルイス・フロイスらの宣教師が相次いで来日し，キリスト教は急速に広まり，信者の数は1582年には十数万人に達したといわれる。また，九州などの諸大名も貿易を望んでその布教活動を保護し，中にはキ
③
リスト教に入信する大名もあった。入信したキリシタン大名のうち，豊後の領主大友義鎮や肥前有馬の領主有馬晴信，肥前大村の領主　E　は，少年使節をローマ教皇のもとに派遣した。

　この頃全国統一を目ざしていた織田信長は，拠点とした安土の城下町を建設中であったが，町域に教会や神学校も兼ねた中等教育機関の建設を認めるなど
④
キリスト教に対して保護姿勢を見せた。また，信長没後に覇者となった豊臣秀吉も，当初はキリスト教に対して寛大であった。その姿勢に変化が見られるようになったのは，1587年，九州平定に際して長崎が　E　によって　B　会に寄進されていることを知ってからである。このときバテレン追放令が発せ
⑤
られ，宣教師の国外追放が命じられたが，貿易は奨励されていたため，取り締まりは不徹底に終わった。キリスト教が徹底的に禁圧されるようになるのは，江戸時代に入った1612年，幕府直轄地に禁教令が発せられ，翌年にそれが全国におよぼされて以降のことになるが，こうして約60年にわたって当時の日本に少なからず影響を与えたキリスト教は，ほぼ根絶状態となった。

（ａ）　空欄　A　に入る，もっとも適切な島名を答えよ。

（ｂ）　下線部①に関して，マカオの場所はどこか。もっとも適切なものを下の地図から一つ選び，記号で答えよ。

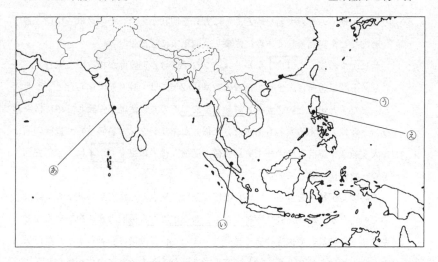

(c) 空欄 B に入る，ローマ教皇公認の男子修道会名を**カタカナ**4文字
　　で答えよ。

(d) 空欄 C に入る，もっとも適切な人名を答えよ。

(e) 下線部②に関して，当時の京都は1536年に起こった兵火で下京がことご
　　とく焼失するなど，きわめて荒廃した状況であった。京都の商工業者に信
　　者の多かった仏教宗派をめぐって起こったこの兵火を何というか。

(f) 空欄 D の宣教師が書き送った書簡の中で，堺をあたかもベニス市
　　のように自治が行われていると紹介している。この宣教使名として，もっ
　　とも適切なものを下から一つ選び，記号で答えよ。

　　　あ　ヴァリニャーニ　　　　　　　い　ガスパル・ヴィレラ

　　　う　フランシスコ・カブラル　　　え　ヤン・ヨーステン

(g) 下線部③に関連して，ポルトガルなどとの貿易における主要な輸入品と
　　して，**適切でないもの**を下から一つ選び，記号で答えよ。

　　　あ　生糸　　　　い　鉄砲　　　　う　銀　　　　え　木綿

(h) 空欄 E に入る，もっとも適切な人名を答えよ。

(i) 下線部④に関して，当初，安土と肥前有馬に設置され，日本人伝道師お
　　よび聖職者の育成を目的とした中等教育機関・神学校を何というか。

(j) 下線部⑤に関して，この追放令は第一条で，「日本ハ神国たる処，キリ

シタン国より　F　を授け候儀，はなはだ以て然るべからず候事」との
べている。　F　に入るもっとも適切な語句を答えよ。

〔2〕　開国後の1858年に締結された日米修好通商条約は，その第八条において「日
本にある亜米利加人，自ら其国の宗法を念じ，礼拝堂を居留場の内に置くも障
りなし，並びに其建物を破壊し，亜米利加人宗法を自ら念ずるを妨る事なし。
（中略）双方の人民互に宗旨に付ての争論あるべからず。日本長崎役所に於て
　G　の仕來りは既に廃せり。」と定め，この結果，アメリカ人など外国人は
「信教の自由」を保証され，居留地の中でのキリスト教の宣教活動も行えるこ
とになった。しかしながら，　G　は廃止されたとしているものの，幕府の
一般の人びとに対するキリスト教禁教政策は改められることはなかった。
　　この条約を受けて，1859年，欧米諸国からは　H　，フルベッキ，ブラウ
ンらの宣教師がやってきて，プロテスタントの布教活動も開始された。また，
いわゆる「隠れキリシタン」としてキリスト教信仰を維持してきた長崎浦上の
人びと3000人余が，来日したフランス人宣教師に自分たちがキリスト教徒であ
ると名乗り出て，寺請制度に従わない事件も起きた。幕府は，「隠れキリシタ
　　　　　　　　⑥
ン」の人びとを捕縛し各地に配流するなど強い姿勢で臨み，禁教政策に変更が
ないことを示した。
　　明治維新後も江戸幕府のキリスト教禁教政策は継承され，浦上の「隠れキリ
シタン」も配流されたままであった。この状況が変化するのは，明治新政府の
右大臣　J　を大使とした遣欧使節団が，欧米諸国からキリスト教禁教政策
について激しい抗議を受けてからである。幕府から引き継いだ不平等条約の改
　　　　　　　　　　　　　　　　　　　　　　　⑦
正を焦眉の課題としていた明治政府は，条約改正のためにも禁教政策を見直す
必要性に迫られ，この結果，1873年になって禁教の条項を含む高札は撤廃され
　　　　　　　　　　　　　　　　　　　　⑧
た。しかしながら，高札撤廃の太政官布告は，既に禁教が「一般熟知」である
ことを理由としており，キリスト教解禁の布告が出されたのではなかった。キ
リスト教は黙認されただけであり，一般の人びとの「信教の自由」が保証され
ることはなかった。
　　こうした政府の姿勢を批判し，キリスト教を含む「信教の自由」を積極的に
主張したのは，明六社などに結集した啓蒙思想家たちであった。なかでも，明

六社の発起人　K　は，明治維新以前に米英に留学し，その体験をもとに1875年にはいち早く「信教の自由」を説いた。また，明六社に結集した西周，津田真道なども『明六雑誌』上で同様の主張を行っている。

　こうした主張にもかかわらず，政府は神道を中心とした教化政策によって民
　　　　　　　　　　　　　　　　　　⑨
心の統合を図ろうとしていたこともあって，「信教の自由」を認めることに積極的ではなかった。それでも，キリスト教は日本社会に徐々に浸透し，多様な分野に影響を与えるようになった。とりわけ目をひくのは，札幌，横浜，熊本でのキリスト教グループ（バンド）である。このうち札幌のグループは，開拓使の招きで来日し，札幌農学校開設に尽力した　L　の感化でキリスト教に入信したグループで，内村鑑三や新渡戸稲造などの人材を輩出し，教育・言
　　　　　　　　　⑩
論・国際分野などに大きな足跡を残している。

（k）　空欄　G　に入る語句として，もっとも適切なものを下から一つ選び，記号で答えよ。

　　あ　人別　　　　　い　改宗　　　　　う　潜伏　　　　　え　踏絵

（l）　空欄　H　に入る宣教師は，日本初の和英辞書を出版し，それに用いたローマ字の綴り方式でも影響を与えた宣教師として知られている。この宣教師名を答えよ。

（m）　下線部⑥に関連して，この制度により幕藩体制下の全ての人びとは，いずれかの寺院に檀家として所属させられ，禁教対象の信者ではないことを寺院が証明することとなった。キリシタン以外にも禁教対象となった宗派が存在していたが，妙覚寺の日奥を開祖とする日蓮宗の一派を何というか。

（n）　空欄　J　に入る，もっとも適切な人名を答えよ。

（o）　下線部⑦に関して，関税自主権が回復し，最終的に条約改正が達成されたのは1911年のことである。このときの外相は誰か。

（p）　下線部⑧に関して，「人タルモノ五倫ノ道ヲ正シクスヘキ事」で始まるこの高札は五箇条の誓文の翌日に出されている。この高札を何というか。

（q）　空欄　K　に入る，もっとも適切な人名を答えよ。

（r）　下線部⑨に関して，1872年にこうした教化を行うために設置された省名を答えよ。

（s）　空欄　L　に入るお雇い外国人名として，もっとも適切なものを下か
　　ら一つ選び，記号で答えよ。

　　　ⓐ　ジェーンズ　　　　　　　　ⓘ　マレー

　　　ⓤ　クラーク　　　　　　　　　ⓔ　グリフィス

（t）　下線部⑩に関して，内村鑑三は第一高等中学校教員だった1891年，キリ
　　スト教徒の良心から教育勅語に最敬礼をせず，このため世間から攻撃を受
　　けて辞職する事件が起こっている。このとき，『教育ト宗教ノ衝突』を著
　　して内村鑑三やキリスト教を激しく攻撃した人物として，もっとも適切な
　　ものを下から一つ選び，記号で答えよ。

　　　ⓐ　加藤弘之　　　ⓘ　井上哲次郎　　ⓤ　戸水寛人　　ⓔ　杉浦重剛

解答 日本史

I **解答** A．出羽 B．柵戸 C．隼人 D．渤海 E．大隅
F．多賀城 G．胆沢 H．元慶 I．前九年合戦

(a)—ⓘ (b)—ⓤ (c)俘囚〔夷俘〕 (d)—ⓐ (e)—ⓔ (f)—ⓐ

◀解　説▶

≪古代の東北地方≫

B．やや難。「関東地方など」から城柵周辺に移住させられて開発にあた
った人々を柵戸という。同じ奈良時代で九州防衛にあたるため主に東国か
ら派遣された兵士である防人と混同しないように注意しよう。

D．中国東北部に建国された，唐，新羅と同時代となる国は渤海である。
10 世紀前半に渤海を滅ぼした契丹（遼）と混同しないように注意しよう。

E．大隅国では隼人の反乱により国守が殺害された。隼人の反乱地として，
鎮圧の過程で設置された薩摩国も考えられるが，隼人支配の強化のために
大隅国が置かれたことを想起して判断したい。

F・G．東北対策として 724 年に設置された多賀城に陸奥国府と鎮守府が
置かれ，802 年に坂上田村麻呂が築いた胆沢城に鎮守府が移された。

H．難問。9 世紀後半に出羽の秋田付近で俘囚による元慶の乱が起こった。

(a) ⓘが正解。7 世紀半ばに越後国にあたる場所に淳足柵と磐舟柵が設置
された。なお，ⓐ雄勝城は 8 世紀後半に日本海側に築かれた城柵，ⓤ基肄
城は 7 世紀後半に九州に築かれた朝鮮式山城，ⓔ衣川柵は古代末期に築か
れた安倍氏の拠点である。

(b) ⓤが正解。藤原宇合は 724 年の蝦夷の反乱を鎮圧した。設問に「藤原
不比等の子で当時式部卿に任じられていた」とあることから，式家の祖で
ある藤原宇合を想起したい。

(d) ⓐが正解。降伏した蝦夷である俘囚であった伊治呰麻呂によって多賀
城が焼失した。同じく 7 世紀後半にⓘ紀古佐美や坂上田村麻呂と戦った蝦
夷の族長であるⓤ阿弖流為と混同しないように注意しよう。

(e) ⓔが正解。桓武天皇期に行われた徳政論争で，藤原緒嗣は東北戦争で
ある「軍事」と平安京造営である「造作」の中止を主張して採用された。

なお，継続を主張したのは⑤菅野真道である。

(f)　やや難。⑥が正解。藤原基衡が建立したのは毛越寺である。なお，⑤
中尊寺は同じ平泉にあり，藤原清衡が建立した。

II 解答

(a)延久　(b)—⑤　(c)一国平均役　(d)和与　(e)北条政子
(f)—⑤　(g)中分　(h)—⑥　(i)大田文　(j)—⑤　(k)請所
(l)—⑤　(m)奉公　(n)御料所　(o)—⑥

◀解　説▶

≪中世の荘園経営≫

(b)　⑤正文。⑥・⑥誤文。延久の荘園整理令では，寛徳2年以後の新立荘
園や券契が不分明な荘園が停止された。券契を審査するために，太政官に
記録荘園券契所（記録所）が設置された。⑤誤文。この後の院政期には荘
園が増加し，貴族や寺社の経済基盤は封戸から荘園へ移行していった。

(d)　やや難。和与が正解。教科書では「当事者間の取り決めによる解決」
と説明されており，設問の「判決前の解決」と結びつける必要がある。な
お，当該史料は下地中分のものとして著名であるため，確認しておきたい。

(e)　北条政子が正解。平清盛の妻で「二位尼」と呼ばれた平時子と混同す
る可能性もあるが，設問に「彼ら（＝源氏）の親族にして」とあり，判断
できる。なお，源頼朝（＝右大将家）や平清盛（＝六波羅殿）などの史料
上での人物の呼称については，史料読解のヒントにもなるので著名なもの
は確認しておこう。

(f)　やや難。⑤が正解。鎌倉幕府の訴訟制度では，原告の訴状に対して被
告に反論である陳状の提出を求めて審理が始まる。これを「訴陳に番ふ」
と言う。⑥起請は神仏に誓うこと，⑥引付は裁判機関，⑤道理は裁判での
判断の基準である。

(h)　⑥が正解。下地中分図としては伯耆国東郷荘が著名である。なお，⑥
紀伊国阿氐河荘は地頭の非法に対する荘民の訴状，⑤肥後国鹿子木荘は寄
進地型荘園，⑤備前国福岡荘は市の様子を描いたものとして著名である。

(i)　大田文が正解。幕府が在庁官人に命じて作成させた。

(j)　⑤正文。八条院領は大覚寺統，長講堂領は持明院統の経済基盤となる。
⑥誤文。荘園の増加は鳥羽院政期の出来事である。⑥誤文。「領家」が荘
園を寄進する先は主に院や摂関家であり，知行国制度は院政期の事項であ

る。�え誤文。遙任の一般化は平安期からである。

(k)　守護が「荘園の年貢納入を請け負う」守護請が該当するが，漢字2文字の制限がある。教科書では守護請と表記されるが，地頭請所と地頭請が同義であることを踏まえ，守護請から守護請所を連想して，請所を導きたい。

(m)・(n)　「幕府の直轄軍」である奉公衆は，室町幕府の直轄領である御料所の管理も行った。御料所を御「領」所と誤記しないように注意しよう。

(o)　あが正解。史料の「奉公の仁躰」・「在国の輩」とは，リード文の「将軍と直接の主従関係を結んだ直臣が独自の勢力として領国内に存在」から，守護の被官ではない奉公衆を指す。その奉公衆が罪を犯せば守護は幕府に報告し，奉公衆に対する「御成敗」に従うよう命じている。このことから，奉公衆と主従関係を結んでいる将軍が「御成敗」の主体であると判断できる。

Ⅲ　解答

(a)種子　(b)—う　(c)イエズス　(d)島津貴久
(e)天文法華の乱　(f)—い　(g)—う　(h)大村純忠
(i)セミナリオ　(j)邪法　(k)—え　(l)ヘボン　(m)不受不施派　(n)岩倉具視
(o)小村寿太郎　(p)五榜の掲示　(q)森有礼　(r)教部省　(s)—う　(t)—い

◀解　説▶

≪近世・近代の宗教≫

(b)　うが正解。あはゴア，いはマラッカ，えはマニラである。

(d)　難問。イエズス会のフランシスコ=ザビエルに布教許可を与えたのは島津貴久である。

(e)　天文法華の乱が正解。京都の商工業者に信者が多かったのは日蓮宗（法華宗）である。天文法華の乱で延暦寺の僧から焼き討ちを受けた法華一揆が一時京都を追われた。

(f)　いが正解。ガスパル=ヴィレラの書簡に，堺について「此の町はベニス市の如く」とある。

(g)　うが正解。生産が増大した日本産の銀は輸出品である。

(h)　大村純忠が正解。天正遣欧使節の派遣を行い，豊臣秀吉がキリスト教を禁止する契機の1つである長崎のイエズス会への寄進を行った。

(i)　セミナリオが正解。豊後府内に設置された宣教師養成機関であるコレ

ジオと混同しないように注意しよう。

(k)　⓸が正解。キリシタン摘発のために行われた絵踏で使われた絵を踏絵といい，長崎奉行が管理した。リード文中の史料に「日本長崎役所に於て　Ｇ　の仕來りは既に廃せり」とあることから，キリスト教対策として長崎で行われたものを想定すると，⓪人別，⓵改宗，⓷潜伏は除外することができ，消去法での解答も可能である。

(m)　不受不施派が正解。法華を信じない者からの施しを受けず，施しをしないという考え方で，幕府よりも宗教が優位であるという考え方をもっていたために弾圧された。

(o)　小村寿太郎が正解。1911年に日米通商航海条約が調印され，関税自主権が回復し，条約改正が達成された。

(q)　やや難。森有礼が正解。森有礼・福沢諭吉・西周・加藤弘之など明六社を組織した人物については教科書にも記載されているが，発起人にまで言及していることは少なく，解答にはやや詳細な知識が必要となる。

(r)　やや難。神祇祭祀や神道の宣教を行っていた神祇官が1871年に神祇省となり，1872年に教部省となった。

(s)　⓷が正解。札幌農学校の開設に尽力したクラークの教えに接して，内村鑑三らは札幌バンドを形成した。熊本バンド形成に影響を与えた熊本洋学校の⓪ジェーンズと混同しないように注意しよう。

(t)　難問。⓵が正解。内村鑑三不敬事件に際して，『教育ト宗教ノ衝突』でキリスト教を攻撃したのは，哲学者の井上哲次郎である。消去法での解答には，国家主義の⓪加藤弘之，七博士意見の⓷戸水寛人，国粋主義の⓸杉浦重剛を知っておく必要があり，やや困難であろう。

❖**講　評**

Ⅰ．古代の東北地方をテーマとする。Ｂ「柵戸」やＨ「元慶の乱」，(f)の藤原基衡の建立した毛越寺など，やや詳細な知識を必要とする出題もあるが，空所補充は基本的な語句が多く，その他教科書の記述から判断できる問題も多いので，リード文を丁寧に読み，消去法を使用して対応したい。

Ⅱ．中世の荘園経営をテーマとする。(d)の和与や(f)の「訴陳に番ふ」など，鎌倉時代の裁判制度に親しんでおかなくては解答が困難な出題もあるが，多くは教科書の記述を想起して解答できる。なお，(k)の請所は「守護請」と「守護請所」が同義と気づくこと，(o)の「御成敗」の主体を答える出題は，リード文をヒントにして史料を読み取ることが必要となる。

Ⅲ．近世・近代の宗教をテーマとする。(d)ザビエルの布教を許可した島津貴久，(q)明六社を創設した森有礼，(t)内村鑑三不敬事件を批判した井上哲次郎など難問もあるが，多くは基本的な事項である。なお，(f)ガスパル＝ヴィレラの書簡は2022年度も類題が出題され，(r)神道教化のために設置された教部省は他大学でも出題されているため，確認しておきたい。

全体として，基本事項をしっかり確認し，既習知識と関連させ解答を導くなど広い視野をもって学習しよう。

２月３日実施分　　問題 日本史

（80分）

Ⅰ　次の文章を読み，（a）～（o）の問いに答えよ。

　古代の朝廷で生じた異変や争乱を見れば，天皇の代替わり，あるいは皇位の継承
をめぐって引き起こされた例が多いことに気付く。

　6世紀の後半に生じた蘇我馬子と物部守屋の武力衝突は，仏教受容の可否をめぐ
る争いと受け止められることが多いが，直接のきっかけは，用明天皇の死去であっ
①
た。当時の皇位継承は，天皇が亡くなると，その後継を　A　と呼ばれた有力豪
族が合議して決することが多く，有力豪族間の意見の対立が動乱に発展した。厩戸
王（聖徳太子）の子で，推古天皇の死後舒明天皇との間で皇位を争った　B　を
はじめ，一族が蘇我入鹿により滅ぼされたのも，皇位をめぐる問題が関係している。
その蘇我入鹿を暗殺し，やがて皇位についた天智天皇の死後，勃発した壬申の乱
は，天智天皇の子である大友皇子を中心とする朝廷に対して，大海人皇子が仕掛け
②
たクーデターであった。

　壬申の乱に勝利して即位した天武天皇の死後，皇后であった鸕野讚良皇女は，そ
の子・草壁皇子の即位を期して，姉の生んだ大津皇子を粛清する。そして，草壁皇
③
子が死去すると，孫の軽皇子に皇位を継承させるために，みずから皇位につく（持
統天皇）。この頃から，直系相続の原則を打ち立てて，皇位継承の安定化を図ろう
とする動きがうかがわれるようになり，その一翼を担ったのが，持統天皇の信任を
得て律令体制の構築に尽力した，藤原不比等であった。
④
　藤原不比等は，即位した軽皇子（文武天皇）に娘・宮子を嫁がせ，さらに，宮子
が生んだ首皇子に，やはり娘の光明子を嫁がせるなど，天皇と姻戚関係を結んで，
藤原氏が朝廷で権力を掌握する基盤を築くことになる。不比等の死後，政権を担当
した長屋王は，その室・吉備内親王とともに天皇家の血を色濃く引く皇族であり，
⑤
首皇子（聖武天皇）や藤原氏の人々にとっては，皇位の維持の点で危険視すべき存
在であった。それで，光明子の生んだ皇子が夭逝すると，長屋王は謀叛の嫌疑をか

けられ，粛清される。その後，光明子は皇后の地位に就き，聖武天皇を補佐した。
　　　　　　　　　　　　　　　　　　　⑥
　749年，聖武天皇は男性の天皇として初めて生前に退位し，娘の孝謙天皇が即位
　　　　　⑦
する。この皇位継承に不満を持つ橘奈良麻呂は，聖武太上天皇の死後，当時政権を
担当していた藤原仲麻呂に反感を抱く官人とともにクーデターを企画し，新たな天
皇の即位を画策するが，事前に計画が漏れ失敗に終わる。その藤原仲麻呂も，後ろ
盾とした光明子の死後，孝謙太上天皇と対立し，自ら擁立した淳仁天皇とともに，
　　　　　　　　　　　　　　　　　　　　　　⑧
地位を失うことになる。

　尼の身分を維持したまま再び皇位についた孝謙太上天皇（称徳天皇）は，仏教の
師である道鏡の皇位継承を目論むが，周囲の官人に阻まれ，失意のうちに死去する。
その後，聖武天皇の娘の井上内親王を室とした関係で光仁天皇が即位し，井上内親
王の生んだ他戸親王を皇太子とした。ところが，井上内親王と他戸親王の母子は，
2 年後にそれぞれの地位を剥奪され，代わって，父・光仁天皇と同じく天武天皇の
　　　　　　　　　　　　　　　　　　　　　　　　　　　　　　　　　⑨
直系ではない山部親王が皇太子となり，光仁天皇の譲位を受けて即位することに
なった（桓武天皇）。

　桓武天皇は当初，弟の早良親王を皇太子（皇太弟）としたが，長岡遷都の翌年に
　　　　　　　　　　　　　　　　　　　　　　　　　　　　　⑩
生じた事件で早良親王は捕らえられ，死去する。代わって皇太子となった安殿親王
が次に即位し（平城天皇），病により弟の嵯峨天皇に譲位するが，藤原式家の官人
である　　C　　およびその妹と結び，復位をねらって争乱を引き起こすなど，平安
時代に至っても，皇位をめぐる近親間の争いが繰り返されることになる。このよう
な情勢に関与する形で，藤原北家の官人が台頭した。

　藤原冬嗣の子である藤原良房は，嵯峨上皇の死去した直後に起こった　　D　　で，
その妹・順子の生んだ道康親王（のちの文徳天皇）が皇太子となったことで地位を
確固たるものとし，さらに，文徳天皇の死後，娘・明子の生んだ親王を 9 歳という
先例のない幼年で即位させ，自身は太政大臣として政務を取り仕切った。このの
ち，応天門炎上の事件をきっかけに正式に摂政の地位に就くなど，天皇との血縁関
　　⑪
係を軸に朝廷で権力を振るった。

（ a ）　下線部①に関連して，このころ大陸・朝鮮半島で生じた情勢について述べた
　　　　文章としてもっとも適切なものを，下から一つ選び，記号で答えよ。
　　　㋐　新羅が朝鮮半島南部中央の加耶（加羅）の地に侵攻し，領土を拡大した。

　　ⓘ　百済の聖明王が高句麗との戦乱で死去した。

　　ⓤ　北周から起こった隋が南朝の陳を滅ぼし，南北朝を統一した。

　　ⓔ　隋の皇帝・煬帝は，高句麗への遠征と大運河の建設を強行した。

（b）　 A に入れるのにもっとも適切な語句を，下から一つ選び，記号で答え
　　よ。

　　ⓐ　国造　　　　　　ⓘ　県主　　　　　　ⓤ　伴造　　　　　　ⓔ　大夫

（c）　 B に入れるのにもっとも適切な人名を答えよ。

（d）　下線部②について，この朝廷が所在した宮を何というか。

（e）　下線部③について，この皇子の優れた作品が収められた，8世紀なかばに成
　　立した漢詩集を何というか。

（f）　下線部④の「藤原不比等」が朝廷の政務に携わっていた時の出来事として**適
　　切でないもの**を，下から一つ選び，記号で答えよ

　　ⓐ　体系的な法典である大宝律令が制定され，施行された。

　　ⓘ　和同開珎が発行され，その流通を促すための蓄銭叙位令が発せられた。

　　ⓤ　新たな都が設けられ，藤原京から平城京への遷都が行われた。

　　ⓔ　藤原不比等を中心に養老律令が制定され，施行された。

（g）　下線部⑤に関連して，大量の木簡が出土したことでその位置が確認された長
　　屋王の邸宅の地点として，もっとも適切なものを，下の平城京図から一つ選び，
　　記号で答えよ。

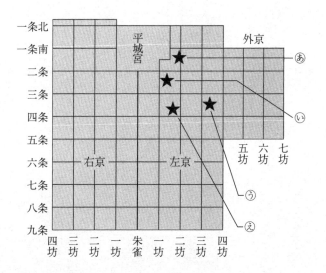

（h）　下線部⑥の「光明子」が皇后となった翌年に設けられた，病人の治療を行う施設を何というか。

（i）　下線部⑦に関連して，聖武天皇より以前に，女性の天皇（大王）として初めて生前に譲位した人物は誰か。

（j）　下線部⑧について，皇位を剥奪された淳仁天皇は，どこに配流されたか。旧国名で答えよ。

（k）　下線部⑨の「山部親王」について述べた文章として，もっとも適切なものを，下から一つ選び，記号で答えよ。

　　　あ　山部親王の生母は，彼を皇太子に擁立した藤原百川と同じく，藤原式家の女性であった。

　　　い　山部親王の生母は，藤原仲麻呂の排斥に失敗した橘奈良麻呂の近親の女性であった。

　　　う　山部親王の生母は，親王と同じく天智天皇の曾孫にあたる皇族の女性であった。

　　　え　山部親王の生母は，渡来系氏族である和氏出身の女性であった。

（l）　下線部⑩について，この事件を何というか。

（m）　　C　　に入れるのに，もっとも適切な人名を答えよ。

（n）　　D　　に入れるのに，もっとも適切な語句を答えよ。

（o）　下線部⑪に関連して，この事件の様子を描いた，平安末期の絵巻物の名称を答えよ。

Ⅱ　次の文章〔1〕～〔4〕を読み，（a）～（o）の問いに答えよ。なお，設問中の史料は読みやすく改めている箇所がある。

〔1〕　一揆と言えば，江戸時代の農民による群衆蜂起すなわち百姓一揆（農民一揆）や，戦国時代の宗教一揆（一向一揆・法華一揆）の印象が強い。しかし，本来，一揆には「揆を一にす」つまり「団結して共に行動する」という意味があるように，必ずしも蜂起や反乱を指すわけではなく，農民だけが行うものでもなかった。たとえば，南北朝の頃から，守護の支配に対抗すべく，在地の武士達が地縁的なつながりから　A　一揆を結んだことが知られる。また，団結を誓うため，神仏の前で　B　を焼いた灰を入れた水を一揆の参加者全員で飲む「一味神水」も行われた。同じく南北朝時代から顕著になったのが，荘園の住人達が領主に年貢減免などの交渉を行う際に結んだ「荘家の一揆」である。こうした動きは，のちに，惣掟を定め自ら裁判権を行使する　C　を行うなど，自治的に村落を運営した惣村の形成へとつながってゆく。

（a）　空欄　A　にあてはまる，もっとも適切な語句を答えよ。

（b）　空欄　B　にあてはまる，もっとも適切な語句を下から一つ選び，記号で答えよ。

　　　　あ　曼荼羅　　　　い　起請文　　　　う　傘連判状　　　　え　具注暦

（c）　空欄　C　にあてはまる，もっとも適切な語句を答えよ。

〔2〕　室町時代になると，「土民」と呼ばれた民衆による一揆が頻発する。それらは当時の首都である京都だけでなく諸国にも拡がった。その様子を示す以下のような史料がある。

ⓐ「一天下の土民蜂起す，　D　と号し，酒屋・土倉・寺院等を破却せしめ，雑物等 恣 にこれを取り，借銭等 悉 くこれを破る。管領これを成敗す。」
（はしいまま）（ことごと）①
（『大乗院日記目録』）

ⓑ「或人日はく，　E　国の土民，旧冬の京辺の如く蜂起す（中略）凡そ土民，侍をして国中に在らしむべからざる所と云々。乱世の至りなり。仍て赤松入道※1発向※2し了んぬ者。」
（てえり）
（『薩戒記』）

※1　赤松入道…赤松満祐

※2　発向…軍勢の派遣

ⓒ「近日，四辺の土民蜂起す。土一揆と号し，御　D　と称して，借物を破
り，少分を以て押して質物を請く。緯※3江州より起る（中略）　F　
多勢を以て防戦するも猶承引せず。土民数万の間，防ぎ得ずと云々（中
略）今土民等，代始に此の沙汰は先例と称すと云々。言語道断の事な
り。」

（『建内記』）

※3　緯…事，出来事

(d)　空欄　D　にあてはまる，もっとも適切な語句を答えよ。

(e)　空欄　E　にあてはまる旧国名を答えよ。

(f)　空欄　F　には，京都の警備や裁判を司った室町幕府の機関をあらわ
す語句が入る。もっとも適切な名称を答えよ。

(g)　下線部①に関して，この時その職にあったのは誰か。もっとも適切な人
名を下から一つ選び，記号で答えよ。

　　あ　畠山満家　　　い　京極持清　　　う　斯波義将　　　え　細川勝元

(h)　下線部②に関連して，誰の「代」を指しているか。もっとも適切な人名
を下から一つ選び，記号で答えよ。

　　あ　後小松天皇　　い　足利義教　　　う　後花園天皇　　え　足利義勝

(i)　上記のⓐ〜ⓒの史料を出来事の起きた順に並べたものとして，もっとも
適切なものを下から一つ選び，記号で答えよ。

　　あ　ⓐ-ⓑ-ⓒ　　　　　　　　い　ⓐ-ⓒ-ⓑ
　　う　ⓑ-ⓒ-ⓐ　　　　　　　　え　ⓒ-ⓐ-ⓑ

〔3〕戦国時代に入ると，国一揆（惣国一揆）と呼ばれる一国や一郡単位の一揆が
結ばれるようになる。有名なのは山城の国一揆で，1485年に宇治平等院に集っ
た　G　人の月行事が国掟を制定し，約8年間にわたり南山城地域を支配し
た。この他にも「惣国一揆掟之事」を定め周辺勢力の侵入を防いだ伊賀惣国一
揆などがある。各地の戦国大名が領国支配を進める一方で，こうした自治的・

集団的な支配も畿内近国に展開した。しかし，越前や　H　長島の一向一揆
と同じく，伊賀惣国一揆も織田信長によって壊滅に至った。京都では，町衆の
信仰を基盤とした法華一揆が結ばれ力を持ったが，大名間の抗争に巻き込まれ，
1536年には延暦寺と手を組んだ　I　氏に打ち破られ，京都から追放された。

（j）　空欄　G　にあてはまる，もっとも適切な数字を下から一つ選び，記
　　　号で答えよ。
　　　　あ　13　　　　　　　い　17　　　　　　　う　36　　　　　　　え　51
（k）　空欄　H　にあてはまる旧国名を答えよ。
（l）　空欄　I　にあてはまる，もっとも適切な大名を下から一つ選び，記
　　　号で答えよ。
　　　　あ　三好　　　　　い　六角　　　　　う　細川　　　　　え　松永

〔4〕　江戸時代における一揆は，初期の百姓一揆に名主ら村落上層が代表して直訴
（越訴）したものが多く，やがて全村あるいは全藩の規模で行う群衆蜂起型の
惣百姓一揆が展開した。1681年，　J　国真田藩は改易となるが，これは藩
の苛政に対し杉木（礫）茂左衛門が直訴し，そこから全藩一揆となったためと
伝わる。また，幕末から明治維新にかけて頻発した打ちこわしや一揆は，当時
の社会変革を求める機運から　K　一揆（騒動）といわれた。

（m）　下線部③に関して，こうした一揆の主導者達は後世に伝承として語られ
　　　るようになった。彼らの総称としてもっとも適切な語句を漢字2文字で答
　　　えよ。
（n）　空欄　J　にあてはまる旧国名を答えよ。
（o）　空欄　K　にあてはまる，もっとも適切な語句を答えよ。

Ⅲ　次の文章〔1〕・〔2〕を読み，空欄　A　～　J　にもっとも適切な語句を記
　入し，かつ（a）～（j）の問いに答えよ。

〔1〕　明治維新から始まる日本の近代史は，近代化・西欧化というスローガンに象
　　徴されるように，新しい西洋式の文化・娯楽が導入され，定着していった時代
　　であった。

　　　音楽については，新しく西洋の旋律が取り入れられ，それらを盛り込んだ唱
　　歌教育が，　A　らの手により推進された。1887年には国立の音楽教育機関
　　である　B　学校が設立され，　A　がその初代校長を務めた。こうして
　　導入された西洋音楽は，条約改正を目的として<u>1883年東京日比谷に設けられた</u>
　　<u>国際社交場である</u>　C　で演奏されるなど，当初は限られた場での披露にと
　　①
　　どまったが，明治時代後期には国内の多くの会場で演奏会が催され，人々を楽
　　しませるようになっていった。

　　　演劇においても大きな改革が図られた。旧態依然とした演劇の世界を近代化
　　させるべく，1886年に末松謙澄らの手により演劇改良会が結成され，<u>いわゆる</u>
　　<u>演劇改良運動を展開</u>していった。一方自由民権思想を広める目的で創始された
　　②
　　<u>壮士芝居</u>の世界では，　D　が妻貞奴と共に人気俳優の地位を確立させ，欧
　　③
　　米公演まで行うに至った。また1900年代初頭にあいついで設立された<u>文芸協会</u>
　　④
　　や自由劇場は，シェークスピアやイプセンなどの西洋演劇を翻訳，上演して本
　　格的な西洋演劇の導入に努めた。それらは従来の演劇と区別して　E　劇と
　　呼ばれた。こうして近代演劇は多様な形態をとりながら発展していった。

（a）　下線部①に関連して，この社交場の設計に当たった建築家は誰か。

（b）　下線部②に関連して，従来の歌舞伎の演目を荒唐無稽なものとして改め，
　　　なるべく史実に忠実に，写実的な演出が試みられた。こうした新しい気風
　　　を「活きた歴史」であると評し，「活歴」の名を世に広めた人物は誰か。
　　　もっとも適切なものを下から一つ選び，記号で答えよ。
　　　㋐　市川團十郎　　　　　　　　　　㋑　仮名垣魯文
　　　㋒　福沢諭吉　　　　　　　　　　　㋓　二葉亭四迷

（c）　下線部③に関連して，1889年に　D　の寄席口説により誕生し，大流
　　　行した，自由と民権を喧伝する流行歌の名前を答えよ。

（d）　下線部④に関連して，この文芸協会の創立者である早稲田大学教授は誰

　　　か。もっとも適切なものを下から一つ選び，記号で答えよ。

　　　　ⓐ　島村抱月　　　　　　　　　ⓘ　小山内薫

　　　　ⓤ　高田早苗　　　　　　　　　ⓔ　松井須磨子

〔2〕　大正時代から昭和初期にかけては，娯楽・大衆文化が大きく花開いた時代で

　　　あった。そしてその主たる担い手は，「　F　」層と呼ばれた都市中産階級

　　　であった。彼ら「　F　」層の多くは都市郊外に建てられ，洋風の応接間を

　　　持つ　G　と呼ばれる住宅建築に住み，そこから都心の会社に通勤してい

　　　た。そのターミナルとなる駅には多くの百貨店（デパート）が作られ，そこに
　　　　　　　　　　　　　　　　　　　⑤
　　　家族で買い物に出かけ，洋食のレストランで食事を取ることが，人々の新しい
　　　　　　　　　　　　　　　　⑥
　　　娯楽となった。

　　　　興業の世界も多様化した。この頃のスポーツ観戦で人気を博したのは野球で

　　　あった。1915年に　H　新聞社により始められた全国中等学校野球大会は大
　　　　　　　　　　　　　　　　　　　　　　　　　⑦
　　　変な人気を集めた。また大学野球も人気であり，早稲田，慶応，明治，立教，

　　　法政，　I　の六大学で覇を競う東京六大学野球には多くの観衆が詰めかけ

　　　た。また1912年のストックホルム大会から始まった日本の選手のオリンピック
　　　　　　　　　　　　　　　　　　　　　　　　　　　　⑧
　　　挑戦の歴史も人々の注目を集めた。

　　　　演劇では，阪急電鉄社長の小林一三が創立した　J　劇団が多くの熱狂的

　　　なファンを集め，また東京の浅草では第六区が歓楽街として整備され，そこで

　　　催される浅草オペラが人々を熱狂させた。こうした軽演劇は，喜劇王と呼ばれ
　　　　　　　　　　　　　　　　　　　　　　　　⑨
　　　た榎本健一など多くのスターを生み出した。活動写真（映画）やラジオ放送な
　　　　　　　　　　　　　　　　　　　　　　　　　　　　⑩
　　　ども始まり，娯楽の世界はますます活気づいた。

（e）　下線部⑤に関連して，大正期の人々の娯楽の流行について語った「今日

　　　は帝劇，明日は　　　　」という言葉がある。この言葉の空欄に当てはま

　　　る百貨店の名前を答えよ。

（f）　下線部⑥に関連して，当時の洋食のレストランで一般的に食べられてい

　　　たものとして適切でないものを下から一つ選び，記号で答えよ。

　　　　ⓐ　スパゲッティ　　　　　　　ⓘ　トンカツ

　　　　　⑤　ビフテキ　　　　　　　　　　　　え　カレーライス

（g）　下線部⑦に関連して，1924年に完成し，この大会に使用された球場は何

　　　か。もっとも適切なものを下から一つ選び，記号で答えよ。

　　　　あ　神宮球場　　　　　　　　　　　　い　豊中球場

　　　　⑤　甲子園球場　　　　　　　　　　　え　後楽園球場

（h）　下線部⑧に関連して，日本の選手がオリンピックで初の金メダルを取っ

　　　たのは1928年のアムステルダム大会のことであった。この時三段跳びで金

　　　メダルを獲得した日本の選手は誰か。もっとも適切なものを下から一つ選

　　　び，記号で答えよ。

　　　　あ　金栗四三　　　い　織田幹雄　　　⑤　人見絹枝　　　え　前畑秀子

（i）　下線部⑨に関連して，軽演劇の上演館として人気を博した新宿の劇場は

　　　何か。もっとも適切なものを下から一つ選び，記号で答えよ。

　　　　あ　カジノ゠フォーリー　　　　　　い　常盤座

　　　　⑤　ムーラン゠ルージュ　　　　　　え　歌舞伎座

（j）　下線部⑩に関連して，日本各地で開設されたラジオ放送局は，1926年一

　　　つに統合され日本放送協会（NHK）が誕生した。この時統合された放送

　　　局として**適切でないもの**を下から一つ選び，記号で答えよ。

　　　　あ　福岡　　　　い　東京　　　　⑤　大阪　　　　え　名古屋

2月3日実施分　　解答　日本史

Ⅰ　**解答**　(a)—ⓤ　(b)—ⓔ　(c)山背大兄王　(d)近江大津宮
(e)懐風藻　(f)—ⓔ　(g)—ⓘ　(h)施薬院
(i)皇極天皇〔斉明天皇〕　(j)淡路国　(k)—ⓔ　(l)藤原種継暗殺事件
(m)藤原仲成　(n)承和の変　(o)伴大納言絵巻

◀解　説▶

≪古代の政争と争乱≫

(a)　ⓤが正解。用明天皇が死去したのは 587 年で，589 年の隋による南北朝統一が該当する。ⓐ新羅による加耶の領有（562 年）や日本に仏教を公伝させたⓘ百済の聖明王の死去（554 年）については欽明天皇期にあたり，厩戸王による遣隋使に関わるⓔ隋の煬帝については推古天皇期にあたることから，消去法でも解答は可能である。

(b)　ⓔが正解。臣・連姓の有力豪族が大夫となり，政務の審議などを行った。大王は彼らが推戴した。Aは「有力豪族」であり，大王となる人物を「合議して決する」ことから，ⓐ国造・ⓘ県主・ⓤ伴造を除外して消去法で判断したい。

(d)　大友皇子の父である天智天皇が都を近江大津宮に遷したことを想起して解答しよう。

(e)　天平文化期に成立した『懐風藻』には，天平文化期だけでなく，前時代である白鳳文化期に活躍した人物の漢詩も収められている。頻出事項であるため確認しておこう。

(f)　ⓔ誤文。藤原不比等が中心となり制定した養老律令を施行したのは，藤原仲麻呂である。藤原不比等は，大宝律令の制定・施行，平城京の造営，和同開珎の発行，その流通策としての蓄銭叙位令の発令など，「律令体制の構築」と関連づけて確認しよう。

(g)　やや難。ⓘが正解。長屋王の邸宅は左京三条二坊に位置する。ⓐは藤原不比等邸，ⓔは藤原仲麻呂邸を指すが，消去法での解答も困難である。

(h)　光明皇后が病人の治療にあたらせた施薬院と，孤児や病人を収容した悲田院は，混同しやすいので注意しよう。

(k)　②正文。③〜①誤文。山部親王（桓武天皇）の母親は渡来系氏族の血を引く高野新笠である。

(l)・(m)　長岡京造営の中心人物であった藤原種継暗殺事件によって，早良親王が廃太子となった。なお，藤原種継の子にあたるのが，平城太上天皇の変に関わる藤原仲成と藤原薬子（＝「　　C　　およびその妹」）である。

(n)　藤原良房による他氏排斥として，承和の変と応天門の変があるが，「嵯峨上皇の死去した直後」に起きていること，リード文に「応天門炎上の事件」があることから判断できる。

(o)　9世紀後半，応天門の変によって伴善男をはじめとして，伴氏と紀氏が没落した。この事件をテーマに院政期に『伴大納言絵巻』が描かれた。事件が起こった年代と作品の成立年代が異なっていることに注意しよう。

Ⅱ　**解答**　(a)国人　(b)—③　(c)地下検断〔自検断〕　(d)徳政　(e)播磨　(f)侍所　(g)—③　(h)—②　(i)—③　(j)—①　(k)伊勢　(l)—③　(m)義民　(n)上野　(o)世直し

◀解　説▶

≪中世・近世の一揆≫

(b)　やや難。③が正解。一味神水について教科書には「神水を飲みかわす」と記載している例もあり，神仏に誓うときに作成される起請文を想起する必要がある。密教画である③曼荼羅や一揆の平等性を示す規約である①傘連判状，陰陽道に関わる②具注暦など，教科書注記レベルの語句も選択肢にあり，消去法での解答もやや困難であろう。

(c)　地下検断が正解。リード文に「自ら裁判権を行使する」とあり，地下（＝農民層）が逮捕などの治安維持を行い，裁判をして執行する検断権を持つことを指す。自ら行うという意味で自検断とも言う。

(d)・(e)・(i)　Dには徳政，Eには播磨が該当する。史料ⓐは正長の徳政一揆（1428年），史料ⓑは播磨の土一揆（1429年），史料ⓒは嘉吉の徳政一揆（1441年）を示す史料である。

(f)　侍所が正解。室町幕府は治安維持などを含む京都の施政権を朝廷から引き継ぎ，検非違使が担当していた京都の警備や裁判を司った。

(g)　やや難。③が正解。畠山満家は室町時代中期の管領である。教科書本文で言及されることは少ないが，②京極持清は三管領の家柄ではなく，①

斯波義将は足利義満の時代，(え)細川勝元が応仁の乱の時代の人物であることから消去法での解答も可能である。

(h)　(え)が正解。代始とは，新将軍の就任，新天皇の即位したその時期を指す。嘉吉の徳政一揆は嘉吉の変で(い)足利義教が殺害され，足利義勝が7代将軍となった時に起こったものである。

(j)　難問。(う)が正解。宇治平等院に集まった月行事は36人である。「月行事」という言葉から，12カ月で割り切れる数字を想起して他の選択肢を除外する方法も考えられる。なお，堺の会合衆は36人，博多の年行司は12人である。

(l)　やや難。(い)が正解。天文法華の乱は，京都の法華一揆が延暦寺の僧に焼き討ちされて京都から一時退去したものである。比叡山延暦寺が近江国に所在することから，近江国の戦国大名である六角氏を想起して解答したい。

(m)　生命や財産を賭して一揆を決行したものを義民という。越訴である直訴を決行したものは処刑される場合があり，伝承化された。

(n)　やや難。真田藩は上野国に位置する。リード文に「(磔) 茂左衛門が直訴し」とあることから，上野国を導くこともできる。

(o)　世直しが正解。近世の一揆形態は，代表越訴型一揆→惣百姓一揆→世直し一揆と推移する。

III　解答　A．伊沢修二　B．東京音楽　C．鹿鳴館
　　　　　　　　D．川上音二郎　E．新　F．新中間〔都市中間〕
G．文化住宅　H．朝日　I．東京大学　J．宝塚少女歌〔宝塚歌〕
(a)コンドル　(b)―(い)　(c)オッペケペー節　(d)―(あ)　(e)三越　(f)―(あ)
(g)―(う)　(h)―(い)　(i)―(う)　(j)―(あ)

◀解　説▶

≪近代の芸能・大衆文化≫

A．伊沢修二によって，小学校教育に西洋の旋律を取り入れた唱歌が採用された。

D．リード文の「壮士芝居」や(c)の「自由と民権を喧伝する流行歌」であるオッペケペー節などから，川上音二郎と判断できる。

E．歌舞伎や人気小説の劇化による新派劇に対して，西洋演劇を翻訳した

ものを新劇という。混同しやすいので注意しよう。

(a) 鹿鳴館（Cの解答）を設計したのはコンドルである。日本銀行本店を設計した辰野金吾，旧東宮御所を設計した片山東熊など建築物と建築家をセットにして確認しておきたい。

(b) 難問。ⓘが正解。「活歴」の名を世に広めたのは仮名垣魯文である。仮名垣魯文は戯作文学の作者として言及されることが多く，他の選択肢も除外する決め手が少ないため，消去法での解答も困難である。

(d) やや難。ⓐが正解。島村抱月と坪内逍遙が文芸協会を設立した。ⓘ小山内薫は自由劇場を設立した人物として著名だが，新劇の女優ⓔ松井須磨子や政治学者のⓒ高田早苗など詳細な知識が必要であり，消去法での解答は困難である。

F．やや難。会社員や公務員などの俸給生活者を新中間層といった。

H・I．難問。大阪朝日新聞によって開催された全国中等学校野球大会や早稲田・慶応・明治・立教・法政・東京大学による東京六大学野球などについては，図録の丁寧なフォローが必要な知識である。

J．小林一三は阪急電鉄の乗客増加を図るため，住宅地開発や宝塚少女歌劇団などの娯楽施設を経営した。

(e) やや難。「今日は帝劇，明日は三越」のコピーは，三越デパートの帝国劇場のパンフレット広告に登場する。

(f) 難問。ⓐが正解。スパゲッティが一般的に食べられ始めたのは第二次世界大戦後である。

(h) 難問。ⓘが正解。織田幹雄がオリンピックアムステルダム大会の三段跳びで金メダルを獲得した。なお，ⓐ金栗四三はストックホルム大会に出場した日本で最初のオリンピック選手，ⓒ人見絹枝はアムステルダム大会に出場した女子 800 メートル競走の銀メダリスト，ⓔ前畑秀子はベルリン大会に出場した女子水泳の金メダリストである。

(i) 難問。ⓒが正解。新宿の軽演劇の劇場はムーラン＝ルージュである。ⓐカジノ＝フォーリーは浅草の軽演劇の劇場，ⓘ常盤座は浅草の劇場・映画館で浅草オペラ発祥の地，ⓔ歌舞伎座は東銀座にある歌舞伎劇場である。

(j) やや難。ⓐが正解。1925 年，東京・大阪・名古屋でラジオ放送が開始され，翌 1926 年にこれらの放送局が統合され日本放送協会（NHK）が設立された。消去法で解答したいが，ラジオ放送についてやや詳細な知識

が必要である。

❖講　評

　Ⅰ．古代の政争と争乱をテーマとする。全体的に基本事項が出題され
ており，(b)の大夫など一見難解に見えるが，消去法での解答が可能であ
る。(a)の日本と同時期の東アジアの様子を問うもの，(g)平城京図から長
屋王宅を問うものなど，複数の分野にまたがる設問や教科書の丁寧な精
読を必要とする設問もある。

　Ⅱ．中世・近世の一揆をテーマとする。(b)一味神水の内容を踏まえた
ものや，(g)正長の徳政一揆の時期の管領を問うもの，(1)天文法華の乱と
六角氏との関連，(n)礫茂左衛門が一揆を起こした場所など，やや詳細な
知識を必要とする設問もある。しかし，史料を含めて，基本的な事項が
出題されていることから，ケアレスミスをなくして，着実に解答してい
きたい。なお，(h)は史料の読み込みが必要な出題である。

　Ⅲ．近代の芸能・大衆文化をテーマとする。受験生にとってなじみの
薄い語句などもあり，全体的にやや難解な出題が多い。教科書本文に記
載されている内容もあるが，空所補充のA・D・F・Jなど解答には丁
寧な教科書の精読を必要とする。図録などを含めた幅広い学習が必要と
なるが，まずは教科書掲載の事項をしっかりと確認しておきたい。

2月1日実施分　　**問題** 世界史

（80分）

Ⅰ　次の文章を読んで空欄に最も適切な語句を記入せよ。

　　現代中国は56の民族からなる多民族国家で，総人口の92％は漢族が占め，残る55
の少数民族の割合は 8 ％ほどである。ただし，少数民族といっても，チワン族は
1600万人余の人口を擁しているし，満族，回族，ミャオ族，ウイグル族，イ族，モ
ンゴル族，　A　族も，それぞれ500万人を超えている（2000年）。現代中国がこ
のように多くの民族を内包するのは，その歴史的経緯の故である。

　　満族はいうまでもなく清王朝を建てた民族である。彼らは12世紀に金王朝を建て
た女真人の末裔で，ホンタイジの時に自らを「　B　」と呼ぶようになった。こ
の清王朝は1644年以降，明王朝に代わって中国の支配者となって，18世紀前半には
ダライ゠ラマの地域支配を承認し保護するようになり，さらに18世紀半ばには多く
のトルコ系ムスリムが居住していた地域を版図に組み入れ，それを　C　と名づ
けた。満族・　A　族・ウイグル族が現代中国を構成する民族に含まれるように
なったのは，このような清王朝の中国支配と支配領域拡大の結果である。

　　明王朝までの歴代中国王朝が支配したいわゆる中国本土においても，チワン族や
イ族，ミャオ族など多くの少数民族が存在している。例えば，現在の広西チワン族
自治区を中心に分布するチワン族の祖先は，秦代以前に広東・広西に分布していた
百越（ひゃくえつ）の一部と考えられている。この百越の地は　D　王朝の時には羈縻（きび）州とな
り，明代中期になると漢人官吏によって直接統治されるようになった。中国本土内
の少数民族は，中国王朝の支配を受けながら固有の文化を維持してきたのである。

　　56の民族の中で最大の漢族も歴史的に見れば純然たる単一民族ではなく，長い歴
史展開の中で多くの民族が融合してできたものである。中国を統一した始皇帝はオ
ルドス（黄河湾曲部内部）にいた匈奴を追いやり，その進入を防ぐため　E　を
修築整備した。秦末の混乱で匈奴は　E　を越えて南下していたが，前漢の
　F　帝によって再び北に撃退され，その戦いの中で，匈奴の王の一人が部衆 4

万人を率いて投降した。この時，　A　族の祖先とも言われる羌が漢帝国西北辺にいて匈奴と連携したため前漢はこれを討伐し，その結果，3 万余人が投降した。投降した匈奴や羌は，帝国領内に設置された特別区（属国）に移住させられた。羌は前漢末の混乱に乗じて侵攻したため後漢からも討伐され，投降者は属国や一般の郡県に移住させられた。

　匈奴は 1 世紀中頃に南北に分裂し，そのうち南匈奴は後漢に帰順した。その後，北匈奴からの投降者も含め 23 万余人が帝国領内に暮らすようになった。また，帝国東北境外にいた烏桓も，南下してきた　G　に圧迫されて 9 千人が投降してきたので，後漢は帝国北境外に移住させたが，その後，烏桓は南下して帝国領内に住むようになった。かくて，後漢時代には，帝国の北部から西部にかけて膨大な数の非漢族が漢族と雑居するようになっていた。

　その後，　H　王朝が滅んだ永嘉の乱の直前には，関中（長安を中心とする地域）に住む 100 万人のうち「夷狄」がその半数を占めるほどであった。諸族の君長や貴族の子弟には後漢の都洛陽に学び中国的教養を身につける者もあったが，諸族の大多数の民は居住地の漢族の大土地所有者などに搾取される存在だった。

　そのように虐げられていた非漢族であったが，八王の乱をきっかけに自立し次々と国を建てた。自立したこれらの諸族は　I　と総称される。これより華北では混乱が続くが，　G　拓抜部の北魏が 439 年に華北を統一し，その後継王朝である　J　の外戚であった楊堅が隋を建て 589 年には中国を再統一した。隋は短命に終わるが，やはり　J　の系譜をひく李淵が創建した唐は 300 年にわたり世界帝国として繁栄する。

　このように，隋唐帝国建国の中心となったのは北方由来の諸族だったが，もとより，これ以前の段階において既に膨大な周辺諸族が中国本土内に移り住んでいたのである。秦漢帝国誕生以来の歴史展開の中で，多くの周辺諸族が中国内地へ移り住み，旧来の漢族と融合して新たな漢族となっていった。現代の漢族はその末裔なのである。

Ⅱ　次の文章を読んで空欄に最も適切な語句または数字を記入し，下線部についてあとの問いに答えよ。

　　明はその建国当初から「板切れ一枚も海上に浮かべてはならない」という法令を発して民間の海上交通を全面的に禁止し，同時に国際貿易を朝貢に一元化することによって国家の管理下に置いたとされる。明の時代に特徴的なこの極めて統制的な国際関係のあり方を，近年では朝貢一元体制と呼ぶ。以下，明の初期における治安・外交・貿易に焦点を当てつつ，その成立過程について概観していこう。

　　元末の混乱の中から頭角を現した朱元璋は，江南各地に割拠する群雄との戦いを制すると，　A　年，南京に都を定めて明を建国した。そして，ただちに北伐を開始し，元の順帝を大都から追い出すことに成功した。この元明革命とも呼ぶべき大変動は周辺地域にも波及し，長期にわたる影響を直接・間接に与えることとなった。日本では鎌倉幕府の滅亡から　B　朝の動乱を経て室町幕府による統一的支配がなされ，朝鮮半島では　C　が朝鮮王朝に取って代わられるなど，東アジア全域で旧来の支配秩序の崩壊とそれに伴う政権交代が相次いだ。さらに，こうした動向は東アジアの内海とも言うべき東シナ海一帯をも混乱に巻き込んだ。その具体的な現れの一つが，朝鮮半島や中国沿海部における倭寇や海賊たちの盛んな活動である。

　　倭寇とは，当時の朝鮮人や中国人が日本人の海賊に名付けた呼称であり，その主体は困窮した西国の武士団や漁民・商人たちであると言われている。彼らは武装商船団を編成して朝鮮半島や中国沿海部に渡航し，14世紀半ばから15世紀初頭にかけて盛んに私貿易や略奪を行った。

　　同じ頃，中国人による海賊活動も激化したが，浙江の　D　を拠点に彼らを支配していたのが元末の群雄の一人である方国珍だった。彼は海上貿易で得た巨万の富を元手に強力な水軍を築き上げ，2,000隻もの船団を率いて朱元璋に抵抗を続けた。方国珍が明の建国直前になってようやく降伏した後，朱元璋は直ちに沿海部に衛所を設置して海防体制を整えたが，方国珍の残党は倭寇と結託して活動を継続し，混乱はなかなか収束しなかった。これら海上勢力を鎮圧して沿海部の治安を回復させることは，建国当初の朱元璋にとって喫緊の課題であった。

　　今ひとつの課題は，元末の混乱のために途絶していた周辺諸国との国交を早急に

回復させ，新たな国際秩序を創出することであった。朱元璋は，即位後ただちに明の建国を知らせて朝貢を促すための使者を周辺諸国へ派遣したところ， C ・安南（アンナン）・占城（チャンパー）がこれに応じて入貢したため，この三国を E して君臣関係を結んだ。さらに，倭寇・海賊対策として海禁を実施し，沿海部の民衆が彼らと結託しないよう民間人による大型船の建造や出海を禁止した。その上で，1370年に D および泉州・広州に F を設置することで，政府による管理の下に本格的な海上貿易は再開された。

　ところが，その後も倭寇・海賊の被害は一向に減らなかったため，業を煮やした朱元璋は，1374年，ついに F を廃止して民間の私貿易を一切禁止するという強硬手段に出た。その結果，合法的な国際貿易は朝貢貿易のみに限定され，海禁は密貿易の取り締まりと朝貢貿易を維持するための手段へと変質した。そして，周辺諸国は明との貿易を行うためには必ず朝貢しなければならなくなった。

　その後，沿海部の治安は回復した。海禁はこれによって不要になったにもかかわらずそのまま継続された。諸外国からの来貢と貿易に伴う経済活動の両方を統制するのに打ってつけの手段だったためである。そして，朝貢国が40カ国以上にのぼった「永楽の盛時」以降，朝貢一元体制は，明の皇帝と諸外国の王権との間の E ・朝貢という政治的協約に基づく，国際貿易独占の仕組みとして機能することとなったのである。

〔1〕 この時，モンゴル高原や中国の東北地方まで退いた元の残存勢力が建てた国を何というか。

〔2〕 この当時における倭寇の根拠地の一つとされ，守護の宗氏が支配していた玄界灘に浮かぶ島を何というか。

〔3〕 外洋航行が可能な性能を備え，海外貿易に活躍した中国の大型木造帆船を何というか。

〔4〕 この頃，明と日本との正式な国交が回復したが，遣明船を派遣する際，日本の使節団は明から交付されたあるものを持参することが義務づけられた。このあるものとは何か。

Ⅲ　次の文章を読んで空欄に最も適切な語句を記入し，下線部についてあとの問いに
　答えよ。

　紀元前399年，後世に記憶される裁判が古代ギリシアの都市国家の一つであるア
テネで開かれた。哲学者ソクラテスに対する裁判である。この裁判を現代でも知る
ことができるのは，裁判を傍聴した哲学者プラトンが『ソクラテスの弁明』として
記録に留めたからである。プラトンが対話形式で書いた多くの作品は確かに虚構だ
が，古代ギリシアにおける世界観や価値観が表現されているので史実を理解する手
がかりになる。そこで，プラトンの作品から古代ギリシアの世界を見てみよう。

　プラトンの主著『　Ａ　』ではソクラテスが登場人物となり，理想社会とそれ
に必要な教育について論じる。ソクラテスによれば，善い社会統治は「理性」に
よって導かれるのだが，それは自然や宇宙，個人の魂においても同様である。それ
ゆえ，プラトンは，理想の実現として『ティマイオス』で宇宙と自然の成り立ちを，
『クリティアス』で人間の歴史を描く。『　Ａ　』に続く二つの作品の題名は，ソ
クラテスの対話の相手の名前である。

　自然と宇宙について語るティマイオスは，イタリアのロクリス出身の学識豊かな
政治家である。ロクリスについて，作品のなかのソクラテスは，イタリアで最も善
い政治が行われていたと高く評価する。実際にロクリスは，古代ギリシア人が紀元
前8世紀以降に建設した植民市の一つである。そのロクリスで制定された法は，メ
ソポタミアを統一した古バビロニア王国の　Ｂ　王が制定した法典と同様の「同
害復讐の原則」にもとづいていた。プラトンの『法律』によれば，善い統治とは，
善い法律にもとづくのであって，戦闘の勝敗が基準ではない。しかし，方言によっ
てイオニア人，　Ｃ　人，アイオリス人と呼ばれた古代ギリシア人は，異なるギ
リシア人一派や異なる都市国家間で争うことが少なくなく，とりわけペロポネソス
戦争は全ギリシアを巻き込み，都市国家社会の衰退の要因となった。

　ところで，ロクリスの近隣都市クロトンでは，数学者ピタゴラスとその弟子たち
が活躍していた。それゆえ，プラトンは，幾何学を用いて世界を説明するティマイ
オスにピタゴラス派の世界観を語らせているという見方もある。ピタゴラスは，幾
何学をエジプト人から，数と計算をフェニキア人から，天体の観察についてカルデ
ア人から学んだと伝えられている。カルデア人の新バビロニア王国は紀元前539年

に　 D 　朝のキュロス 2 世に滅ぼされるが，天体観測法および星々の運行と地上
の現象や人間の魂を関連づける　 E 　が，「カルデアの知恵」としてバビロニア
から古代ギリシアへ伝えられた。そのため，古代ローマ時代の　 E 　師は出自に
かかわらず「カルデア人」と呼ばれていた。

　さて，ティマイオスに続いて，クリティアスは子供の頃に聞き憶えた昔話を語る。
それは，紀元前594年に国政改革を行ったアテネの執政官　 F 　がエジプトを訪
問した時にサイスの神官から聞いた話である。サイスはアッシリア滅亡後のエジプ
トの首都であり，その守護神ネイトはギリシアではアテナ女神とみなされている。
　　　　　　　　　　　　　　　　　　　　　　　　　〔1〕
サイスの神官によると，自然災害によって破滅する以前のアテネは戦争に強く，優
れた法を持った都市であり，アトランティス島の勢力が地中海地方へ侵入したとき
　　　　　　　　　　　　　　　〔2〕
には，すべての都市の先頭に立って敵に勝利した。しかし，大地震と大洪水が度重
なり，アトランティス島もギリシアの都市も海中に消えてしまった。文字を失い，
エジプトのことも古いギリシアのことも知らない状態にギリシアは戻ったのだとサ
イスの神官は語った。

　近年の研究では，この物語はまったくの虚構ではなく，複数の伝承の組み合わせ
であるという見方もある。例えば，エーゲ海のテラ島の大噴火，エジプトの中王国
時代末期に西アジアから移住してきた　 G 　の馬や戦車の文化，東地中海諸国を
襲撃した「海の民」などである。この「海の民」の侵入により，紀元前12世紀頃
エーゲ文明が滅亡したといわれているが，異なる説もある。それによると，エーゲ
〔3〕
文明の都市ミケーネの人びとは，大干ばつのために降雨に恵まれた北部の山岳地域
　　　　〔4〕
へと一斉に移住したのであり，ミケーネやティリンスの宮殿の破壊は外敵の侵略で
はなく，備蓄された小麦を農民が取り返すための反乱によるとみなされている。
「海の民」もまた気候変動や自然災害の影響で移動した人びとだった可能性がある。
その後，ギリシアでは記録のない「暗黒時代」が紀元前 8 世紀頃まで続く。

　ソクラテスの裁判は，このように一度滅びたギリシアが復活し，再び衰退してゆ
く時代のアテネで起こった。ソクラテスは若い作家メレトスにより不敬神罪と若者
を煽動した罪で告発され，アテネ市民から選出された500名の　 H 　によって裁
かれた。結果は有罪であった。この裁判はアテネの政治状況の反映とも考えられて
いる。紀元前399年といえば，紀元前404年にペロポネソス戦争が終結し，敗北した
アテネが寡頭政権を経てようやく　 I 　政を復活させた時期である。確かに，政

治の最高決定機関である　 J 　や法廷において弁論による説得術は重要であり，アテネではプロタゴラスのように弁論を教える　 K 　（知恵ある者）が活躍していた。しかし，戦争中のアテネはデマゴーゴス（扇動政治家）に操られる衆愚政治に陥っていた。ソクラテスは，そのような詭弁や衆愚を嫌い，演説ではなく対話によって真実を明らかにしようとし，プラトンを初めとする若者たちに信奉されていた。その一方で，統治者たちからは警戒されたのである。

〔1〕　アテネのパルテノン神殿に祭られた「アテナ女神像」を製作したといわれる紀元前 5 世紀のアテネの彫刻家は誰か。

〔2〕　プラトンによると，アトランティス島は「ヘラクレスの柱」と呼ばれる海峡の外側にあった。神話上の英雄ヘラクレスが一つの山を二つに裂いて生じたという伝説のある，大西洋と地中海を隔てるこの海峡を何というか。

〔3〕　エーゲ文明の一つであるクレタ島の遺跡で，イギリスの考古学者エヴァンズが発掘した宮殿のあった都市はどこか。

〔4〕　ミケーネやトロイアの遺跡の発掘に成功したドイツの考古学者は誰か。

Ⅳ 次の文章を読んで空欄に最も適切な語句を記入し，下線部についてあとの問いに
答えよ。

　アメリカ合衆国の歴史の画期となった南北戦争は日本の江戸時代末期に起きた。
1853年にフィルモア大統領の国書を携えた　A　の来航が，江戸幕府の崩壊と日
本の近代化をもたらす大きなきっかけとなったように，南北戦争もまたアメリカを
大きく変えることとなった。

　南北戦争前のアメリカでは，北部で工業が活発になったが，南部には奴隷制があ
り，綿花がアメリカの輸出品の第一位を占めていた。また建国以来アメリカでは，
　　　　　　　　　　　　　　　　　　　　　　　　　　　　　　〔1〕
奴隷制を認める奴隷州と奴隷制を廃止した　B　州との数を均衡させる努力がな
され，1820年の　C　協定によって，それ以後，　C　州の南の境界である北
緯36度30分以北には奴隷州を認めないことが合意された。しかし，アメリカが1845
年に　D　共和国を併合し，それからわずか３年ほどの間に太平洋岸まで領土を
拡張したことによって，新たに獲得した土地に奴隷制を導入するか否かをめぐって
〔2〕
北部と南部は激しく対立するようになった。さらに，対立を深刻化させたのが1854
年の　E　法である。この法によって，　E　では将来，州昇格の際に住民投
票によって奴隷制の可否を決定することとなったため，奴隷制支持派と反対派が激
しく争い流血の惨事にいたった。

　このような対立は大きな政界再編をもたらし，1854年には奴隷制反対の立場を取
る政党として　F　党が結成されるに至った。1860年の大統領選挙で当選した
　F　党のリンカンは奴隷制の即時廃止を訴えてはいなかったが，大規模なプラ
ンテーションの多かったサウスカロライナ州が連邦を脱退すると，ほかの南部の諸
州も次々に連邦から離脱した。これらの州が　G　国を形成し連邦の武器庫を攻
撃したことで南北戦争は始まったのである。そして，この戦争中の1863年にリンカ
ン大統領は　H　宣言を発表し，戦後における憲法修正と奴隷制廃止へ向けた大
きな布石を打った。

　南北戦争はアメリカ経済を大きく変化させた。とりわけ北部や中西部の経済発展
はめざましく，1859年にペンシルヴェニアで石油が発掘されたことをきっかけ
に，20世紀にかけてアメリカは石油と電力の時代に移行していった。また，1869年
の大陸横断鉄道の完成は全米規模の経済活動を促進させた。技術革新も盛んに行わ

れ，　Ⅰ　は蓄音機や白熱電灯，映画など多くの発明を行った。企業の集中も進み，一社あるいは数社でその産業を支配するようになった。例えば，全米の石油精製能力の80％を支配したジョン＝D＝ロックフェラーによるスタンダード石油　J　のように，企業合同である　J　が形成され，全米を支配する大企業が次々と誕生した。これら大企業を統括する実業家も多く誕生し，「鉄鋼王」と呼ばれたカーネギー製鋼所のアンドリュー＝カーネギーや，「金融王」ジョン＝P＝モーガンなどは裕福な生活を送った。この頃アメリカでは，　K　が『種の起源』で提唱した進化論を人間社会に適用する考え方が広まっていたため，これらの大富豪は「適者生存」のための競争の勝者として好意的に評価された。また，　L　兄弟による飛行機の発明は20世紀に入ってからのことだが，これも時代を変えた。1918年にはニューヨーク・ワシントン間の航空路が開通し，人々は遠くに速く移動できるようになった。

　こうして19世紀末にアメリカの重工業化がすすむ一方で，南部では南北戦争後も綿花栽培が行われ，自由の身となった黒人が，賃金労働者や収穫を農場主と分けあう　M　と呼ばれる小作人となった。繊維工業も起こったが，アメリカ全体でみれば南部は低所得地帯となり，北部や中西部との経済格差を長らく抱えることとなる。

〔1〕　アメリカ建国期に全ての人の平等をうたう独立宣言起草の中心になり，アメリカ第3代大統領に就任したが，自らはヴァージニア州の大農園主であり，多数の奴隷を抱えていた人物は誰か。

〔2〕　1848年にカリフォルニアである鉱物が発見されたことをきっかけに，世界中から人々がこの地に殺到した。この現象を何と呼ぶか。

2月1日実施分

解答 世界史

I **解答** A．チベット　B．満州〔満洲〕　C．新疆　D．唐
E．長城　F．武　G．鮮卑　H．西晋　I．五胡
J．北周

◀解　説▶

≪中国の少数民族≫

A．やや難。3つ目の空欄（第4段落）に「　A　族の祖先とも言われる羌が」とあり，五胡の一つ羌族がチベット系民族であることからチベット族を導きたい。

B．満州は，文殊菩薩を信仰していた女真の自称といわれるマンジュの漢字表記。ヌルハチが国名とし，ホンタイジ以降は民族名としても使用した。

C．新疆とは「新しい領土」の意味。18世紀半ばに乾隆帝がジュンガルと回部（天山山脈以南のムスリム居住地域）を平定し，両者を合わせて新疆と命名し藩部とした。現在の新疆ウイグル自治区。

D．「羈縻州となり」から羈縻政策を行った唐と判断できる。羈縻政策とは，服属した周辺異民族の首長に官位を与え，自治を認めた間接統治。唐は6都護府などを置いて服属した異民族を支配・監督させた。

F．武帝は前漢最盛期の皇帝。匈奴挟撃のために大月氏との同盟をはかり，張騫を西域に派遣した。匈奴は前漢の高祖を破った冒頓単于のもとで全盛期を迎えたが，武帝による攻撃で次第に衰退し，前1世紀には東西に，1世紀には南北に分裂した。

G．2つ目の空欄（第7段落）に「　G　拓抜部の北魏」とあることから鮮卑。匈奴の後，モンゴル高原を支配した狩猟遊牧民で五胡の一つ。五胡とは匈奴・羯・鮮卑・氐・羌。北魏を建てた鮮卑の「拓跋氏」は「拓抜部」と表記されることもある。

H．三国の魏からの禅譲で司馬炎（武帝）が建国した西晋は，呉を滅ぼして中国を統一したが，司馬炎の死後，一族諸王による八王の乱で混乱。諸王が隣接諸民族の武力を利用したため，五胡の侵入を招いた。

Ⅱ 解答　A. 1368　B. 南北　C. 高麗　D. 寧波　E. 冊封
　　　　　　F. 市舶司
〔1〕北元　〔2〕対馬　〔3〕ジャンク船　〔4〕勘合

■━━━━━━━━　◀解　説▶　━━━━━━━━■

≪明の朝貢一元体制の成立≫

A. 白蓮教徒を中心とした紅巾の乱で台頭した朱元璋は，1368年に南京で即位し明を建国。洪武帝ともよばれる。

B. 日本では，1333年に鎌倉幕府が滅んだ後，建武の新政を経て京都の北朝と吉野（奈良）の南朝の間で抗争が繰り広げられた。南北朝の合一は1392年室町幕府第3代将軍の足利義満の時代になされた。

C. 高麗（918〜1392年）は王建が建国した朝鮮の王朝。1392年，倭寇撃退などで活躍した李成桂が高麗を滅ぼして朝鮮王朝を建国した。

D. 2つ目の空欄（第5段落）に「　D　および泉州・広州に」市舶司（Fの解答）を設置とあることから，唐代にはじめて市舶司が置かれた広州，宋代に市舶司が置かれた泉州とならぶ貿易港の寧波が該当する。寧波は日明間の勘合貿易船の入港地でもあった。

E. 冊封とは中国皇帝が周辺諸国の支配者に官職や爵位などを与えて形式的な君臣関係を結ぶこと。周辺諸国の支配者が中国皇帝に対し，貢物をおくることを朝貢という。

〔2〕対馬は朝鮮半島と九州の中間に位置する。対馬を支配した宗氏は，江戸時代には対朝鮮貿易独占の特権を認められた。

〔3〕ジャンク船は，明の鄭和の南海遠征でも使用された中国の伝統的帆船。ムスリム商人がインド洋交易で使用したダウ船，朝鮮の武将李舜臣が豊臣秀吉の朝鮮侵攻の際に用いた亀船（亀甲船），スペイン・ポルトガルが遠洋航海に用いたガレオン船などについても，視覚資料も活用して理解しておきたい。

Ⅲ 解答　A. 国家　B. ハンムラビ　C. ドーリア
　　　　　　D. アケメネス　E. 占星術　F. ソロン
G. ヒクソス　H. 陪審員　I. 直接民主　J. 民会　K. ソフィスト
〔1〕フェイディアス　〔2〕ジブラルタル海峡　〔3〕クノッソス
〔4〕シュリーマン

━━━━━◆解　説▶━━━━━

≪古代ギリシア史≫

A．プラトンは『国家』で「哲人政治」を理想的な政治形態とした。

B．ハンムラビ王が制定したハンムラビ法典は，身分による刑罰の差と「目には目を，歯には歯を」の「同害復讐の原則」が特徴。

C．ドーリア人は，前 12 世紀末頃，鉄器をもってバルカン半島を南下し，スパルタなどを建設した。

D．キュロス 2 世は，メディアを滅ぼしてアケメネス朝（前 550 ～前 330年）を建国し，続いてリディアを征服した後，新バビロニアを滅ぼしてバビロンに捕囚されていたユダヤ人を解放した。

E．やや難。「天体観測法および星々の運行と地上の現象や人間の魂を関連づける」がヒント。占星術はシュメール時代に始まり，古代バビロニアで発達した。

F．ソロンは貴族と平民の調停者。「負債の帳消し」，「債務奴隷の禁止」，財産の額で市民を 4 等級に分類して権利と義務を定める「財産政治」などがソロンの改革の主な内容である。

G．ヒクソスはシリア方面からエジプトに侵入した遊牧民。ヒクソスを追放して成立したのが新王国である。

H．アテネの陪審員は民衆の中からくじで選出され，民衆裁判所において投票で判決を決定した。

J．アテネの民会は 18 歳以上の成年男性市民全員で構成された。ペリクレスの時代には国政の最高決定機関となった。

K．ソフィストが論争に勝つための手段として弁論術を教えたことは，衆愚政治化を助長した一因ともされる。ソフィストの祖とされるプロタゴラスは，「万物の尺度は人間」という言葉で知られる。

〔3〕クノッソスで発掘された宮殿は，ミノタウロスの神話で知られるミノス王の都とされる。その複雑な構造から迷宮として有名。

Ⅳ 解答

A．ペリー　B．自由　C．ミズーリ　D．テキサス
E．カンザス・ネブラスカ　F．共和
G．アメリカ連合　H．奴隷解放　Ⅰ．エディソン　J．トラスト
K．ダーウィン　L．ライト　M．シェアクロッパー
〔1〕ジェファソン〔トマス=ジェファソン〕〔2〕ゴールドラッシュ

◀解　説▶

≪19～20 世紀初めのアメリカ合衆国≫

A．ペリーはアメリカ東インド艦隊司令長官。1854 年に再び来航して日米和親条約を締結し，日本は開国した。

C．ミズーリ協定は，奴隷州を巡る南北対立の中で成立した妥協。ミズーリを自由州とするか奴隷州とするかで南北が対立したが，結局奴隷州としての昇格を認めた。

D．メキシコ領であったテキサスは 1836 年にアメリカ系住民が独立を宣言してテキサス共和国を樹立。1845 年に合衆国に州として併合された。

E．カンザス・ネブラスカ法の成立によってミズーリ協定は失効し，その結果，南北対立はさらに激化した。

F．共和党は，カンザス・ネブラスカ法の成立を機に，奴隷制に反対する人々が旧ホイッグ党メンバーを中心に組織した。

G．アメリカ連合国は，ヴァージニア州のリッチモンドが首都，ジェファソン=デヴィスが大統領。南北戦争の初期には将軍リーらの活躍で南軍が優勢であったが，将軍グラント率いる北軍が勝利した。

J．トラスト（企業合同）は，同一業種の企業が有力資本の下に結合される形態。同一業種の複数企業が，価格や生産量などに関して協定を結ぶ形態をカルテル（企業連合），多くの産業にまたがる企業集団を同一系統の資本が統合する形態をコンツェルンという。

M．シェアクロッパーは，奴隷制廃止後の南部で普及した小作人。多くが奴隷解放後も土地を与えられなかった黒人で，農場主に収穫を一定の割合で納めた。

〔1〕ジェファソンは，合衆国成立後は反連邦派の中心として，ハミルトンら連邦派と対立した。大統領としては領土面で 1803 年にミシシッピ川以西のルイジアナをフランスのナポレオンから買収した。

〔2〕アメリカのテキサス併合を背景にアメリカ=メキシコ戦争が勃発し，

勝利したアメリカはカリフォルニア・ニューメキシコを獲得した。1848
年にカリフォルニアで金鉱が発見されると世界各地から人々が殺到してゴ
ールドラッシュとなった。

❖講　評
　中国史が２題，古代ギリシア史・近現代アメリカ史が各１題の構成。
時代的には，古代から現代まで満遍なく学習しておくことが要求された。
教科書レベルの用語が大半だが，全て記述式であり，中国史などの歴史
用語が正しく書けるかが重要。日本史と関わる用語も複数出題された。
　Ⅰ．中国の少数民族に関する標準的な用語を中心とした大問。A．チ
ベットは３つ目の空欄が特定のヒントとなる。B．満州，D．唐は用語
としては基本的だが，問われ方が工夫されており特定しづらい。C．新
疆は漢字で正しく書けるかどうかがポイント。
　Ⅱ．明代初期における，国家の管理下に置かれた国際関係を概観した
大問。B．南北朝，〔２〕対馬は日本史と関連する用語。D．寧波，
〔４〕勘合も日明貿易との関わりで重要である。日本史と重なる分野は
特に注意を要する。
　Ⅲ．古代ギリシア史に関する文化史を含んだ大問。大半が標準的な用
語であるが，E．占星術，H．陪審員はやや戸惑ったかもしれない。教
科書は丁寧に読み込み，太字以外の用語も決しておろそかにしてはなら
ない。
　Ⅳ．19世紀後半以降のアメリカ合衆国に関する大問。A．ペリーは
日本史とも関連する用語。難問はなく対応しやすい問題がそろっており，
ダーウィンやライト兄弟など文化史や技術史についてもいずれも標準レ
ベルであった。

2月3日実施分　　問題　世界史

（80 分）

Ⅰ　次の文章を読んで空欄に最も適切な語句を記入し，下線部および枠で囲った都市についてあとの問いに答えよ。

　　日本語には日常用いる言葉の中にも仏教に由来するものが多く含まれている。例えば，「これは縁起が良い」という際の「縁起」は，仏教経典に見える「あるものを条件として発生する」を意味した　A　語の「プラティートヤ・サムトパーダ」を漢訳（中国語訳）する際に用いられたのが始まりとされる。また，わたしたちが今まさに奮闘しているこの科目名の「世界」という言葉も，古代インドの言葉「ローカ・ダートゥ」を中国語訳する際に，すでに中国で使用されていた「世」と「界」という漢字２文字をつないだ熟語として仏教経典の中に登場したのが最初と言われている。

　　古代インドではいくつかの言語が用いられたが，その主流はインド＝ヨーロッパ語族に属する　A　語であり，仏教でもこれが主要な言語として用いられた。中東や中国と比べて，古代インドでは文字の成立が遅く，仏典の書写は紀元前後頃になってようやく開始された。ブッダの在世中から紀元前後頃までは，文字を使用せず口承によって仏教が伝えられていたのである。ブッダが亡くなった後，これら口承の教えを整理・統一するため，複数回にわたって仏典の結集が行われた。このうち，第３回目の結集は　B　王のもとで行われたとされている。

　　仏教の伝わった中国では，すでに１世紀頃から経典の漢訳，つまり中国語の漢字を用いた翻訳が始まっていた。また，５世紀初めには，後秦の都である 長安 に招かれた中央アジアの亀茲（クチャ）出身の僧である　C　が，『法華経』や『般若経』など約300巻にも及ぶ多くの経典を漢訳した。経典の漢訳は，唐代の半ばにいたるまで，インド・西域から中国に渡来した僧や インド留学から帰国した中国僧[1] たちによって，皇帝や宮廷の庇護なども受けつつ盛んにおこなわれた。中国の漢訳

経典は書写によって流布したが，その様相は，20世紀初めにイギリスの探検家であ
る　D　が敦煌の莫高窟で調査収集した敦煌文書にも見ることができる。また，
中国のみならず，日本など東アジア各地にも漢訳の経典は伝えられた。

　北宋になると，再びインドからの渡来僧が相次ぎ，新たな経典の漢訳も進んだ。
また，当時，普及した　E　によって，都の開封においてこれら経典はまとめ
て印刷され，こうして版本となった経典がチベット系民族の　F　人が建てた西
夏や朝鮮半島の高麗，そして日本にも伝えられた。

　このように，インドからアジア各地へと広まった仏教であるが，経典が中国で漢
訳される際に，様々な工夫のあったことを見ることができる。例えば，インドの言
葉でコブラなどのヘビを意味する「ナーガ」は，仏教の物語においてたびたび登場
し，ブッダの遺骨を祀った　G　（仏塔を意味するインドの言葉）の守護神など
としても語られるが，漢訳において「ナーガ」は「龍」に置き換えられている。
「蛇」と直訳するよりも，中国語で「龍」と記述する方が，ナーガの神話的ニュア
ンスや神秘的パワーを表す訳語として中国の人々に理解されやすいと，当時の漢訳
に関わった人たちが考えぬいた結果なのである。

〔1〕　唐代にインドへ留学した僧の玄奘が645年に帰国した際に，その旅行記の編
　　　纂や持ち帰った仏教経典の漢訳を行うよう命じた皇帝は誰か。

〔2〕　ナーガはインド由来の宗教であるヒンドゥー教にも登場する。ヒンドゥー教
　　　三大神のうち，ナーガをともなった姿で表され，世界を維持するとされるヴィ
　　　シュヌ神は次のうちどれか。1つ選び記号で答えよ。

ア

イ
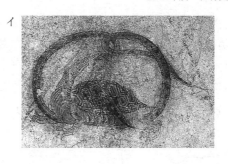

ウ

エ

オ

写真ア～オは，編集の都合上，類似の写真に差し替えています。

〔3〕　問題文の中で枠で囲った都市について，それらの位置を下の地図上で正しく
　　示している組合せを次の中から1つ選び記号で答えよ。

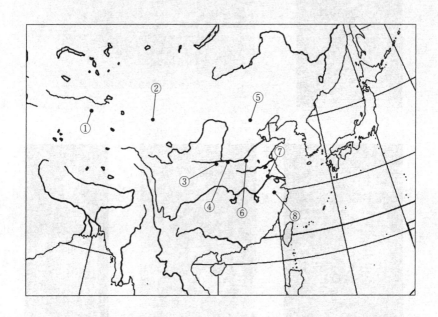

　　ア．長安：③　　敦煌：①　　開封：④

　　イ．長安：③　　敦煌：②　　開封：⑥

　　ウ．長安：④　　敦煌：①　　開封：⑥

　　エ．長安：④　　敦煌：②　　開封：⑦

　　オ．長安：⑤　　敦煌：①　　開封：⑧

　　カ．長安：⑤　　敦煌：②　　開封：⑧

　　キ．長安：⑥　　敦煌：①　　開封：⑦

　　ク．長安：⑥　　敦煌：②　　開封：④

Ⅱ　次の文章を読んで空欄に最も適切な語句を記入し，下線部についてあとの問いに
　答えよ。

　　フィリピン支配のためにスペイン本国から派遣されていた総督ダスマリーニャス
　は，1592年7月，次のような報告をスペイン国王　│　A　│　世に送った。

　　　中国人との貿易は有害です。彼らはこの諸島から大量の　│　B　│　を海外に持ち
　　去ってしまうので，中国人との貿易は禁じるべきです。中国人のもたらす主要
　　貿易品は綿布ですが，彼らは当地から原料の綿花を輸入し，それを織り上げて
　　当地に輸出してきているのです。……そのほかに中国人がもたらすのはごく粗
　　末で安手の絹，さらには生糸や紡ぎ糸も運んできます。憂慮すべきは，中国産
　　の絹などの輸入量はスペイン本国からのそれを超えているため，王室がグラナ
　　ダ，ムルシア，バレンシアの絹織物業者から得られる税収を損なうことになる
　　でしょう。

文中に出てくる「この諸島」とは，ダスマリーニャスが総督として統治していた
フィリピン諸島のことで，ダスマリーニャスはこの報告の中でフィリピンにおける
対中国貿易の禁止をスペイン国王に要請しているのである。
　　この報告をスペイン国王に送る前年，ダスマリーニャスはフィリピンの先住民に
対し中国製衣類を着ることを禁止する政令を出している。先住民は，以前は，自分
たちで織った布で作った衣服を着ていたが，この頃になると誰もが中国製の衣類を
着るようになっていた。16世紀中期にスペインがフィリピン諸島を領有して以降，
多い時は年に20～30隻もの中国船が来航するようになっていて，それらの中国船が
綿布や絹の反物などを満載して来ていたのである。中国製衣類着用禁止令が出され
た後に，フィリピンへの中国製衣類の提供ルートとなっていた対中国貿易を禁止す
るよう要請していることからすると，ダスマリーニャスは何が何でも先住民に中国
製衣類を着せたくなかったようにも見える。
　　しかしながら，ダスマリーニャスの報告の中には，グラナダ，ムルシア，バレン
シアというスペイン本国の絹織物業が盛んな都市が挙げられ，│　B　│　も言及され
ている。この点から考えると，ダスマリーニャスがフィリピンにおける対中国貿易

の禁止を求めた理由は，先住民に中国製衣類を着せたくないといったような単純な
ものではなさそうである。

　ダスマリーニャスの報告には，フィリピンとそこを支配するスペインだけでなく
中国も登場するが，報告をよく読むとそれらが貿易によって深く結びついているこ
とがわかる。ダスマリーニャスの生きた16世紀は，地球上の各地に形成された地域
的世界が人とモノの移動によってつながり，人類史上はじめて世界規模の経済が出
現した時期で，ダスマリーニャスのフィリピンもそこに組み込まれていたのである。
そこで，そのような状況に至る経緯を振り返っておこう。

　この世界規模経済が出現することになる16世紀の初頭には，スペイン・ポルトガ
ル勢力が率先してアジア海域での交易に参入してきた。その背景には，東方貿易の
中心地であったコンスタンティノープルが　C　帝国により占領され，黒海周辺
に拠点を持つジェノヴァなどのイタリア都市国家の資本がイベリア半島に逃れたと
いう状況があった。アジア海域へ現れた当初，彼らが重視したのは，ヨーロッパや
中国で重用された胡椒，ナツメグ，クローブ，シナモンなどの　D　だった。

　当時，東アジア・東南アジア地域における経済の中心は明だった。しかしながら，
明では，太祖が冊封体制にもとづく明を中心とした東アジア国際秩序の樹立を構想
していたため，海外貿易は朝貢国にのみ許され，民間による海外渡航や貿易は
　E　政策によって禁じられていた。しかし，アジア海域での国際商業の進展と
中国国内での農業・商工業の発展につれて，この政策は次第に形骸化していった。
海外に大きなビジネスチャンスを見た民間の商人らは沿海部にある浙江省の双嶼港
などを拠点とし，地方社会の有力者である郷紳や官憲とも結託して，海外と密貿易
を行うようになった。こうした武装密貿易集団は　F　と呼ばれる。彼らの活動
は1550年代にピークに達し，海を越えた商業ネットワークを形成することになるが，
その触媒としての役割を果たしたのが　B　であった。その頃，日本では鉱山開
発によってその生産量が飛躍的に増大していたのである。密貿易集団はそれと中国
産の生糸・絹などを交換した。このような現実をうけて，明朝はそれまでの
　E　政策を転換し，中国人の東南アジア向け渡航を認めるにいたった。

　その東南アジアでは，1571年にスペインがフィリピン支配の根拠地として
　G　を建設し，そことメキシコのアカプルコとを結ぶ太平洋航路も開かれた。
ちょうどこの頃，中南米でも　B　の生産量が急増していた。スペインのガレオ

ン船はそれをメキシコから　　G　　まで大量に運んできて，そこで福建の海商がも
たらす中国製品を購入しメキシコに持ち帰るようになった。このガレオン貿易で人
気の高かった中国製品は生糸・絹・綿布・陶磁器などだった。
〔2〕
　　冒頭に挙げたダスマリーニャス統治下のフィリピンは，16世紀に出現したこのよ
うな世界規模経済において中国製品が世界各地の経済や社会にもたらした影響の一
端を示すものである。即ち，中国の農民が副業として生産した安価な綿や絹など
〔3〕
が中国船によってフィリピンに流入した結果，先住民が衣類製作をやめて中国製衣
類を着るようになっただけでなく，フィリピンからは代価として大量の　　B　　が
流出し，さらには，地球の裏側のグラナダの絹織物業者までもがフィリピンという
市場を失うようになったわけである。

　　このように，16世紀末には，現代のグローバリゼーションのさきがけとも言える
ような地球規模の経済システムが出現していて，安価な外国製品の大量流入による
地場産業の衰退という，現代の世界各地で起こっている現象に通じる状況が，すで
に生じていたのである。

〔1〕　大航海時代以降に発生したこのような現象を何というか。

〔2〕　陶磁器の代表的な生産地である中国江西省の都市はどこか。

〔3〕　中国の伝統的な生産技術を絵入りで解説した明の宋応星の著作を何というか。

Ⅲ　次の文章を読んで空欄に最も適切な語句を記入し，下線部についてあとの問いに
　答えよ。

　人類の起源とされる　A　人は，今から約700万年前，アフリカ大陸に出現し
た。　A　人は簡単な石器を使用して狩猟・採集を中心とする生活を送っていた
と考えられる。約240万年前になると，　A　人よりも大きな脳や身体を持つ原
人が出現した。やがて，原人はアフリカを出て，西アジアやヨーロッパ，東アジア
へと拡散した。これらの人びとの遺跡から，火を利用して暖をとったり調理をした
　〔1〕
りした痕跡が見つかっている。また，60万年前になると　B　人が出現し，その
一派はネアンデルタール人へと進化した。大きな脳を持つネアンデルタール人は洞
窟に住み，毛皮をまとい，死者を埋葬した。
　　　　　　　　　　〔2〕
　一方，私たちの直接の祖先である新人，もしくはホモ＝サピエンス＝サピエンス
と呼ばれる人々は，約20万年から15万年前にアフリカで出現したと考えられている。
新人は音声言語を持ち，石器や槍の他，釣り針などの　C　器を用いて狩猟や漁
労を行いながら，世界各地へと拡散した。クロマニョン人が残したフランスの
　D　やスペインの　E　の洞窟絵画には，狩猟の様子や牛，馬などの動物の
姿が生き生きと描かれている。

　新人の一部は，今から約1万5千年前に，陸続きとなっていた　F　海峡を
渡ってアメリカ大陸へと進出した。これら「最初のアメリカ人」たちは拡散しなが
ら，南アメリカ大陸の南部まで到達した。そして，アメリカ大陸の多様な環境を舞
台として，さまざまな生業を営み文明を育んだ。メキシコ高原に前1世紀に築かれ
た　G　文明は石造りの巨大建築物で知られるが，なかでも「　H　のピラ
ミッド」は最大規模である。また，テスココ湖上にテノチティトランが建設される
など，メキシコ高原から中央アメリカにかけて，　I　文明（中米文明）と総称
される豊かな都市文明が花開いた。

　これらの文明を支えたのは　J　の栽培である。アメリカ大陸原産の食物であ
る　J　は，比較的単純かつ短期間の労働で大量の収穫が期待でき，また栄養価
も高かったため広く食され，信仰の対象にもなった。　J　こそがユカタン半島
の　K　文明を築く基礎であったといってよい。　J　に加えて，南米アンデ
ス地方のインカ帝国では，寒冷地で栽培されるジャガイモも重要な食糧であった。

　　L　を首都とするインカ帝国は，けわしい山中に神殿や水路，段々畑などから成る　M　遺跡を建設し，その遺跡は現在，ユネスコの世界文化遺産に登録されている。それほどまでに高い建築技術を誇ったインカ帝国であったが，文字は持たなかったと考えられていて，この点，文字を持っていた　K　文明と好対照をなしていた。

　16世紀に入ると，　I　文明はスペイン人に侵略され，やがて滅亡の道をたどった。テノチティトランは，その廃墟の上に新たな街が整備され，植民都市メキシコ市へと変貌したため，現在ではわずかな遺構を残すのみとなっている。

〔1〕　東アジアに拡散した原人のうち，周口店で化石が発見された原人を何というか。

〔2〕　紀元前2600年頃のエジプトでは，王のミイラをおさめ，その権威を象徴するためにピラミッドが建設された。それらのうち，ギザの最大のピラミッドは誰のものとされているか。

Ⅳ　次の文章を読んで空欄に最も適切な語句を記入し，下線部についてあとの問いに答えよ。

　現在，国際共通語といえばまず英語が思い起こされるが，世界の多くの国で話されている言語は英語の他にもいくつか存在する。その一つがフランス語である。フランス語が多くの国で用いられているのは，フランスがかつてイギリスと同様の植民地帝国を築いていたためである。

　フランスの海外進出の歴史は16世紀に始まる。<u>1530年代から40年代にかけては現在のカナダ及びその周辺地域の探検が行われ</u>，1608年にはケベック植民地が創設された。カナダが現在，英語とともにフランス語を公用語としているのは，このようにケベックがフランス領だったことに起因する。また，カリブ海においても，1635年にマルティニークやグアドループにフランス人が入植した。
〔1〕

　17世紀後半になると，ルイ14世の財務総監であった　A　の下で<u>積極的な対外進出政策</u>がとられた。北米ではミシシッピ川流域の探検を行い，同地域に　B
〔2〕

植民地を創設した。また，西アフリカではセネガル川河口に奴隷貿易の拠点を築き，インドでもポンディシェリなどを拠点に勢力を拡張していった。

　ところが，このようなフランスの植民地拡張は，18世紀におけるイギリスとの度重なる抗争の中でしばしば足踏みすることになる。特に，1756年に始まった七年戦争の結果，フランスは北米における植民地の大半を失った。

　18世紀を通してフランスの大西洋貿易は伸長していくが，その発展を支えたのが，カリブ海のイスパニョーラ島西部の　C　植民地での砂糖，コーヒー生産であった。しかし，この繁栄は多数のアフリカ系奴隷の酷使の下に築かれたものであり，その矛盾はフランス革命勃発の2年後の1791年に大規模な奴隷蜂起という形で爆発する。指導者　D　に率いられた蜂起側は　C　植民地を掌握し，その後もナポレオンの派遣したフランス軍を撃退して，最終的にはハイチとして独立を宣言した。ハイチで現在，フランス語が公用語の一つとなっているのは，このように旧宗主国がフランスだったことによる。

　ハイチの独立に前後して，ナポレオンはミシシッピ川以西の　B　をアメリカ合衆国に売却した。その結果，ナポレオン戦争が終結した時点で，フランスは再び多くの植民地を失うことになった。

　しかし，その後，フランスは新たに植民地帝国を建設する。その中心となったのが北アフリカのアルジェリアである。　E　世治下のフランスは，1830年にアルジェリア出兵を行い，同地を支配下に置いた。その後，周辺地域にも進出し，1880年代には隣接するチュニジアを保護国化し，20世紀初頭にはモロッコでも勢力を伸ばした。サハラ以南のアフリカでも，19世紀半ば以降，西アフリカでマリなどに進出する一方，東アフリカでもジブチをおさえた。また，同世紀末にはアフリカ大陸南東に位置する島の中で最大の　F　島も植民地化した。これらフランスの植民地となったアフリカの諸地域，特にサハラ以南の地域の多くでは，今もフランス語が唯一，あるいは他の言語と並ぶ公用語とされている。

　しかし，このようなフランスの進出は，19世紀終盤になると，同じくアフリカでの植民地拡張を画策する他国との摩擦を引き起こした。特に，アフリカの東西の拠点を結び付けようとするフランスの　G　政策は，アフリカの南北の植民地を結ぼうとするイギリスとの緊張関係を引き起こした。
〔3〕

　アフリカに加えて，19世紀にフランスが進出したもう一つの地域が東南アジアで

ある。第二帝政下で皇帝　H　世は，宣教師殺害事件をきっかけに　I　出兵
を行い，1863年にはカンボジアを保護国化した。第三共和政時代の1883年にはベト
ナムも保護国化し，さらに，1887年にはこれらフランスが支配した地域を合わせて
フランス領　I　連邦を成立させ，後にラオスもこれに加えた。

　このように植民地帝国を再建したフランスであったが，他の植民地帝国と同様に，
第二次世界大戦後の脱植民地化の流れの中で多くの植民地の独立に直面することに
なる。　I　では大戦中の日本占領を経て，日本の降伏後に独立が宣言された。
しかし，フランスがその独立を認めなかったため戦争が勃発した。この戦争は1954
年の　J　協定により休戦となったが，この時，アメリカがこの休戦協定に調印
しなかったことが後のベトナム戦争の一因となった。

　また，北アフリカでも自治や独立を求める運動が起こり，1956年にはチュニジア
やモロッコが独立した。一方，アルジェリアでは独立をめぐり民族解放戦線とフラ
ンス軍などとの間で激しい戦いが繰り広げられた。しかし，大戦時の自由フランス
政府の指導者であり，事態収拾のため政権に復帰した　K　大統領が独立容認に
傾き，1962年にアルジェリアが独立した。

　このように，イギリス帝国などと同様に，フランス植民地帝国も第二次世界大戦
〔4〕
後に多くの植民地が独立したことで終焉を迎えた。しかし，フランスの文化的影響
力は一定程度存続しており，今でも旧植民地であった国の多くではフランス語が公
用語ないしそれに準ずる言語となっている。また，フランスと旧植民地を中心とす
る国々や地域によってフランコフォニー国際組織が結成されていて，それらの国々
は緩やかな政治的・文化的紐帯を保っている。

〔1〕　これに先立ち，ヘンリ 7 世治下のイングランドもカボット父子などの航海者
　　　を北米に派遣していた。このカボット父子が1497年に到達し，1713年にユトレ
　　　ヒト条約でイギリスに割譲されるまではフランスも一時領有していた，豊富な
　　　漁業資源で知られる現在のカナダ東部にある島を何というか。
〔2〕　この積極的対外政策の背後には，国家が経済に介入し，国際収支の改善や産
　　　業の保護，原材料供給地や市場としての植民地獲得を重視する経済政策があっ
　　　た。その政策を何というか。
〔3〕　このようなイギリスとフランスの緊張関係の中で1898年に生じた，ナイル河

畔の町で両国の遠征隊が衝突した事件を何というか。

〔4〕 このような脱植民地化の流れの中，1963年にエチオピアで開かれたアフリカ諸国首脳会議の結果，アフリカ諸国の連帯や植民地主義の根絶などを目指して結成された組織を何というか。

２月３日実施分　解答 世界史

Ｉ **解答** A．サンスクリット　B．アショーカ　C．鳩摩羅什
D．スタイン　E．木版印刷　F．タングート
G．ストゥーパ
〔1〕太宗　〔2〕―エ　〔3〕―イ

◀解　説▶

解答編

≪古代インドと仏教のアジア各地への広がり≫

A．サンスクリット語は古代インドの文語で，梵語ともよばれる。現在もインドの公用語の一つとなっている。

B．アショーカ王はマウリヤ朝第3代の王。南部を除く全インドを支配し，王朝の最大領域を築いた。仏教に帰依し，ダルマ（法）を統治理念とした。クシャーナ朝のカニシカ王が行ったのが第4回仏典結集。

C．鳩摩羅什（クマラジーヴァ）は大乗仏教を修め，長安で仏典を漢訳した。4世紀に洛陽に来て，多くの門弟を育成した亀茲出身の仏僧の仏図澄（ブドチンガ）と区別すること。

D．難問。スタインは3次にわたる中央アジア探検で，敦煌などを調査した。中央アジアの探検では，楼蘭遺跡を発見したスウェーデンの地理学者ヘディンも知られる。

F．チベット系タングート人は李元昊のもとで西夏（大夏）を建国した。

〔1〕太宗（李世民）は唐の第2代皇帝。その治世は貞観の治と称えられた。玄奘の旅行記が『大唐西域記』で，これをもとに書かれた小説『西遊記』の三蔵法師は玄奘がモデルである。

〔2〕アは「ラオコーン像」でヘレニズム彫刻の代表的な作品。イは日本のキトラ古墳の壁画のうち北面に描かれた玄武。ウはツタンカーメンの黄金のマスク。オはフェイディアスがパルテノン神殿の主神として制作した「アテナ女神像」。オリジナルは失われたが，ローマ時代の複製が伝わっている。

出典追記：（ア・ウ〜オ）ユニフォトプレス提供　（イ）明日香村教育委員会

〔3〕イが正解。③長安は，黄河の支流渭水流域の都市。②敦煌は，前漢の武帝が設置した河西4郡の一つで最も西に位置する。⑥開封は，黄河と

大運河の合流地点に位置する。

II **解答**　A．フェリペ 2　B．銀　C．オスマン　D．香辛料
　　　　　　　E．海禁　F．倭寇　G．マニラ
〔1〕世界の一体化　〔2〕景徳鎮　〔3〕天工開物

━━━━◀解　説▶━━━━

≪大航海時代と地球規模の経済システムの出現≫

A．「1592 年」とあるのでフェリペ 2 世（位 1556～98 年）が正解。スペイン王カルロス 1 世（神聖ローマ皇帝カール 5 世）の子で，父からスペイン王位を継承した。1580 年にはポルトガルを併合し，その広大な領土は「太陽の沈まぬ国」とよばれた。

C．オスマン帝国のメフメト 2 世によるコンスタンティノープル占領（1453 年）によってビザンツ帝国は滅亡した。

E．海禁は明清両王朝による海上交通・貿易などに対する制限。16 世紀には，私貿易に対する厳格な取り締まりへの反発から後期倭寇が活発化したため，禁令は緩和された。

F．倭寇は 14 世紀を中心にした日本人主体の前期倭寇，16 世紀中頃を中心にした中国人主体の後期倭寇に区分される。

G．マニラは，ルソン島の海港都市。ガレオン貿易（アカプルコ貿易）の拠点として繁栄した。マニラにメキシコ銀が運ばれ，中国商人がもたらす絹・陶磁器などと交換された。この貿易で使用された船がガレオン船である。

〔2〕景徳鎮は中国最大の陶磁器生産地。その名は世界的にも知られ，明清時代には政府直営の工場が設置された。

〔3〕明代の実学としては，宋応星の『天工開物』の他，李時珍が著した医薬書の『本草綱目』，徐光啓が編纂した中国農学書の集大成である『農政全書』なども重要。

Ⅲ　解答

A．猿　B．旧　C．骨角　D．ラスコー
E．アルタミラ　F．ベーリング　G．テオティワカン
H．太陽　I．メソアメリカ　J．トウモロコシ　K．マヤ　L．クスコ
M．マチュ=ピチュ
〔1〕北京原人　〔2〕クフ王

◆解　説▶

≪化石人類とラテンアメリカの文明≫

A．現在最古の猿人と考えられているのが約700～600万年前のサヘラントロプスである。

C．「釣り針など」とあることから骨角器が正解。骨角器は銛や針などとしても使用された。

G・H．テオティワカン文明（前1～6世紀）は，「太陽のピラミッド」や「月のピラミッド」で知られる。

I．メソアメリカ文明とアンデス文明（チャビン・ナスカ・インカなど）は，牛・馬などの大型の家畜を持たず，車輪・鉄器が知られていなかった。

J．トウモロコシはアメリカ大陸原産の穀物。ジャガイモと悩むかもしれないが，第4段落に「ジャガイモ」とあるのでトウモロコシと特定できる。

K．ユカタン半島に成立したマヤ文明は，ピラミッド型の建築物・二十進法・精密な暦・マヤ文字とよばれる絵文字などが特徴となっている。

L．クスコを首都としたインカ帝国は，文字を持たず，キープ（結縄）で数量などを記録した。

〔2〕クフ王は古王国の王。ピラミッドは古王国時代に盛んに建設された。ナイル川左岸の都市ギザには，最大のピラミッドであるクフ王のピラミッドの他，カフラー王・メンカウラー王のピラミッドが連なっている。

Ⅳ　解答

A．コルベール　B．ルイジアナ　C．サン=ドマング
D．トゥサン=ルヴェルチュール　E．シャルル10
F．マダガスカル　G．アフリカ横断　H．ナポレオン3
I．インドシナ　J．ジュネーヴ休戦　K．ド=ゴール
〔1〕ニューファンドランド　〔2〕重商主義　〔3〕ファショダ事件
〔4〕アフリカ統一機構〔OAU〕

━━━━━◀解　説▶━━━━━

≪近世～現代におけるフランスの海外進出≫

A．コルベールは，東インド会社の再建や王立マニュファクチュアの設立などにより典型的な重商主義を展開した。

B．ルイジアナはルイ 14 世にちなんで命名された。フランスは 1763 年のパリ条約でミシシッピ川以東をイギリスに，以西をスペインに割譲した。アメリカ合衆国の独立が確定した 1783 年のパリ条約で，イギリスはミシシッピ川以東のルイジアナをアメリカ合衆国に割譲した。

C．サン=ドマングは，西インド諸島のイスパニョーラ島の西部にあったフランス植民地。17 世紀末にスペイン領からフランス領となり，1804 年にハイチとして独立した。

D．トゥサン=ルヴェルチュールは，ハイチの奴隷反乱を指揮した黒人指導者。ナポレオン軍に捕えられ，独立達成直前にフランスで獄死した。

E．シャルル 10 世は，ルイ 16 世・ルイ 18 世の弟でブルボン朝最後の王。亡命貴族に多額の補償金を与えるなど反動政治を強化し，未招集の議会を解散するなどしたため，1830 年に七月革命が起こり，イギリスに亡命した。

G．アフリカ横断政策は，西アフリカからサハラ砂漠を横断してジブチを結びつけようとするフランスの政策。カイロとケープタウンをつなごうとするイギリスの政策がアフリカ縦断政策。

H．ナポレオン 3 世は，ナポレオン 1 世の甥ルイ=ナポレオン。1848 年に大統領に当選したが，1851 年にクーデタを起こし，翌年国民投票の結果皇帝に即位した。

J．ジュネーヴ休戦協定で，北緯 17 度線を北のベトナム民主共和国と南のベトナム国との暫定軍事境界線とした。調印しなかったアメリカは，フランスにかわりこの地への介入を強めた。

K．ド=ゴールは，第二次世界大戦中ロンドンに亡命して自由フランス政府を樹立し，対独レジスタンスを指揮した。1958 年に第五共和政を成立させ，アルジェリア独立を承認した。

〔1〕ユトレヒト条約とあることから，ニューファンドランドが正解。ユトレヒト条約はスペイン継承戦争の講和条約。イギリスはスペインからミノルカ島とジブラルタルを，フランスからハドソン湾地方・ニューファン

ドランド・アカディアを獲得した。

〔3〕ファショダ事件は，アフリカ縦断政策を推進したイギリスとアフリカ横断政策を進めたフランスが，スーダンのファショダで衝突した事件。フランスの譲歩で戦争は回避され，スーダンはイギリスの支配下に入った。

❖講　評

　インド・中国の総合問題，大航海時代の商業ネットワークに関する大問，化石人類とラテンアメリカに関する大問，フランスの植民地経営に関する大問が各1題であった。大半が標準的な用語であったが，視覚資料や地図を使った出題も見られた。

　Ⅰ．古代インドの仏教とその漢訳を通じて，仏教が中国を含む各地に伝わった様子を問う大問。D．スタインは難問。〔2〕の視覚資料からヴィシュヌ神を問う設問は消去法で容易に特定できる。〔3〕の地図問題は都市の組み合わせが問われたため，正確に位置を特定しないと失点しやすい。

　Ⅱ．大航海時代以降のスペインを中心に中国史を含んだ商業ネットワークに関する大問。Bは3つ目の空欄から銀と特定できる。立命館大学の世界史はリード文が専門的で長文の場合が多いが，後半の空欄から特定できる場合が多いので注意したい。

　Ⅲ．人類の起源とラテンアメリカの文明に関する大問。「化石人類」については，過去にも細かな用語が出題されているので，難度の高い用語も含めて理解しておきたい。ラテンアメリカの古代文明に関する都市・遺跡などは確実に得点したい。

　Ⅳ．フランスの植民地政策に関して広く問われた大問。J．ジュネーヴ休戦協定，K．ド=ゴール，〔4〕アフリカ統一機構など，現代史に学習が及んでいたかどうかで得点差がついたと思われる。現代史は学習が手薄になりがちなので，時事問題も含めて日頃から関心を持ってほしい。

2月1日実施分　　問題 地理

（80 分）

Ⅰ　次の地形図をよく読んで，〔1〕〜〔10〕の問いに答えよ。なお，この地形図は等
倍であり，平成22年発行（平成21年図式）のものである。

〔1〕　この地形図の縮尺を答えよ。　　　　　　　　　　　〔解答欄〕＿＿分の1

〔2〕　この地形図は，人工衛星観測などの技術を利用した測地系にもとづいている。
この測地系は何と呼ばれるか，最も適切な名称を答えよ。

　　　〔解答欄〕＿＿測地系

〔3〕　この地形図中の地図記号（ △ ）の名称は何か，答えよ。また，これが設置
された目的は何と考えられるか，簡潔に述べよ。

〔4〕　Aで示された破線の等高線は何と呼ばれるか，答えよ。

　　　〔解答欄〕＿＿曲線

〔5〕　Bで示された地図記号（ ⛪ ）の名称は何か，答えよ。

〔6〕　Cで示された地図記号（ ⚓ ）の施設が置かれた目的は何と考えられるか，
簡潔に述べよ。

〔7〕　「中条ゴルフ倶楽部」は，海岸付近に形成された高まりに立地している。こ
のような地形は何と呼ばれるか，最も適切な名称を答えよ。また，その地形の
成因を簡潔に述べよ。

〔8〕　「竹島」・「宮川」・「真中」・「古田」のような集村の形態は何と呼ばれるか，
最も適切な名称を答えよ。

〔9〕　「阿房堀」と記された水路の西端から落堀川までの直線距離は，地形図上で
5 cm である。実際の距離は何 m か，答えよ。ただし，起伏は考慮しないもの
とする。

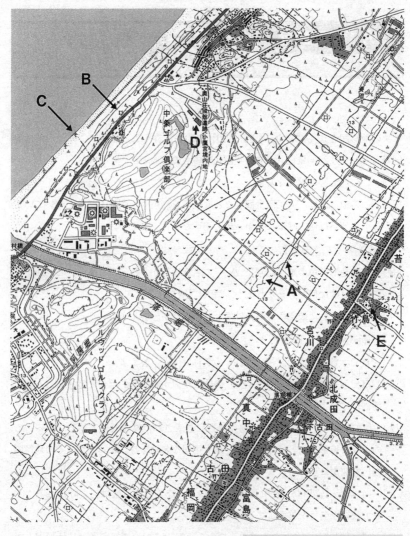

〔10〕　この地形図に関する次の(1)～(5)の文で，正しいものには○印を，誤っている
　　ものには×印を記せ。

(1)　干潟がある。

(2)　国道が通っている。

(3)　「真中」と「古田」集落の間には墓地がある。

(4)　この地形図中の最高標高地点は，海抜30 m を超えている。

(5)　Dで示された建物は，Eで示された寺院よりも標高が高い位置にある。

Ⅱ　世界の河川に関する次の地図と文をよく読んで，〔1〕~〔5〕の問いに答えよ。
　なお，地図中の数字（①~⑦）は河川を示し，これは文中の数字とも対応している。

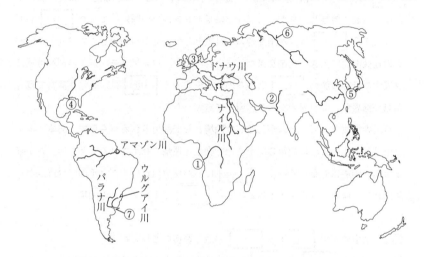

　流域面積が世界最大である河川は，地図中のアマゾン川である。この川は，アンデス山脈に源を発して<u>南アメリカ大陸北部の低地</u>を流れている。河口部に位置する
(a)
ベレンと，そこから約1,500 km 上流に位置し，ゴムやコーヒー豆の集散地として発展した　A　との間で大型船が航行している。なお，流域面積の世界第2位は，アフリカ中央部に広がる大規模な盆地を西流する　①　である。

　河川の長さに注目した場合，地図中のナイル川が世界最長である。ナイル川流域の乾燥地域において古代文明が発展したが，それは人間の生活に不可欠な水を同河
(b)
川がもたらしたからである。ナイル川は，湿潤気候の地域を水源とし，そこで供給される豊富な水資源を乾燥地域に届ける　甲　河川なのである。その他にも，パキスタン東部を流れてアラビア海に注ぐ　②　が同様の役割を果たすことで古代文明を成立させている。

　アマゾン川やナイル川にみられるように，河川は交通・運輸や地域の発展に重要
な役割を果たしてきた。その他の例をいくつか挙げてみたい。地図中のドナウ川は，
水源のドイツ南部から黒海に注ぐまでの間に複数の国を流れ，外国船舶が自由に航
行できる　乙　河川として，沿岸の地域発展に貢献してきた。ドナウ川と
　③　とは，マイン川および1992年に完成したマイン・ドナウ運河によって結ば
れており，ヨーロッパを横断して北海と黒海をつなぐ水運も可能になっている。
　④　は，アメリカ合衆国における内陸水運の幹線として機能し，周辺における
都市の発展に寄与してきた。ヒマラヤ山脈とクンルン山脈に挟まれた　B　高原
にはじまる　⑤　は，河川交通の大動脈として古くから利用されており，中国政
府の地域開発に大きな役割を果たしてきた。また，ロシアとモンゴルの国境付近に
位置する世界最深の　C　湖からの水が流入する　⑥　は，水量が豊富で電源
開発が進展し，旧ソ連のシベリア開発に貢献した。

　河川の役割として，それがしばしば国境として活用される点も重要である。ドナ
ウ川は，先述のように複数の国をまたぐ交通・運輸で利用されるとともに，さまざ
まな国の国境にもなっている。　⑦　は，パラナ川とウルグアイ川の合流点から
河口までを流れ，ウルグアイ川とともに　D　とウルグアイの国境である。

〔1〕　文中の河川　①　～　⑦　の最も適切な名称を答えよ。

〔2〕　文中の　A　～　D　に当てはまる最も適切な地名または国名を答えよ。

〔3〕　文中の　甲　・　乙　に当てはまる最も適切な語句を答えよ。

〔4〕　下線部(a)に関して，アマゾン川の流域に広がる多種類の常緑広葉樹からなる
　　　密林は何と呼ばれるか，最も適切な名称をカタカナで答えよ。

〔5〕　下線部(b)に関して，アラビア半島や北アフリカの砂漠地帯において，通常は
　　　陸上交通などに利用される水無川は何と呼ばれるか，最も適切な名称をカタカ
　　　ナで答えよ。

Ⅲ　経度と緯度に関する次の文をよく読んで，〔1〕〜〔7〕の問いに答えよ。

　経度と緯度によって示される地球上での位置の違いは，私たちの生活にさまざまな影響を与えている。

　経度の違いは，時差と結びついている。地球の自転の影響で，太陽が最も高い位置にくる時刻は経度　A　度ごとに1時間ずれることになるため，時差が生じるのである。世界各国では，かつてはイギリスのロンドン近郊に位置する天文台を基準にして，現在では協定世界時をもとにして，地域ごとに標準時を設けている。この標準時が同じ地域は等時帯と呼ばれ，それ以外の地域とは時差が生じている。また時差を考える際には，東経西経180度にほぼ沿ってひかれている　B　線も重要である。海外旅行に出かける場合などには，こうした経度の違いをもとに社会的につくりだされる時差に気をつける必要がある。

　緯度の違いについては，太陽高度の差と結びついている。北半球で考えると，北緯　C　度34分より北側は北極圏と呼ばれ，冬至前後には一日中太陽が昇らない　D　となる。また，太陽エネルギーを多く受ける低緯度ほど気温は高くなり，高緯度ほど低くなる傾向がある。こうしたなかで，緯度の高低が同条件であることを要因の1つとして，同様の気候となっている地域がある。

〔1〕　文中の　A　〜　D　に当てはまる最も適切な数値または語句を答えよ。

〔2〕　下線部(a)に関して，この天文台の名称を答えよ（〔解答欄〕＿＿＿天文台）。また，その天文台を通り北極と南極を結ぶ線の最も適切な名称を答えよ（〔解答欄〕＿＿＿線）。

〔3〕　下線部(b)に関して，この時刻の最も適切な略称を，アルファベットで答えよ。

〔4〕　下線部(c)に関して，同じ等時帯に属する都市を，アテネとニューヨークそれぞれについて，次の選択肢の中から1つずつ選び符号で答えよ。

　　　あ　ケープタウン　　　い　シアトル　　　う　デリー

　　　え　メルボルン　　　お　リマ　　　か　レイキャビク

〔5〕　下線部(d)に関して，次の(1)・(2)に答えよ。

　　(1)　次の（イ）〜（ニ）の文で，正しいものには○印を，誤っているものには×印を記せ。

　　　（イ）サマータイムとは，夏季のおおよそ半年間に限り時刻を1時間遅らせる仕組みである。

　　（ロ）　独立時間帯によって協定世界時と30分単位の時差を設定している国も
　　　　　ある。

　　（ハ）　中国では，国土の広さに応じて5つの時間帯を定めており，国内の時
　　　　　差が大きい。

　　（ニ）　ロシアのウラジオストクとサンクトペテルブルクに時差はない。

　(2)　ホノルルから日本へ航空機で移動する際の所要時間が8時間30分であると
　　　する。ホノルルを12月19日午後1時に出発するとき，日本に到着する日時を
　　　答えよ。なお，ホノルルの協定世界時との時差は10時間である。

　　〔解答欄〕　12月＿＿＿日＿＿＿時＿＿＿分

〔6〕　下線部(e)に関して，気温は，緯度のほかに，海流や風などの影響も受ける。
　　この点について，ある海流によって暖められた空気が偏西風によってヨーロッ
　　パにもたらされている。この海流は何と呼ばれるか，最も適切な名称を答えよ。

　　〔解答欄〕　＿＿＿海流

〔7〕　下線部(f)に関して，ブエノスアイレスと同じ温暖湿潤気候（Cfa）に属する
　　都市を次の選択肢の中から2つ選び，符号で答えよ。

　　　あ　ケープタウン　　　い　サンフランシスコ　　　う　ダーウィン

　　　え　バンコク　　　　　お　フィラデルフィア　　　か　ブリズベン

解答 地理

I　解答

〔1〕25000　〔2〕世界
〔3〕名称：三角点
目的：各地点間の方位と距離を測定する三角測量を行うため。
〔4〕補助（第一次補助も可）　〔5〕油井・ガス井
〔6〕風力発電を行うため。
〔7〕地形名：浜堤（砂丘も可）
成因：波によって打ち上げられた砂礫が堆積して形成された。
〔8〕路村　〔9〕1250（m）
〔10〕(1)—×　(2)—○　(3)—○　(4)—×　(5)—○

◀解　説▶

≪新潟県胎内市の地形図読図≫

〔1〕地形図内に 10 m の主曲線が見られることから，縮尺は 25000 分の 1 と判断できる。

〔2〕緯度・経度の基準を測地系と呼ぶ。日本では 2001 年から，電波観測や人工衛星を使った世界測地系が用いられるようになった。

〔3〕各地点間の方位と距離を測定するのが三角測量。それに対して，基準面からの土地の高さを測定するのが水準測量（基準が水準点）。

〔4〕必要に応じて描かれる補助曲線は，25000 分の 1 の地形図では，第一次補助曲線が 5 m か 2.5 m ごとに描かれ，第二次補助曲線が数値を表示する形で描かれる。

〔6〕Cの地図記号は風車。風の強い海岸沿いに設置されていることから，風力発電に利用されていると考えられる。

〔7〕海岸平野には，波による砂礫の堆積作用によって形成された浜堤と呼ばれる微高地が，海岸に並行して見られることが多い。隆起などにより海岸の離水が進むと，複数の浜堤が海岸線に平行に形成されることがある。

〔8〕「竹島」や「宮川」などの集落は，道路に沿って列状に分布している。

〔9〕25000 分の 1 の縮尺の地形図上で 5 cm の距離は，実際には

$$5 [cm] \times 25000 = 125000 [cm] = 1250 [m]$$

と求められる。

〔10〕(1)誤文。沿岸部に干潟の地図記号は見られない。(2)正文。(3)正文。(4)誤文。最高地点でも標高は 20m ほどしかない。(5)正文。等高線から E の寺院の標高は 5 〜10m。D の建物の標高は 10〜15m。

Ⅱ 解答

〔1〕①コンゴ川　②インダス川　③ライン川
　　④ミシシッピ川　⑤長江〔揚子江〕　⑥エニセイ川
⑦ラプラタ川
〔2〕A．マナウス〔マナオス〕　B．チベット　C．バイカル
D．アルゼンチン
〔3〕甲．外来　乙．国際
〔4〕セルバ　〔5〕ワジ

━━━━━━━━ ◀解　説▶ ━━━━━━━━

≪世界の河川≫

〔2〕A．アマゾン川中流部に位置するマナウスは，ゴムやコーヒー豆の集散地として発展，フリーゾーンに指定された後は国内外の多くの企業が進出し工業化が進み，アマゾン地域の経済の中心地となっている。

C．構造湖であるバイカル湖は最大水深 1741m で，世界で最も深い湖である。

D．アルゼンチンやウルグアイなどラプラタ川の流域では，パンパと呼ばれる温帯草原が広がり，肥沃な土壌が分布することから，混合農業や企業的穀物農業が盛んである。

〔3〕甲．外来河川は，湿潤地域に水源を持ち，乾燥地域を貫流する河川で，ナイル川やインダス川の他，ティグリス・ユーフラテス川，黄河なども該当する。乙．国際河川は，複数の国をまたがって流れ，外国船舶が自由に航行できる河川で，ライン川，ドナウ川の他，東南アジアのメコン川なども該当する。なお，ナイル川は外来河川であり国際河川でもある。

〔5〕ワジとは，乾燥地域で降雨があったときにだけ流水が見られる河川のことで，乾季には陸上交通路として用いられる。

Ⅲ 　解答

〔1〕A．15　B．日付変更　C．66　D．極夜

〔2〕天文台の名称：旧グリニッジ（グリニッジも可）

線の名称：本初子午

〔3〕UTC

〔4〕アテネ：あ　ニューヨーク：お

〔5〕⑴(イ)―×　(ロ)―〇　(ハ)―×　(ニ)―×

⑵20（日）午後4（時）30（分）

〔6〕北大西洋　〔7〕―お・か

◀解　説▶

≪経度と緯度≫

〔1〕A．経度は東経・西経を合わせて 360 度。地球 1 周で 24 時間の時差
が生じると考えれば

　360〔度〕÷24〔時間〕＝15〔度〕

となり，経度 15 度で 1 時間の時差が生じると考えられる。

D．北極圏や南極圏では，夏季に太陽が 1 日中沈まない白夜が，冬季に太
陽が 1 日中昇らない極夜が見られる。

〔4〕アテネはおよそ東経 25 度で，およそ東経 20 度のケープタウンと同
じ等時帯（UTC ＋2h）。ニューヨークはおよそ西経 75 度で，ほぼ同じ経
度のリマと同じ等時帯（UTC －5h）。

〔5〕⑴　(イ)誤文。サマータイムは，夏季に時刻を 1 時間早める仕組み。
(ロ)正文。インド・イラン・オーストラリアなどで，UTC と 30 分単位の時
差が設定されている。(ハ)誤文。中国では標準時を 1 つしか定めていない。
(ニ)誤文。ロシアは東西に広く，国内に多くの標準時を持っており，サンク
トペテルブルクとウラジオストクでは 7 時間の時差が設けられている。

⑵　日本は東経 135 度を標準時子午線としており，UTC より 9 時間早い。
ホノルルは UTC より 10 時間遅いので，日本はホノルルより 19 時間早い。
ホノルルを 12 月 19 日午後 1 時に出発した時点の日本は，19 時間後の 12
月 20 日午前 8 時。その 8 時間 30 分後に航空機が日本に到着したことから，
12 月 20 日午後 4 時 30 分に到着したとわかる。

〔7〕温暖湿潤気候（Cfa）は，緯度 30〜40 度付近の大陸東岸に分布する
ことが多く，おフィラデルフィアとかブリズベンが該当する。あケープタ
ウンといサンフランシスコは同緯度の大陸西岸で地中海性気候（Cs）が，

⑦ダーウィンと②バンコクは南北回帰線内に位置しサバナ気候（Aw）が，それぞれ分布する。

❖講　評

　Ⅰ．新潟県胎内市の地形図を用いた大問で，問われている語句は過去にも出題されているか基本的な語句が多く，読図自体も時間がかからないものであったことから，取り組みやすかっただろう。地形の成因や集落の特徴などについての出題もあり，地理の全般的な知識・技能を問われた大問であった。

　Ⅱ．世界の河川に関する大問であるが，地図だけでなくリード文中に多くのヒントが示されていることから，迷うことなく解答できた問題がほとんどであっただろう。

　Ⅲ．経度と緯度についての大問であるが，大半が経度とそれに伴う時差に関しての内容であった。計算問題もあったが，落ち着いて時間をかければ難しくはない。ただし，同じ等時帯や同じ気候の都市を選択する問題では，地図上での位置がわからないと難しかったと思われる。

2月3日実施分　問題 地理

(80 分)

Ⅰ　次の地形図をよく読んで，〔1〕～〔10〕の問いに答えよ。なお，この地形図は等倍であり，平成19年発行（平成14年図式）のものである。

〔1〕　この地形図の縮尺を答えよ（〔解答欄〕 ＿＿＿分の1）。また，そのように判断した理由を簡潔に述べよ。

〔2〕　**A**で示された地図記号（ ∴ ）の名称は何か，答えよ。

〔3〕　この地形図には，平成25年図式からは使用されていない地図記号（ ✿ ）がある。この地図記号の名称は何か，答えよ。また，この記号は何の形に由来しているか，答えよ。

〔4〕　「かささぎ大橋」の長さは，この地形図上では4cmである。実際の長さは何kmか，答えよ。

〔5〕　河川**X**はどの方向へ流れているか，四方位で答えよ。また，そのように判断した理由を簡潔に述べよ。

〔6〕　「寺谷浄水場」や「磐田原工業団地」が立地している地形の名称を答えよ。

〔7〕　**B**で示された4本の道路は，いずれも急カーブが多い。その理由を簡潔に述べよ。

〔8〕　この地形図の標高50m以上において顕著な農業的土地利用は何か，2つ答えよ。また，そのような土地利用がみられる地形的な要因を簡潔に述べよ。

〔9〕　**C**で示された水域の表面積はおおよそどれほどか，最も適切な数値を次の選択肢の中から1つ選び，符号で答えよ。

　　　あ　7.5m² 　　　い　75m² 　　　う　750m² 　　　え　7,500m²

〔10〕　この地形図に関する次の(1)～(3)の文で，正しいものには○印を，誤っているものには×印を記せ。

　　(1)　「福祉センター」と「下水処理場」は，都府県界をはさんで立地している。

　　(2)　「富里」の郵便局の近くには交番がある。

　　(3)　河川**X**の東岸に設けられた堤防の標高は，地図上では6mである。

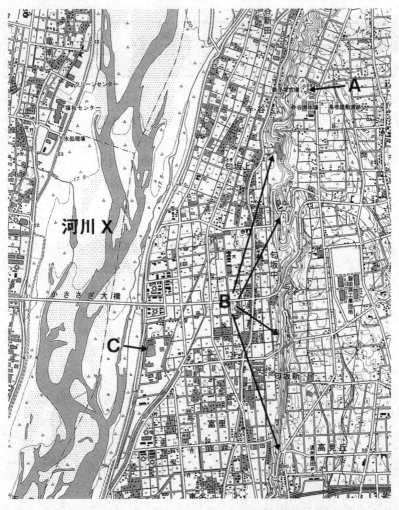

Ⅱ　南アジアに関する〔1〕～〔4〕の問いに答えよ。

〔1〕　次の①～⑥は南アジアの都市について説明したものである。①～⑥に当てはまる都市はそれぞれどこか，その名称を答えよ。また，それらの位置を，次の地図中の●（1～11）の中から1つずつ選び，それぞれ番号（1～11）で答えよ。

①　この国で第2位（2011年現在）の人口を擁する港湾都市であり，イギリスの植民地時代からジュートや茶の積出港として発展した。近年では工業化が進展して，この国の主要な工業拠点となっている。

②　高原に位置するこの都市では，自動車・機械などの工業が発達している。特にICT産業などの先端技術産業の先駆的な中心地である。

③　この国ではカラチに次いで人口が多い（2017年現在）。パンジャブ州の州都で，同国の学術・文化の中心地であり，製鉄業や綿紡績業が盛んである。

④　この国有数の貿易港で，イギリスによる植民地支配の根拠地の1つであった。造船・化学・繊維などの工業が発達している。映画製作も盛んにおこなわれてきた。

⑤　ガンジス川流域に位置する，ウェストベンガル州の州都である。米・ジュートなどの農産物の集散地で，造船・繊維などの工業が発達している。

⑥　紅茶などの積み出し港として発展し，この国では最多の人口（2012年現在）を有している。1985年までこの国の首都であった。

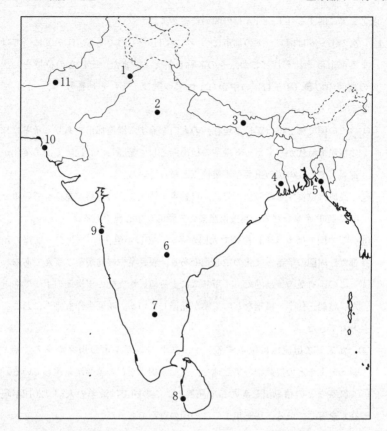

〔2〕　次の表は，南アジア各国の国土面積に占める農地の割合と成人女性の識字率
　　を示したものである。スリランカ，パキスタン，バングラデシュはどれか，表
　　中のあ～うの中から1つずつ選び，それぞれ符号で答えよ。

国土面積に占める農地の割合（%）*1		成人女性の識字率（%）*2	
あ	62.4	う	90.8
インド	54.7	あ	71.2
い	45.6	インド	65.8
う	42.9	ネパール	59.7
ネパール	28.0	い	46.5

＊1　2019年のデータである。
＊2　パキスタンの数値は2017年のものである。
　　　その他はすべて2018年のデータである。

『世界国勢図会　2020/21年版』および
『世界国勢図会　2021/22年版』により作成

〔3〕　次の表は、インド、スリランカ、パキスタン、バングラデシュについて、各
国の輸出総額に占めるおもな輸出品の割合を示したものである。インドとバン
グラデシュはどれか、表中のあ〜えの中から1つずつ選び、それぞれ符号で答
えよ。

（％）

国名	あ		い		う		え	
第1位	繊維品	32.4	衣類	84.2	石油製品	13.5	衣類	45.6
第2位	衣類	26.7	繊維品	5.1	機械類	11.5	茶	11.0
第3位	米	9.6	はきもの	2.2	ダイヤモンド	6.8	ゴム製品	5.5
第4位	野菜・果実	3.0	魚介類	1.4	医薬品	5.5	機械類	4.1
第5位	魚介類	2.0	革類	0.9	繊維品	5.3	繊維品	3.1

バングラデシュは2015年のデータである。他の3か国は2019年のデータである。
『世界国勢図会　2020/21年版』および『世界国勢図会　2021/22年版』により作成

〔4〕　インドでは経済成長にともなって農業にも大きな変化が生じ、鶏肉、ミルク
などの生産量が増加している。これに関連して次の(1)・(2)の問いに答えよ。

(1)　ミルク生産の増加によって、農民の収入増がもたらされたことは何と呼ば
れているか、最も適切な語句を答えよ。

(2)　次の4つの表は、鶏肉、ゴマ、バター、バナナの生産量に関して、世界に
占める割合の上位5か国を示したものである。これらのうちで、鶏肉とバ
ターはどれか、あ〜えの中から1つずつ選び、それぞれ符号で答えよ。

あ	
国名	（％）
インド	26.6
中国	9.7
インドネシア	6.3
ブラジル	5.8
エクアドル	5.6

い	
国名	（％）
インド	39.7
パキスタン	9.0
アメリカ合衆国	8.0
ニュージーランド	4.4
ドイツ	4.3

う	
国名	（％）
アメリカ合衆国	17.0
中国	12.3
ブラジル	11.7
ロシア	3.9
インド	3.5

え	
国名	（％）
スーダン	16.2
インド	12.7
ミャンマー	12.0
タンザニア	10.8
ナイジェリア	8.1

2018年のデータである。

『世界国勢図会 2021/22年版』により作成

Ⅲ　世界の食料に関する次の文をよく読んで，〔1〕～〔8〕の問いに答えよ。

　　人間が食料とするものには，地域ごとに特徴がみられる。そのおもな要因に，地域の自然環境で栽培できる作物の違いがある。温暖で湿潤な地域では米が，より冷涼で乾燥した地域では小麦が栽培され，主食とされていることが多い。熱帯ではしばしばいも類が主食とされており，たとえばアフリカのギニア湾岸地域では，ラテンアメリカ原産の　　A　　が代表的な主食となっている。また，作物が育ちにくく遊牧が行われていた地域では，肉や家畜の乳がおもな食料とされてきた。

　　人間の食料について考える場合には，食材の選択，調理や食事の方法といった，食文化も注目される。同じ作物であっても，小麦がヨーロッパではパンやパスタとして，西アジアやインドでは薄い円盤状の生地にして発酵させずに焼いてつくる　　B　　などとして食べられることが多いように，地域によって食文化が異なっている。また，食文化について考える際には，宗教の違いも重要な観点となる。

　　ただし，人間はすべての地域で食料を十分に摂取しているわけではない。こうした食料不足の問題はたとえばサハラ以南を中心とするアフリカで顕著にみられるが，降雨の少なさによって水不足になる　　C　　がしばしば生じるなど，自然環境がその要因の1つになっている。その他の要因としては紛争の発生などがあるが，アフリカ以外の地域との関係も重要である。たとえば，アフリカでは植民地時代からのプランテーション農業の影響で，　　D　　と呼ばれる単一作物の栽培がなされてきた。自給作物ではなく，外貨獲得のために　　E　　作物の栽培を優先してきたのである。

　　このように，食料と地域の関係は，グローバルな視点からも理解することが求められる。特に食料の流通については，こうした考えが重要である。小麦などの農作物は，穀物　　F　　と呼ばれる巨大な多国籍企業の商社が関わるなかで，さまざまな国を移動している。この食料の国際的な流通は，貿易の自由化が進展するなかでますます活発化しており，各地の食生活や経済などにさまざまな影響を与えている。

〔1〕　文中の　　A　　～　　F　　に当てはまる最も適切な語句を答えよ。

〔2〕　下線部(a)に関して，世界の小麦生産の多くを占め，秋に種をまき夏に収穫する小麦は何と呼ばれるか，最も適切な名称を答えよ。

　　〔解答欄〕　　　＿＿＿小麦

〔3〕 下線部(b)に関して，スカンディナヴィア半島北部に居住している，トナカイの遊牧などをおこなってきた先住民族は何と呼ばれるか，最も適切な名称を答えよ。

〔4〕 下線部(c)に関して，次の(1)〜(3)の文で正しいものには〇印を，誤っているものには×印を記せ。

　(1) 湿度が高い四川盆地では，香辛料を多く用いる料理が発達した。

　(2) ベトナムでは，ベトナム戦争の結果，フランス文化の影響を強く受けた料理が生まれた。

　(3) メキシコでは，いも類を練って薄く伸ばして焼いたトルティーヤを食べる。

〔5〕 下線部(d)に関して，イスラームにおいて，食べることが許されている食品は何と呼ばれるか，最も適切な名称を答えよ。　　　　　〔解答欄〕＿＿＿食品

〔6〕 下線部(e)に関して，1967年に勃発した，多くの餓死者を生じさせたビアフラ紛争はどこの国の内戦か，最も適切な国名を答えよ。

〔7〕 下線部(f)に関して，ＧＡＴＴを発展させる形で発足した，自由貿易の促進に関わる国際機関は何と呼ばれるか，最も適切な略称をアルファベットで答えよ。

〔8〕 下線部(g)に関して，先進国の消費者が発展途上国の生産物を適正な価格で購入する取り組みは何と呼ばれるか，最も適切な名称をカタカナで答えよ。

2月3日実施分　　解答　地理

Ⅰ 解答 〔1〕縮尺：25000
理由：等高線が 10 m 間隔で引かれているから。
〔2〕史跡・名勝・天然記念物
〔3〕名称：工場　由来：工場の機械の歯車
〔4〕1（km）
〔5〕方位：南　理由：南の方が標高が低いから。
〔6〕段丘面（河岸段丘，段丘も可）
〔7〕急傾斜の段丘崖を緩やかに登れるように道路を設けたため。
〔8〕土地利用：茶畑・果樹園
要因：上位段丘面に位置し，水が得にくいから。
〔9〕―ⓔ　〔10〕(1)―×　(2)―○　(3)―×

◀解　説▶

≪静岡県浜松市天竜川下流付近の地形図読図≫
〔1〕地形図の南東部の標高点を読み取ると，崖の下と上でおよそ 50 m の標高差がある。その崖に見られる等高線の数は 5 本ほどなので，等高線は 10 m 間隔で引かれており，縮尺が 25000 分の 1 とわかる。また，25000 分の 1 の地形図にしか見られない 2.5 m ごとの補助曲線が描かれていることからも，縮尺の判断ができる。
〔4〕〔1〕より縮尺が 25000 分の 1 なので
　4〔cm〕×25000＝100000〔cm〕＝1〔km〕
と求められる。
〔5〕河川 X の北から順に 20 m，17.5 m，15 m の等高線が描かれており，南の方が標高が低く，河川 X は南へ向かって流れていると判断できる。
〔6〕地形図に描かれている範囲には河岸段丘が見られる。等高線の間隔が狭くなっているところが段丘崖で，地形図中を南北に走っている。「寺谷浄水場」や「磐田原工業団地」付近は段丘崖の東で等高線の間隔が広くなっていることから，平坦な段丘面上に立地しているとわかる。
〔7〕道路がカーブしているのは，いずれも急斜面の段丘崖で，カーブを

つくることで傾斜を緩やかにし，登りやすいようにしている。

〔8〕標高50m以上のところは，河岸段丘の上位段丘面で，河川から離れ，地下水位が低いことから水が得にくく，畑（地形図上では特に茶畑）や果樹園などに多く利用されている。一方，河川に近いところでは水が得やすいため，水田が多く見られる。

〔9〕Cは縦が4mm，横が3mmの長方形になっている。縦横それぞれの実際の長さは

縦：4〔mm〕×25000＝100000〔mm〕＝100〔m〕

横：3〔mm〕×25000＝75000〔mm〕＝75〔m〕

であり，求める水域の表面積は

100〔m〕×75〔m〕＝7500〔m²〕

となる。

〔10〕(1)誤文。「福祉センター」と「下水処理場」の間にあるのは町村界（ただし，2023年現在は市区町村界として，これまでの郡市界と同じ記号になっている）。(2)正文。(3)誤文。堤防として利用されている道路上に，「＋6.0」と描かれているが，これは堤防の高さが6.0mであることを示しており，堤防の「標高」は〔5〕で見たように，15m以上である。

Ⅱ 解答

〔1〕①チッタゴン 位置：5
②バンガロール〔ベンガルール〕 位置：7
③ラホール 位置：1 ④ムンバイ〔ボンベイ〕 位置：9
⑤コルカタ〔カルカッタ〕 位置：4 ⑥コロンボ 位置：8
〔2〕スリランカ：⑤ パキスタン：⑥ バングラデシュ：⑥
〔3〕インド：⑥ バングラデシュ：⑥
〔4〕(1)白い革命 (2)鶏肉：⑥ バター：⑥

◀解 説▶

≪南アジアの地誌≫

〔1〕①チッタゴンは，首都ダッカに次ぐバングラデシュ第2の人口の都市。ジュートは高温多湿なガンジス川下流域が主産地。②バンガロールは，デカン高原に位置し，ICT産業の中心地として「インドのシリコンバレー」とも呼ばれる。③ラホールは，カラチに次ぐパキスタン第2の人口の都市。パンジャブ州は北部の州。④ムンバイは，チェンナイ，コルカタと

ともにイギリス植民地時代の根拠地から発展した都市。工業の発達とともに，近年は映画産業も盛んで，ハリウッドとボンベイ（植民地時代からのムンバイの呼び名）をもじり「ボリウッド」と呼ばれることがある。⑤コルカタは，「ガンジス川流域」，「ウェストベンガル州の州都」，「米・ジュートなどの農産物の集散地」から判断できる。⑥コロンボは，「紅茶などの積み出し港」から判断できる。現在の首都はスリジャヤワルダナプラコッテであるが，1985 年まではコロンボに首都が置かれていた。現在もスリランカ最大の都市で経済的中心である。

〔2〕湿潤地域が多く，ガンジスデルタ地帯で低平地の広がるバングラデシュは，国土面積に占める農地の割合が高いことから，あと判断できる。また，イスラム教では女性の権利が一部制限されており，教育や経済状況などで男女差が大きいので，イスラム教徒の多いパキスタンやバングラデシュと比べて，仏教徒の多いスリランカでは女性の識字率が高いと判断できる。よって，うがスリランカ。

〔3〕機械類やダイヤモンドの輸出が多いうがインド。それ以外の国では，衣類や繊維品など軽工業製品の輸出が多い。その中で，茶の輸出が多いえがスリランカ，米の輸出が多いあがパキスタン，残るいがバングラデシュ。

〔4〕(2)　インド・パキスタン以外に，アメリカ合衆国やニュージーランド・ドイツなど酪農が盛んな国が入るいがバター。ブラジルの鶏肉の輸出は多く，日本も多く輸入している。ブラジルを含むあとうのうち，エクアドルが5位に入るあがバナナ，うが鶏肉。残るえがゴマ。

III **解答**　〔1〕A．キャッサバ〔マニオク〕　B．チャパティ
　　　　　　　C．干ばつ　D．モノカルチャー　E．商品
F．メジャー
〔2〕冬　〔3〕サーミ
〔4〕(1)―○　(2)―×　(3)―×
〔5〕ハラール　〔6〕ナイジェリア　〔7〕WTO
〔8〕フェアトレード

━━━━━━━━◀解　説▶━━━━━━━━

≪世界の食料≫
〔1〕A．キャッサバは中南米，ヤムイモは中国南部・東南アジアが原産。

アフリカの熱帯・亜熱帯地域では，キャッサバやヤムイモが主食となっているところが多い。B．チャパティは小麦から作った生地を発酵させずに焼いたもの，発酵させた後に焼いたものはナン。

〔2〕冬小麦は秋から初冬にかけて播種，初夏から夏にかけて収穫する。寒冷なために冬小麦が栽培できない地域では，春に播種，秋に収穫する春小麦が栽培される。

〔4〕(1)正文。(2)誤文。ベトナムは，1884 年からフランスの植民地であった影響からフランス文化の影響を受けている。インドシナ戦争（1946～54年）を経てフランスから独立し，ベトナム戦争（1965～73年）でアメリカの介入を阻止した。(3)誤文。トルティーヤの原料はとうもろこし。

〔5〕豚やアルコールなどイスラム教で禁止されている食品をハラーム，許されている食品をハラールと呼ぶ。

〔6〕1967 年，イボ人がナイジェリアから分離・独立してビアフラ共和国の樹立を宣言したことから，ビアフラ紛争が勃発した。背景に，ニジェールデルタにおける石油産出の利権をめぐる争いがある。

〔7〕WTO（世界貿易機関）。第二次世界大戦後の国際貿易の発展に大きな役割を果たした GATT（関税及び貿易に関する一般協定）の権限をより強化した形で，1995 年に発足した。

❖講　評

　Ⅰ．天竜川下流域に広がる河岸段丘が見られる範囲の地形図の読図で，等高線も読み取りやすく，実際の地形をイメージしやすい地域であった。旧式の地図記号の由来などあまり見かけない問題もあるが，地形の特徴がわかっていれば，特に解答に迷う問題もなかったであろう。

　Ⅱ．南アジアの地誌に関して，都市の位置・特徴と，輸出品目や識字率・農業に関する統計の2つの内容を中心に出題された。統計は頻出のものが多く，取り組みやすかったと思われるが，都市名と位置を解答する問いは，普段の学習であまり見ない都市もあり，大きく差がついたのではないかと思われる。

　Ⅲ．世界の食料に関するリード文から，農業・食生活だけでなく，貿易にいたるまで多方面にわたる問いが出題された。キャッサバの原産やインドの食生活など，盲点になりやすい知識が必要で判断に迷う問いがいくつか見られるが，基本的な知識で解答できる問いも多かった。

２月１日実施分　問題 政治・経済

（80分）

Ⅰ　次の文章を読んで，あとの問いに答えよ。

　　16世紀のヨーロッパでは，国王が強大な権力を行使する　A　王政があらわれた。こうした体制では，国王の権力は神に由来するとした　B　説が唱えられ，専制的な政治が行われた。

　　17世紀から18世紀にかけて，市民階級が勃興したことで，国王と市民のあいだに軋轢（あつれき）が生じ，そこから市民革命につながった。こうした革命を思想の面で支えたの①が社会契約説である。これは，社会や国家は自然状態における諸個人の契約によって成立するという考え方で，代表的な思想家としてはホッブズ，ロック，ルソーがおり，さらに　C　も社会契約説につらなる議論を展開している。ちなみに②③　C　は『永遠平和のために』（『永久平和論』）という著書でも知られる人物である。

　　近代民主国家のもとで人権をめぐる思想も発展していく。市民革命期には，主として人格的，経済的な自由を確保することが基本的人権と捉えられ，国家の役割は最小限の機能に限定されていた。社会主義者のラッサールはこうした国家のあり方を　D　国家と呼んで批判した。資本主義経済が発達するにつれ，貧困や失業が社会の問題として認識されるようになり，国家にはより積極的な役割が求められるようになる。

　　今日，日本を含む多くの先進諸国では所得の再分配，社会保障の充実などにより，④国民の労働権や生存権を保障することが期待されており，こうした国家のあり方は⑤福祉国家といわれる。

〔1〕　A　〜　D　にあてはまるもっとも適切な語句を記入せよ。なお，AとDは漢字2字，Bは漢字4字，Cは人名の姓をカタカナ3字で答えよ。

〔2〕　下線部①に関して，人間がつくった実定法に対して，人間や人間社会の本性

にねざし，あらゆる時代，社会を通じて普遍的に存在すると考えられる法のこ
とを ☐ という。空欄にあてはまるもっとも適切な語句を**漢字3字**で答え
よ。

〔3〕 下線部②に関して，次の問いに答えよ。

（a） ロックの社会契約説では人間の本性は ☐ イ であると考えられている。
また，自然状態は ☐ ロ であるとされ，そして生命・自由・ ☐ ハ は
自然権によって保護される。 ☐ イ ～ ☐ ハ にあてはまるもっとも適
切な語句を下から一つずつ選び，記号で答えよ。

　　　㋐ 自己保存　　　　㋑ 理想的状態　　　　㋒ 自己愛

　　　㋓ 戦争状態　　　　㋔ 自由・平等の状態　　㋕ 理性的存在

　　　㋖ 名誉　　　　　　㋗ 財産

（b） ロックは権力を立法権と執行権，そして ☐ に分けた権力分立論を
唱えた。空欄にあてはまるもっとも適切な語句を**漢字3字**で答えよ。

〔4〕 下線部③に関して，ルソーは公共の幸福を心がけるものを ☐ あ 意志と呼
び，他方で利己的な利益を求める特殊意志の総和を ☐ い 意志と呼んだ。
☐ あ と ☐ い にあてはまるもっとも適切な語句を，それぞれ**漢字2字**で
答えよ。

〔5〕 下線部④に関して，**日本の社会保障制度における社会保険に該当しないもの**
を下から一つ選び，記号で答えよ。

　　　　㋐ 年金保険　　　㋑ 雇用保険　　　㋒ 介護保険　　　㋓ 生命保険

〔6〕 下線部⑤に関して，日本国憲法の第 ☐ 条は「健康で文化的な最低限度
の生活」を保障している。空欄にあてはまるもっとも適切な語句を**算用数字**で
答えよ。

Ⅱ　次の文章を読んで，あとの問いに答えよ。

　　国民経済の規模は，フローとストックの両面からはかることができる。フローは一定期間の経済活動により生み出される経済量を表し，国内総生産（ＧＤＰ），国民総所得（ＧＮＩ）などの諸指標が用いられる。ストックは，ある時点において，これまでの経済活動によってどれだけの量の富がたくわえられているかを示す。ストックのうち国全体の　Ａ　と対外純資産の合計を国富というが，①　Ａ　はさらに，道路や上下水道など政府が整備し国民が共同で利用する社会資本と，民間企業が自己のために所有して利用する私的資本とに区別される。

　　ＧＤＰは，一年間に一国の「国内」で生み出された付加価値の合計額なのに対②し，ＧＮＩは，一年間に一国の「国民」が国内外で生み出した付加価値の総計であるという違いがある。

　　ＧＮＩから　Ｂ　を控除した額は国民純生産と呼ばれる。そこからさらに「　Ｃ　－　Ｄ　」の部分を差し引いた額が国民所得である。国民所得は，生産，分配，支出の３つの面からとらえることができ，これら３つの額は等しく，③生産国民所得＝分配国民所得＝支出国民所得となる。④

　　ところで，ＧＤＰの大きさは国民生活の豊かさをそのまま反映しているとは限ら⑤ない。そのため，国民の福祉を総合的に示す指標として国民純福祉（ＮＮＷ）などの指標が考案されている。また，ＧＤＰの増加を経済成長といい，その増加率を経済成長率という。経済成長が経済活動の中長期的な傾向を示すものであるのに対し⑥て，景気変動（景気循環）は，経済活動の周期的な動きを指し，　Ｅ　，後退⑦（急激な後退は　Ｆ　と呼ばれる），不況，回復の景気の４つの局面が一つの周期をなす。

〔１〕　　Ａ　～　Ｆ　にあてはまるもっとも適切な語句を記入せよ。なお，**Ａは漢字４字，Ｂは漢字６字，ＣとＤは漢字３字，ＥとＦは漢字２字**で答えよ。

〔２〕　下線部①に関して，**国富に算入されないもの**を下から一つ選び，記号で答えよ。

　　　　ⓐ　個人が国内に所有する預貯金

　　　　ⓘ　個人が外国に所有する別荘

　　　　ⓤ　企業が所有するコンピュータソフトウエア

    ⓔ　市町村が所有する牧場

〔3〕　下線部②に関して，GNIとGDPの関係は次のような式で表すことができ
　　る。空欄にあてはまる語句として，もっとも適切なものを下から一つ選び，記
　　号で答えよ。

$$GNI = GDP + \boxed{}$$

    ⓐ　国内純生産　 ⓘ　外国から送金される所得

    ⓤ　外国からの純所得　 ⓔ　国内所得

    ⓞ　外国へ送金される所得

〔4〕　下線部③に関して，2019年現在の日本の場合，生産国民所得に占める第一次
　　産業の割合は約　イ　％，第三次産業は約　ロ　％である。空欄にあては
　　まる値の組み合わせとして，もっとも適切なものを下から一つ選び，記号で答
　　えよ。

    ⓐ　イ：1　　ロ：60　 ⓘ　イ：1　　ロ：70

    ⓤ　イ：5　　ロ：60　 ⓔ　イ：5　　ロ：70

〔5〕　下線部④に関して，分配国民所得は雇用者報酬，財産所得，企業所得の3つ
　　の合計額である。2019年現在の日本で，これら3つを金額の大きい順に左から
　　並べたものとして，もっとも適切なものを下から一つ選び，記号で答えよ。

    ⓐ　企業所得　＞　財産所得　＞　雇用者報酬

    ⓘ　企業所得　＞　雇用者報酬　＞　財産所得

    ⓤ　雇用者報酬　＞　財産所得　＞　企業所得

    ⓔ　雇用者報酬　＞　企業所得　＞　財産所得

    ⓞ　財産所得　＞　雇用者報酬　＞　企業所得

    ⓚ　財産所得　＞　企業所得　＞　雇用者報酬

〔6〕　下線部⑤に関して，GDPに反映されるものとして，もっとも適切なものを
　　下から一つ選び，記号で答えよ。

    ⓐ　家計や企業が保有する通貨量

    ⓘ　環境破壊による損失

    ⓤ　株式の取引額

    ⓔ　家族による家事労働

　　　㋐　輸出される財・サービス

〔7〕　下線部⑥に関して，下の事例では，基準年に対するその翌年の実質経済成長率は約 [　　] ％である。空欄にあてはまる値を**算用数字**で答えよ。なお，**小数点以下第一位を四捨五入して整数**で答えよ。

> 基準年の名目ＧＤＰが500兆円で，その翌年の名目ＧＤＰが540兆円であった。基準年のＧＤＰデフレーターを100としたとき翌年のＧＤＰデフレーターは105であった。

〔8〕　下線部⑦に関して，物価下落と経済活動縮小にともなう景気の悪化が繰り返される悪循環を何というか。**カタカナ**で答えよ。

Ⅲ　次の文章を読んで，あとの問いに答えよ。

　　国連 [A] （ＵＮＤＰ）は貧困の撲滅に取り組んできた。1994年には「人間の安全保障」を提唱した。2000年には国連 [B] 開発目標（[C] s）を提起し，2015年までに１日１ドル未満で生活する人を半減させることをめざした。けれども，その目標は達成されなかった。世界の政府開発援助（[D]）予算を増額させることができなかったことが大きな要因とされている。日本は [D] として，世界有数の援助額を支出している。主に発展途上国のダムや港湾といった<u>基盤施設</u>の整備に貢献している。

　　2013年の時点では，地球上の８億人の人々が１日１ドル90セント未満の生活を余儀なくされていた。2015年，国連で持続可能な開発目標（[E] s）が採択された。この目標は [F] 年までに，持続可能でよりよい世界をつくることをめざしていて，[G] のゴールと169のターゲットを掲げている。その冒頭に掲げられているのが貧困と飢餓の解消である。

　　国連の活動や大国による経済援助が重要であることはいうまでもない。だが，貧困を撲滅するにはそれだけでは不十分である。人々の暮らしに根付いた内発的発展を促す努力が必要なのである。内発的発展とは，地域社会という小さなエリアで，住民同士の協力によって問題解決の道筋を切り開く創造力を意味する。ローカルな変革がグローバルな問題の解決につながることもある。<u>[イ] の [ロ] 銀行</u>が

展開する　ハ　クレジットはその典型的事例である。

　イ　の経済学者である　ニ　は1976年に　ロ　銀行を創設し，農村部の貧困層を対象に，低金利で無担保の融資を行った。これによって貧しい人々が個人事業に取り組み，収入を得て，貧困から脱出することが可能となった。
③

〔1〕　A　～　G　にあてはまる語句を記入せよ。なお，**Aは漢字4字，Bはカタカナ5字，C・D・Eは英語略称をアルファベットの大文字3字，Fは西暦を算用数字，Gは算用数字**で答えよ。

〔2〕　下線部①に関して，このような基盤施設の略称としてもっとも適切な語句を下から一つ選び，記号で答えよ。

　　　　あ　インフラ　　　　い　グラント　　　　う　ゼネコン　　　　え　ハイテク

〔3〕　イ　にあてはまる国名を下から一つ選び，記号で答えよ。

　　　　あ　インド　　　　　　　　　い　パキスタン

　　　　う　バングラデシュ　　　　え　スリランカ

〔4〕　ロ　と　ハ　にあてはまる語句を記入せよ。なお，**ロとハはカタカナ4字**で答えよ。

〔5〕　ニ　にあてはまる経済学者の名前を下から一つ選び，記号で答えよ。

　　　　あ　セン　　　　い　ネルー　　　　う　ブット　　　　え　ユヌス

〔6〕　下線部②に関して，　ロ　の日本語での意味としてもっとも適切なものを下から一つ選び，記号で答えよ。

　　　　あ　希望の　　　　い　女性の　　　　う　未来の　　　　え　村の

〔7〕　下線部③に関して，貧困の解決に顕著に貢献したとして，　ロ　銀行と　ニ　は2006年にノーベル　　　賞を受賞した。空欄にあてはまる語句を**漢字**で答えよ。

2月1日実施分　　解答　政治・経済

I **解答**〔1〕A．絶対　B．王権神授　C．カント　D．夜警
〔2〕自然法
〔3〕(a)イ─か　ロ─お　ハ─く　(b)同盟権（外交権も可）
〔4〕あ．一般　い．全体　〔5〕─え　〔6〕25

◀解　説▶

≪民主政治と人権保障の発展≫

〔1〕A．絶対・B．王権神授が正解。それぞれ文章に「16世紀…国王が強大な権力を行使する」，「国王の権力は神に由来する」とある。

C．カントは社会契約説ではなじみがないが，『永遠平和のために』という著書がヒントになる。

D．文中の「ラッサール」，「国家の役割は最小限の機能に限定」から正解を導ける。

〔2〕自然法が正解。時代・場所・社会にかかわらず効力を持つと考えられる法を自然法という。

〔3〕(a)　ホッブズが性悪説に立ち，人間の自然状態は「万人の万人に対する闘争」としたのに対し，ロックは性善説に立ち，自然状態は人間の理性に基づき自由・平等・平和に暮らしている状態であり，自然権の一部を代表者に委託して国家を形成すればよいと考えた。ハは自然権に含まれる内容を考えればよい。

(b)　同盟権（外交権）が正解。ロックは権力を議会が持つ立法権と国王が持つ執行権・同盟権（外交権）に分け，議会が優位に立つべきと主張した。

〔4〕あ．一般　い．全体が正解。ルソーは社会の構成員が社会全体のためを考えて政治参加する意思を「一般意志」とよび，これに基づく直接民主制を主張した。これに対し，特定の利益を追求する意思を「特殊意志」，特殊意志が広い支持を得て広がったものを「全体意志」とよび，区別した。

〔5〕えが正解。社会保険とは，国の社会保障の一環として広く保険料を集め，必要な人に支給する制度で，具体的には医療保険，年金保険，介護保険，雇用保険，労災保険がある。

Ⅱ 解答 〔1〕A．実物資産　B．固定資本減耗　C．間接税
　　　　　　D．補助金　E．好況　F．恐慌

〔2〕—ⓐ　〔3〕—ⓤ　〔4〕—ⓘ　〔5〕—ⓔ　〔6〕—ⓞ

〔7〕3　〔8〕デフレスパイラル

◀解　説▶

≪国民所得と経済成長≫

〔1〕国富とは，非金融資産であるA「実物資産」と，日本政府や企業・個人が海外に持つ資産から負債を引いた「対外純資産」からなる。国民総所得（GNI）は国民総生産（GNP）ともいい，これからB「固定資本減耗」を引いたものが国民純生産（NNP），さらに，C「間接税」を引き，D「補助金」を加えたものが，狭義の「国民所得」（NI）となる。

〔2〕ⓐ「個人が国内に所有する預貯金」が誤り。国富では，国内の金融資産は相殺される（例えば個人の貯金は銀行の負債とも計上され，差し引き0となる）ので算入されない。

〔3〕ⓤ「外国からの純所得」が正解。GNI（国民総所得）には日本企業・個人の海外からの所得も含まれるが，GDP（国内総生産）には含まれない。逆にGDPには海外企業の日本国内での生産も含まれるが，GNIには含まれない。よって，これらの差し引きである「外国からの純所得」をGDPに加えればGNIと等しくなる。

〔4〕ⓘが正解。第一次産業の割合がほぼ1％（2019年1.0％），第三次産業の割合が70％を超えている状態（2019年73.1％）は近年変化していない。

〔5〕ⓔが正解。雇用者報酬が約70％（2019年71.6％），企業所得が20％台（2019年22.0％）の割合は近年変化してない。

〔6〕ⓞ「輸出される財・サービス」が正解。輸出されるものであっても，国内で生産されたものはGDPに計上される。GDPにはⓘ「環境破壊による損失」，ⓔ「家族による家事労働」やボランティア活動のような，貨幣に換算されないものは反映されない。

〔7〕基準年の翌年の実質GDPは「名目GDP÷GDPデフレーター」で求められる。ゆえに

　　540÷1.05＝514.2…

が翌年の実質GDP。実質経済成長率は「（翌年の実質GDP－基準年の実

質 GDP）÷基準年の実質 GDP×100」で求められるので

$(514-500) \div 500 \times 100 = 2.8$

となり，小数点以下第1位を四捨五入して実質経済成長率は3％となる。

〔8〕デフレスパイラルが正解。設問に「物価下落」（デフレーション）による「景気の悪化が繰り返される悪循環」とあり，「スパイラル」は「らせん」という意味である。

Ⅲ　**解答**　〔1〕A．開発計画　B．ミレニアム　C．MDG
　　　　　　　　D．ODA　E．SDG　F．2030　G．17

〔2〕—ⓐ　〔3〕—ⓒ　〔4〕ロ．グラミン　ハ．マイクロ
〔5〕—ⓔ　〔6〕—ⓔ　〔7〕平和

◀解　説▶

≪経済協力と人間開発の課題≫

〔1〕A．UNDP の UN は「United Nations」（国連），DP は「Development Programme」。

B・C・E．「国連ミレニアム開発目標（MDGs）」は SDGs の前身となる 2001 年から 2015 年までの行動目標であり，8つのゴール（目標）と 21 のターゲットが定められた。しかし，目標の 2015 年に達成できなかったことも多く，2015 年から 2030 年までの行動目標である「持続可能な開発目標（SDGs）」が設定された。

〔2〕ⓐ「インフラ」が正解。経済活動や社会活動の基盤となる構造物を意味するインフラストラクチャー（infrastructure）の略称。

〔3〕〜〔5〕マイクロクレジットとは，一般銀行から融資を受けられない貧困層を対象とした少額融資制度で，バングラデシュの経済学者ムハンマド=ユヌスにより始められた。

〔6〕ⓔ「村の」が正解。グラミンは村を意味するグラムが語源である。

❖講　評

　Ⅰ．民主政治と人権保障の発展について問う問題である。〔1〕は基本的知識を問う問題で字数をヒントに解答できる。〔3〕のロックの社会契約説の空所補充は受験生にとってはやや難しかっただろう。ホッブズとの違いを比較して整理する必要がある。

　Ⅱ．国民所得と経済成長について問う問題である。〔1〕Aの国富は実物資産と対外純資産で構成されること，〔2〕の預貯金など国内の金融資産は国富に含まれないことなど，国富について詳しい知識が求められている。また，〔4〕の生産国民所得の内訳，〔5〕の分配国民所得の内訳は，資料集等の図表を確認していないと難しい。これら以外は基本的知識で解答できる。

　Ⅲ．経済協力と人間開発の課題について問う問題である。〔1〕の空所補充は前後の文章や字数をヒントに基本的知識で解答できる。〔3〕～〔7〕は，マイクロクレジット，グラミン銀行の名称だけでなく，創設した経済学者，グラミン銀行がある国，受賞した賞など，より深い知識も問われる問題であった。

2月3日実施分　　問題 政治・経済

（80 分）

Ⅰ　次の文章を読んで，あとの問いに答えよ。

　一般に，民主政治の方法としては，直接民主制と間接民主制とがあり，近代民主①
政治では議会制民主主義という間接民主制をとったことが特徴的である。だが，誰②
もが最初から選挙権をもっていたわけではない。19世紀までは財産と教養のある男
性の名望家だけが選挙権・被選挙権を認められる　 A 　制が一般的であった。し
かし，イギリスの　 B 　運動のように，成人男子普通選挙権を求める運動を経て，
参政権は徐々に拡大することになった。その後，女性の参政権を求める運動もしだ
いに高まりをみせた。

　こうして20世紀には，エリートや特権階級ではなく一般の人々を主役とする大衆
民主主義が広まった。しかし，ドイツにおけるヒトラーや，イタリアにおける③
　 C 　のように，強力な指導者による独裁政治が台頭し，大衆民主主義の脆弱さ④
が露呈した。こうした政治体制のもとでは，国民の権利や自由は著しく制約された。

　第二次世界大戦後の民主主義では，ファシズムへの反省から，複数の政党が人々
の多様な利害や意見などを反映させながら競争する複数政党制が重視されるように
なった。こうした競争は通常，選挙を通じて行われる。

　日本の場合，衆議院議員選挙では長らく一つの選挙区から 3 〜 5 名ほどの議員を
選出する中選挙区制がとられていた。この制度のもとでは政党内の派閥の対立を一
因とする政治腐敗が生じやすい，などの問題が指摘されていた。そこで，1994年の
公職選挙法の改正によって導入されたのが小選挙区比例代表並立制である。これは⑤
小選挙区制と比例代表制の組み合わせであり，小選挙区と比例代表の両方に立候補
する　 D 　も認められている。

　しかし，日本の選挙制度にはさまざまな問題が指摘されている。たとえば，選挙⑥
区の有権者数と議員定数の関係から「　 E 　の格差」という問題が生じている。
また選挙活動に関しては，1994年の公職選挙法の改正により，選挙運動の中核的人
物が買収など悪質な選挙違反のために刑に処せられた場合，候補者の当選を無効と

する制度である　F　の強化がはかられた。さらに，政治的無関心による投票率
の低下傾向も深刻であり，有権者の政党離れも進んでいる。これらはいずれも，民
意を政治に反映し，民主主義を維持しながらこれを活性化するために，引き続き私
たちが取り組んでいかねばならない課題である。

〔1〕　A　～　F　にあてはまるもっとも適切な語句を記入せよ。なお，**A**
は漢字4字，Bはカタカナ，Cは人名の姓をカタカナ6字，Dは漢字5字，E
は漢字2字，Fは漢字3字で答えよ。

〔2〕　下線部①に関して，思想家のトックビルやミルは，民主政治において多数派
　　が少数派の権利を不当に侵害する　　　　を危惧した。空欄にあてはまるもっ
　　とも適切な語句を**6字**で答えよ。

〔3〕　下線部②に関して，日本の議会制民主主義の原理として**適切でないもの**を一
　　つ選び，記号で答えよ。

　　　　あ　国民代表の原理　　　　　　　　い　審議の原理

　　　　う　多数決の原理　　　　　　　　　え　民主集中の原理

　　　　お　監督の原理

〔4〕　下線部③に関して，ナチズムがユダヤ人などに行った組織的な大量虐殺で，
　　「ジェノサイド」という言葉が作られるきっかけとなった出来事を　　　　と
　　いう。空欄にあてはまるもっとも適切な語句を**カタカナ6字**で答えよ。

〔5〕　下線部④に関して，人々を特定のイデオロギーや行動に誘導する目的で行わ
　　れる宣伝行為を　　　　という。空欄にあてはまるもっとも適切な語句を**カタ**
　　カナ6字で答えよ。

〔6〕　下線部⑤に関して，政治とカネの問題をめぐってはさまざまな改革が行われ
　　てきた。そのうち，国が政党の活動資金の一部を交付するために制定された法
　　律を　　　　という。空欄にあてはまるもっとも適切な語句を**漢字5字**で答え
　　よ。

〔7〕　下線部⑥に関して，外国にいながら投票できる権利を保障しているのは
　　　　　　制度である。空欄にあてはまるもっとも適切な語句を**漢字4字**で答え
　　よ。

〔8〕　下線部⑦に関して，アメリカの社会学者の　　　　は，政治的無関心を「伝

統型無関心」と「現代型無関心」とに分類した。空欄にあてはまるこの社会学

者の**姓をカタカナ5字**で答えよ。

〔9〕　下線部⑧に関して，有権者の政党離れから支持政党を持たない　⬚　層が

増加している。空欄にあてはまるもっとも適切な語句を**漢字3字**で答えよ。

Ⅱ　次の文章を読んで，あとの問いに答えよ。

　　1948年に発効したＧＡＴＴ（関税及び貿易に関する一般協定）は，世界貿易の拡
　　　　　　　　　　　①

大を目的に，貿易に関するルール作りや紛争処理，貿易自由化の促進などさまざま

な役割を果たした。加盟国はＧＡＴＴの主催するラウンドを協議の場としてさまざ

まな取り決めを行った。その代表的なものに，1964～67年の　イ　ラウンド，

1973～79年の　ロ　ラウンド，1986～94年の　ハ　ラウンドがある。

　　イ　ラウンドや　ロ　ラウンドでは関税率の大幅な引き下げが合意された

ほか，　ロ　ラウンドでは非関税障壁の撤廃についても取り上げられた。

　ハ　ラウンドでは，貿易や国際投資の多様化に対応して，より幅広い協議が実
②

施されたほか，急激な自由化に対応するための緊急輸入制限，すなわち　Ａ　に

ついても協議された。

　　このように対象とする分野が広がるにつれ，ＧＡＴＴに代わる仕組みが求められ

るようになり，　Ｂ　年1月，　Ｃ　（世界貿易機関）が設置された。

　Ｃ　では，貿易のルール維持のため，ＧＡＴＴよりも強力な制度が導入された。

2001年からは　Ｃ　のもと，約160か国・地域が参加して　Ｄ　ラウンド

（　Ｄ　開発アジェンダ）が開始されたものの，先進国と発展途上国間の意見が

激しく対立し，包括的な合意の達成には至らなかった。

　　さて，ＧＡＴＴや　Ｃ　の活動の一方で，個別国家間や地域的な枠組みによる

貿易協定・経済統合の試みも行われてきた。先駆的なものとして1967年に成立した

ＥＣ（　Ｅ　）があげられる。ＥＣは地域内の経済交流の活発化に大きな成果を
　　　　　　　　　　　　　③

あげ，1992年に締結されたマーストリヒト条約にもとづいて，ＥＵ（　Ｆ　）と

なった。東南アジアでも，ＥＣと同じ1967年に設立されたＡＳＥＡＮ（東南アジア
　　　　　　　　　　　　　　　　　　　　④

諸国連合）が，地域協力機構として大きな役割を果たしてきた。

　　こうした試みは，もともとＧＡＴＴや　Ｃ　を補完する性格が強かったが，そ

うした国際機関の加盟国が増えすぎて合意が困難な状況に陥る中で，個別的・地域的な取組みが優先されるようになった。　C　を重視する立場をとってきた日本政府も，2002年に初めてのEPA（経済連携協定）を締結し，その後も多くの国・地域とEPAやFTA（　G　）を結んだり，交渉に入ったりしている。

〔1〕　A　～　G　にあてはまるもっとも適切な語句を記入せよ。なお，**A はカタカナ6字，Bは西暦を算用数字，Cは英語略称をアルファベット（大文字），Dはカタカナ3字，Eは日本語名称を漢字5字，Fは日本語名称を漢字 4字，Gは漢字6字で答えよ。**

〔2〕　下線部①に関する説明として，**適切でないもの**を下から一つ選び，記号で答えよ。

　　　あ　世界恐慌に伴い，主要国が採用したブロック経済政策への反省を踏まえて設立された。

　　　い　非関税障壁の廃止や関税率の削減によって自由貿易の推進をはかった。

　　　う　特定の国を優遇または差別しない無差別最恵国待遇の原則を追求した。

　　　え　多国間で交渉を進める多角主義の原則を追求した。

　　　お　国際収支の悪化を理由とした輸入数量制限はいかなる国にも認めなかった。

〔3〕　本文中の　イ　～　ハ　の組み合わせとして，適切なものを下から一つ選び，記号で答えよ。

　　　あ　イ：東京　　　　　ロ：ケネディ　　　ハ：ウルグアイ

　　　い　イ：ケネディ　　　ロ：東京　　　　　ハ：ウルグアイ

　　　う　イ：ケネディ　　　ロ：ウルグアイ　　ハ：東京

　　　え　イ：ウルグアイ　　ロ：ケネディ　　　ハ：東京

　　　お　イ：ウルグアイ　　ロ：東京　　　　　ハ：ケネディ

〔4〕　下線部②に関する説明として，**適切でないもの**を下から一つ選び，記号で答えよ。

　　　あ　社会主義国である中国も交渉に参加した。

　　　い　著作権や工業所有権などの知的財産権に関する交渉も行われた。

　　　う　それまでのラウンドでもっとも多い国・地域が交渉に参加した。

　　　え　日本はコメの輸入自由化に反対し，合意に至らなかった。

〔5〕　下線部③に関して，EU発足以前のECの取組みの説明として，**適切でない**
ものを下から一つ選び，記号で答えよ。

　　　あ　加盟国相互間の貿易について関税を撤廃し，域外からの輸入に共通関
　　　　　税を設ける関税同盟を構築した。

　　　い　域内農業の保護についての共通農業政策を実施した。

　　　う　域内12か国が共通通貨ユーロを導入した。

　　　え　1987年に発効した単一欧州議定書で，1992年末までの域内市場統合を
　　　　　うたった。

〔6〕　下線部④に関して，次の問いに答えよ。

　（a）　ASEANの**設立当時の加盟国ではない国**を下から一つ選び，記号で
　　　　答えよ。

　　　あ　インドネシア　　　　い　マレーシア　　　　う　フィリピン

　　　え　シンガポール　　　　お　ブルネイ

　（b）　ASEANについての説明として，**適切でないもの**を下から一つ選び，
　　　　記号で答えよ。

　　　あ　ASEAN自由貿易地域をもとに，2015年にASEAN経済共同体が
　　　　　発足した。

　　　い　2008年に発効したASEAN憲章により，機構強化を図った。

　　　う　アジア太平洋地域の安全保障環境の向上を目的に，1994年からASE
　　　　　AN地域フォーラムが開催されている。

　　　え　1999年までに加盟国は10か国に拡大したが，ベトナムなどの社会主義
　　　　　国は参加していない。

〔7〕　下線部⑤に関して，2002年に日本とEPAを締結した国を下から一つ選び，
　　　記号で答えよ。

　　　あ　シンガポール　　　　い　中国　　　　　　　う　アメリカ合衆国

　　　え　イギリス　　　　　　お　韓国

Ⅲ　次の文章を読んで，あとの問いに答えよ。

　　日本の社会保障制度は，　A　年にイギリスで発表されたベバリッジ報告を基礎として，第二次世界大戦後に日本国憲法にもとづいて制度化された。ベバリッジ報告は，「ゆりかごから墓場まで」をスローガンとして，ナショナル・ミニマムの保障，給付と拠出の均一主義，全国民を対象とする包括給付を 3 原則としている。

　　日本の社会保障制度は，社会保険，<u>①</u>　B　（生活保護），社会福祉，<u>②</u>　C　（保健医療）の 4 つの柱から構成されている。このうち社会保険は，疾病，老齢，　イ　，労働災害などの「事故」の危険性（リスク）に備えて，保険の加入者に対して現金やサービスを給付することで生活保障を行い，貧困を予防しようとするものである。社会保険は保険事故の種類に応じて，　D　，公的年金（年金保険），<u>③</u>雇用保険，　E　，介護保険の 5 つがある。<u>④</u>このうち　D　には，被用者を対象とする健康保険と各種の　F　組合と船員保険だけでなく，農業，自営業などの従事者を対象とする国民健康保険，さらに後期高齢者医療制度がある。公的年金（年金保険）には，全国民共通の基礎年金（国民年金）と，会社員や公務員が加入する報酬比例部分（　G　）がある。

〔1〕　A　～　G　にあてはまるもっとも適切な語句を記入せよ。なお，**A は西暦を算用数字，B・C・D・E・G は漢字 4 字，F は漢字 2 字で答えよ。**

〔2〕　イ　にあてはまるもっとも適切な語句を下から一つ選び，記号で答えよ。

　　　　㋐　失業　　　㋑　降格　　　㋒　減給　　　㋓　昇進　　　㋔　転勤

〔3〕　下線部①に関して，ビスマルクは，社会保険立法（　X　）と社会主義者鎮圧法（　Y　）を使い分けたことから，　X　と　Y　の政策と呼ばれた。　X　と　Y　にあてはまるもっとも適切な語句を記入せよ。なお，**X と Y はカタカナ 2 字で答えよ。**

〔4〕　下線部②に関して，2010 年より子ども手当が導入されたが，財源不足のため2012 年度から　　　　に変更された。空欄にあてはまる語句を**漢字 4 字**で答えよ。

〔5〕　下線部③に関して，日本では，1961 年に満 20 歳以上のすべての国民が公的年金制度に加入する　　　　が実現した。空欄にあてはまる語句を**漢字 5 字**で答えよ。

〔6〕　下線部④について，次の問いに答えよ。

（ a ）　家族が一時的に介護をすることができない事情があったり，家族の介護負担を軽減したりするために，要介護者が施設に短期間入所して，日常生活全般の介護などを受けることができるサービスのことを何というか。**カタカナ7字**で答えよ。

（ b ）　　　　　　ホームは，在宅介護が難しく常時介護が必要な要介護3以上で，満65歳以上の高齢者を受け入れている施設である。空欄にあてはまる語句を**漢字6字**で答えよ。

解答 政治·経済

I **解答**　〔1〕A．制限選挙　B．チャーチスト
　　　　　　C．ムッソリーニ　D．重複立候補　E．一票
F．連座制
〔2〕多数者の専制　〔3〕—ⓔ　〔4〕ホロコースト　〔5〕プロパガンダ
〔6〕政党助成法　〔7〕在外選挙　〔8〕リースマン　〔9〕無党派

◀解　説▶

≪選挙制度の歴史と課題≫

〔1〕B．チャーチスト運動は労働者階級が財産等による制限のない普通選挙制度を求めた運動である。

D．現在の衆議院の選挙制度は「小選挙区比例代表並立制」であり，小選挙区と比例代表の双方に同一人物が立候補する「重複立候補」が認められている。参議院も選挙区選挙と比例代表選挙の組み合わせであるが，重複立候補は認められていない。

F．連座制とは，候補者と一定の関係のある人物が悪質な選挙違反を犯した場合，候補者本人が関わっていなくても，候補者本人の当選を無効とする制度である。

〔2〕多数者の専制が正解。民主主義においては多数決による政治的意思決定が行われ，少数者の課題は目をつぶられる傾向にあることを言う。

〔3〕ⓔが誤り。民主集中制とは社会主義国家などで形式上国民の代表機関に権限を集中させる政治制度であり，議会制民主主義の原理とは言えない。

〔4〕ホロコーストとは第二次世界大戦中のドイツのナチス政権とその協力者によるユダヤ人らに対する組織的な大量虐殺を言う。ジェノサイドとは，「国民的，民族的，人種的または宗教的な集団の全部または一部を集団それ自体として破壊する意図をもって行われる」殺害などの行為を指し，これを禁止するジェノサイド条約が 1948 年に国連で採択された。

〔7〕在外選挙が正解。総務省はホームページに「仕事や留学などで海外に住んでいる人が，外国にいながら国政選挙に投票できる制度を『在外選

挙制度』といい，これによる投票を『在外投票』といいます。」と紹介している。

〔8〕リースマンは政治的無関心を，政治は偉い人たちに任せておけばいいと考え国民が政治に関心を向けない伝統型無関心と，政治に対する無力感や不信感から政治に関心を向けない現代型無関心に分類した。

II 　解答

〔1〕A．セーフガード　B．1995　C．WTO
　　　D．ドーハ　E．欧州共同体　F．欧州連合
G．自由貿易協定

〔2〕—㊉　〔3〕—㋑　〔4〕—㋺　〔5〕—㋒

〔6〕(a)—㊉　(b)—㋺　〔7〕—㋐

◀解　説▶

≪国際貿易体制≫

〔1〕B〜D・G．WTO（世界貿易機関）は，それまでの GATT を発展させる形で 1995 年に設置された自由貿易推進を目指す国際機関である。GATT・WTO では自由貿易の障壁を取り除くための多角的貿易交渉が継続して行われ，2001 年からドーハラウンドが行われた。また，日本は多角的貿易交渉と並行して二国間で自由貿易推進を行う協定も進めており，FTA（自由貿易協定）や，貿易だけでなく人の交流なども含む EPA（経済連携協定）を多くの国と結んでいる。

〔2〕㊉が誤り。GATT は原則として輸出入数量制限を行うことを禁止していた（11 条）が，途上国などで国際収支が悪化している場合には，最小限の輸入制限を認めていた（12 条）。日本は 1962 年に 12 条の適用対象から外されて 11 条国に移行し，先進国として認められた。

〔4〕㋺が誤り。ウルグアイラウンドで日本はコメの輸入義務の受け入れを約束し，1995 年から国内消費量の 4 〜8 ％を最低輸入量（ミニマム・アクセス）としてコメの輸入を開始した。1999 年以降はコメの輸入が関税化され，関税を払えば輸入が自由となった。

〔5〕㋒が誤り。共通通貨ユーロ導入は，EU 成立後の 1999 年である。

〔6〕ASEAN は 1967 年タイ，インドネシア，シンガポール，フィリピン，マレーシアの 5 カ国で始まり，1984 年にブルネイが加盟した。現在はベトナムも含む 10 カ国が加盟している。

〔7〕⑧のシンガポールが正解。日本の EPA 締結は 2002 年のシンガポールが最初である。イギリスとは 2020 年に締結し, 中国・韓国とは FTA の交渉中であるが, アメリカも含め 2023 年 3 月時点では EPA は結ばれていない。

Ⅲ 解答

〔1〕A. 1942　B. 公的扶助　C. 公衆衛生　D. 医療保険　E. 労災保険　F. 共済　G. 厚生年金
〔2〕―⑧　〔3〕X. アメ　Y. ムチ　〔4〕児童手当　〔5〕国民皆年金
〔6〕(a)ショートステイ　(b)特別養護老人

◀解　説▶

≪日本の社会保障制度≫

〔1〕B・C. 日本の社会保障制度は事前に保険料を納め必要なときに支給される「社会保険」, 貧困など最低限の生活を保障するために支給される「公的扶助」, 高齢者や障がいのある人などにサービスを提供する「社会福祉」, 国民の健康維持などのための「公衆衛生」の 4 分野からなる。
D・E. 社会保険制度は, 病気に備える「医療保険」, 高齢で働けなくなったときに備える「年金保険」, 失業に備える「雇用保険」, 仕事中のけがに備える「労災保険」, 介護が必要になったときに備える「介護保険」がある。
F. 医療保険には民間企業に勤める人が加入する「健康保険」, 自営業者などが加入する「国民健康保険」, 公務員などが加入する「共済組合」がある。民間企業の「健康保険」はさらに, 大企業が運営する健康保険組合が管掌する「組合管掌健康保険」, それ以外の「全国健康保険協会管掌健康保険」, 「船員保険」に分けられる。
G. 年金保険は国民全員が加入する国民年金（基礎年金）と, 民間企業に勤める人や公務員が基礎年金に加えて加入する「厚生年金」の 2 階建ての仕組みとなっている。
〔2〕リード文 10 行目に「雇用保険」とあるので, ⑧「失業」と判断できる。
〔3〕1880 年代, ドイツの首相ビスマルクは, 高まりつつあった社会主義運動を抑えるため, 社会主義者鎮圧法とともに, 背景にあった労働者の貧困対策を行う社会保険立法を同時に実施し, アメとムチの政策と言われた。

〔4〕児童手当は 1972 年に始まって以降対象年齢と金額が引き上げられ，「子ども手当」導入直前は「小学校修了前」が対象となっていた。2010 年に「児童手当」に代わって導入された「子ども手当」で所得制限は廃止されたが，2012 年に「児童手当」に戻されると所得制限が復活し，小学校修了までとそれ以降では支給金額に差がつけられた。

〔6〕(a)ショートステイが正解。介護サービスにはホームヘルパーが訪問する「訪問介護」，日帰りで通所してサービスを受ける「デイサービス」，日帰りで通所してリハビリを受ける「デイケア」，短期間入所する「ショートステイ」などがある。

(b)特別養護老人が正解。「特別養護老人ホーム」とは，常時介護が必要な人が入所する施設のことである。

❖講　評

　Ⅰ．選挙制度の歴史と課題について問う問題である。〔1〕は基本的知識を問う問題で前後の文章や文字数をヒントに解答できる。〔2〕の「多数者の専制」は受験生にとってはやや難しかったのではないか。〔4〕のホロコーストは世界史の知識として知っていてもジェノサイド条約との関係について気づくのはやや難しい。〔7〕の在外選挙も「在外投票」ができるという知識は知っていても「在外選挙制度」という正確な制度名を答えるのは難しかっただろう。

　Ⅱ．国際貿易体制について問う問題である。〔1〕は基本的知識を問う問題で前後の文章や文字数をヒントに解答できる。〔2〕・〔4〕は日本経済の歴史・農業問題のところで習った知識を思い出せば正解を導ける。〔6〕(a)の ASEAN の原加盟国を答える問題は受験生にとってはやや難しい。〔7〕の最初の EPA 締結国は基本的知識である。

　Ⅲ．日本の社会保障制度について問う問題である。〔1〕は，D 以降の社会保険の名称や，F の健康保険の詳細などは大人にとってはなじみがあるが受験生にとってはやや難しいのではないか。〔4〕の児童手当を知っていても，児童手当→子ども手当→児童手当という名称の変遷は知らず，解答に迷う受験生もいただろう。

2 月 1 日実施分　　問題 数学

（80 分）

次の I，II，III の設問について解答せよ。ただし，I，II については問題文中の

　　　　にあてはまる適当なものを，解答用紙の所定の欄に記入せよ。なお，解答が

分数になる場合は，すべて既約分数で答えること。

I

〔1〕　A，B の 2 人がもつ箱には，次のような点数が書かれた 4 枚のカードが入っ
ている。

　　　　　A の箱：0 点，1 点，2 点，3 点のカードが各 1 枚

　　　　　B の箱：1 点，2 点のカードが各 2 枚

　A，B は自分の箱から 1 枚のカードを取り出し元に戻す。この試行を 2 回繰
り返し，A，B それぞれが取り出したカードの合計点を考える。

　A の合計点が 3 点となる確率は　　ア　　であり，B の合計点が 3 点となる確
率は　　イ　　である。A，B の合計点が等しくなる確率は　　ウ　　である。A，
B の合計点が等しいとき，A が 2 点のカードを取り出していた確率は　　エ　　
である。

〔2〕　等差数列 $\{a_n\}$ がある。$a_5 = \dfrac{11}{4}$，$a_{12} = \dfrac{25}{4}$ であるとき，一般項は

$a_n = $　　オ　　である。また，$\{a_n\}$ の初項から第 n 項までの和 S_n は，

$S_n = $　　カ　　である。

　このとき，数列 $\{b_n\}$ を $b_n = \dfrac{1}{S_n}$ と定義すると，$\{b_n\}$ の初項から第 n 項ま

での和 T_n は，$T_n = \dfrac{\boxed{\text{キ}}}{\boxed{\text{ク}}}$ となる。ただし，$\dfrac{\boxed{\text{キ}}}{\boxed{\text{ク}}}$ は既約分数式とする。

　次に，数列 $\{c_n\}$ を $c_n = \left(\sin \dfrac{n-1}{2} \pi \right) \times a_n$ と定義すると，

$c_{17} = \boxed{\text{ケ}}$, $c_{20} = \boxed{\text{コ}}$ となる。また、$\{c_n\}$ の初項から第 $4n$ 項までの和 U_{4n} は、$U_{4n} = \boxed{\text{サ}}$ となる。

〔3〕 放物線 $C : y = 2x^2 - 1$ 上の点 $\mathrm{P}\,(t,\ 2t^2 - 1)$ を通り、P における C の接線を l、P を通り l と垂直な直線を m とする。ただし、$t > 0$ とする。

l および m のそれぞれを t を用いた式で表すと、

l は $y = \boxed{\text{シ}}\ x - \left(\boxed{\text{ス}} \right)$、$m$ は $y = \boxed{\text{セ}}\ x + \boxed{\text{ソ}}$ となる。

また、m と C で囲まれた部分の面積を S とするとき、S を t を用いて表すと、

$S = \dfrac{1}{3} \left(\boxed{\text{タ}} \right)^3$ となる。これより、S の最小値は $\boxed{\text{チ}}$ となり、そのときの t の値は $\boxed{\text{ツ}}$ となる。

Ⅱ

〔1〕 ガソリン車と電気自動車の車体価格とガソリン消費率（燃費）・電力量消費率（電費）、およびガソリン代・電気代が表1のように与えられている。

表 1

	車体価格	燃費・電費	ガソリン代・電気代
ガソリン車	2,500,000 円	25 km/l	150 円/l
電気自動車	4,000,000 円	10 km/kWh	20 円/kWh

（1） ガソリン車が 1 km 走行するのにかかるガソリン代は $\boxed{\text{ア}}$ 円、電気自動車が 1 km 走行するのにかかる電気代は $\boxed{\text{イ}}$ 円である。ただし、ここでは車体購入費は除く。

（2） 車にかかる総費用を、車体購入費と走行距離に応じたガソリン代または電気代の合計とする。走行距離が同じとき、電気自動車の総費用がガソリン車の総費用よりも低くなるのは、車体購入後の走行距離が $\boxed{\text{ウ}}$ km を超えたときである。

（3）　政府が電気自動車の購入に対して補助金を出す場合を考える。車体購入
　　　後の走行距離が 50,000 km に達したときに電気自動車とガソリン車の総
　　　費用が等しくなるようにするには，1台当たりの補助金額を $\boxed{エ}$ 円に
　　　設定する必要がある。

〔2〕　累積生産台数 x が倍増するごとに車体価格は常に一定の比率（定数）で変化
　　する。その一定の比率を習熟率と呼び，p で表す。x は1から2，4，8，…
　　に倍増した台数とし，そのときの車体価格を $y(x)$ と表す。台数 x が $2x$ に倍
　　増したとき，$y(2x)$ は p を用いて $y(2x) = py(x)$ となる。以下，$p = 0.96$
　　として考える。

　　$x = 1$ であるときの車体価格を c 円とする。例えば，x が1から8に増加した
　　ときの車体価格の変化は表2のようになる。

表2

累積生産台数（x）	1台	2台	4台	8台
1台当りの車体価格（円）	c	$c \times 0.96$	$c \times 0.96^2$	$c \times 0.96^3$

（1）　1から倍増する x は，2^0，2^1，2^2，2^3，2^4，…のように2の累乗で表すこと
　　ができる。$x\,(x \geqq 2)$ になるまでに倍増してきた回数を a とすると，a は x を
　　用いて $a = \log_2 \boxed{オ}$ と表される。

（2）　累積生産台数 x における車体価格 $y(x)$ は，累積生産台数が1のときの車体
　　価格 c，習熟率 p，累積生産台数 x になるまでに1から倍増してきた回数 a を
　　用いて，次の式で表される。

$$y(x) = cp^a = c \times 0.96^a$$

　　電気自動車の累積生産台数 x が1024のときの車体価格を 4,000,000 円とする
　　と，累積生産台数が1のときの車体価格 c は次のように表される。ただし，こ
　　こでは電気自動車の購入に対する補助金は想定しない。

$$c = 4000000 \times 0.96^{\boxed{カ}}$$

電気自動車の車体価格が初めて 2,500,000 円以下となるのは，$a = \boxed{\text{キ}}$ の ときである（ただし，a は整数とする）。また，a が $\boxed{\text{キ}}$ のときの電気自 動車の累積生産台数を k とすると，k は $\boxed{\text{ク}}$ 桁の数である。また，その最 高位の数字は $\boxed{\text{ケ}}$ である。ただし，$\log_{10} 2 = 0.3010$，$\log_{10} 3 = 0.4771$ と する。

Ⅲ　定数 a, b, r を $b > a > 0$，$0 < r < 2$ とする。中心が点 $O_1(a, r)$，半径 r の円を C_1，中心が点 $O_2(b, 4r)$，半径 $4r$ の円を C_2 とする。2つの円 C_1，C_2 が 外接するとき，次の問いに答えよ。

〔1〕　b を a と r を用いて表せ。

〔2〕　$m > 0$ とする。2つの円 C_1，C_2 がともに原点を通る直線 $y = mx$ に接する とき，a を r を用いて表し，さらに，m の値を求めよ。

〔3〕　〔2〕の条件のとき，

　（1）　円 C_1 が点 $(4, 3)$ を通るとき，r の値を求めよ。

　（2）　さらに，2つの円 C_1，C_2 の共通接線のうち，直線 $y = 0$，$y = mx$ と 異なる接線の方程式を求めよ。

2月1日実施分　　　解答 数学

I **解答** ア. $\dfrac{1}{4}$　イ. $\dfrac{1}{2}$　ウ. $\dfrac{7}{32}$　エ. $\dfrac{1}{2}$　オ. $\dfrac{1}{2}n+\dfrac{1}{4}$

カ. $\dfrac{1}{4}n^2+\dfrac{1}{2}n$　キ. $n(3n+5)$　ク. $(n+1)(n+2)$　ケ. 0　コ. $-\dfrac{41}{4}$

サ. $-n$　シ. $4t$　ス. $2t^2+1$　セ. $-\dfrac{1}{4t}$　ソ. $2t^2-\dfrac{3}{4}$　タ. $2t+\dfrac{1}{8t}$

チ. $\dfrac{1}{3}$　ッ. $\dfrac{1}{4}$

◀解　説▶

≪小問3問≫

〔1〕　Aの合計点が3点となるのは，「0点，3点」「3点，0点」「1点，2点」「2点，1点」の順に取り出した場合なので

$$\frac{1}{4}\cdot\frac{1}{4}\times4=\frac{1}{4}　\rightarrow ア$$

Bの合計点が3点となるのは，「1点，2点」「2点，1点」の順に取り出した場合なので

$$\frac{2}{4}\cdot\frac{2}{4}\times2=\frac{1}{2}　\rightarrow イ$$

A，Bの合計点が等しくなる確率は，Bの合計点が2点，3点，4点の場合しかないことに注意すると

ⅰ）2点で等しくなる確率：

Bが2点となるのは，「1点，1点」の　$\dfrac{2}{4}\cdot\dfrac{2}{4}=\dfrac{1}{4}$

Aが2点となるのは，「0点，2点」「2点，0点」「1点，1点」の

$$\frac{1}{4}\cdot\frac{1}{4}\times3=\frac{3}{16}$$

ゆえに　$\dfrac{1}{4}\cdot\dfrac{3}{16}=\dfrac{3}{64}$

ⅱ）3点で等しくなる確率：

解答編

前半より　　$\dfrac{1}{2}\cdot\dfrac{1}{4}=\dfrac{1}{8}$

ⅲ)　4点で等しくなる確率：

Bが4点となるのは,「2点，2点」の　$\dfrac{2}{4}\cdot\dfrac{2}{4}=\dfrac{1}{4}$

Aが4点となるのは,「1点，3点」「3点，1点」「2点，2点」の

$$\dfrac{1}{4}\cdot\dfrac{1}{4}\times 3=\dfrac{3}{16}$$

ゆえに　　$\dfrac{1}{4}\cdot\dfrac{3}{16}=\dfrac{3}{64}$

よって，A，Bの合計点が等しくなる確率は

$$\dfrac{3}{64}+\dfrac{1}{8}+\dfrac{3}{64}=\dfrac{3+8+3}{64}=\dfrac{14}{64}=\dfrac{7}{32}\quad\to ウ$$

このうち，Aが2点のカードを取り出しているのは，上の場合分けで

ⅰ)　$\dfrac{1}{4}\times\dfrac{1}{4}\cdot\dfrac{1}{4}\cdot 2=\dfrac{1}{32}$

ⅱ)　$\dfrac{1}{2}\times\dfrac{1}{4}\cdot\dfrac{1}{4}\cdot 2=\dfrac{1}{16}$

ⅲ)　$\dfrac{1}{4}\times\dfrac{1}{4}\cdot\dfrac{1}{4}\cdot 1=\dfrac{1}{64}$

ゆえに　　$\dfrac{1}{32}+\dfrac{1}{16}+\dfrac{1}{64}=\dfrac{2+4+1}{64}=\dfrac{7}{64}$

よって，求める確率は　　$\dfrac{7}{64}\cdot\dfrac{32}{7}=\dfrac{1}{2}\quad\to エ$

〔2〕　等差数列 $\{a_n\}$ の公差を d として，条件より

$$\begin{cases} a_5=a_1+4d=\dfrac{11}{4} \\[2mm] a_{12}=a_1+11d=\dfrac{25}{4} \end{cases}$$

ゆえに　　$a_1=\dfrac{3}{4},\ d=\dfrac{1}{2}$

つまり　　$a_n=\dfrac{3}{4}+\dfrac{1}{2}(n-1)=\dfrac{1}{2}n+\dfrac{1}{4}\quad\to オ$

これより　　$S_n=\dfrac{n}{2}\left\{\dfrac{3}{4}+\left(\dfrac{1}{2}n+\dfrac{1}{4}\right)\right\}=\dfrac{1}{4}n^2+\dfrac{1}{2}n\quad\to カ$

$S_n = \dfrac{n(n+2)}{4}$ より，数列 $\{b_n\}$ は $b_n = \dfrac{4}{n(n+2)} = 2\left(\dfrac{1}{n} - \dfrac{1}{n+2}\right)$ なので

$$T_n = \sum_{k=1}^{n} 2\left(\frac{1}{k} - \frac{1}{k+2}\right)$$

$$= 2\left(\frac{1}{1} - \frac{1}{3}\right) + 2\left(\frac{1}{2} - \frac{1}{4}\right) + 2\left(\frac{1}{3} - \frac{1}{5}\right) + \cdots + 2\left(\frac{1}{n-1} - \frac{1}{n+1}\right)$$

$$+ 2\left(\frac{1}{n} - \frac{1}{n+2}\right)$$

$$= 2\left(\frac{1}{1} + \frac{1}{2} - \frac{1}{n+1} - \frac{1}{n+2}\right) = \frac{n(3n+5)}{(n+1)(n+2)} \quad \to \text{キ，ク}$$

m を負でない整数とすると，数列 $\{c_n\}$ について

ⅰ） $n = 4m+1$ の場合：

$$\sin\frac{n-1}{2}\pi = \sin 2m\pi = 0$$

つまり　　$c_n = 0$

ⅱ） $n = 4m+2$ の場合：

$$\sin\frac{n-1}{2}\pi = \sin\left(2m\pi + \frac{\pi}{2}\right) = 1$$

つまり　　$c_n = a_n = \dfrac{1}{2}n + \dfrac{1}{4} = 2m + \dfrac{5}{4}$

ⅲ） $n = 4m+3$ の場合：

$$\sin\frac{n-1}{2}\pi = \sin(2m\pi + \pi) = 0$$

つまり　　$c_n = 0$

ⅳ） $n = 4m+4$ の場合：

$$\sin\frac{n-1}{2}\pi = \sin\left(2m\pi + \frac{3}{2}\pi\right) = -1$$

つまり　　$c_n = -a_n = -\dfrac{1}{2}n - \dfrac{1}{4} = -2m - \dfrac{9}{4}$

ゆえに　　$c_{17} = c_{4\cdot4+1} = 0 \quad \to \text{ケ}$

$$c_{20} = c_{4\cdot4+4} = -2\cdot4 - \frac{9}{4} = -\frac{41}{4} \quad \to \text{コ}$$

また，$c_{4m+1} + c_{4m+2} + c_{4m+3} + c_{4m+4} = -1$ となるので

$$U_{4n} = n(c_1 + c_2 + c_3 + c_4) = n\cdot(-1) = -n \quad \to \text{サ}$$

〔3〕 $C : y' = 4x$ なので $l : y - (2t^2 - 1) = 4t(x - t)$

つまり $y = 4tx - (2t^2 + 1)$ →シ，ス

$t > 0$ なので $m : y - (2t^2 - 1) = -\dfrac{1}{4t}(x - t)$

つまり $y = -\dfrac{1}{4t}x + 2t^2 - \dfrac{3}{4}$ →セ，ソ

m と C とを連立して，$x = t$ を解にもつことに注意すると

$$2x^2 - 1 = -\dfrac{1}{4t}x + 2t^2 - \dfrac{3}{4}$$

つまり $2(x - t)\left(x + t + \dfrac{1}{8t}\right) = 0$

よって，$t > 0$ より

$$S = \int_{-t-\frac{1}{8t}}^{t} \left\{ \left(-\dfrac{1}{4t}x + 2t^2 - \dfrac{3}{4}\right) - (2x^2 - 1) \right\} dx$$

$$= \int_{-t-\frac{1}{8t}}^{t} -2(x - t)\left(x + t + \dfrac{1}{8t}\right) dx$$

$$= 2 \cdot \dfrac{1}{6}\left\{ t - \left(-t - \dfrac{1}{8t}\right) \right\}^3 = \dfrac{1}{3}\left(2t + \dfrac{1}{8t}\right)^3 \quad →タ$$

$2t > 0$ かつ $\dfrac{1}{8t} > 0$ より，相加・相乗平均を用いて

$$2t + \dfrac{1}{8t} \geqq 2\sqrt{2t \cdot \dfrac{1}{8t}} = 1$$

ゆえに $S \geqq \dfrac{1}{3} \cdot 1^3 = \dfrac{1}{3}$

等号は $2t = \dfrac{1}{8t}$，つまり $t = \dfrac{1}{4}$ のときに成立するので

$t = \dfrac{1}{4}$ のとき 最小値 $\dfrac{1}{3}$ →チ，ツ

II **解答** ア．6 イ．2 ウ．375000 エ．1300000 オ．x
カ．-10 キ．22 ク．7 ケ．4

━━━━━ ◀解 説▶ ━━━━━

≪1次不等式，対数不等式，累乗の桁数および最高位の数字≫

〔1〕 (1) 条件より，ガソリン車について $\dfrac{150}{25} = 6$ 円/km →ア

電気自動車について　　$\dfrac{20}{10}=2$ 円/km　　→イ

(2)　求める走行距離を x km として，条件を満たすとき

$\qquad 2500000+6x>4000000+2x$　　つまり　　$4x>1500000$

これより，$x>375000$ なので　　　375000 km　　→ウ

(3)　求める金額を y 円として，条件を満たすとき

$\qquad 2500000+6\times50000=4000000-y+2\times50000$

つまり　　$y=1300000$ 円　　→エ

〔2〕　(1)　条件より，$2^a=x$ なので，両辺底が 2 の対数をとると

$\qquad a=\log_2 x$　　→オ

(2)　$1024=2^{10}$ なので　　$a=\log_2 1024=10$

よって　　　$y(1024)=4000000=c\times p^{10}$

つまり　　　$c=4000000\times0.96^{-10}$　　→カ

$c\times p^a=4000000\times p^{a-10}\leqq2500000$ となるとき

$\qquad 40\times0.96^{a-10}\leqq25$　　つまり　　$\dfrac{16}{10}\leqq0.96^{10-a}$

両辺正より，両辺常用対数をとると

$\qquad 4\log_{10}2-1\leqq(10-a)\log_{10}0.96$

ここで　　$4\log_{10}2-1=4\times0.3010-1=0.2040$

$\qquad \log_{10}0.96=\log_{10}\dfrac{2^5\cdot3}{100}=5\log_{10}2+\log_{10}3-2=-0.0179$

よって　　　$-(10-a)\geqq\dfrac{0.2040}{0.0179}=11.39\cdots$　　つまり　　$a\geqq21.39\cdots$

a は整数なので　　　$a=22$　　→キ

$a=22$ のときの累積生産台数は $k=2^{22}$ であり，両辺常用対数をとると

$\qquad \log_{10}k=22\log_{10}2=22\times0.3010=6.622$

よって　　　$10^6<k=10^{6.622}<10^7$ より，k は 7 桁　　→ク

また，最高位の数を M とすると

$\qquad M\times10^6\leqq k=10^{6.622}<(M+1)\times10^6$

全辺常用対数をとると

$\qquad 6+\log_{10}M\leqq6.622<6+\log_{10}(M+1)$

これより　　　$\log_{10}M\leqq0.622<\log_{10}(M+1)$

$$\log_{10}4 = 2\log_{10}2 = 0.6020$$

$$\log_{10}5 = \log_{10}\frac{10}{2} = 1 - \log_{10}2 = 0.6990$$

ゆえに　　$M = 4$　→ケ

III **解答** 〔1〕 2円 C_1, C_2 が外接することから，中心間の距離について

$$(b-a)^2 + (4r-r)^2 = (4r+r)^2 \quad \text{つまり} \quad (b-a)^2 = 16r^2$$

$b > a > 0$, $0 < r < 2$ なので

$$b - a = 4r \quad \text{つまり} \quad b = a + 4r \quad \cdots\cdots(\text{答})$$

〔2〕 条件より，円 C_1, C_2 はともに x 軸と接するので，接点をそれぞれ T_1, T_2 とすると，$\triangle OT_1O_1$ と $\triangle OT_2O_2$ とは相似なので

$$OT_1 : T_1O_1 = OT_2 : T_2O_2 \quad \text{つまり} \quad a : r = (a+4r) : 4r$$

よって，$4ar = (a+4r)\,r$, $r \neq 0$ より　　$a = \dfrac{4}{3}r$　$\cdots\cdots(\text{答})$

これより，$\angle O_1OT_1 = \theta$ とおくと　　$\tan\theta = \dfrac{r}{a} = \dfrac{3}{4}$ となるので

$$m = \tan 2\theta = \frac{2\tan\theta}{1-\tan^2\theta} = \frac{2\cdot\dfrac{3}{4}}{1-\left(\dfrac{3}{4}\right)^2} = \frac{24}{7} \quad \cdots\cdots(\text{答})$$

〔3〕 (1) $C_1 : \left(x - \dfrac{4}{3}r\right)^2 + (y-r)^2 = r^2$ とおけるので，点 $(4, 3)$ を代入して

$$\left(4 - \frac{4}{3}r\right)^2 + (3-r)^2 = r^2 \quad \text{つまり} \quad 16r^2 - 150r + 225 = 0$$

これより，$(2r-15)(8r-15) = 0$ を得るので，$0 < r < 2$ より

$$r = \frac{15}{8} \quad \cdots\cdots(\text{答})$$

(2) (1)より $a = \dfrac{5}{2}$ となるので，$O_1\left(\dfrac{5}{2}, \dfrac{15}{8}\right)$, $O_2\left(10, \dfrac{15}{2}\right)$ であり，2円 C_1, C_2 の接点を T とすると，$O_1T : O_2T = 1 : 4$ より

$$\mathrm{T}\left(\frac{4\cdot\dfrac{5}{2}+1\cdot10}{1+4},\ \frac{4\cdot\dfrac{15}{8}+1\cdot\dfrac{15}{2}}{1+4}\right)=(4,\ 3)$$

よって，求める共通内接線はTを通り，傾き $-\dfrac{1}{\tan\theta}$ なので

$$y-3=-\frac{4}{3}(x-4)\quad\text{つまり}\quad 4x+3y-25=0\quad\cdots\cdots(答)$$

━━━━━━━━━━━◀解　説▶━━━━━━━━━━━

≪外接する2円，共通接線の方程式≫

外接しながら x 軸にも接する2円に関する問題である。〔2〕では，〔解答〕に挙げた2つの三角形の相似に着目するのがよい。m に関しては，正接の倍角公式を用いるのが楽であろう。〔3〕では，図形的な性質を利用しながら，計算量を減らす工夫が必要となる。

❖講　評

　Ⅰは小問3問で，〔1〕はカードを取り出したときの得点に関する確率，〔2〕は数列およびその和に関する問題，〔3〕は放物線と法線に関する問題で，3つの小問いずれも標準的な問題である。〔2〕については三角関数の周期性に注意して丁寧な場合分けが必要である。

　Ⅱは例年通り文章量が多く，題意を正確に把握することに時間が必要とされる問題であった。ガソリン車と電気自動車の燃費や必要な経費などの設問の後，どれだけ生産されたら電気自動車の価格が安くなるかなど，実社会を取り上げた出題である。題意を把握すれば，計算そのものは難しくない。

　Ⅲは例年通りの記述問題で，外接する2つの円に関する問題であった。座標で表記された問題であるが，図形的な考察を適宜取り入れ，いかに計算量を減らすことができるかで差がつく設問である。図形に関する問題を座標のみならず，初等幾何やベクトルなども考慮して幅広く見る力が必要である。

　全体的に，問題文をしっかりと理解することが必要な問題が多くを占めた。

2月3日実施分　　　問題 数学

(80 分)

次のⅠ，Ⅱ，Ⅲの設問について解答せよ。ただし，Ⅰ，Ⅱについては問題文中の
□ にあてはまる適当なものを，解答用紙の所定の欄に記入せよ。なお，解答が
分数になる場合は，すべて既約分数で答えること。

Ⅰ

〔1〕 自然数 N ($N \geqq 10$) が 17 の倍数であることを判定する 1 つの方法として，
次の命題がある。

命題「自然数 N の一の位を除いた数から一の位の数の 5 倍を引いた数が 17 の
　　 倍数であれば，N は 17 の倍数である」

　例えば，2023 の場合，一の位を除いた数は 202 で，一の位の数 3 の 5 倍は
15 である。したがって，$202 - 15 = 187 = 11 \times 17$ より 17 の倍数となり，
$2023 = 7 \times 17 \times 17$ も 17 の倍数であることが分かる。

　この命題が成り立つことを示す。N は，自然数 a と整数 b ($0 \leqq b \leqq 9$) を
用いて，$N = 10a + b$ と表される。このとき，「一の位を除いた数から一の位
の数の 5 倍を引いた数」は，　ア　と表される。

　ア　が 17 の倍数であれば整数 k を用いて　ア　 $= 17k$ とおけるので，
N は a を消去することにより $N = 17 \left(\boxed{イ} \right)$ となる。したがって，
イ　は整数であることより，命題は成立する。なお，この命題の逆，すな
わち，「自然数 N が 17 の倍数ならば，N の一の位を除いた数から一の位の数
の 5 倍を引いた数は 17 の倍数となる」も成立する。

　次に，1 次不定方程式 $7x + 17y = 1$ の整数解の組 (x, y) を考える。この
整数解の組のうち，x の値が最も小さい自然数であるのは
$\left(\boxed{ウ} , \boxed{エ} \right)$ である。また，この 1 次不定方程式を満たす整数解の
組 (x, y) のうち，和 $x + y$ が 17 の倍数で最も小さい自然数は
$x + y = \boxed{オ}$ である。そのときの整数解の組は

$(x, y) = \left(\boxed{} , \boxed{} \right)$ である。

〔2〕　図のような東西4本，南北4本の道がある。道は点Aから点Pまでの各点で区切られた24の区間に分けられ，その長さはそれぞれ等しい。点Oを出発し，次の点に到達したとき，直前に進んで来た区間を戻らずに次の区間に同じ確率で進むものとする。例えば，点Oから点Aに進む確率と点Bに進む確率はそれぞれ $\dfrac{1}{2}$ であり，仮に点Oから点Aに到達したとき，点Cと点Dに進む確率もそれぞれ $\dfrac{1}{2}$ である。また，仮に点Aから点Dに到達したとき，点Bと点Gと点Hに進む確率はそれぞれ $\dfrac{1}{3}$ である。なお，直前に進んだ区間を戻らなければ，同じ区間を通ることも可能とする。

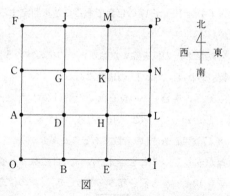

図

（1）　点Oから出発し点Pに到達したとき，通過する区間の最少の数は $\boxed{}$ である。

（2）　点Oから順に点A，D，G，K，Nを通って点Pに到達する確率は $\boxed{}$ である。

（3）　点Oから $\boxed{}$ 区間進んだときに，点Oにいる確率は $\boxed{}$ である。

次に，点Dと点Gの区間が通行止めになった場合を考える。

（4）　点Oから $\boxed{}$ 区間進んだときに，点Oにいる確率は $\boxed{}$ である。

（5）　点Oから点Kを通って点Pに区間の数 $\boxed{}$ で到達する確率は

$\boxed{シ}$ である。

〔3〕 すべての項が実数である数列 $\{a_n\}$, $\{b_n\}$ があり，$a_1 = 3$，$b_1 = 0$ とする。

ここで，数列 $\{a_n\}$ の a_n, a_{n+1} と，数列 $\{b_n\}$ の b_n, b_{n+1} の間に，等式

$$a_{n+1} + b_{n+1}i = \frac{\sqrt{2}}{2}i(a_n - b_ni) + 1 \quad (n = 1, 2, 3, \cdots) \cdots\cdots ①$$

が成立している。ただし，i は虚数単位である。このとき，

$$a_2 = \boxed{ス}, \quad b_2 = \boxed{セ},$$

である。

次に，①より，a_{n+1}, b_{n+1} を b_n, a_n を用いて表すと，

$$a_{n+1} = \boxed{ソ}\, b_n + \boxed{タ} \cdots\cdots ②$$

$$b_{n+1} = \boxed{チ}\, a_n \qquad\quad \cdots\cdots ③$$

である。②，③より

$$a_{n+2} = \boxed{ツ}\, a_n + \boxed{テ}$$

となる。よって，a_{2n+1} を a_{2n-1} を用いて表すと，

$$a_{2n+1} = \boxed{ト}\, a_{2n-1} + \boxed{ナ} \cdots\cdots ④$$

となる。同様に，a_{2n+2} を a_{2n} を用いて表すと，

$$a_{2n+2} = \boxed{ニ}\, a_{2n} + \boxed{ヌ} \cdots\cdots ⑤$$

となる。漸化式④，⑤より，a_{2n}, a_{2n+1} をそれぞれ n の式で表すと，

$$a_{2n} = \boxed{ネ}, \quad a_{2n+1} = \boxed{ノ}$$

である。このことから，$a_{2n+1} - a_{2n} > \dfrac{1}{100}$ を満たす最大の n は，$n = \boxed{ハ}$

である。

Ⅱ　下の表は，10 人の社会人の 1 か月の収入と支出の金額（単位は万円）をまとめ
たものである。収入の金額を変量 x，支出の金額を変量 y で表し，それぞれの平均，
分散が示されている。表の数値は x の小さいものから順に並んでいる。表中の x_1,
x_2, y_1 については，数値が表示されていない。また，x の四分位偏差は 6 である。
なお，必要な場合は，$\sqrt{56.2} = 7.50$，$\sqrt{19.2} = 4.38$ として計算せよ。

表

番号	1	2	3	4	5	6	7	8	9	10	平均	分散
x	11	12	x_1	18	22	25	x_2	27	30	35	22	56.2
y	10	10	11	16	14	17	y_1	21	21	22	16	19.2

〔1〕　$x_1 = $ ア ，$x_2 = $ イ　である。また，$y_1 = $ ウ　である。

〔2〕　x と y の共分散は エ　である。

〔3〕　x と y の相関係数を r とする。r の存在する範囲として正しいのは オ
である。ただし，オ　は下記の選択肢の中から適切なものを 1 つ選び，番
号で答えよ。

【選択肢】　①　$r \leqq -0.9$　　　　　②　$-0.9 < r \leqq -0.8$
　　　　　　③　$-0.8 < r \leqq -0.7$　　　④　$0.7 \leqq r < 0.8$
　　　　　　⑤　$0.8 \leqq r < 0.9$　　　　⑥　$0.9 \leqq r$

〔4〕　10 人全員に 1 ヶ月 5 万円の給付金が支給されることになった。給付金支給
後の収入を変量 v とすると，v の平均は カ ，分散は キ　である。

〔5〕　給付金支給後の収入 v を 1 ドル = 100 円で換算した金額を変量 w とすると，
w の平均は ク　ドル，標準偏差は ケ　ドルである。

〔6〕　全員が支出後に残ったお金を全額貯蓄する場合を考える。貯蓄する金額（万

円）を変量 z で表すと，$z = x - y$ となる。z の分散 s_z^2 は，x と y の分散 s_x^2,
s_y^2，x と y の共分散 s_{xy} を用いて表すと，

$$s_z^2 = \boxed{\text{コ}}\, s_x^2 - \boxed{\text{サ}}\, s_{xy} + \boxed{\text{シ}}\, s_y^2$$

となる。したがって，s_z^2 の値を求めると，$s_z^2 = \boxed{\text{ス}}$ である。

Ⅲ　$a > 0$, $b > 1$ とする。放物線 $C : y = ax^2 - (b-1)x$ と，直線 $l : y = x - 4$
が接している。このとき，次の問いに答えよ。

〔1〕 a を b を用いて表せ。また，接点の座標を b を用いて表せ。

〔2〕 放物線 C と x 軸とで囲まれた部分の面積を S とするとき，S を b を用いて
　　表せ。

〔3〕 S の最大値とそのときの a, b の値を求めよ。

2月3日実施分

解答 数学

I 解答 ア. $a-5b$ イ. $3b+10k$ ウ. 5 エ. -2 オ. 153

カ. 260 キ. -107 ク. 6 ケ. $\dfrac{1}{216}$ コ. $\dfrac{1}{18}$ サ. $\dfrac{1}{24}$ シ. $\dfrac{1}{16}$

ス. 1 セ. $\dfrac{3}{2}\sqrt{2}$ ソ. $\dfrac{\sqrt{2}}{2}$ タ. 1 チ. $\dfrac{\sqrt{2}}{2}$ ツ. $\dfrac{1}{2}$ テ. 1 ト. $\dfrac{1}{2}$

ナ. 1 ニ. $\dfrac{1}{2}$ ヌ. 1 ネ. $2-\left(\dfrac{1}{2}\right)^{n-1}$ ノ. $2+\left(\dfrac{1}{2}\right)^{n}$ ハ. 8

◀解　説▶

≪小問3問≫

〔1〕 一の位 b を除いた数は a なので　　$a-5b$ →ア

$a-5b=17k$ より，$a=5b+17k$ なので

　　　$N=10(5b+17k)+b=17(3b+10k)$ →イ

x は自然数より，x を順次大きくしていき，それに応じた y を求めることにより

　　　$(x, y)=(5, -2)$ →ウ，エ

$7x+17y=1$ から，$7\cdot5+17\cdot(-2)=1$ を引いて

　　　$7(x-5)+17(y+2)=0$　つまり　$17(y+2)=7(5-x)$

今，17 と 7 とが互いに素なので，l を整数として

　　　$5-x=17l$, $y+2=7l$　つまり　$x=5-17l$, $y=7l-2$

よって，$x+y=3-10l$ であり，これが自然数となる。つまり，$l\leqq0$ のとき，17 の倍数の一の位が 3 となることに注意すると

$l=-15$ のとき　　$x+y=153$ →オ

このとき　　$(x, y)=(260, -107)$ →カ，キ

〔2〕 (1) 最少となるとき，縦に 3 回，横に 3 回それぞれ進むことになるので　　$3+3=6$ →ク

(2) 条件より　　$\dfrac{1}{2}\cdot\dfrac{1}{2}\cdot\dfrac{1}{3}\cdot\dfrac{1}{3}\cdot\dfrac{1}{3}\cdot\dfrac{1}{2}=\dfrac{1}{216}$ →ケ

(3)　点Oから6区間進んで点Oにいるような経路を考える。

ⅰ）「O→A→C→G→D→B→O」「O→B→D→G→C→A→O」

いずれの確率も $\left(\dfrac{1}{2}\right)^4 \cdot \left(\dfrac{1}{3}\right)^2$ なので　$\dfrac{2}{2^4 \cdot 3^2} = \dfrac{1}{72}$

ⅱ）「O→A→C→G→D→A→O」「O→A→D→G→C→A→O」

いずれの確率も $\left(\dfrac{1}{2}\right)^4 \cdot \left(\dfrac{1}{3}\right)^2$ なので　$\dfrac{2}{2^4 \cdot 3^2} = \dfrac{1}{72}$

ⅲ）「O→A→D→H→E→B→O」「O→B→E→H→D→A→O」

対称性より，ⅰ）と同様になるので　$\dfrac{1}{72}$

ⅳ）「O→B→D→H→E→B→O」「O→B→E→H→D→B→O」

対称性より，ⅱ）と同様になるので　$\dfrac{1}{72}$

ⅰ）〜ⅳ）より，求める確率は　$\dfrac{4}{72} = \dfrac{1}{18}$　→コ

(4)　(3)のうち，点Dと点Gの区間を通らないのはⅲ）とⅳ）。通行止めによって点Dから他の点へ進む確率が $\dfrac{1}{3}$ から $\dfrac{1}{2}$ に変化しているから，ⅲ），

ⅳ）の各経路の確率は　$\left(\dfrac{1}{2}\right)^5 \cdot \left(\dfrac{1}{3}\right) = \dfrac{1}{2^5 \cdot 3}$

求める確率は　$\dfrac{4}{2^5 \cdot 3} = \dfrac{1}{24}$　→サ

(5)　通行止めのもとで点Oから4区間進んで点Kにいるような経路を考える。

ⅰ）「O→A→C→G→K」

　　$\left(\dfrac{1}{2}\right)^4 = \dfrac{1}{16}$

ⅱ）「O→A→D→H→K」

　　$\left(\dfrac{1}{2}\right)^3 \cdot \left(\dfrac{1}{3}\right) = \dfrac{1}{24}$

ⅲ）「O→B→D→H→K」

　　$\left(\dfrac{1}{2}\right)^3 \cdot \left(\dfrac{1}{3}\right) = \dfrac{1}{24}$

ⅳ）「O→B→E→H→K」

$$\left(\frac{1}{2}\right)^3 \cdot \left(\frac{1}{3}\right) = \frac{1}{24}$$

ⅰ）〜ⅳ）より，点Oから4区間進んで点Kにいる確率は

$$\frac{1}{16} + \frac{3}{24} = \frac{3}{16}$$

点Kから2区間進んで点Pにいる確率は

$$\frac{2}{3} \cdot \frac{1}{2} = \frac{1}{3}$$

以上より，求める確率は　　$\dfrac{3}{16} \cdot \dfrac{1}{3} = \dfrac{1}{16}$　→シ

〔3〕　$a_2 + b_2 i = \dfrac{\sqrt{2}}{2} i (a_1 - b_1 i) + 1 = \dfrac{\sqrt{2}}{2} i \cdot 3 + 1 = 1 + \dfrac{3}{2}\sqrt{2}\, i$

よって　　$a_2 = 1$，$b_2 = \dfrac{3}{2}\sqrt{2}$　→ス，セ

①より，$a_{n+1} + b_{n+1} i = \left(\dfrac{\sqrt{2}}{2} b_n + 1\right) + \dfrac{\sqrt{2}}{2} a_n i$ なので，a_{n+1}，b_{n+1}，

$\dfrac{\sqrt{2}}{2} b_n + 1$，$\dfrac{\sqrt{2}}{2} a_n$ は実数より

$$a_{n+1} = \frac{\sqrt{2}}{2} b_n + 1,\quad b_{n+1} = \frac{\sqrt{2}}{2} a_n\quad →ソ〜チ$$

よって　　$a_{n+2} = \dfrac{\sqrt{2}}{2} b_{n+1} + 1 = \dfrac{1}{2} a_n + 1$　→ツ，テ

この式で n を $2n-1$，$2n$ とすることにより

$$a_{2n+1} = \frac{1}{2} a_{2n-1} + 1,\quad a_{2n+2} = \frac{1}{2} a_{2n} + 1\quad →ト〜ヌ$$

また，$a_{n+2} - 2 = \dfrac{1}{2}(a_n - 2)$ と変形できるので，同じく n を $2n$，$2n-1$ として

$a_{2n+2} - 2 = \dfrac{1}{2}(a_{2n} - 2)$ より

$$a_{2n} - 2 = \left(\frac{1}{2}\right)^{n-1}(a_2 - 2) = -\left(\frac{1}{2}\right)^{n-1}$$

$a_{2n+1} - 2 = \dfrac{1}{2}(a_{2n-1} - 2)$ より

$$a_{2n+1} - 2 = \left(\frac{1}{2}\right)^n (a_1 - 2) = \left(\frac{1}{2}\right)^n$$

よって　　$a_{2n} = 2 - \left(\frac{1}{2}\right)^{n-1}$, $a_{2n+1} = 2 + \left(\frac{1}{2}\right)^n$　→ネ，ノ

これらより

$$a_{2n+1} - a_{2n} = \frac{3}{2}\left(\frac{1}{2}\right)^{n-1} > \frac{1}{100}\quad \text{つまり}\quad 2^n < 300$$

$2^8 = 256$, $2^9 = 512$ であることから，これを満たす最大の n は

　　$n = 8$　→ハ

II　解答

ア. 15　イ. 25　ウ. 18　エ. 31.3　オ—⑥　カ. 27
キ. 56.2　ク. 2700　ケ. 750　コ. 1　サ. 2
シ. 1　ス. 12.8

◀解　説▶

≪データの整理，平均値，四分位偏差，分散・共分散，相関係数，データの変更≫

〔1〕x の平均 $\bar{x}$ について

$$\frac{1}{10}(11 + 12 + x_1 + 18 + 22 + 25 + x_2 + 27 + 30 + 35) = 22$$

整理すると　　$x_1 + x_2 = 40$

四分位偏差について　　$\dfrac{27 - x_1}{2} = 6$

よって　　$x_1 = 15$, $x_2 = 25$　→ア，イ

また，y の平均 $\bar{y}$ について

$$\frac{1}{10}(10 + 10 + 11 + 16 + 14 + 17 + y_1 + 21 + 21 + 22) = 16$$

よって　　$y_1 = 18$　→ウ

〔2〕〔1〕の結果も踏まえると，次の表を得る。

番号	1	2	3	4	5	6	7	8	9	10
$x - \bar{x}$	−11	−10	−7	−4	0	3	3	5	8	13
$y - \bar{y}$	−6	−6	−5	0	−2	1	2	5	5	6
$(x-\bar{x})(y-\bar{y})$	66	60	35	0	0	3	6	25	40	78

よって，求める共分散は

$$s_{xy} = \frac{1}{10}(66+60+35+0+0+3+6+25+40+78) = 31.3 \quad →エ$$

〔3〕 x の分散 $s_x{}^2 = 56.2$，y の分散 $s_y{}^2 = 19.2$，共分散 $s_{xy} = 31.3$ なので，相関係数は

$$\frac{s_{xy}}{s_x \cdot s_y} = \frac{31.3}{\sqrt{56.2}\sqrt{19.2}} = \frac{31.3}{7.50 \times 4.38} = 0.95\cdots$$

よって　⑥　→オ

〔4〕 $v = x+5$ なので

v の平均 $\bar{v} = \bar{x}+5 = 27$，分散 $s_v{}^2 = 1^2 \cdot s_x{}^2 = 56.2$　→カ，キ

〔5〕 $w = \dfrac{10000x+50000}{100} = 100x+500$ なので

$$\bar{w} = 100\bar{x}+500 = 2700 \quad →ク$$

標準偏差について

$$s_w = 100s_x = 100\sqrt{56.2} = 750 \quad →ケ$$

〔6〕 z の平均 $\bar{z} = \bar{x}-\bar{y}$ より，$z-\bar{z} = (x-\bar{x})-(y-\bar{y})$ となるので

$$s_z{}^2 = \frac{1}{10}\sum(z-\bar{z})^2$$

$$= \frac{1}{10}\sum(x-\bar{x})^2 - 2\cdot\frac{1}{10}\sum(x-\bar{x})(y-\bar{y}) + \frac{1}{10}\sum(y-\bar{y})^2$$

$$= s_x{}^2 - 2s_{xy} + s_y{}^2 \quad →コ〜シ$$

よって　$s_z{}^2 = 56.2 - 2\cdot31.3 + 19.2 = 12.8 \quad →ス$

III **解答** 〔1〕 C と l とを連立して

$$ax^2 - (b-1)x = x-4$$

つまり　$ax^2 - bx + 4 = 0$ ……①

この2次方程式の判別式 D について

$$D = b^2 - 16a = 0$$

よって　$a = \dfrac{1}{16}b^2$ ……(答)

このとき，①は $\dfrac{1}{16}b^2x^2 - bx + 4 = \left(\dfrac{1}{4}bx-2\right)^2 = 0$ となるので

接点 $\left(\dfrac{8}{b}, \dfrac{8}{b}-4\right)$ ……(答)

〔2〕 $C : y = \dfrac{1}{16}b^2x^2 - (b-1)x = \dfrac{1}{16}b^2x\left\{x - \dfrac{16(b-1)}{b^2}\right\}$ で，C は下に凸の

放物線となるので，$b>1$ より，$\beta = \dfrac{16(b-1)}{b^2} > 0$ とおくと

$$S = \int_0^\beta \left\{-\dfrac{1}{16}b^2x^2 + (b-1)x\right\}dx$$

$$= \int_0^\beta -\dfrac{1}{16}b^2x\,(x-\beta)\,dx$$

$$= \dfrac{1}{16}b^2 \cdot \dfrac{1}{6}\beta^3 = \dfrac{1}{16}b^2 \cdot \dfrac{1}{6}\left\{\dfrac{16(b-1)}{b^2}\right\}^3$$

$$= \dfrac{128(b-1)^3}{3b^4} \quad \cdots\cdots(\text{答})$$

〔3〕 $\dfrac{(b-1)^3}{b^4} = \dfrac{1}{b}\left(1 - \dfrac{1}{b}\right)^3$ において，$\dfrac{1}{b} = t$ とおき，$0<t<1$ で

$$f(t) = t(1-t)^3 = -t^4 + 3t^3 - 3t^2 + t$$

とおくと

$$f'(t) = -4t^3 + 9t^2 - 6t + 1$$

$$= -(t-1)^2(4t-1)$$

よって，$0<t<1$ において，右の増減表を得

るので

$t = \dfrac{1}{4}$ のときに最大値　　$f\left(\dfrac{1}{4}\right) = \dfrac{27}{256}$

t	0	$\cdots$	$\dfrac{1}{4}$	$\cdots$	1
$f'(t)$		+	0	−	0
$f(t)$		↗		↘	

このとき　　$b=4$, $S = \dfrac{128}{3} \cdot \dfrac{27}{256} = \dfrac{9}{2}$　　$\cdots\cdots(\text{答})$

また　　$a = \dfrac{1}{16} \cdot 4^2 = 1$　　$\cdots\cdots(\text{答})$

━━━━ ◀解　説▶ ━━━━

≪接点の座標，積分法，４次関数，微分法≫
放物線と直線との接点の座標，放物線と x 軸とで囲まれる部分の面積およびその最大値などよく見る問題が並ぶが，計算力が必要とされる。面積では俗に言う「６分の１公式」を知らなければ計算に時間を費やすし，〔３〕では教科書の発展問題などで扱われる４次関数の最大値が出題された。

❖講　評
　Ⅰは小問３問で，〔１〕は 17 の倍数判定法等に関する問題，〔２〕は最短経路に関する確率の問題，〔３〕は複素数の実部および虚部に関する連立漸化式の問題であり，３つの小問いずれも標準的な問題である。〔１〕では，不定方程式についても問われている。
　Ⅱはデータの分析に関する問題で，平均値，分散，共分散，相関係数など幅広く問われている。その後，データの変換（給付金が支給されたり，ドルに換算したりする）に応じて，平均，分散，標準偏差がどのように変化するかについての問いがあり，さらに２つのデータの差についての分散を求めるという計算が続く。
　Ⅲは例年通りの記述問題で，放物線と直線が接する条件から２次関数の係数の関係を導き，放物線と x 軸とで囲まれた部分の面積についての問いが続く。面積の最大値は４次関数となるので，普段から意欲的に問題に取り組めていたかどうかで差がつく設問であった。
　全体的に，集中力と計算力が必要とされる出題であった。

2022 年度

問題と解答

2月1日実施分　問題 日本史

（80分）

Ⅰ　次の文章を読み，（ａ）〜（ｏ）の問いに答えよ。

　　徳川光圀は，下野国那須郡で発見された国造碑に記された人物の墓所を明らかに
するため，現在上侍塚・下侍塚と呼ばれている古墳の調査を行った。また，19世紀
　　　　①
初頭には　　Ａ　　が『山陵志』を著し，古墳の変遷を考察した。このとき初めて鍵
穴形の古墳に対して，「前方後円」の用語が使用された。

　　1822年に，福岡県三雲では弥生時代の墓から，鏡や玉璧，青銅製武器などが発見
　　　　　　　　　　　　　　②　　　　　　　　　　　　　　　③
され，青柳種信が形状・寸法などを正確な図とともに記録に残している。同じ頃，
ヨーロッパでは，デンマークの考古学者トムセンが石器から　　Ｂ　　，そして
　　Ｃ　　へと実用利器の材質が変化するという三時代区分法を提唱し，考古学史上
の一つの画期となっている。

　　明治時代に入り，1872年に堺県により大仙陵古墳の前方部の石室が調査されたが，
　　　　　　　　　　　　　　　　　　　④
その２年後には古墳濫掘を禁止する太政官布告が出された。近代産業の育成のため
お雇い外国人がさまざまな分野で活躍したが，現在の造幣局にあたる大阪造幣寮に
招聘されたイギリス人のゴーランドは古墳への関心が高く，帰国後に前方後円墳な
　　　　　⑤
どの図面を数多く発表し，その起源について論じた。

　　大正時代になり，県知事の発案による「皇祖発祥の霊地」の探究・保護を目的と
した宮崎県西都原古墳群の調査が始まった。これが日本における最初の本格的な古
　　　⑥
墳調査である。同じ頃，大阪府津堂城山古墳の竪穴式石室の調査が実施され，古墳
　　　　　　　　　　　⑦　　　　　　　　　⑧
の実態が徐々に解明され始めた。八木奘三郎らによる「記紀」の紀年を用いた３期
区分を批判した喜田貞吉は，1913年に発表した論文で古墳を２期に区分した。すな
わち，前方後円墳に竪穴式石室を設置する前期と，横穴式石室を築く後期である。
　　　　　　　　　　　　　　　　　　　　⑨　　　　⑩　　　　　　　　⑪
これは，「記紀」に基づいて横穴式石室を古く考える当時の理解とは大きく異なり，
論争が起こった。

　　大正デモクラシーの風潮のもとで学問や芸術が発達した頃，濱田耕作は1913年か
ら３年間ヨーロッパに留学し，ロンドン大学ではペトリーに学んだ。帰国後，

スウェーデンの考古学者モンテリウスによって体系化された型式学的研究方法をふ
まえて『通論考古学』を著した。1917年，濱田は大阪府国府遺跡を調査し，縄文土
器と<u>弥生土器</u>が異なる層から出土することを確かめ，層位的な調査で縄文土器と弥
　　⑫
生土器が異なる時代の所産であることを実証した。

（a）下線部①に関連して，この二つの古墳の墳形は，出雲地方や古墳時代前期の
　　　東日本で多く採用されているものである。この墳形を何というか。もっとも適
　　　切な名称を答えよ。

（b）空欄　　A　　にあてはまる，もっとも適切な人名を答えよ。

（c）下線部②に関連して，弥生時代は各地で異なる墓制が展開するが，北部九州
　　　では土器に遺体をおさめる埋葬施設が流行した。これを何というか。漢字 3 文
　　　字で答えよ。

（d）下線部③に関連して，青銅製武器のほか弥生時代に大陸から導入されたもの
　　　の例として，**適切でないもの**を下から一つ選び，記号で答えよ。

　　　あ　石包丁　　　　い　石棒　　　　う　鉄製武器　　　え　環濠集落

（e）日本列島では，　　B　　と　　C　　がほぼ同時に使用され始めるのが特徴で
　　　あり，　　B　　では主に祭器，　　C　　は主に工具や武器が見られる。
　　　　　B　　と　　C　　の組み合わせとして，もっとも適切なものを下から一つ
　　　選び，記号で答えよ。

　　　あ　B　玉器　　C　青銅器　　　　い　B　玉器　　　C　鉄器

　　　う　B　鉄器　　C　青銅器　　　　え　B　青銅器　　C　鉄器

（f）下線部④は古墳時代中期に造営された日本最大の古墳であり，大王の墓と理
　　　解される。その周りには従属的な小型古墳が築造されている。これを何という
　　　か。もっとも適切な名称を答えよ。

（g）下線部④の大仙陵古墳につぐ規模で，大阪府羽曳野市にある誉田御廟山古墳
　　　は，ある古墳群の中心的な巨大古墳である。この古墳群を何というか。もっと
　　　も適切な名称を答えよ。

（h）下線部⑤に関連して，ゴーランドは自然石の支柱の上に大きな平石を載せた
　　　墓を紹介した。この墓制を何というか。もっとも適切な名称を答えよ。

（i）下線部⑥には，九州最大の前方後円墳である女狭穂塚古墳が所在するが，群
　　　馬県にある，東日本で最大の古墳を何というか。もっとも適切な名称を答えよ。

（ j ）　下線部⑦に関連して，この古墳から出土したものとして，**適切でないもの**を
　　　下から一つ選び，記号で答えよ。

　　　　あ　長持形石棺　　い　付札木簡　　う　水鳥形埴輪　　え　鉄鏃

（ k ）　下線部⑧の竪穴式石室におさめられた，一本の大木をくり抜いて二つ合わせ
　　　た長大な木棺を何というか。もっとも適切な名称を答えよ。

（ l ）　下線部⑨に関連して，大和盆地東南部に築造された，出現期古墳として最大
　　　の前方後円墳を何というか。もっとも適切な名称を答えよ。

（m）　下線部⑩の横穴式石室は死者を追葬できる構造をもつ。横穴式石室の構造物
　　　として，**適切でないもの**を下から一つ選び，記号で答えよ。

　　　　あ　閉塞石　　　　い　玄室　　　　う　羨道　　　　え　礫槨

（ n ）　下線部⑪に関連して，5 世紀半ば以降になると，小型の円墳などが密集して
　　　数多く築造されるようになった。この古墳が密集して形成されたものを何とい
　　　うか。もっとも適切な名称を漢字 3 文字で答えよ。

（ o ）　下線部⑫に関連して，弥生時代前期に西日本一帯に広がる土器は遠賀川式土
　　　器と呼ばれる。この遠賀川式土器が出土し，東北地方最古の水田が発見された
　　　遺跡を答えよ。

Ⅱ　次の文章を読み，空欄　A　～　J　にもっとも適切な語句を記入し，かつ
　（a）～（e）の問いに答えよ。

　中世後期以降，村や町の自治は著しい発展を見せた。特に畿内では多くの惣村が
成長し，神社の氏子の組織である　A　を中心に，村の有力者が集まって惣掟を
定め，警察権や裁判権を行使する地下　B　も見られた。自治都市においても，
豪商が町政を主導し，堺はイタリアの都市　C　にたとえられた。

　京都では，下京に位置し華道の拠点であった　D　堂などの町堂が集会場所と
なり，非常時には鐘が鳴らされた。文化面においても，和泉国に下った公家の日記
『政基公旅引付』に「念仏以後，種々　E　を尽くす」とあるように，各地で華
美に装った踊りが流行し，都市では茶道や華道・香道などが栄えた。

　織豊期になると，権力による社会の編成が強まった。村では太閤検地が行われ，
　　　　　　　　　　　　　　　　　　　　　　　　　　　①
　F　の原則に基づいて検地帳に名請人が明記された。都市でも間口調査が行わ
れ，屋敷地にかけられる年貢として　G　が徴収されたが，一部の大都市では免
除された。村と町の指導者層も役人としての性格を強めることになった。
　　　　　②

　しかし，近世に村や町の自治やその独自の進展が見られなくなったわけではない。
村法や町法が定められ，自治的な運営がなされた。村ではさまざまな訴願運動や，
　　　　　　　　　　　　　　　　　　　　　　　　　　　　　③
ときには百姓一揆が展開され，地域をまたいだ結合も見られた。

　また，新田開発や河川などの整備によって耕地面積が増大した。干鰯など購入肥
　　　　④
料である　H　もしだいに用いられるようになり，農業経営は安定した。都市で
も，京都などでは，道路を挟んで向かい合う　I　町が形成され，富裕な町衆が
町政を主導した。施政や役人の不正などへの庶民の直訴を受け付ける　J　が設
けられた城下町もあり，18世紀前半には幕府も三都などでこれを設置した。文化面
では，17世紀には，上方が出版や学問・演劇などの発信地であったが，しだいに文
　　　　　　　　　　⑤
化の中心は江戸へと移った。

（a）　下線部①に関連して，太閤検地の説明として適切でないものを下から一つ選
　　び，記号で答えよ。
　　㋐　貫高制を石高制に改めたため，天正の石直しとも呼ばれた。
　　㋑　面積の単位である一段が，三百六十歩から三百歩に改められた。
　　㋒　田畑や屋敷地の等級によって，一段ごとの石盛が定められた。
　　㋓　米を測量するのに用いる枡を，宣旨枡に統一した。

（b）　下線部②に関連して，江戸時代の村や町の役人について述べたＸ，Ｙの文について，その正誤の組み合わせとして，もっとも適切なものを下から一つ選び，記号で答えよ。

Ｘ　数カ村をまたいだ地域を管轄する大庄屋がおかれた場所もあった。

Ｙ　都市全体を担当する町年寄は帯刀を許され，武士身分に編入された。

　　あ　Ｘ　正　Ｙ　正　　　　　　　　　い　Ｘ　正　Ｙ　誤

　　う　Ｘ　誤　Ｙ　正　　　　　　　　　え　Ｘ　誤　Ｙ　誤

（c）　下線部③に関連して，下のＸ，Ｙの文を読み，それぞれの背景を述べたイ〜ニのうちから，もっとも適切な文の組み合わせを下から一つ選び，記号で答えよ。

Ｘ　文政6（1823）年，摂津・河内・和泉の千カ村を超える村々が商品作物の自由販売を求めて国訴を起こした。

Ｙ　天保11（1840）年，幕府は川越藩・庄内藩・長岡藩の三方領知替えを命じたが，反対一揆や老中への直訴もあり，撤回した。

　　背景　イ　衣服の原料である生糸は，畿内を中心に生産されていた。

　　　　　ロ　株仲間の結成が進み，大都市の問屋が流通の独占を狙った。

　　　　　ハ　19世紀には越訴は見られなくなり，世直し一揆が流行した。

　　　　　ニ　親藩の川越藩は海防の出費増大で，財政難に陥っていた。

　　あ　Ｘ－イ　Ｙ－ハ　　　　　　　　　い　Ｘ－イ　Ｙ－ニ

　　う　Ｘ－ロ　Ｙ－ハ　　　　　　　　　え　Ｘ－ロ　Ｙ－ニ

（d）　下線部④に関連して，18世紀初頭，大和川の付け替え工事に際して，大坂の有力な両替商が河内国若江郡に開いた新田を何というか。

（e）　下線部⑤に関連して，京都出身の人物の作品として，もっとも適切なものを一つ選び，記号で答えよ。

　　あ　『おらが春』　　い　『農業全書』　　う　『塵劫記』　　え　『花月草紙』

Ⅲ 次の文章を読み，空欄 | A | ～ | N | にもっとも適切な語句・人名などを記
入し，かつ(a)～(f)の問いに答えよ。

　近代歴史学の重要な方法論の柱として，着実な史実の考証を行う実証主義があげ
られる。しかしそれはすでに江戸時代において儒者や国学者が古典に向き合う姿勢
のなかに芽生えていた。古文辞学という方法論を打ち立て，蘐園学派の祖としても
①
知られる | A | が古典を成立当時の意味で解釈しようとつとめたことや，儒学に
は強く反発する一方，『万葉考』の筆者である | B | に学び，日本の古典に関す
る厖大な著作を残した国学者本居宣長の研究の方法論にも，そうした姿勢が認めら
②
れる。

　正確な史実の考証のためには，材料となる歴史史料の収集と校訂が不可欠である。
盲目の国学者として知られる塙保己一は，幕府の援助を得て | C | を設け，その
卓抜した記憶力を生かして，古代から江戸初期におよぶ国書を25部に分類，合冊し
た『 | D | 』の編纂に従事した。

　また | E | 藩によって編纂が開始され， | F | 体の形式をとって，明治期に
完成した『大日本史』は，大義名分論を基礎にしながらも，史実の考証に優れた歴
史書として知られている。

　そして，こうした史実の考証は，明治期以降も歴史学の方法として重視された。
岩倉使節団に随行し，その見聞録である『特命全権大使 | G | 』を書き残したこ
とでも知られる久米邦武は，その影響のもとに古文書学の基礎を築くなど，日本近
代歴史学の黎明期に活躍した。しかしながら，久米邦武は帝大教授となったのちの
1891年に，『史学会雑誌』に論文「 | H | は祭天の古俗」を発表した。翌年これ
が雑誌『史海』に転載されると，国学者らの非難を浴びて，職を辞することになっ
た。

　このように，厳格な考証によって明らかになった史実を自由に公表することは依
然困難をともなったとはいえ，しだいに官立の機関でも，こうした史実の考証に基
づく歴史史料の編纂には精力的に取り組んでいかざるを得なくなった。1895年，帝国
大学に史料編纂掛が設けられ，六国史以降の | I | 天皇の時代から，明治維新ま
での日本史関係の基礎史料を収集し， | J | 体で編纂した『大日本史料』や，正
倉院文書のほか諸家・寺社の家わけ文書などを含む『 | K | 』が刊行されたこと
はその表れである。官学においてこうした厳格な考証が定着していったのは，

前代の学問の伝統を引き継いだ面と，西欧近代歴史学の実証主義の方法論を学んだことが大きかった。

　これとは対照的に，ジャーナリズムの世界においては，西欧の影響はむしろ歴史記述を裏づける歴史観において顕著であった。1875年に公刊された福沢諭吉の代表③作である『　　L　　』は，古今東西の文明の発達と比較しながら日本社会の文明化の必要性を述べるという形式をとっており，また田口卯吉が1877年から82年にかけ④て公刊した『　　M　　』には，ギゾーの『ヨーロッパ文明史』の影響が認められるなど，比較文明史やそこに見られる発展史観の影響が大きかった。

　しかし，明治中期になると，政府の推進する欧化政策に対する反発の機運が高まり，日本の伝統や美を強調する国粋主義が台頭した。ただし，それらは排外的な国粋主義ではなかった。例えば，1888年，思想的結社である政教社を設立した三宅雪⑤⑥嶺は，国粋保存の立場をとりながらインターナショナリズムを尊重する姿勢を示し，翌1889年に日刊新聞『　　N　　』を創刊した陸羯南が公共の利益を重視するナショナリズムを尊重したことは，それを示すものといえよう。

（a）　下線部①に関連して，護園学派に属する儒者で，経済学の分野を研究し，『経済録』の著者として知られる人物は誰か。もっとも適切な人名を下から一つ選び，記号で答えよ。

　　　あ　太宰春台　　　い　山崎闇斎　　　う　熊沢蕃山　　　え　貝原益軒

（b）　下線部②の人物の代表的著作として知られているものは何か。もっとも適切なものを下から一つ選び，記号で答えよ。

　　　あ　『本朝通鑑』　　い　『聖教要録』　　う　『古史通』　　え　『古事記伝』

（c）　下線部③に関連して，福沢諭吉が不偏不党，独立不羈を唱えて創刊し，のちに『東京日日新聞』に合併される新聞は何か。もっとも適切なものを下から一つ選び，記号で答えよ。

　　　あ　『朝野新聞』　　い　『時事新報』　　う　『国民新聞』　　え　『万朝報』

（d）　下線部④に関連して，田口卯吉が1879年に創刊した日本最初の経済誌は何か。もっとも適切なものを下から一つ選び，記号で答えよ。

　　　あ　『国民之友』　　　　　　　　い　『東京経済雑誌』

　　　う　『改造』　　　　　　　　　　え　『東洋経済新報』

（e）　下線部⑤に関連して，1888年に創刊された政教社の機関誌は何か。もっとも
　　適切なものを下から一つ選び，記号で答えよ。

　　　あ　『日本人』　　　い　『太陽』　　　う　『世界文化』　　え　『世界』

（f）　下線部⑥に関連して，三宅雪嶺の代表的著作は何か。もっとも適切なものを
　　下から一つ選び，記号で答えよ。

　　　あ　『東洋の理想』　　　　　　　　い　『種蒔く人』

　　　う　『真善美日本人』　　　　　　　え　『我等』

2月1日実施分　　解答 日本史

Ⅰ　**解答**　(a)前方後方墳　(b)蒲生君平　(c)甕棺墓　(d)—ⓘ
(e)—ⓔ　(f)陪冢（陪塚）　(g)古市古墳群　(h)支石墓
(i)太田天神山古墳　(j)—ⓘ　(k)割竹形木棺　(l)箸墓古墳　(m)—ⓔ
(n)群集墳　(o)砂沢遺跡

◀解　説▶

解答編

≪原始の墓制≫

(a)　上侍塚・下侍塚古墳は前方後方墳である。上侍塚・下侍塚古墳については教科書の記載は少ないが，設問文に「東日本で多く採用されている」とあることと，リード文から前方後円墳でないと推測できることから解答を導きたい。

(b)　『山陵志』の著者は蒲生君平である。蒲生君平は尊王論者として知られる。『山陵志』以外のヒントはないため，解答にはやや詳細な知識が必要となる。

(c)　九州北部に見られる，土器に遺体をおさめる埋葬施設を甕棺墓という。

(d)　ⓘが正解。石棒は縄文時代に呪術的な儀礼に用いられたと考えられる。

(f)　大規模古墳の近隣に従属する小型古墳を陪冢という。古墳時代後期に小型古墳が密集して築造されたものである群集墳（(n)の解答）と混同しないように注意しよう。

(g)　やや難。誉田御廟山古墳が中心的位置を占める古墳群は古市古墳群である。大仙陵古墳のある百舌鳥古墳群と混同しないように注意しよう。

(h)　ゴーランドが紹介した墓は支石墓である。設問文の「自然石の支柱の上に大きな平石を載せた」の部分を手がかりにしよう。なお，支石墓は北部九州に見える，朝鮮半島南部の影響を受けたものである。

(i)　群馬県にある東日本で最大の前方後円墳は太田天神山古墳である。

(j)　ⓘが正解。大阪府津堂城山古墳から出土していないものは付札木簡である。当該古墳は受験生にとってなじみの薄いものであろうが，リード文に「竪穴式石室の調査」とあることから古墳時代中期までの古墳と想定し，文字に関わる木簡を当該古墳と関連しないものと判断したい。なお，付札

木簡は貢進物に付けられた荷札である。

(k)　難問。一本の大木をくり抜いて二つ合わせて作られた木棺を割竹形木棺という。

(m)　⓮が正解。礫槨は小石である礫を用いて木棺を安定させる埋葬施設で、粘土槨などと同様の性質ももつ。礫槨は詳細な知識であるが、入り口を塞ぐⓐ閉塞石、通路であるⓒ羨道、遺体を安置するⓑ玄室は横穴式石室の構造として基本事項であるため、消去法で解答しよう。

(o)　東北地方最古の水田が発見されたのは砂沢遺跡である。砂沢遺跡は、弥生時代前期に東北地方まで稲作が伝播した根拠となる遺跡である。

Ⅱ **解答**　A. 宮座　B. 検断　C. ベニス　D. 六角　E. 風流
　　　　　　　F. 一地一作人　G. 地子　H. 金肥　I. 両側
J. 目安箱
(a)—⓮　(b)—ⓘ　(c)—⓮　(d)鴻池新田　(e)—ⓒ

◀解　説▶

≪中世〜近世の町村自治≫

A. 惣村を運営する「神社の氏子の組織」は宮座である。

B. 惣村が領主の介入を防ぎ、治安維持のために警察権や裁判権を行使することを地下検断〔自検断〕という。

C. 堺はイタリアの都市ベニスにたとえられた。ガスパル＝ヴィレラの書簡には、堺について「此の町はベニス市の如く」とある。

D. やや難。リード文の「華道の拠点」から立花の池坊に関わる京都六角堂を導きたい。

E. 『政基公旅引付』の史料から風流の語句を導くことは困難であるが、リード文の「華美に装った踊りが流行し」との部分から解答しよう。

G. 屋敷地にかけられる年貢を地子という。教科書では太閤検地の箇所で地子を説明することは少ないが、リード文に「一部の大都市では免除された」とあり、江戸時代の城下町繁栄のための地子免除を想起することができれば解答できる。

I. 京都などの街路をはさんで向かい合うものが形成した町を両側町という。

J. 「庶民の直訴を受け付ける」ことから目安箱が該当する。8代将軍徳

川吉宗が評定所前に目安箱を設置したことが有名であるが，城下町にも目安箱を設置した例がある。

(a)　ⓔ誤文。太閤検地では米を測量するために京枡に統一した。宣旨枡は後三条天皇が延久の荘園整理令の際に統一したものである。

(b)　やや難。ⓘが正解。X．正文。数カ村を管轄する大庄屋や割元庄屋が置かれることがあった。Y．誤文。町年寄は帯刀が許される場合があるも，身分は町人である。町役人や村役人は「役人」とあるものの，身分について前者は町人，後者は百姓であり，武士身分と混同しないよう注意しよう。

(c)　やや難。ⓔが正解。X．1823年の摂津・河内・和泉での国訴は，大坂の問屋による木綿・菜種の流通独占に対して行われたものであるため，ロが該当する。なおイについて，江戸時代には生糸の生産が東日本で発達したことを踏まえ誤文と判断すれば，消去法でも解答できるが，やや詳細な知識が必要となる。Y．1840年の三方領知替えは，川越藩松平家の相模湾海防での財政難打開を意図して企画されたもので，ニが該当する。なおハについて，世直し一揆は天保期ではなく幕末に流行したことを踏まえると消去法で判断できる。

(d)　やや難。町人請負新田として鴻池新田があげられる。設問文の「大坂の有力な両替商」から解答を導きたい。

(e)　難問。ⓤが正解。『塵劫記』の著者吉田光由は京都出身の人物である。ⓐ『おらが春』は小林一茶（信濃），ⓘ『農業全書』は宮崎安貞（安芸），ⓔ『花月草紙』は松平定信（江戸）の著作であり，出身地を踏まえた消去法は困難である。

Ⅲ 解答

A．荻生徂徠　B．賀茂真淵　C．和学講談所
D．群書類従　E．水戸　F．紀伝　G．米欧回覧実記
H．神道　I．宇多　J．編年　K．大日本古文書　L．文明論之概略
M．日本開化小史　N．日本

(a)—ⓐ　(b)—ⓔ　(c)—ⓘ　(d)—ⓘ　(e)—ⓐ　(f)—ⓤ

◀解　説▶

≪近代歴史学の成立≫

B．『万葉考』の著者は賀茂真淵である。師である荷田春満や門人本居宣長の著書『古事記伝』など混同しやすく，正誤判断のポイントとして出題

されることも多いため確認しておきたい。

C・D. やや難。塙保己一は和学講談所をたて,『群書類従』を編纂した。

F. 難問。徳川光圀によって編纂が開始された『大日本史』はテーマごとに記述される紀伝体の形式をとっている。なお,Jには時系列に沿って記述される編年体が該当し,それと対比させて解答を導くことも可能であるが,紀伝体の用語に親しんでいないと困難である。

G. 難問。久米邦武の岩倉使節団随行記は『特命全権大使米欧回覧実記』であるが,教科書に記載されることが少なく,『米欧回覧実記』と略称されることもあるため,解答には詳細な知識が必要となる。

H. やや難。久米邦武は「神道は祭天の古俗」という論文を発表し,帝国大学の職を追われた。

I. 難問。『大日本史料』は宇多天皇の時代からを編纂対象としている。リード文の「六国史以降」から,六国史最後の『日本三代実録』が清和天皇・陽成天皇・光孝天皇を対象としていることを踏まえて,光孝天皇の次代の宇多天皇と解答したいが,詳細な知識が必要である。

J. 『大日本史料』は編年体の形式で編纂されている。六国史を引き継いでいることを踏まえて解答しよう。

K. やや難。史料編纂掛が編纂する諸家・寺社の文書を集めたものを『大日本古文書』という。

L. 福沢諭吉の文明に関する著作は『文明論之概略』である。福沢諭吉の代表作は多いが,リード文から適切な著作を判断しよう。

M. やや難。田口卯吉の文明史論は『日本開化小史』に著されている。

(c) ⓘが正解。福沢諭吉が創刊したのは『時事新報』である。福沢諭吉の脱亜論が掲載されたことを想起すれば解答できる。また,ⓐ『朝野新聞』が改進党系,ⓤ『国民新聞』が徳富蘇峰創刊,ⓔ『万朝報』が黒岩涙香創刊であることを踏まえると消去法でも解答できる。

(d) ⓘが正解。田口卯吉の創刊した経済誌は『東京経済雑誌』である。

(f) 難問。ⓤが正解。三宅雪嶺の著作は『真善美日本人』である。ⓐ『東洋の理想』は岡倉天心の著作,ⓘ『種蒔く人』は小牧近江などが発行したプロレタリア文学の出発点となる雑誌,ⓔ『我等』は長谷川如是閑が発行した雑誌であるが,消去法での解答も困難である。

❖講　評

Ⅰ．原始の墓制をテーマとする。(b)の蒲生君平や(i)の太田天神山古墳，(k)の割竹形木棺など，解答に詳細な知識を必要とする問題も出題されているが，基本的な語句や教科書の記述から判断できる問題も多く，リード文を丁寧に読み，消去法を使用して対応したい。また，(c)甕棺墓や(f)陪冢などの漢字のミスには注意しよう。

Ⅱ．中世〜近世の町村自治をテーマとする。空所補充は難度が高い問題もあり，基本事項であるＢ・Ｃ・Ｆ・Ｈ・Ｊなどはミスなく解答したい。(e)の文化人の出身地など受験生にとってなじみの薄い知識を問うものもある。また，(b)と(c)は正誤や関連文の組み合わせを問うもので，やや詳細な知識が必要であるが，教科書の記述を想起して解答したい。

Ⅲ．近代歴史学の成立をテーマとする。空所補充の問題は，Ｃ・Ｆ・Ｇ・Ｉ・Ｋなどやや詳細な知識を問う出題もあるが，基本事項はしっかりと得点したい。選択式の問題は基本事項が多く，(c)『時事新報』など消去法で対応できる出題もあるため，ケアレスミスを防ぎたい。

基本事項をしっかり確認しつつ，既習知識から解答を導くための思考力も身につけることが重要である。

　　　　　問題　日本史

（80分）

Ⅰ　次の〔1〕～〔7〕の史料を読み，（a）～（o）の問いに答えよ。なお，史料は読みやすく改めている箇所がある。

〔1〕　およそ正丁の歳役は　│ A │ 日。もし　│ B │ とるべくは，布二丈六尺。留役すべくは，三十日に満ちなば，租調ともにゆるせ。（略）　│ C │ 二人は一正丁に同じ。中男，および京・畿内は，│ B │ とる例に在らず。それ，丁の役に赴く日には，長官みずから点検し，あわせて衣粮えらびて，あまねく備へよ。しこうしてのちに発遣せよ。もし当国郡の人を雇ひ，および家人を遣はして，代わりて役せしめんと欲せば，ゆるせ。
①

〔2〕　令に准ずるに，正丁の歳役に　│ B │ の布二丈六尺を収む。まさに歳役の　│ B │ を軽くして，人民の乏しきをやめむと欲す。ならびに半を減ずべし。その大宰の所部は，みな　│ B │ を収むることを免ず。
②

〔3〕　およそ年ごとに，八月三十日より以前に，計帳至らば，民部に付けよ。主計，
③
│ B │ の多少を計りて，衛士・仕丁・采女・女丁等の食に充てよ。以外はみ
④
な役民の雇直および食に支配せよ。九月上旬より以前に官に申せ。

（a）　空欄　│ A │ にあてはまる，もっとも適切な数字を漢数字で答えよ。

（b）　空欄　│ B │ にあてはまる，もっとも適切な語句を答えよ。

（c）　空欄　│ C │ にあてはまる人の条件として，もっとも適切なものを下から一つ選び，記号で答えよ。

　　　あ　17～20歳の男子　　　　　　い　16～25歳の男子

　　　う　61～65歳の男子　　　　　　え　51～65歳の男子

（d）　下線部①について，ここでいう「家人」の説明として，もっとも適切なものを下から一つ選び，記号で答えよ。

　　　　あ　兄弟や子息など，同じ戸に属する近親の男子

　　　　い　米・布や銭貨で雇われた男子

　　　　う　売買の対象とはならない私有の賤民の男子

　　　　え　売買の対象となった私有の賤民の男子

（e）　下線部②の「大宰の所部」の国々は，七道のうちいずれの道に属するか。

（f）　下線部③の「計帳」について述べた文として，**適切でないもの**を下から
　　　一つ選び，記号で答えよ。

　　　　あ　計帳には，戸口の姓名や性別，年齢，特徴などが記された。

　　　　い　正倉院文書に，山背国の計帳が遺されている。

　　　　う　戸主が提出する手実という申告文書などをもとに作成された。

　　　　え　作成された計帳は，五比（三十年）保管することと規定された。

（g）　下線部④の「衛士」や兵衛が所属した，宮中や京内の警護にあたる五つ
　　　の軍事組織を総称して何というか。

〔4〕　勅すらく，令に依るに，　　D　　は，人ごとに均しく使ひ，惣じて六十日を
　　　過ぐることえざれ，と。聞くならく，京・国の司，ひとえにその法をとり，差
　　　科の限り，必ず六十日に満つ。ここを以て，富強の家，財物を輸して直に酬い，
　　　貧弱の輩，身力を役して事に赴く。貪濁の吏，よって屋を潤し，中外の民，こ
　　　こに弊を受く。薄賦軽徭，あにこれをいわんや。自今以後，宜しく三十日を
　　　もって限りとなし，均使の法，もはら令条の如くすべし。

〔5〕　聞くならく，諸国正税を出挙するに，例として　　E　　の息利を収む。貧窮
　　　の民，備へ償うに堪えず，多くは家産を破り，或いは自存せず。その公廨およ
　　　び雑色稲の出挙の息利を論定するに，今年より始めて，もはら減省に従うべし。
　　　よって十束を率して利　　F　　を収めよ。

〔6〕　このころ，在外の国司，多くは朝憲にそむき，しきりに制令を頒ち，よく遵
　　　行することまれなり。それ兵士の設けは，非常に備ふるなり。しかるに，国
　　　司・軍毅，理にあらずして役使し，いたづらに公家の費えを致し，還りて官吏
　　　の資となす。静かにこれをおもふに，弊たることまことに深し。宜しく京畿お
　　　よび七道諸国，並びに停廃に従ひ，もって労役を省くべし。但し，陸奥・出

羽・佐渡等の国および大宰府は，地これ辺要にして備え無かるべからず。たもつところの兵士は，旧に依りて置くべし。

〔7〕　右大臣の宣をこうむるにいはく，勅をうけたまはるに，今，諸国の兵士，辺要の地を除くのほか，皆停廃に従ふ。それ兵庫・鈴蔵および国府等の類い，宜しく　G　をつかはし，もって守衛に充つべし。宜しく郡司の子弟をえらびつかはし，番をなして守らしむべし。

（h）　空欄　D　にあてはまる，もっとも適切な語句を答えよ。

（i）　下線部⑤と同様の措置は，かつて藤原仲麻呂排斥の計画が頓挫した争乱の直後に講じられたことがあった。この争乱を何というか。

（j）　空欄　E　および　F　にあてはまる語句の組み合わせとして，もっとも適切なものを下から一つ選び，記号で答えよ。

　　　あ　E　二倍　　F　三束　　　　　　い　E　二倍　　F　五束
　　　う　E　半倍　　F　三束　　　　　　え　E　半倍　　F　五束

（k）　下線部⑥に関連して，諸国におかれ，徴集された兵士が所属する組織を何というか。

（l）　下線部⑦に関連して，蝦夷の征討をはかるため，「陸奥」の多賀城におかれた軍事統括拠点を何というか。

（m）　空欄　G　にあてはまる，もっとも適切な語句を答えよ。

（n）　下線部⑧について述べた文として，**適切でないもの**を下から一つ選び，記号で答えよ。

　　　あ　郡司の職田は輸租田であった。

　　　い　郡司の職には，旧国造など在地の伝統豪族がつく場合が多かった。

　　　う　郡司の任期は当初4年であったが，のちに6年に改められた。

　　　え　郡司の役所である郡家には，公用の伝馬がおかれた。

（o）　〔4〕～〔7〕の史料は，すべて同じ天皇の時代に出されたものである。この天皇の名を答えよ。

Ⅱ　戦後の史学史（歴史学の歴史）について語った次の会話文〔1〕・〔2〕を読み，空
　欄　A　～　G　にもっとも適切な語句を記入し，かつ（a）～（h）の問いに答
　えよ。なお，引用文は，一部改めた箇所がある。

〔1〕　先輩：15世紀後半に生じた大規模な争乱を取り上げた呉座勇一の著書が2016
　　　　　　　年に刊行されて空前のベストセラーとなり，中世史ブームの再来とい
　　　　　　　われたが，あれからもう6年か。

　　　　後輩：たしかに　A　が当時の日本社会にもたらした影響は大きいですね。
　　　　　　　2021年は，東洋史学者内藤湖南の著名な講演「　A　について」か
　　　　　　　①
　　　　　　　らちょうど100年でしたね。この講演では，「今日の日本を知るために
　　　　　　　日本歴史を研究するには，古代の歴史を研究する必要はほとんどあり
　　　　　　　ませぬ」「　A　以後はわれわれの身体骨肉に直接触れた歴史で
　　　　　　　あって，これを本当に知っておれば，それで日本歴史は十分だといっ
　　　　　　　ていいのであります」という言葉が有名です。

　　　　　　　　それから半世紀以上たった，1970年代末の中世史研究にも，内藤湖
　　　　　　　南と同じように，中世社会のなかに異質な世界を見ようとする傾向が
　　　　　　　　　　　　　　　　　　②
　　　　　　　見られますね。1970年代末～1980年代は，先行きが見通しにくい時代
　　　　　　　　　　　　　③
　　　　　　　だった，ということでしょうか？

　　　　先輩：そう，でもそれは日本だけの話ではないよ。1960年代に現れ，1980年
　　　　　　　　　　　　　　　　　　　　　　　　　　　　　　　　　　　④
　　　　　　　代には世界的潮流として，近代への批判としてのポストモダニズムが
　　　　　　　流行するのだが，その流れをくむ形で1970年代末の論壇では，非近代
　　　　　　　的なものへの関心が高まっていたね。続く1980年代の明るい第1次中
　　　　　　　世史ブームには，こうした背景があったんだよ。

　　　　後輩：でも，1990年代は，一般の人々が犠牲になるテロ事件なんかが起きた
　　　　　　　　　　⑤
　　　　　　　りして，ますます先が見通しにくい時代ともいえますね。

（a）　下線部①に関連して，内藤湖南は日本の歴史に関するある学説を唱えた
　　　ことでもよく知られている。その学説は何か。もっとも適切なものを下か
　　　ら一つ選び，記号で答えよ。

　　　　あ　縄文人北方起源説　　　　　　　　い　邪馬台国畿内説

　　　　う　騎馬民族征服王朝説　　　　　　　え　聖徳太子架空人物説

（b）　下線部②に関連して，日本の中世社会の実態として，**適切でないもの**を

下から一つ選び，記号で答えよ。

　　　あ　盗みは秩序を乱す重犯とされ，死罪となることもあった。

　　　い　女性の地位が低く，夫の許可なく家を出ることはできなかった。

　　　う　神の意向をうかがって判断を下す神判が重んじられ，将軍がくじ引き
　　　　　で決まることもあった。

　　　え　重大な「悪口」は流罪とされた。

（c）下線部③に関連して，この時期の日本の内外で起こった政治・社会の動
　　　きとして，もっとも適切なものを下から一つ選び，記号で答えよ。

　　　あ　安保闘争　　　　　　　　　　　い　ソ連のアフガニスタン侵攻

　　　う　東海道新幹線開業　　　　　　　え　日ソ共同宣言

（d）下線部④に関連して，同年代に世界で起きた出来事として，もっとも適
　　　切なものを下から一つ選び，記号で答えよ。

　　　あ　ハンガリー動乱　　　　　　　　い　プラハの春

　　　う　リーマン＝ショック　　　　　　え　中距離核戦力全廃条約調印

（e）下線部⑤に関連して，1990年代に起きたテロ事件は何か。もっとも適切
　　　なものを下から一つ選び，記号で答えよ。

　　　あ　地下鉄サリン事件　　　　　　　い　ロッキード事件

　　　う　よど号事件　　　　　　　　　　え　血のメーデー事件

〔2〕　先輩：第2次世界大戦後，いわゆる戦後歴史学のなかで中世史研究を牽引し
　　　　　　　たのが，東の佐藤進一と西の黒田俊雄だね。いずれも戦時中への反省
　　　　　　　　　　　　　　　　　　　　　　　　　　　　　　　　⑥
　　　　　　　からスタートした戦後民主主義の歴史学だが，方向性が全然違う。

　　　　後輩：中世史家である黒田俊雄は，日本社会の「構造の単一性」に着目しま
　　　　　　　した。中世社会で人々の前に聳え立っているのは，公家，新しく台頭
　　　　　　　した　B　，そして寺社といった「権門」と呼ばれる巨大勢力です。
　　　　　　　ところが，いずれも　C　制を経済基盤においている点ではよく似
　　　　　　　た権力体であり，被支配者から見れば大差のない，それこそ「逃げ
　　　　　　　場」のない支配構造でした。そしてこの構造を束ねているのが，『万
　　　　　　　葉集』の歌などではしばしば「大君」と呼ばれることもあった
　　　　　　　　D　だ，としたわけですね。つまりは構造の責任をだれが負うべ
　　　　　　　きか，を明確にした議論だった。これが，黒田が提唱した「権門体制

論」の核心ですね。

先輩：これに対し，同じく中世史家である佐藤進一の場合は，　D　を中心とする王朝の世界とは別の選択肢があったことを重視する立場だね。だからこそ，関東に朝廷とはまた別の公権力を築いた，鎌倉幕府の可能性，それにその限界にも着目した。これが佐藤の「東国国家論」の趣意なんだ。

後輩：つまり，黒田の議論が，なぜ日本社会はこんなふうになってしまったのか，という問いであるのに対し，佐藤の議論は，日本社会にはこんな可能性もあったのになぜ，という問い方なんですよね。戦後の民主化のなかで，どちらも必要な議論だったんだと思います。

先輩：佐藤の場合，北条氏の執権政治における　E　制に着目した点も重要だよ。将軍にはなれない北条氏が，主従制のような，人間関係をベースにした支配よりも，法のような，人脈によらない支配，つまりは専制よりも　E　を志向したのもそのためなんだ。1231年，気候不順により起こった　F　の大飢饉時の人身売買の対策に腐心し，法整備に努めた北条泰時は，　G　衆を新設するなど，そうした関心をもっていたと思われるよ。
⑦

後輩：ところが，その北条氏も鎌倉後期には専制化してしまいます。後者の
　　　　　　　　　　　　　　　　　⑧
要素は全面展開できなかったわけですね。

（f）下線部⑥に関連して，戦時中に有力となった，天皇の絶対化を試みる歴史観を何というか。漢字4文字で答えよ。

（g）下線部⑦に関連して，このときに北条泰時によって整備された幕府の基本法を何というか。

（h）下線部⑧に関連して，北条氏の執権政治は蒙古襲来以降は専制に傾いたとされるが，このような権力を握った北条氏の惣領を何というか。

Ⅲ　次の文章〔1〕・〔2〕を読み，空欄　A　～　N　にもっとも適切な語句・人
　名などを記入し，かつ（a）～（f）の問いに答えよ。

〔1〕　幕末期に政治的危機が急迫するにしたがって，幕府が最終的に選んだ方法は，
　　合議の構成要員を拡大，改変することによって危機を乗り切ることを展望して，
　　政権を朝廷に返還する大政奉還であった。それを徳川慶喜に建議したのは前土
　　　　　　　　　　　　　　　　　　　　　①
　　佐藩主　A　であった。

　　　しかし，この方法に不満を抱く薩長の武力討幕派と，のちに明治政府の右大
　　臣になる尊攘派公家　B　らは，1867年12月，クーデター的な方法によって
　　C　を宣言した。これはまさに未曾有の権力の中心をつくり出すための強
　　行措置であった。そうであればこそ，それはその宣言文に「自今　D　，幕
　　府等廃絶」として，幕府だけでなく，　D　制を廃止するとともに，「諸事
　　E　創業ノ始メ」，すなわち「原点」に立ち返った天皇中心の政治を執り行
　　うことを宣言せざるを得なかったのである。

　　　しかしながら，こうした強行措置によって立ち上げられた権力は，この段階
　　ではいかなる正当性も備えていなかった。ゆえに，この権力にとっては以下の
　　三つが，必須の課題となった。

　　　第1には，武力で幕府を打ち倒すことである。新政府にとって，鳥羽・伏見
　　の戦いから始まって1869年まで続いたいわゆる　F　戦争は，新政府軍の軍
　　事的優位性を誇示するための措置であった。

　　　第2には，1868年3月に公布された五箇条の御誓文に「広ク会議ヲ興シ万機
　　G　ニ決スベシ」とあるように，　G　を取り入れる方針を示して，限
　　定的ではあれ，権力の公共的性格を高めることである。

　　　第3には，これと関連して，政治権力の集中を高めるとともに，権力から恣
　　意性を取り除くために，権力の主体を非人格化することである。政体書に基づ
　　いて設置された太政官制から内閣制度への移行，さらには大日本帝国憲法制定，
　　　　　　　　　②　　　　　　　　　　　　　　　　　　③
　　天皇機関説的な憲法解釈は，そのための模索の過程であった。

　（a）　下線部①に関連して，　A　の人物に大政奉還を建議することを入説
　　　　したのは，のちに民撰議院設立の建白にも参画した土佐藩のある人物であ
　　　　る。その人物は誰か。もっとも適切な人物を下から一人選び，記号で答え

　よ。

　　　⑧　江藤新平　　　⑪　中岡慎太郎　　　⑤　後藤象二郎　　　⑨　副島種臣

（ｂ）　下線部②に関連して，太政官が統轄した七官の一つで，上下局によって

　　組織され，法律の制定や官吏の任用などに携わった機関は何か。もっとも

　　適切なものを下から一つ選び，記号で答えよ。

　　　⑧　議政官　　　⑪　民部官　　　⑤　企画院　　　⑨　行政官

（ｃ）　下線部③に関連して，制定された大日本帝国憲法は，補則を含めて，計

　　何条からなるか。もっとも適切なものを下から一つ選び，記号で答えよ。

　　　⑧　67条　　　⑪　76条　　　⑤　80条　　　⑨　103条

〔２〕　内閣制度の特質の一つに，天皇の個人的な意向が政府の方針を拘束すること

　を避けるために，「　Ｈ　・府中」の別を制度化し，内大臣を設置して，天
　　　　　　　　　　　　　　　　　　　　　　　④

　皇の補佐にあたらせたことが注目される。

　　　しかしながら，内閣制度は大日本帝国憲法の本文では制度的位置づけを与え

　られなかった。内閣の権限を保障した章すらなく，第四章「　Ｉ　及枢密顧

　問官」で各　Ｉ　が単独で天皇に対して責任を負う単独　Ｊ　責任が規定

　されているのみであった。

　　　これとは対照的に，天皇には統帥権などを含む広大な　Ｋ　が条文で保障

　されていた。ただし，この　Ｋ　は天皇自らが専制的権力を振るうために制

　定されたのではなく，各機関に天皇の権限を代行する権限と責任を与えたもの

　であった。そして，その各機関の実務は登用された官僚たちが担った。その登

　用のルールは，1893年に公布された　Ｌ　によって定められ，そののち1899

　年には政党員が官界に進出するのを防ぐために，特別任用以外の　Ｍ　官の

　任用資格を　Ｎ　試験に合格した奏任官にかぎる旨の規定に改訂された。

　　　しかし，大日本帝国憲法のもとにおいては，これら各機関を統轄する実質的

　主体は存在しなかった。したがって，それは憲法上にはその存在が記されてい

　ないとはいえ，議会を足場に発言力を強めた政党の統轄力を援用して各機関を
　　　　　　　　　　⑤

　とりまとめる以外には方法はなかった。このような意味において，政党内閣制

　は避けられない選択であったといえよう。

　　　しかしこの政党内閣制も多くの問題を抱えており，犬養毅内閣を最後に終焉

　を迎えるが，政党自体は立憲政友会，立憲民政党など，すべての政党が解党す
　　　　　　　　　　　⑥

るまで残り，日本政治に一定の影響を与え続けた。

（d）　下線部④に関連して，内大臣は昭和戦時期には元老にかわって天皇の諮
　　　問機関として重要な役割を果たすようになる。1940年に内大臣に就任し，
　　　終戦工作に関与したことでも知られる人物は誰か。もっとも適切な人物を
　　　下から一人選び，記号で答えよ。

　　　ⓐ　三条実美　　　　　　　　　　ⓘ　牧野伸顕

　　　ⓤ　木戸幸一　　　　　　　　　　ⓔ　鈴木貫太郎

（e）　下線部⑤に関連して，政党が勢力を伸ばすために議席を争った帝国議会
　　　の位置づけや権能に関しては，大日本帝国憲法に規定が存在した。その説
　　　明について，もっとも適切なものを下から一つ選び，記号で答えよ。

　　　ⓐ　大日本帝国憲法においては，衆議院も貴族院も解散はなかった。

　　　ⓘ　大日本帝国憲法においては，衆議院にも貴族院にも解散があった。

　　　ⓤ　大日本帝国憲法においては，衆議院，貴族院の両院の議員を兼ねるこ
　　　　とが可能であった。

　　　ⓔ　大日本帝国憲法においては，衆議院に予算先議権が認められていた。

（f）　下線部⑥に関連して，立憲政友会や立憲民政党が解党するのは何年か。
　　　もっとも適切な年を下から一つ選び，記号で答えよ。

　　　ⓐ　1936年　　　ⓘ　1938年　　　ⓤ　1940年　　　ⓔ　1942年

![2 月 3 日実施分] **解答** 日本史

I 解答

(a)十　(b)庸　(c)—ⓘ　(d)—ⓗ　(e)西海道　(f)—ⓔ
(g)五衛府　(h)雑徭　(i)橘奈良麻呂の乱　(j)—ⓗ　(k)軍団
(l)鎮守府　(m)健児　(n)—ⓗ　(o)桓武天皇

◀解　説▶

≪古代の制度改革≫

(a)・(b) 「布二丈六尺」とあることからBが庸であることがわかる。庸は
都での労働である歳役十日（Aの解答）の代わりに，二丈六尺の布を納入
するものである。

(c) やや難。ⓘが正解。「　C　二人は一正丁に同じ」とあり，史料中に
「中男」があることから，Cには次丁〔老丁〕が入ることがわかる。次丁
の条件であるⓘ61～65歳の男子が該当する。

(d) ⓗが正解。家人は，五色の賤のうち私有の賤民にあたる。同じく私有
の賤民にあたる私奴婢は売買の対象とされたが，家人は売買されなかった。

(e) 西海道が正解。「大宰」とは「大宰府」を指し，大宰府が九州を管轄
することから解答を導こう。

(f) ⓔ誤文。30年間の保管が規定されたのは戸籍である。ⓘの正倉院文
書の計帳に関わる知識やⓗの手実などは詳細な知識であるため，消去法で
の解答は困難である。

(h) 「惣じて六十日を過ぐることえざれ」から雑徭が該当するとわかる。
なお「三十日をもって限りとなし」とあるように，雑徭期間は途中で半減
された。

(j) ⓗが正解。公出挙の利息は利率5割から3割に減ぜられた。それを踏
まえて，「例として　E　の息利を収む」「十束を率して利　F　を収め
よ」とあることから，Eには50％にあたる半倍，Fには十束に対して30
％にあたる三束が該当する。

(k)・(m) 兵士が所属する軍団が廃止され，健児が設置される。史料〔6〕
に「陸奥・出羽・佐渡等の国および大宰府」以外の兵士を「停廃」すると
あり，史料〔7〕に「郡司の子弟をえらび」　G　を設置するとあるこ

とから，解答が導き出せる。

(n)　⑤誤文。郡司は終身制であり，任期の規定はない。その他の選択肢が
基本事項であるため，消去法でも解答できる。

(o)　史料〔4〕は雑徭期間の半減，史料〔5〕は公出挙の利率を5割から
3割に減らすこと，史料〔6〕は軍団の廃止，史料〔7〕は健児の設置に
関する内容である。いずれも桓武天皇の時代の内容である。

解答編

II　解答　A．応仁の乱　B．武家　C．荘園公領　D．天皇
　　　　　E．合議　F．寛喜　G．評定

(a)—ⓘ　(b)—ⓘ　(c)—ⓘ　(d)—ⓔ　(e)—ⓐ
(f)皇国史観　(g)御成敗式目〔貞永式目〕　(h)得宗

◀解　説▶

≪戦後歴史学の登場≫

〔1〕A．会話文に「15世紀後半に生じた大規模な争乱」とあることから
応仁の乱とわかる。

(a)　難問。ⓘが正解。内藤湖南は邪馬台国畿内説を唱えた。他の選択肢で
あるⓐ縄文人北方起源説，⑤騎馬民族征服王朝説，ⓔ聖徳太子架空人物説
も教科書で言及されることは少なく，消去法での解答は困難である。

(b)　ⓘ誤文。鎌倉時代の家制度では女性の地位は比較的高く，財産の所有
なども男性と同等であったとされる。

(c)　ⓘが正解。ソ連のアフガニスタン侵攻は1979〜89年の出来事である。
ⓐ安保闘争が新安保条約に関わる1960年，ⓘ東海道新幹線開業が東京オ
リンピックに関わる1964年，⑤日ソ共同宣言が日本の国連加盟に関わる
1956年であることは基本事項であるため，消去法でも解答できる。

(d)　ⓔが正解。中距離核戦力全廃条約調印は1987年である。ⓐハンガリ
ー動乱は1956年，ⓘプラハの春は1968年，⑤リーマン＝ショックは
2008年である。

(e)　ⓐが正解。地下鉄サリン事件が起きたのは1995年である。田中角栄
が逮捕された1976年のⓘロッキード事件，破壊活動防止法制定の契機と
なった1952年のⓔ血のメーデー事件は著名であるが，1970年の⑤よど号
事件は詳細な知識であるため，消去法での解答は困難である。

〔2〕C．中世における公家，武家（Bの解答），寺社の「経済基盤」は荘

園公領制である。

D．権門体制を束ねたのは天皇である。会話文に，「　D　を中心とする王朝の世界とは別の選択肢」である鎌倉幕府が「関東に朝廷とはまた別の公権力を築いた」とあることから，天皇と確定する。なお，「大君」を「たいくん」とすると江戸幕府将軍を指すので注意しよう。

E・G．北条氏は評定衆を設置するなど合議制をベースにした支配を行った。会話文に「専制よりも　E　を志向し」，その一環で北条泰時が「　G　衆を新設」したとある。泰時の新設したGが評定衆であることを踏まえると，Eは合議が該当すると判断できる。なおGは，北条時頼が新設した引付衆と混同しないように注意しよう。

F．やや難。寛喜の大飢饉は御成敗式目制定の背景の一つとなったともいわれる。

(f)　やや難。平泉澄（きよし）を代表とする天皇統治の正当性を主張する歴史観を皇国史観という。

Ⅲ　解答

A．山内豊信〔容堂〕　B．岩倉具視　C．王政復古
D．摂関　E．神武　F．戊辰　G．公論　H．宮中
I．国務大臣　J．輔弼　K．天皇大権　L．文官任用令　M．勅任
N．文官高等

(a)—⑤　(b)—あ　(c)—い　(d)—⑤　(e)—え　(f)—⑤

◀解　説▶

≪明治政府と内閣制度≫

〔1〕C．リード文に「その宣言文」とあり，王政復古の大号令の史料が引用されていることから，王政復古が該当するとわかる。

D．該当箇所は天皇親政を妨げる存在として，「幕府」とならんで摂関が入る。

E．リード文の「『原点』に立ち返った天皇中心の政治」から，天皇制の原点，天皇制の「創業」である初代天皇としての神武天皇を想起する必要がある。

(a)　⑤が正解。後藤象二郎は坂本龍馬とともに山内豊信に大政奉還の建議を入説した。なお，あ江藤新平とえ副島種臣は民撰議院設立の建白には参画しているものの佐賀藩の人物，い中岡慎太郎は土佐藩の人物であるが，

坂本龍馬とともに暗殺されており民撰議院設立の建白には参画していない。

(b)　やや難。あが正解。太政官が管轄する七官で上下局によって組織されるのは議政官である。教科書では明治初期の中央官制図に記されている程度であり，解答にはやや詳細な知識が必要である。

(c)　難問。いが正解。大日本帝国憲法は7章76条からなる。解答には詳細な知識が必要である。なお，日本国憲法は11章103条で構成される。

〔2〕I・J．国務大臣は天皇に対して単独輔弼責任を負う。内閣制度に関する内容で「各　I　」とあることから，Iには国務大臣が，「天皇に対して」とあることから，Jには輔弼が該当すると判断できる。輔弼とは天皇を補佐する行為である。なお，大日本帝国憲法第55条には「国務各大臣ハ天皇ヲ輔弼シ」とある。

L．文官任用令は1893年に公布された。1899年の第2次山県有朋内閣の時に，政党の官界進出を防ぐために文官任用令が改正されたことを想起すればよい。

M・N．やや難。文官任用令改正では，上級官吏である勅任官の任用資格を文官高等試験合格者に限るとした。

(d)　うが正解。1940年に内大臣に就任したのは木戸幸一である。1941年に木戸幸一内大臣の推挙によって東条英機が組閣したことを想起して解答したい。なお，あ三条実美は明治期の内大臣，い牧野伸顕は二・二六事件前の内大臣，え鈴木貫太郎は終戦時の内閣総理大臣である。やや詳細な知識が必要となるため消去法での解答は困難である。

(e)　え正文。あ・い誤文。大日本帝国憲法第44条の2に「衆議院解散ヲ命セラレタルトキハ貴族院ハ同時ニ停会セラルヘシ」とあるように，衆議院には解散があり，貴族院には解散がなかった。う誤文。大日本帝国憲法第36条に「何人モ同時ニ両議院ノ議員タルコトヲ得ス」とある。

(f)　うが正解。立憲政友会や立憲民政党は大政翼賛会が発足する1940年に解党する。

❖講 評

Ⅰ．『令義解』『類聚三代格』などの史料をリード文に古代の税制をテーマとする。全体的に基本事項が出題されているが，解答するにはそれぞれの史料の内容をしっかりおさえておく必要がある。史料〔6〕と〔7〕などは相互に関係のある史料であり，一方の史料を他方の史料の内容把握に役立てることができる。(j)の公出挙の利息軽減の問題は一見難解に見えるが，既習知識と史料を対応させることができれば容易に解答できる。

Ⅱ．戦後歴史学をテーマとする。主に中世に関する問題だが，(c)・(d)・(e)など1970年代末～1990年代の現代史に関する問題もあった。現代史の問題はやや詳細な知識を問うものもあるが，教科書範囲の学習で対応できる。(a)の内藤湖南の学説や空所補充の問題Ｆの寛喜など詳細な知識を問う出題もあるが，多くは基本事項であるので，リード文のヒントを丁寧に確認しつつ確実に解答したい。

Ⅲ．明治政府と内閣制度をテーマとする。空所補充の問題は，文官任用令改正に関するＭ・Ｎなど教科書注記レベルのものもあるが，概ね基本事項である。選択式の問題は，(b)議政官や(c)大日本帝国憲法の条文数など，解答の難しいものもあるが，教科書の記述や消去法で解答できる問題はミスなく解答したい。

2月1日実施分　問題 世界史

（80分）

Ⅰ　次の文章を読んで空欄に最も適切な語句を記入せよ。

　　西暦1900年，甘粛省の敦煌にある石窟寺院である　 A 　窟で数万点に上る古文
献が発見された。敦煌文書と総称されるこの古文献は4世紀後半から11世紀前半の
頃に作成された仏典や古文書などで，大部分は漢文で書かれているが，　 B 　文
字のものも2割程度あり，他にもごく少数だが　 C 　文字・ウイグル文字などで
書かれたものもある。これら諸言語の存在はこの地の歴史的展開と深く関わってい
る。

　　敦煌の名は早くも『史記』にみえる。「はじめ　 D 　は敦煌と祁連の間にいた」
という記事がそれである。　 D 　は，その後，匈奴によって西方に追いやられ，
敦煌は匈奴の勢力下となった。その匈奴は前漢の武帝によって北に駆逐され，敦煌
を含む河西地域（現甘粛省の黄河以西の地）は漢帝国の領土となり，敦煌には敦煌
郡が置かれた。これより先，武帝は，西方に追いやられた　 D 　と同盟して匈奴
を挟撃しようと　 E 　を派遣した。同盟は成功しなかったが，これによって漢と
西域との交易路，いわゆるシルクロードが開通し，敦煌は東西交易の基地となって
発展した。

　　2世紀末に黄巾の乱が起こると，後漢は辺境経営どころではなくなり，敦煌には
太守（郡長官）さえ派遣されなかったが，三国時代になると三国の一つ　 F 　が
太守を派遣して敦煌を直接統治し，西域との交流も再開した。続く西晋は敦煌西方
の　 G 　盆地のオアシス諸国の首長に官爵を授与するなど西域経営を積極的にす
すめたが，その拠点となったのも敦煌であった。

　　4世紀初めの永嘉の乱で華北は混乱状態となったが，河西地域は中原から離れて
いたため影響が少なかった。それに目をつけた張軌という漢人が涼州刺史となって
この地に赴任して勢力を拡大し，やがて独立した。五胡十六国の一つ前涼である。
前涼は，その後，華北統一を進める前秦によって滅ぼされ，河西地域は前秦の領地

となった。 A 窟が最初に開鑿されたのはこの頃である。前秦は江南併合を狙ったが淝水の戦いでの敗北をきっかけに崩壊し，その後，河西地域は後涼，西涼，北涼が相次いで支配した。これらの国々は西域諸国と直接交渉を持ち，北涼の時には西域三十六国がみな臣と称して朝貢してきた。北涼は西域貿易の利益を背景に石窟寺院を各地に造営した。北涼が北魏に滅ぼされた時，北涼の仏僧が多く北魏の都平城に移住させられた。後に H 石窟の造営に携わる曇曜もそうして移住させられた仏僧の一人である。

南北朝を統一した隋は，煬帝の時に積極的な西域経営を行った。隋の西域進出には北方の突厥と青海地方の吐谷渾が障害となっていたが，突厥は隋による離間策により弱体化し，吐谷渾もその内乱に乗じた隋の遠征軍によって駆逐された。かくて，隋は G 盆地南側ルート（西域南道）に大きく進出し，ミーラン（鄯善），チェルチェン（且末）など四郡を設置した。ミーランやチェルチェンに中国王朝の直轄領が置かれたのは歴史上この時だけである。敦煌は西域交通の要地として重視された。

唐は建国後すぐに河西地方を統治下に置き，東から涼州・甘州・粛州・瓜州，そして敦煌には沙州を設置した。さらに西域にも進出してオアシス諸国を平定しクチャ（亀茲）に安西都護府を，またホータン（于闐）などに安西四鎮を設置して西域経営の基盤とした。その結果，敦煌は唐の西域経営の根拠地，かつシルクロードの重要な宿場町としてイラン系の C 商人などの集う街となった。

唐の西域経営は G 盆地の北側ルート（西域北道）を重視するもので，西域南道にはあまり意を用いていなかった。そこにつけ込んだのが吐蕃で，ミーランやチェルチェンを足掛かりに河西地方へも進出した。安史の乱が勃発すると，吐蕃はそれに乗じて長安を一時占領し，その翌年以降には河西地域の州を次々と攻略し，8世紀後半の瓜州陥落をもって河西地域は吐蕃の統治下となった。

その吐蕃は，9世紀半ばの王暗殺をきっかけに大混乱に陥り，その後も王位継承を巡る内乱が続発した。この状況をうけて沙州の豪族張議潮が反旗を翻し吐蕃を敦煌から駆逐した。張議潮の帰順をうけて，唐は沙州に帰義軍 I 使を設置し，張議潮をそれに任じた。その後唐の勢いが衰えてくると，張氏は沙州・瓜州をもって独立した。後に政権は張氏から曹氏に移ったが，曹氏も9代にわたって中国王朝から I 使に任命され，100年あまりこの王国を維持した。この時期，帰義軍

の東隣には甘州ウイグル王国が存在していて，曹氏は代々その可汗一族と通婚し，曹氏の支配する沙州にもウイグル族が居住していた。これら諸勢力は西域諸国と中国との東西交易に携わって莫大な利益を上げていたが，11世紀前半に　J　に征服された。

　敦煌文書における諸言語の存在は，敦煌のこのような歴史を雄弁に語っているのである。

Ⅱ　次の文章を読んで空欄に最も適切な語句または数字を記入せよ。

　白と黒のコントラストが人々を魅了し，中国を象徴する動物と言えばパンダであろう。

　歴史上，パンダが初めて注目されたのは，1869年にフランス人宣教師のアルマン＝ダヴィドが四川省でその死骸を入手し，その毛皮と骨を母国の国立自然史博物館に送ったことによる。1856年からのアロー戦争に勝利したイギリス・フランスなどの西欧列強は，その２年後の　A　条約において，外国人の内地旅行やキリスト教の布教の自由が認められた。これを契機にダヴィドは中国に渡り，宣教活動のかたわら，珍しい動植物の収集を行っていた。こうした活動のなかで，彼はパンダと出会ったのである。

　　B　世紀から17世紀にかけての大航海時代において，ヨーロッパではインド，アジア大陸，アメリカ大陸への進出を通じて，異国の珍獣奇鳥をコレクションし，自然界の森羅万象を分類して知識を整理する学問である　C　学を発展させたが，パンダはまさにその対象として動物学界で歓迎された。

　ダヴィドによるパンダの「発見」後，1929年４月，アメリカの探検隊が欧米人ではじめてパンダを仕留めることに成功する。この探検隊は，日　D　戦争の講和会議を斡旋したセオドア＝ローズヴェルトの二人の息子を中心に組織された。彼らは探検にあたり，当時，南京を首都としていた国民政府に研究旅行を申請し，狩猟による標本採集の許可を得ている。すなわち，今でこそパンダの保護を強く訴えている中国だが，当時の中国ではその貴重さが認識されていなかった。

　1936年12月に，アメリカ人デザイナーで探検家のルース＝ハークネスが，パンダを生きたままアメリカに連れて帰ることに成功する。このパンダはスーリンと名づ

けられ，世界で初めてのパンダ・ブームを巻き起こした。その後の３年間に，動物学者や探検家によって，計11頭の生きたパンダが中国から連れ出された。こうした状況をうけて，中国政府はパンダの重要性に気づき始め，パンダの禁猟を各国に通告している。

　1941年９月，蔣介石夫人の宋美齢と姉の宋靄齢(あいれい)が，当時の国民政府が臨時首都としていた　E　において，２頭のパンダをアメリカに贈呈することを発表した。幼少期からアメリカに留学し敬虔なクリスチャンでもあった宋美齢は，アメリカ社会において好感を持たれていた。加えて，ニューディール政策によりアメリカ経済を回復させ，第二次世界大戦の終戦直前に病死した　F　大統領の妻エレノアとも親密な関係にあり，当時の米中をつなぐ重要な人物であった。その宋美齢が日中戦争の最中にアメリカにパンダを贈呈したのは，言うまでもなく，アメリカの軍事援助を期待してのことであった。ここに中国のパンダ外交の起源を見ることができよう。

　さて，戦後の中国大陸では，中国国民党に代わり中国共産党による政権が誕生し，国際社会においては自由主義陣営と社会主義陣営による　G　戦が激化していく。こうした中で，中国によるパンダの贈呈先は社会主義国家のソ連や北朝鮮であった。

　しかし，その後の中国はソ連との関係が悪化し，国務院総理の周恩来は，米ソ両国と対立する自国の外交関係の打開を考えていた。他方，ベトナム戦争の泥沼化と反戦運動の高まりに苦慮していたアメリカ大統領の　H　は，北ベトナムを支援する中国との関係改善を模索していた。両者の思惑は一致し，1972年２月に　H　の訪中が実現する。その際に，つがいのパンダがアメリカに贈られることになった。長らく敵対していた両国の和解の象徴として，再びパンダが登場したのである。

　その７か月後には，日本の首相も訪中を果たし日中共同声明に調印するが，これを記念して日本からはオオヤマザクラとニホンカラマツの苗木各一千本が，中国からはカンカンとランランのつがいのパンダが贈られ，熱狂的なパンダ・ブームを引き起こした。ただし，両国が平和友好条約を締結するのは，その　I　年後のことである。

　1979年９月，ランランが死んだ。翌年１月にカンカンの新しいお嫁さんとしてホアンホアンが中国から贈られたが，これは直前に大平正芳首相が訪中し，中国に対する政府開発援助の開始を発表したことによる。ところが，まもなくカンカンが急死してしまう。すると，1982年５〜６月に日中国交正常化10周年を機に訪日した国務院総理の　J　が，新たなパンダの贈呈を発表し，同年11月にオスのフェイ

フェイが上野動物園に到着した。　J　はその後，1989年6月の天安門事件の責任を問われ失脚している。

　このように，パンダはその愛くるしい容姿ゆえに中国と他国との親善をはかる役割を担わされてきた。ただ，パンダからすれば，ふるさとの山でのんびりと過ごしたかったのではないだろうか。

Ⅲ　次の文章を読んで空欄に最も適切な語句を記入し，下線部についてあとの問いに答えよ。

　14～16世紀にかけて，オスマン帝国の版図は急速に拡大した。たとえば1389年には，オスマン帝国はバルカン諸国軍を　A　の戦いで破った。さらに，征服王と呼ばれた　B　世はビザンツ帝国を滅ぼすとともに，キプチャク＝ハン国の後継国である黒海沿岸の　C　＝ハン国を従属させた。16世紀に入ると，セリム1世は，イラン高原に拠点を置いたシーア派王朝の　D　朝を圧迫し，シリア，エジプトを支配下におさめた。
〔1〕

　続いてスレイマン1世期においても特にヨーロッパ方面に対する征服活動を展開したが，一方でこの時代は，様々な壮麗な建築物がオスマン帝国内に建築されていったことで知られる。その影には，後に「トルコのミケランジェロ」とも評される名建築家ミマール＝シナン（スィナン）の活躍があった。

　シナンは1491年頃，アナトリア中部のカイセリ近郊に住むキリスト教徒の家庭に
〔2〕　　　　　　　　　　　　　　　　　　　　　　〔3〕
生まれた。デヴシルメ制によって徴用された後にイェニチェリ軍団に配属されると，ハンガリー軍を撃破した1526年の　E　の戦いなどに従軍し，工兵として活躍した。1539年，東ヨーロッパへの遠征から帰還後，その能力を見込まれたシナンは，
〔4〕
スレイマン1世下において宮廷建築家の長に推挙され就任した。後世の研究者はここに「シナンの時代」が始まるとする。

　シナンに帰せられる有名な建築物として，スレイマン1世の名を冠したスレイマン＝モスクがある。スレイマン1世は，46年に及ぶ治世の間に13回の親征を行い，三大宗教騎士団のひとつである　F　騎士団が立てこもるロードス島をおさえるなど，支配域を広げた。その権威の象徴として建てられたスレイマン＝モスクは，マドラサ（学院）や病院，救貧施設，公衆浴場が併設された複合施設を成し，現在
〔5〕

でもトルコ共和国最大の都市である　G　にそびえている。また，王族や有力者による私財の寄進（アラビア語で　H　という）などにもとづいて建設・運営された公共施設にも，シナンの技がふるわれている。

　また，1453年までオスマン帝国の都が置かれたエディルネにそびえるセリミエ＝モスクは，シナンの最高傑作と評されている。セリム2世は，　I　の海戦でヴェネツィアなどの連合艦隊に敗北するものの，キプロス島を征服したことで莫大な戦利品を得た。これを資金にして建てられたのがセリミエ＝モスクである。シナンはこれによって，荘厳なアヤ＝ソフィア＝モスクを超えることを目指した。アヤ＝ソフィア＝モスクとは，ビザンツ帝国期に建てられたハギア＝ソフィア聖堂を　B　世がモスクに転用したものである。

　シナンは1588年に亡くなった。彼が生涯でたずさわった建築物は，モスクやマドラサ，宮殿など多岐にわたるが，その総数は700に達すると言われる。

〔1〕　10世紀にエジプトを支配して新都カイロを建設した，シーア派を奉じた王朝は何か。

〔2〕　アナトリアは現在のトルコ共和国にほぼ重なる。前17世紀にこの地に王国を建て，バビロン第1王朝を滅ぼした人々は何人と呼ばれるか。

〔3〕　下線部に関して以下の問いに答えよ。

　（a）　4世紀にキリスト教優遇を廃止し多神教の復興を企てたローマ皇帝は誰か。

　（b）　スラヴ人への布教のためにグラゴール文字を改良してつくられた文字を何文字と言うか。

〔4〕　この時期の東ヨーロッパの国々のうち，オスマン帝国の支配下にあったものはどれか。次の中から一つ選び，記号で答えよ。

　ア．マジャパヒト王国

　イ．キエフ公国

　ウ．ブルグンド王国

　エ．モラヴィア王国

　オ．モルダヴィア公国

〔5〕　各地にマドラサを建設したことで知られる宰相ニザーム＝アルムルクが仕えた王朝は何か。

Ⅳ　次の文章を読んで空欄に最も適切な語を記入せよ。

　　今からほぼ80年前の1942年7月に，第二次世界大戦の趨勢を決めることになる作
戦が開始された。ドイツ軍によるソ連の都市　 A 　攻略作戦である。この工業都
市を巡る攻防でドイツ軍が敗北した結果，連合国陣営の士気が高まって反撃が始ま
り，大戦は連合国の勝利で終わったのである。

　　1939年9月1日のドイツ軍によるポーランド侵攻から始まった第二次世界大戦は，
ヒトラーが意図的に引き起こしたものではあったが，当時のイギリスが対独外交で
行った　 B 　がそれを助長したことも否めない。第一次世界大戦後のヴェルサイ
ユ体制は，主にドイツに戦争責任を負わせ，ドイツ経済を抑圧するものであった。
それ故，ヴェルサイユ条約の「修正」はドイツ・ナショナリズムの結節点となり，
そのような中で，1933年1月にヒトラー政権は誕生した。1935年3月，ドイツが
ヴェルサイユ条約の軍備制限条項を破棄して再軍備を宣言すると，ドイツとの対立
を恐れたイギリスは妥協し，ドイツの再軍備を事実上容認した。

　　1936年，スペインでフランコ将軍が人民戦線政府に対して反乱を起こすと，ファ
シズム体制のドイツとイタリアがフランコを援助した。人民戦線政府はフランスに
援助を求めたが，この内戦がドイツ・イタリア対イギリス・フランスの戦争に発展
することを恐れたイギリスは，フランスと共に不干渉政策を採った。このスペイン
内戦でイギリス・フランスとの対立を深めたイタリアはドイツに急接近し，ムッソ
リーニは同年11月の演説でドイツとイタリアの関係を誇示した。いわゆる　 C 　
枢軸である。

　　1937年11月，ドイツは「生存圏」を獲得すべくチェコスロヴァキアとオーストリ
アを打倒することを宣言し，翌年3月にオーストリアを併合した。9月に，ドイツ
人が多く住む　 D 　地方の併合を要求すると，イギリスとフランスは同地方のド
イツ人の自決権を認めることを了承し，チェコスロヴァキア政府に圧力をかけた。
イギリスは，ヴェルサイユ体制の崩壊による西欧列強の新たな国際秩序にドイツも
取り込む必要があるとし，ドイツの要求がイギリス世界帝国を脅かすものでない限
りそれを容認する態度だった。

　　1939年4月，ヒトラーは9月1日までにポーランド攻撃の準備を整えるよう軍に
命令した。ソ連はドイツに対するイギリスの態度に不信を強めており，イギリス・
フランスとの同盟交渉が停滞していた。そこで，ドイツとポーランドの戦争が起

こって独ソ戦争に発展するのを阻止するため同年 8 月に　　E　　条約を結んだ。こうして，9 月 1 日にドイツがポーランドに侵攻し，その 2 日後にはイギリス・フランスがドイツに宣戦して第二次世界大戦が始まった。ポーランドを征服したドイツは，ポーランド領のうちドイツに編入した地域からポーランド人を放逐し，未併合地域からは250万人を強制労働に徴発した。さらに膨大な人数のユダヤ人を死亡させたとも言われる強制収容所をポーランド南部の　　F　　に建設した。

　ドイツのポーランド侵攻後，ソ連軍もロシア民族保護の名目でポーランドに侵攻し，両国でポーランドを分割した。さらに，ソ連は　　E　　条約に付帯したソ連西部国境に関する秘密協定に基づいて，かつてロシア帝国領となり，第一次世界大戦後に独立していたラトヴィアなどの　　G　　を併合した。また，19世紀初めにオスマン帝国からロシアに割譲され，第一次世界大戦後にルーマニアに合併されていた　　H　　を奪還した。

　一方ソ連は，レニングラード防衛の見地からフィンランドに対しても領土交換を要求したが交渉が決裂したため，1939年11月，同国に侵攻した。これに対して，イギリス・フランスはフィンランド援助の兵力を派遣したが，この援助はスカンディナヴィア半島に産出する鉄鉱石とその積み出し港である　　I　　のナルビク港などを確保することによって，ドイツの軍需工業に打撃を与えようとするものでもあった。そこで，ドイツは機先を制し，1940年 4 月，デンマークを占領すると同時に　　I　　に侵攻してイギリス・フランス軍を撃退した。

　ドイツ軍は同年 5 月，ベネルクス三国に侵攻し，6 月にはパリを占領した。フランスではペタンが新たに首相になり，ドイツに降伏を申し入れた。これにより，フランスの南部地域は　　J　　を拠点とするペタン政府に委ねられ，それ以外の地域はドイツ軍の占領下に置かれることとなった。

　ソ連による　　H　　奪還はヒトラーにソ連への警戒心を生じさせる一方で，ソ連もルーマニアを巡るドイツの対応に不信感を強めた。1940年11月の独ソ会談失敗をうけてヒトラーはソ連攻撃を決断し，翌年 6 月にソ連領に侵攻した。7 月にソ連軍が総崩れになると，ソ連指導部は，この戦争はファシスト抑圧者に対する祖国防衛の国民戦争であるとして，国民に　　K　　闘争を呼びかけた。　　A　　攻防戦でドイツ軍が敗北したのはその 1 年半後だった。

　反撃に出た英米軍が1943年 7 月にシチリア島を制圧すると，イタリアでは国王を

中心とする軍部と保守派がムッソリーニを逮捕し，　L　を首班とする新政府が樹立され，9月には無条件降伏を発表した。しかし，それを聞いたドイツ軍がイタリア全土の制圧に乗りだしたため，イタリアでの戦争は続いた。

　ソ連はかねてから英米軍にドイツ軍への牽制を求め，1943年11月のテヘラン会談を経て第二戦線（西部戦線）の設定が決定された。それに基づいて1944年6月に連合国軍が　M　上陸作戦を決行すると，フランスの抵抗運動は活発化し，同年8月，パリ市民が自力でパリを解放した。1940年のパリ占領によって，ロンドンではド＝ゴールを首班とする　N　政府が成立していたが，パリが解放されると指導者のド＝ゴールはフランスに帰国した。そのド＝ゴールは，戦後にアルジェリア独立戦争による混乱でフランスの政権が崩壊すると，国民の圧倒的支持で　O　政の初代大統領となった。

　1945年4月25日，ソ連軍がベルリンに突入すると，ヒトラーはその5日後に自殺し，5月7日にドイツは降伏した。イタリア戦線のドイツ軍も5月2日に降伏しており，ヨーロッパの戦争は終わった。

　大戦中，ソ連は対ドイツ戦の負担軽減のため第二戦線の開設を強く要求したが，戦略の不一致からイギリスはこれを延期した。その結果，ヨーロッパ戦線でドイツ軍との戦いのほとんどを引き受けたのはソ連であった。戦後，ソ連は大国として圧倒的地位を占めることとなるが，この　A　攻防戦の勝利がそれを決定づけたといえよう。

２月１日実施分　　　解答　世界史

Ⅰ　解答　A．莫高　B．チベット　C．ソグド　D．月氏
E．張騫　F．魏　G．タリム　H．雲崗　I．節度
J．西夏〔大夏〕

◀解　説▶

≪敦煌を拠点とした中国諸王朝による西域経営≫

A．やや難。莫高窟は，敦煌の石窟寺院中で最大のもので，千仏洞とも呼ばれる。敦煌は，西域への門戸とされたオアシス都市。

B．難問。リード文第 7 段落の「8 世紀後半…河西地域は吐蕃の統治下となった」，第 8 段落の「吐蕃を敦煌から駆逐した」などから吐蕃の影響が敦煌に大きかったことを推測し，吐蕃の文字であるチベット文字と判断したい。

C．2 つ目の空欄（第 6 段落）に「イラン系の　C　商人」とあり，ソグド文字と判断できる。アラム文字から派生したソグド文字は，ウイグル文字・モンゴル文字・満州文字のもととなった。

D．月氏は，匈奴の冒頓単于に追われてイリ地方に移動，さらに烏孫に追われてソグディアナに移り，大月氏を名乗った。「匈奴によって西方に追いやられ」以前の勢力名が問われているので正解は月氏となる。

F．魏は曹操が実質的に建国。曹丕が初代皇帝となった。リード文に「続く西晋」とあるので，三国のうち魏と判断できる。

H．雲崗は北魏の都平城（今日の山西省大同市）の郊外。孝文帝によって都が洛陽に遷ると竜門に石窟寺院が造営された。

J．「11 世紀前半」から 1038 年に成立した西夏（正式な国号は大夏）と判断したい。西夏はチベット系のタングートが建国。初代皇帝が李元昊。

Ⅱ　解答　A．天津　B．15　C．博物　D．露　E．重慶
F．フランクリン＝ローズヴェルト　G．冷
H．ニクソン　I．6　J．趙紫陽

━━◀解　説▶━━

≪パンダ外交から見た近現代の中国≫

A．「1856年」の「2年後」とあることから天津条約（1858年）が正解。外国公使の北京駐在，開港場の増加，多額の賠償金などもおもな内容。1860年の北京条約では，天津の開港，九竜半島南部のイギリスへの割譲などが加えられた。

C．難問。「自然界の森羅万象を分類して知識を整理する」から博物学と判断したい。

D．日露戦争の講和条約はポーツマス条約で，セオドア=ローズヴェルトが講和会議を斡旋した。日本は，韓国の保護権，遼東半島南部の租借権，南満州鉄道とその沿線の利権，樺太（サハリン）南半の領有権などを獲得した。

E．「1941年」から重慶と判断したい。盧溝橋事件をきっかけに日中戦争が始まると，国民政府は首都を南京から武漢に，武漢が占領されると1938年から四川省の重慶へと移した。

F．フランクリン=ローズヴェルトは民主党出身の大統領。「第二次世界大戦の終戦直前に病死し」，副大統領であったトルーマンが大統領に昇格した。

H．ニクソンは共和党出身の大統領。1972年の訪中の翌年，ベトナム（パリ）和平協定が結ばれてベトナム戦争の停戦が実現し，アメリカ軍はベトナムから撤退した。

I．日中共同声明（1972年）に基づいて日中平和友好条約が締結されたのは1978年なので6年後。なお，1972年のニクソン訪中で事実上中華人民共和国を容認したアメリカは，1979年に民主党のカーター政権が米中国交正常化を実現した。

J．やや難。趙紫陽失脚の原因となった1989年の天安門事件とは，民主化を掲げて座り込みを続けていた学生や市民が人民解放軍に鎮圧された事件。

Ⅲ **解答** A．コソヴォ　B．メフメト2　C．クリム
D．サファヴィー　E．モハーチ　F．ヨハネ
G．イスタンブル　H．ワクフ　I．レパント

〔1〕ファーティマ朝 〔2〕ヒッタイト人
〔3〕(a)ユリアヌス帝 (b)キリル文字
〔4〕−オ 〔5〕セルジューク朝

━━━━━━━ ◀解 説▶ ━━━━━━━

≪オスマン帝国の版図の拡大≫

A．やや難。コソヴォの戦い（1389 年）はオスマン帝国のムラト 1 世が
バルカン諸国軍を破った戦い。

B．メフメト 2 世がコンスタンティノープルを占領してビザンツ帝国を滅
ぼしたのは 1453 年。

C．やや難。クリム＝ハン国（15 世紀前半〜1783 年）は，キプチャク＝ハ
ン国から独立して黒海沿岸のクリミア半島に建てられた。その後，オスマ
ン帝国の保護下に入り，18 世紀にロシアに併合された。

D．スンナ派のオスマン帝国と対立したシーア派の王朝はサファヴィー朝
で，イスマーイールが建国。都はタブリーズ。アッバース 1 世のとき，イ
スファハーンに遷都した。

E．難問。モハーチの戦いは，スレイマン 1 世がハンガリー軍を撃破した
戦い。以後オスマン帝国がハンガリーを支配したが，1699 年のカルロヴ
ィッツ条約でオーストリアに割譲した。

F．ヨハネ騎士団は第 1 回十字軍の時に結成。イェルサレム陥落後はキプ
ロス島・ロードス島に本拠を移し，16 世紀にはマルタ島に移った。三大
宗教騎士団は，ほかにテンプル騎士団・ドイツ騎士団がある。

Ｉ．レパントの海戦は 1571 年。オスマン艦隊がギリシアのレパント沖で
ヴェネツィア・スペイン・ローマ教皇などの連合艦隊に敗れた戦い。

〔1〕ファーティマ朝は，シーア派の一派イスマーイール派がチュニジア
に建国。当初から君主はカリフを称してアッバース朝に対抗した。

〔2〕ヒッタイト人は鉄製武器を最初に使用したことで知られるインド＝ヨ
ーロッパ語系の民族。ヒッタイト人に滅ぼされたバビロン第 1 王朝はセム
語系のアムル人が建国。

〔3〕(a) ユリアヌス帝は，最盛期のギリシア世界を理想とし，多神教の
復興を企てたため，キリスト教会からは「背教者」と呼ばれる。

(b) キリル文字は，グラゴール文字から発展したスラヴ諸語のアルファベ
ット。ギリシア正教の宣教師がスラヴ人への布教のために考案した。

〔4〕難問。オ．適切。モルダヴィア公国は，14世紀中頃に成立したラテン系の公国。15世紀中頃にオスマン帝国の支配下に入った。

ア．不適。マジャパヒト王国は，13世紀末に元を撃退して東南アジアのジャワ島東部に成立した王朝。

イ．不適。キエフ公国は，9世紀にノルマン人がキエフを中心に建てた国。13世紀にモンゴル人に滅ぼされた。

ウ．不適。ブルグンド王国は，ゲルマン人の一派が443年にガリア東南部に建国。534年にフランク王国に滅ぼされた。

エ．不適。チェコ東部のモラヴィア王国は，9世紀前半に成立した西スラヴ系の王国。10世紀初めにマジャール人の侵攻で滅亡した。

〔5〕ニザーム＝アルムルクが各地に設立したマドラサ（学院）がニザーミーヤ学院。官吏養成とスンナ派諸学の発展を目的とした。

Ⅳ　解答

A．スターリングラード　B．宥和政策
C．ベルリン=ローマ　D．ズデーテン
E．独ソ不可侵　F．アウシュヴィッツ　G．バルト三国
H．ベッサラビア　I．ノルウェー　J．ヴィシー　K．パルチザン
L．バドリオ　M．ノルマンディー　N．自由フランス　O．第五共和

◀解　説▶

≪独ソ戦を中心にした第二次世界大戦≫

A．スターリングラードはスターリン批判後に改称され，現在はヴォルゴグラードとなっている。

B．宥和政策は，英仏がドイツに対してとった妥協政策。イギリス首相ネヴィル＝チェンバレンは，戦争を嫌う国民の世論を背景に，ドイツに対して宥和政策で臨んだ。

C．ベルリン=ローマ枢軸は，エチオピア侵略でも英仏と対立を深めたイタリアが，ドイツと急接近したことも背景にある。

D．ズデーテン地方をめぐり，ヒトラー（独）・ムッソリーニ（伊）・ネヴィル＝チェンバレン（英）・ダラディエ（仏）らによりミュンヘン会談（1938年）が行われた。この会議で英仏はドイツの要求を認め，チェコスロヴァキアのズデーテン地方はドイツに併合された。

E．独ソ不可侵条約では，ドイツは英仏との戦争が起きた場合の二正面作

戦を避けようとした。また，ソ連には英仏への不信感が背景にあり，ドイツとの開戦時期を先延ばしすることをねらった。反共のドイツと反ファシズムのソ連が不可侵条約を締結したことから世界に衝撃を与えた。

H．やや難。ベッサラビアは，現在のモルドバ共和国の地域にあたり，一部はウクライナ領に属している。

I．「スカンディナヴィア半島」からスウェーデンかノルウェーのどちらかと推測できるだろうが，「ナルビク港」があり，「1940年4月」にドイツ軍の侵攻を受けたのはノルウェー。スウェーデンは第二次世界大戦において中立である。

J．ヴィシー政府は対独協力政府。1944年8月のパリ解放とともに崩壊した。

K．「闘争」とあることからパルチザン。占領軍に対する非正規軍による軍事行動のこと。第二次世界大戦期に，ファシズム勢力に支配された地域で展開された市民を中心にした抵抗運動はレジスタンス。

M．ノルマンディー上陸作戦が約されたテヘラン会談の参加者はフランクリン＝ローズヴェルト（米）・チャーチル（英）・スターリン（ソ連）。

N．ド＝ゴールが樹立した自由フランス政府はフランスの亡命政府。対独レジスタンス活動を指導した。

O．第五共和政は，ド＝ゴールのもと，憲法改正によって大統領の権限が強化されて発足した（1958年）。

❖講　評

　中国史が2題，オスマン帝国史・ヨーロッパ史が各1題で，アジア史重視の構成であった。時代的には近現代史が2題で，現代史までしっかりと学習しておくことが要求された。教科書レベルのものが大半だが，ほとんどが記述式であり，歴史用語が正確に書けるかがポイントとなる。

　Ⅰ．前漢の武帝代から11世紀前半にかけての，歴代の中国王朝の西域経営に関するテーマ史。Aの莫高窟やEの張騫などの漢字表記に注意したい。Bのチベットは，空欄からかなり離れた部分のリード文を深く読み込んで判断せねばならず，難問となった。

　Ⅱ．19世紀後半以降の中国の外交をテーマにした大問。Cの博物学，Jの趙紫陽は細かな用語で得点差がつきやすい。Ⅰでは日中平和友好条

約締結の年代が問われており，年代は現代史まで見落とせない。中国近現代史は立命館大学では頻出のテーマであり，時事問題とも絡めて丁寧に理解したい。

　Ⅲ．14〜16 世紀にかけてのオスマン帝国の拡大に関する大問。Aのコソヴォの戦い，Cのクリム＝ハン国，Eのモハーチの戦い，〔4〕のモルダヴィア公国などの難度が高く，得点差が開きやすい大問となった。

　Ⅳ．ヨーロッパにおける第二次世界大戦に関する大問。Hのベッサラビアはやや難。Kのパルチザン闘争はレジスタンスと混同しないようにしたい。比較的短期間が出題対象となる場合，諸事象の前後関係・因果関係を正しく理解しておくことが欠かせない。

2月3日実施分　　問題 世界史

(80 分)

Ⅰ　次の文章を読んで空欄に最も適切な語句を記入せよ。

　　我が国では，ここ 2 年ほど政治が学問の自由に介入したことが問題となっている
が，近代民主主義という概念の存在しない時代においては，時の権力が学問を支配
下に置こうとするのは当たり前のことだった。前近代中国も例外ではない。

　　歴代の中国王朝による学問弾圧としてまず思い出されるのは，始皇帝による
　A　だろう。その発端は，始皇帝による全国統一を祝う宴会での儒学者の発言
だった。儒学者の博士が，殷や周は一族を諸侯として各地に封建し王朝の支えとし
たからこそ千年余も続いた，それ故，陛下も郡県制ではなく封建制を採用すべきだ，
と述べた。これに対して，丞相の　B　が，学者は自説によって時の政治を批判
するばかりで，それを禁じなければ為政者の権威は守れない，と言って，いわゆる
諸子百家の書物の民間所蔵を禁止する　A　令を提案した。このように，
　A　は政府批判を抑え込むための言論統制であって，後の時代，王朝およびそ
の支配民族に対する批判的な表現や文言を摘発した　C　や，特定の書物の発
行・所蔵を禁じた禁書とその目的を同じくする。これらは政府批判の予防的措置で
あって，学問そのものを対象とした弾圧とまでは言えないだろう。

　　秦代に統制対象であった儒学は，漢代になると武帝の時に　D　の提案により
官学として採用され，儒学的教養を持った人物を官僚として採用する制度も整備さ
れた。後漢時代には，儒学の価値観が社会の末端にまで浸透し，それを実践するこ
とが人物評価に直結するようになった。この時代の官吏登用制度には賢良方正・直
言などの科目があったが，その中の孝廉・至孝・明経は儒学的価値観による人物評
価である。かくて儒学は王朝公認の学問となった一方で，立身出世の手段ともなっ
ていった。

　　唐王朝が成立すると，儒学において特筆すべき成果が現れた。孔穎達らによる
『五経正義』の編纂である。『五経正義』は，経書（儒学の基本文献）のうちの『易
経』『書経』『詩経』『礼記』『　E　左氏伝』について，前代までの儒学者が著し

た経書の注の中から拠るべきものを選定した上で，経書本文とその注の意味について標準とすべき解釈を示した疏（注につけられた注釈）を撰述したものである。この『五経正義』の完成によって五経全体を通じ矛盾のない解釈が定まり， F の科目の一つで経書解釈を問う明経科の試験においても正しい解釈として使用された。その『五経正義』の編纂を孔穎達らに命じたのは太宗であった。つまり，この経書の標準解釈の作成は国家事業として行われたものであり，それはとりもなおさず，この『五経正義』の解釈が王朝公認の解釈として固定されたということである。これによって，儒学の学問的発展は停滞し，新たな進展が見られるのは宋代になってからである。

　諸子百家の時代から唐代までで最も発達した学問といえば史学だろう。ただし，その史学もまた王朝の影響を受けずにはいられなかった。中国史学の記念すべき最初の成果というべき『 G 』は，著者個人の歴史観がのびのびと展開されているのに対して，唐代に編纂された正史は皇帝の命令による国家事業として編纂されたもので，そこに描かれているのは王朝公認の歴史である。それ故，歴史書は時の権力の影響を大きく受けた。 H 王朝の歴史を記した正史はその最たるもので，特にその第2代皇帝は悪し様に書かれている。則天武后の時に史書編纂作業に従事した劉知幾という学者は，史書編纂所には監督者として政権の実力者や貴臣が送り込まれて修史事業を管理し，政権にとって不都合な記述をチェックする体制が敷かれていると述べている。これより前には，北魏太武帝に仕え I 弾圧を敢行させた漢人官僚崔浩が，鮮卑族の歴史を赤裸々に記した碑を公開の場に立てたために太武帝の怒りを買って誅殺されるという事件もあり，権力者に不都合な事実もありのまま記録するという史学の理念は権力の前に萎縮してしまったのである。

　このように，経書解釈や史書編纂に権力が介入することによって，結果的に儒学や史学の自由な発展は阻害された。ただし，権力が儒学そのものをあからさまに弾圧するようなことはほぼ無かった。それは，儒学が歴代王朝から支配の理論的根拠として公認されていたからである。時に権力が儒学者を弾圧することはあったが，それは彼らが真っ向から政府を批判したからに他ならない。後漢王朝末期の清流派や J 王朝末期の東林派がその顕著な例だろう。

Ⅱ　次の文章を読んで空欄に最も適切な語句を記入し，下線部についてあとの問いに
　答えよ。

　　沖縄県石垣島の北方に浮かぶ島嶼である尖閣諸島については，近年，中国・台湾
が「古くからの領土」と主張している。そこで，この尖閣諸島を含む海洋アジアが
どのような様子だったのか近代以前の時期にさかのぼって振り返ってみよう。

　　沖縄では，1429年，　A　王国が成立して中継貿易を軸に海洋へと進出した。
　A　王国は17世紀初めに薩摩藩の攻撃を受けてこれに服属したが，その後も明
朝や清朝への臣従を示す　B　を続けた結果，「両属」状態となった。その頃，
大航海時代を迎えたヨーロッパ諸国もアジアへ進出し，ポルトガル人やオランダ人
　　　　　　　　　　　　　　　　　　　　　　　　　[1]
などが各地に拠点を築いた。また，鎖国前までの徳川幕府も　C　貿易を促進し
て東南アジアへ進出し，日本町が各地につくられた。

　　台湾はオーストロネシア系の先住民が居住する地であったが，17世紀前半になる
とオランダが進出してきた。そのオランダは，中国東南部沿海で武装船団を率いる
　D　らによって1661年に駆逐され，台湾は反清活動の拠点となった。しかし，
その反清勢力も1683年に康熙帝によって鎮圧され，台湾は清朝直轄領となった。こ
れ以後，福建や広東から台湾への移民が増加し，先住民との混血も進んでいった。

　　要するに，この頃までの海洋アジアでは，様々な主体が入り混じりながら歴史が
展開していて，明確な国境線といったものは意識されていなかったのである。

　　こうした情勢に大きな変化が生じたのは，19世紀後半である。東アジア各地が
「西洋からの衝撃」に直面した結果，「国民」と「領土」そして「主権」という近代
国民国家の三要素の完備を追求せざるを得ないような局面を迎えた。明治日本
は，1874年の台湾出兵，更に1879年の　A　処分など，沖縄の帰属を明確化する
行動に出る。だが，その後も清朝との間で沖縄支配をめぐる交渉は続き，アメリカ
の仲介があっても紛争は止まなかった。最終的に1895年4月の下関（馬関）条約に
おいて，台湾及び　E　諸島の日本割譲が決定され，日本と台湾との間に国境が
存在しなくなったことで，沖縄の帰属を巡る問題は「解決」することとなった。

　　だが，この体制は50年後に大きく動揺する。第二次世界大戦末期の1945年4月，
アメリカ軍上陸部隊が沖縄に上陸し，6月から沖縄は実質的にアメリカの支配下に
置かれ，尖閣諸島もそれに付随した。日本は1951年のサンフランシスコ講和条約で
独立を回復し，その翌年，満州事変以来戦争状態を継続していた中華民国とも
　　　　　　　　　　　　　　　[2]

　　F　　条約が結ばれた。ただこの間，中華民国政府は中国共産党との内戦に敗れて台湾に逃亡していた。その直後，朝鮮半島ではソ連と中華人民共和国を後ろ盾とした北朝鮮の南侵をきっかけに全面戦争が勃発し，この地域はにわかに東西冷戦の最前線となった。その結果，台湾の中華民国政府は日本とともに「反共」陣営の最前線を守る役割を担うこととなり，尖閣諸島のような辺境の島嶼の帰属について議論する余裕はなかった。

　尖閣諸島が再び取り上げられるのは1970年代になってからである。尖閣諸島付近の海域において石油資源埋蔵の可能性が指摘された後，1971年に中華民国政府が日本に対してその領有権を主張した。その中華民国の政治的立場は，その後変化することになる。

　同年7月に，アメリカ大統領補佐官の　　G　　が極秘裏に中華人民共和国を訪問して周恩来と会談，翌年早々のニクソン訪中が約束された。ついで1971年10月には　　H　　における中華民国の代表権が失われ，代わって中華人民共和国が迎え入れられた。さらに，1972年9月に日本は中華人民共和国と外交関係を樹立すると同時に，中華民国との国交を断絶した。その結果，中華人民共和国が尖閣諸島の帰属を主張する主体となった。

　尖閣領有をめぐる対立は，線で区切られた国境という「常識」がその前提にある。だからこそ，前近代の海洋アジアの状況を今一度想起してみることもひとつの知恵といえるのではなかろうか。

〔1〕　ポルトガルが華南における中国貿易の拠点とした都市名を答えよ。

〔2〕　満州事変は関東軍による奉天郊外での鉄道爆破事件がきっかけとなった。その事件を何というか。

Ⅲ 次の文章を読んで空欄に最も適切な語句を記入し，下線部についてあとの問いに
答えよ。

Allan Baxter / Getty Images

上の写真はイギリスの有名な観光名所の一つ，「ロンドン塔」である。「ロンドン
塔」は，その名称にもかかわらず，塔の他に複数の建物から構成される「城」であ
る。ここでロンドン塔に残る歴史上の人物たちの痕跡を振り返ってみよう。

ブリテン島には古くからインド゠ヨーロッパ語族に属する　A　系のブリトン
人が居住し，その後ローマ人，ゲルマン人により圧迫されていった。ここには<u>ユリ
ウス゠カエサル</u>の軍が前55〜前54年に遠征した頃からローマ帝国の支配が及び，現
〔1〕
在のロンドンの地にローマの総督が派遣されて「ロンディニウム」と名付けられた。
上記のロンドン塔は，<u>ノルマン゠コンクエスト</u>を行ったノルマン朝の初代国王
〔2〕
　B　世により，1078年に創建された。しかしある学者はローマ帝国時代に築か
れた砦がロンドン塔の起源と考え，4世紀にローマ帝国を再統一したコンスタン
ティヌス帝時代の創建とする説もあるが，考古学的証拠は乏しい。実際，　B
世が征服した時期のイングランドにはまだ城らしい城がなく，彼は征服活動が落ち
着いてから，外敵への防備を固めるため多くの城を築いた。ロンドン塔はその城の
一つであり，　B　世は最初の征服時に木造砦を築いた後，ルーアン出身の司教

ガンダルフに命じて石造りの本格的な城砦を築城させた。これが現在ロンドン塔の「ホワイト・タワー」と呼ばれる建物（写真中央の白い建物）である。

　ロンドン塔の敷地は徐々に拡大し，ノルマン朝傍系のスティーヴン王時代に，宮殿が建てられた。スティーヴンの跡を継いでイングランド王となり，プランタジネット朝を開いた　C　世は，ロンドン塔近くのウェストミンスター聖堂で即位式を行い，イングランドだけでなくノルマンディー，アンジューなどを含む広い領土を支配した。　C　世の息子の一人が，フランスのフィリップ2世に敗れ，大陸の領土を失ったジョン王である。ジョン王退位後，10歳で即位した　D　世はフランス人の重用などによりイングランド貴族の反感を買ったが，一方で初のイングランド生まれの国王であり，ロンドン塔改築にも熱心だった。彼はロンドン塔を，優雅な宮殿，しっかりした城壁と濠を備えた城へと変貌させた。次に，シモン=ド=モンフォールの反乱を抑えて1272年に即位した　E　世も，父　D　世と同様にロンドン塔を拡大し，軍事防衛機能を強化した。

　百年戦争は，カペー朝断絶とエドワード3世によるフランス王位継承権の主張，ギエンヌ争奪のためのフランスへの侵攻から始まった。この期間にロンドン塔は大量の武器を収蔵する武器庫として重要になった。またエドワード3世の孫リチャード2世の時代，ペストと重税が民衆の不満を招き，1381年にエセックスの鍛冶屋　F　を指導者とする農民反乱が起こった。この反乱に加わった司祭ジョン=ボールの演説で有名な言葉が，「アダムが耕し，イヴが紡いだとき，誰が郷紳（領主）だったか」である。群衆はロンドン富裕層の邸宅を略奪し，市民を殺害してロンドン塔を取り囲んだ。この反乱は王と民衆が和解し，首謀者　F　の死で終わった。

　百年戦争でイギリスが敗北すると，国王ヘンリ6世は政治的に不利な立場に立たされた。このためプランタジネット朝の中でヘンリ6世のランカスター家と，傍系で王位を狙うヨーク家が対立し，1455年から　G　戦争が起こった。この内戦中に，ヨーク家出身のエドワード4世が即位し，ヘンリ6世はロンドン塔に幽閉された後，殺害された状態で見つかった。

　ランカスター家の血を引くヘンリ7世はこの内戦を生き残り，　H　朝の祖となった。彼の治世にイングランドは隣国ウェールズへの宗主権を強めるなど，集権化を進めた。一方，ヘンリ8世の頃に国王の王宮としてのロンドン塔の役割が薄れ，ヨーロッパ大陸で流行した新しい壮麗な宮殿が建てられた。外交使節歓迎の際には

セント＝ジェイムズ宮が使われるようになり，ロンドン塔は罪人の牢獄，処刑の舞台となっていった。

　ヘンリ8世の治下でロンドン塔に幽閉された著名な人物に，『ユートピア』の著者トマス＝モアがいる。モアはヘンリ8世の幼少期から教育係を務め，知己であるネーデルラントの人文主義者　Ⅰ　の教えを王子に説いたことがある。　Ⅰ　は1499年にイングランドに渡り，トマス＝モア邸に滞在中の数日間で『愚神礼賛』を書きあげたと伝えられる。ヘンリ8世によるイングランドの宗教改革には　Ⅰ　の思想的影響も見られる。

　トマス＝モアは，ヘンリ8世と王妃キャサリンの離婚に反対した大法官ウルジーの後任として，その地位に就いた。しかしモアもこの離婚を承認せず，アン＝ブーリンが産んだエリザベス（後の1世）の王位継承権も認めなかった。ローマ教皇がヘンリ8世を破門すると，モアは大法官の地位をはく奪されてロンドン塔に幽閉され，1535年に処刑された。皮肉なことに，王妃となったアン＝ブーリンはヘンリ8世が欲した男子後継者を産むことができず，不貞の罪を着せられてロンドン塔に幽閉の後，1536年に処刑された。その後もロンドン塔では多くの人々が幽閉・処刑された。しかしロンドン塔は1746年の処刑を最後に政治的役割が終わり，現在に続く観光名所となった。

〔1〕　カエサルは同じく前58〜前51年に現在のフランス，ベルギー，スイス方面に遠征し，ローマの属州にした。カエサルが著したこのときの遠征記録を何というか。

〔2〕　ノルマン＝コンクエスト以前，11世紀初めにブリテン島を征服し，デーン人の王朝を開いたのは誰か。

〔3〕　プランタジネット朝が成立した12世紀には代表的騎士道文学である『アーサー王物語』が完成した。同じ時期に完成したフランスの中世騎士道文学は何か。

〔4〕　失政の責任を問われたジョンは，身分制議会において国王と貴族の関係を定めた規定を承認した。この規定を何というか。

〔5〕　この演説に出てくるイングランドの地主階層としての郷紳（領主）は，英語で何と呼ばれたか。カタカナで答えよ。

〔6〕 この時期のヨーロッパの壮麗な宮殿建築は，1494〜1559年にフランス王国と神聖ローマ帝国が戦ったイタリア戦争によって伝播した。同時期にフランス国王フランソワ1世が宮廷に招いたイタリア=ルネサンスを代表する万能の天才で，「最後の晩餐」などの絵画で知られる人物は誰か。

Ⅳ 次の文章を読んで空欄に最も適切な語句を記入し，下線部についてあとの問いに答えよ。

　南アメリカ大陸の北東部に位置するスリナム共和国，通称スリナムは大国ブラジルの北隣にある小さな国である。ラテンアメリカ諸国の多くがスペインやポルトガル，イギリスの旧植民地としての歴史を持っているが，スリナムはかつてオランダの植民地であった。もっとも，ポルトガルやイギリスもスリナムに進出したことがあるため，その歴史は複雑である。いち早く南米に進出したスペインは次々と植民地を広げたが，その過程で， A （征服者）と呼ばれたスペイン人は先住民に対して残虐行為を働いた。ドミニコ修道会の聖職者 B はその蛮行をスペイン国王に報告したが，アメリカ大陸での植民地拡大は止まらなかった。そして，中米やカリブ海周辺でもスペインの植民地が形成され，メキシコ南部の都市 C とマニラをつなぐ太平洋貿易が行われるようになった。また，1500年に現在のブラジルに漂着した航海者 D は，その地をポルトガル領と宣言した。

　そして，オランダもアメリカ大陸での植民地獲得競争に参加した。オランダはスペイン領であったが，ネーデルラントで最も有力な貴族であった E の下に結束してスペインの支配に対抗した。1579年に F 州がユトレヒト同盟を結び，1581年には事実上の独立宣言をして<u>フェリペ2世</u>の統治を否定した。 E
〔1〕
は1584年に暗殺されたが，翌年，イギリスがオランダと条約を結んで支援するようになると，両国の関係は深まった。一方，1580年にポルトガルの王位継承問題が生じるとフェリペ2世は軍隊を派遣し，ポルトガル議会にフェリペ2世の王位継承を認めさせた。こうしてポルトガルだけでなくその植民地も得たスペインは，「 G の沈まぬ国」と評される世界帝国となった。その結果，ポルトガルの植民地も，スペインとの独立戦争を続けているオランダにとって攻撃対象となった。

　そのようなオランダをめぐる国際関係は，アメリカ大陸における植民地支配にも

影響を及ぼした。北アメリカ大陸では，オランダ東インド会社に雇われたイギリス人ヘンリー＝ハドソンが，マンハッタン島に流れ込む川をさかのぼって探検した。彼にちなんでハドソン川と名付けられたこの川の流域一帯を植民地としたオランダは，1626年にデラウェア先住民から獲得したマンハッタン島を<u>ニューアムステルダム</u>と名付け，ここを拠点に先住民と毛皮交易などを行った。
〔2〕

　また，オランダは砂糖を多く産出するブラジルに目を付けると，大西洋沿岸にある，現在のペルナンブコ（レシフェ）地域付近を1630年に制圧して植民地にした。しかし，1640年に同君連合の体制を脱したポルトガルは，ブラジルの奪還に全力をあげた。1652年に始まった第一次　　H　　戦争を受けて，1654年にポルトガルはイギリスの支援によりブラジルからオランダの勢力を追放した。一方，住みかを失ったブラジルのオランダ人の一部は，1580年代からオランダが植民を開始していたスリナムに移住した。スリナムには16世紀にスペインが進出していたが，<u>金や銀</u>が見つからなかったため放置されていた。また，17世紀半ばになるとイギリスがスリナ
〔3〕
ムに進出したが，1667年の条約によってイギリスはオランダにスリナムを譲渡し，オランダはニューアムステルダムをイギリスに譲渡した。その後，スリナムでは砂糖農園などのプランテーションが開かれた。

　このプランテーションにおける労働を担ったのは，主にアフリカから移入された奴隷たちであった。しかし，1807年に奴隷貿易を廃止したイギリスが，一時スリナムを占領すると，オランダへのスリナム返還の条件として奴隷貿易の廃止を要求した。そこで，1814年にオランダはやむなく奴隷貿易を廃止したものの，奴隷制度そのものは存続したため，スリナムで<u>奴隷による反乱</u>が頻発した。その結果，1863年
〔4〕
にスリナムの奴隷制を廃止した。その後，奴隷解放によって生じた労働力不足に対応するため，オランダは中国や<u>インド</u>から労働者を送った。19世紀末以降になると，
〔5〕
オランダが東インド総督を置いて東南アジア進出の拠点としていた　　I　　島からも労働者を送り込んだ結果，スリナム社会は<u>人種的に多様化</u>した。スリナムがオラ
〔6〕
ンダから独立したのは1975年であるが，現在もアムステルダムにスリナムからの移住者のコミュニティが形成されているなど，オランダとスリナムの深い関係は形を変えながら現在まで続いている。

〔1〕　フェリペ2世が編成したイギリス遠征艦隊は無敵艦隊とも呼ばれた。この艦隊のスペイン語での名称をカタカナで答えよ。

〔2〕 この地はイギリス領になったのち，何という名前になったか，答えよ。

〔3〕 マルコ＝ポーロがアジアでの経験や伝聞を記載した『世界の記述（東方見聞録）』に登場する，黄金を多く産出すると伝えられた国の呼称をカタカナ4文字で答えよ。

〔4〕 西インド諸島で黒人奴隷の反乱をきっかけとして独立運動へと発展し，1804年にラテンアメリカ世界で最初に独立した国はどこか，答えよ。

〔5〕 イギリス東インド会社が植民地支配のために雇用し，1857年に大反乱を起こしたインド人傭兵を何と呼ぶか，答えよ。

〔6〕 人種的な多様化はブラジルなどラテンアメリカ植民地の各地でも進んだ。この中で，白人と黒人との混血は何と呼ばれたか，答えよ。

2月3日実施分　　解答 世界史

Ⅰ 解答 　A．焚書　B．李斯　C．文字の獄　D．董仲舒
　　　　　　　E．春秋　F．科挙　G．史記　H．隋　Ⅰ．仏教
J．明

◀解　説▶

≪歴代の中国王朝による学問支配≫

A．2つ目の空欄の直前に「諸子百家の書物の民間所蔵を禁止する」とあることから，民間にある医薬・農業・占い以外の書物を没収して焼いた焚書が正解。坑儒は，咸陽にいた儒学者など数百人が生き埋めにされたとされる事件なので，焚書・坑儒としないこと。

C．「後の時代，王朝およびその支配民族に対する批判的な表現や文言を摘発」とあるので，清代の康熙帝から乾隆帝の時代に頻発した筆禍事件である文字の獄が正解。反清・反満的内容を著した者は極刑に処せられた。

D．董仲舒は，人材養成のための太学と呼ばれる最高学府の設置，五経博士の設置なども武帝に建言した。

E．『春秋』は，春秋時代の魯国に関する編年体の歴史書。孔子が整理・編集したと伝えられている。『春秋左氏伝』は，『春秋公羊伝』『春秋穀梁伝』とならぶ『春秋』に関する注釈書の一つ。

F．科挙は隋の文帝に始まり，清末の 1905 年に廃止されるまで続いた学科試験による官吏登用制度。人材登用をはかった文帝は，門閥貴族の高級官吏独占を防ぐために，九品中正を廃止した。

G．中国最初の正史『史記』の著者が司馬遷。黄帝より前漢の武帝までを紀伝体で著した。歴史記述の様式には，年月をおって事実を叙述する編年体もあり，北宋の司馬光が編纂した『資治通鑑』などが代表。

Ⅰ．北魏の太武帝は，439 年に華北を統一。寇謙之を重用して道教を国教化した。その仏教弾圧は三武一宗の法難（北魏の太武帝・北周の武帝・唐の武宗・後周の世宗による仏教弾圧）のはじめとされる。

Ⅱ 解答　A．琉球　B．朝貢　C．朱印船　D．鄭成功
　　　　　　E．澎湖　F．日華平和　G．キッシンジャー

H．国際連合

〔1〕マカオ　〔2〕柳条湖事件

◀解　説▶

≪沖縄・台湾をめぐる海洋アジアの歴史≫

A．琉球王国は，北山・中山・南山の三王国が抗争していた沖縄本島を，中山王尚氏が統一して成立。都は首里，首里の外港が那覇である。

B．朝貢とは，周辺諸国の支配層が中国皇帝に貢物をし，返礼の品を授かる貿易システム。中国の皇帝が周辺諸国の君主に位階を与え，君臣関係を結ぶことで形成された国際秩序は冊封体制という。

C．朱印船は，海外渡航許可証である朱印状を持つ貿易船。豊臣秀吉に始まり，徳川幕府では徳川家康から家光による渡航禁止まで続いた。明が与えた勘合（割符）を所持する貿易船によって行われた勘合貿易と区別したい。

D．鄭成功は，明の皇帝の姓「朱」を下賜されたことから，国姓爺の異名でも知られる。近松門左衛門の『国姓爺合戦』のモデル。

E．下関（馬関）条約で，清は遼東半島の割譲，朝鮮の独立，賠償金2億両の支払い，開港場での企業設立の権利なども承認させられた。

F．やや難。日華平和条約は，1972年の中華人民共和国との日中国交正常化により失効した。

G．キッシンジャーは，1973年にニクソン政権のもとで国務長官となり，ニクソンがウォーターゲート事件で辞任した後のフォード政権でも引き続き国務長官を務めている。

〔1〕マカオは広州南方に位置する港町。16世紀中ごろにポルトガルが明から居住を許可され，1887年正式にポルトガル領となり，1999年に中国に返還された。中国は1997年に返還された香港同様，特別行政区として返還後50年間の「一国二制度」下での資本主義制度の併存を認めた。

Ⅲ 解答　A．ケルト　B．ウィリアム1　C．ヘンリ2
　　　　　　D．ヘンリ3　E．エドワード1

F．ワット=タイラー　G．バラ　H．テューダー　I．エラスムス

〔1〕ガリア戦記　〔2〕クヌート〔カヌート〕　〔3〕ローランの歌
〔4〕大憲章〔マグナ=カルタ〕　〔5〕ジェントリ
〔6〕レオナルド=ダ=ヴィンチ

■■■■■■■■■■■■■◀解　説▶■■■■■■■■■■■■■

≪ロンドン塔に残る歴史上の人物の痕跡≫

A．ケルト系ブリトン人に由来する，ローマ時代の大ブリテン島（イギリ
ス諸島最大の島）の名称がブリタニア。

B．ノルマン朝は，ノルマンディー公ウィリアムがヘースティングズの戦
いに勝利し，ウィリアム1世として即位して成立した（1066年）。

C．プランタジネット朝を開いたヘンリ2世は，フランス西部の大貴族ア
ンジュー伯アンリ。プランタジネット朝がフランスに持つ広大な領土は百
年戦争の原因の一つともなった。

D．ヘンリ3世が父ジョン王の認めた大憲章（マグナ=カルタ）を無視し
たことから，貴族たちがシモン=ド=モンフォールに率いられて反乱。1265
年に招集されたモンフォールの議会は，イギリス議会の起源とされる。

E．エドワード1世は，1295年に模範議会を招集したことでも知られる。
聖職者・貴族のほか，各州代表の2名の騎士・各都市代表の2名の市民を
集め，後の議会の模範となった。

G・H．バラ戦争は，ランカスター家が赤バラ，ヨーク家が白バラを紋章
としたことが戦争名の由来。長期の内乱で両派に分かれた多くの貴族・騎
士は没落し，ランカスター系のヘンリ7世がテューダー朝を創始してバラ
戦争を終結させた。

〔2〕クヌート（カヌート）は，デーン人を率いて1016年にイングランド
を征服。デンマーク・ノルウェーも支配して交易で繁栄し，「北海帝国」
と呼ばれた。

〔3〕騎士道文学としては，カール大帝のイスラーム勢力との戦いを題材
にしたフランスの『ローランの歌』，ブリトン人の英雄アーサー王と円卓
の騎士たちを描いたイギリスの『アーサー王物語』のほか，英雄ジークフ
リートの活躍などを描いたドイツの『ニーベルンゲンの歌』も有名。

〔4〕大憲章（マグナ=カルタ）の発布は1215年。課税や貴族の権利の再
確認など，国王の権限を制限する内容であった。

〔5〕ジェントリは貴族とヨーマン（独立自営農民）の中間の地主層で地

方の名望家。無給の治安判事として地方行政でも活躍し，王権を支えた。
〔6〕レオナルド=ダ=ヴィンチは，パリのルーブル美術館所蔵の「モナ=リザ」でも知られる。

Ⅳ 解答

A．コンキスタドール　B．ラス=カサス
C．アカプルコ　D．カブラル
E．オラニエ公ウィレム〔オレンジ公ウィリアム〕　F．北部7
G．太陽　H．イギリス=オランダ〔英蘭〕　I．ジャワ
〔1〕アルマダ　〔2〕ニューヨーク　〔3〕ジパング
〔4〕ハイチ　〔5〕シパーヒー　〔6〕ムラート

━━━━━━━◀解　説▶━━━━━━━

≪西欧諸国によるアメリカ大陸の植民地支配≫

A．コンキスタドールの典型が，1521 年にアステカ王国を滅ぼしたコルテスと 1533 年にインカ帝国を滅ぼしたピサロ。

B．ラス=カサスが，スペイン人植民者の残虐な行為とエンコミエンダ制による先住民の悲惨な状況をスペイン国王カルロス 1 世に報告した文書が，『インディアスの破壊についての簡潔な報告』。

C．アカプルコからラテンアメリカの銀がフィリピンのマニラに送られ，マニラから中国の陶磁器や絹などがアカプルコへ運ばれた。このアカプルコ貿易は，使用された大型帆船ガレオン船にちなんでガレオン貿易とも呼ばれる。

F．ネーデルラントの北部 7 州は，カルヴァン派の新教徒（ゴイセン）が多く，中継貿易で繁栄した。スペイン領にとどまった南部 10 州は，現在のベルギー。カトリック教徒が多く，毛織物工業の中心地であった。

G．「太陽の沈まぬ国」を現出したフェリペ 2 世は，カルロス 1 世（神聖ローマ皇帝としてはカール 5 世）の子。レパントの海戦（1571 年）でオスマン帝国を破った。熱心なカトリック政策からオランダ独立戦争を招いた。

H．第一次イギリス=オランダ（英蘭）戦争は，1651 年にイギリスが発布した航海法が原因。イギリス=オランダ（英蘭）戦争は 3 度にわたってアメリカ植民地やアジア貿易をめぐって戦われた。

I．オランダが東インド総督を置き，オランダ領東インドの首都とされた

のが，ジャワ島の西部のバタヴィア（現ジャカルタ）。

〔1〕フェリペ2世は，イギリスのエリザベス1世に対してアルマダ（無敵艦隊）を派遣したが，1588 年の海戦で破れている。

〔4〕ハイチは 17 世紀末にスペイン領からフランス領となり，フランス革命の影響を受けて，トゥサン゠ルヴェルチュールのもとで独立運動が起こった。彼自身は捕らえられ獄死したが，ナポレオン軍の干渉を撃退して 1804 年に独立を宣言した。

〔5〕インド人傭兵シパーヒーの反乱はインド各地に拡大し，インド大反乱とも呼ばれる。1858 年にはムガル皇帝が廃位されてムガル帝国は滅亡し，同年，イギリスは東インド会社を解散してインドに対する直接統治をはじめた。

〔6〕白人と黒人との混血ムラートのほか，白人と先住民インディオとの混血をメスティーソと呼んだ。ラテンアメリカにおける植民地生まれの白人で，独立運動の中心となったクリオーリョも重要。

❖講　評

　中国史，中国史を含んだ海洋アジアを対象とした大問が各1題，ヨーロッパ史，西ヨーロッパ諸国とアメリカ大陸を対象とした大問が各1題。すべて記述式であった。古代から現代までが出題の対象で，各時代を満遍なく学習していたかが重要であった。リード文が専門的で長いため，正確に理解しなければ判断できない場合があるので注意したい。

　Ⅰ．始皇帝から清代までの学問統制から見た中国史。問われた用語はすべて標準的なものだが，Aはリード文の内容から「焚書」と限定される。Bの李斯，Dの董仲舒など，中国史に関する歴史用語は漢字で正しく書けるように日頃から練習しておく必要がある。

　Ⅱ．15 世紀以降の沖縄や台湾などの海洋アジアに関する大問。20 世紀後半まで問われており，現代史に学習が及んでいたかで得点に差がついた。Fの日華平和条約は細かな用語であった。立命館大学では時事問題も頻出であるため，日頃からニュースに関心をもち，歴史的背景と関連付けて理解したい。

　Ⅲ．古代から近世までのイギリス史に関する，基本的な人名を中心にした大問。主要な君主は親子関係なども正確に把握しておきたい。〔3〕

の『ローランの歌』などの文学作品は，用語集で物語の内容を理解して
おくと解答しやすい場合が多い。

　Ⅳ．西欧諸国によるアメリカ大陸の植民地化とヨーロッパ諸国の関係
をテーマとした大問。大半が基本的な用語で対応しやすい。教科書は本
文だけでなく脚注や資料の解説なども含め，すみずみまで読み込んでお
くことが重要である。

2月1日実施分　問題　地理

（80分）

I　次の地形図をよく読んで，〔1〕〜〔13〕の問いに答えよ。なお，この地形図は等倍であり，平成9年発行（平成元年図式）のものである。

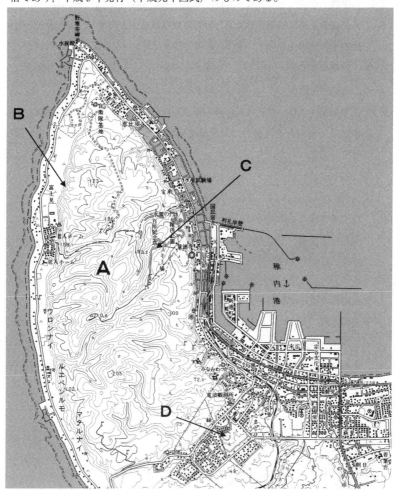

編集部注：編集の都合上，75％に縮小。

〔1〕 この地形図の縮尺を答えよ。〔解答欄：　　分の1〕

〔2〕 この地形図の主曲線は何m間隔で描かれているか，答えよ。

〔3〕 この地形図の投影法は何か，答えよ。

〔4〕 この地形図は，作成法で分類すると何と呼ばれるか，答えよ。

〔5〕 この地形図の測地系は何か，答えよ。

〔6〕 この地形図が示す範囲は，南北17 cm，東西14 cmである。実際の面積は何 km^{2}か，答えよ。なお，地図の歪みは考慮しないものとする。

〔7〕 A半島の西側にみられるB付近の地形は何と呼ばれるか，答えよ。

〔8〕 A半島最北端に位置する野寒布岬の緯度はおおよそ何度か，最も適切な数値 を次の選択肢の中から1つ選び，符号で答えよ。

　　あ 北緯48度27分　　　い 北緯45度27分　　　う 北緯42度27分

　　え 北緯39度27分　　　お 北緯36度27分

〔9〕 百年記念塔（C）の立地点とA半島北部に位置する自衛隊基地の建物との間 の標高差はおおよそ何mか，最も適切な数値を次の選択肢の中から1つ選び， 符号で答えよ。

　　あ 220 m　　　い 180 m　　　う 140 m

　　え 100 m　　　お 60 m

〔10〕 Dで示された地図記号の名称は何か，答えよ。

　　※〔10〕については，地形図中にDで示した地図記号に誤りがあり，受験生全 員正解とする措置が取られたことが大学から公表されている。

〔11〕 A半島を取り巻く海岸線には，隠顕岩が多くみられる。隠顕岩とはどのよう な岩を指すか，簡潔に答えよ。また，隠顕岩よりも陸地側の海岸線に沿って， 多くの水制（……）もみられる。この工作物は何のために設置されているか， その理由を簡潔に答えよ。

〔12〕 A半島の東側と西側の沿岸では，市街地の発達に大きな違いがみられる。こ の半島の東側に市街地が発達した理由を簡潔に述べよ。

〔13〕 この地形図に関する次の(1)～(6)の文で，正しいものには○印を，誤っている ものには×印を記せ。

(1) 現在の稚内港は，干拓で築港された。

(2) 稚内港は，フェリーボートの発着地となっている。

(3) A半島の西海岸には，砂州が発達している。

(4)　**A**半島には，リンゴ園が点在している。

(5)　この地形図中には，複数の水準点がある。

(6)　この地形図中の最高標高地点は，海抜240 m を超えている。

Ⅱ　アフリカの地形・気候・農業に関する次の地図と文をよく読んで，〔1〕〜〔8〕
　　の問いに答えよ。なお，地図中と文中の記号（A〜G）は対応している。また，こ
　　の地図には，標高が灰色の濃淡で示されている。国境線は未確定部分をふくめて点
　　線で表わしている。

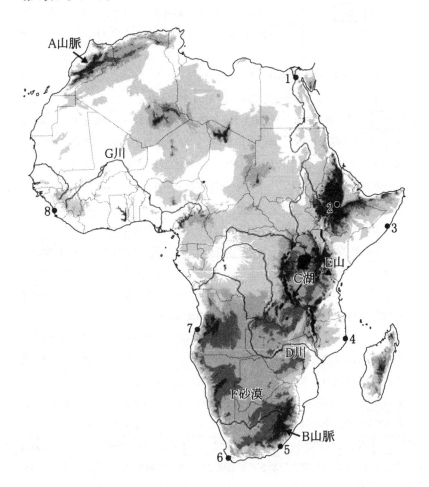

アフリカ大陸は，東西が約7,400 km，南北が約8,000 kmにおよぶ広大な大陸で
ある。その大部分は安定陸塊で，全体的に平たんな台地状ではあるが，造山運動の
影響をうけて，起伏の大きい地域もみられる。たとえば，大陸の北端には　A
山脈が，南端には　B　山脈が走る。また，大陸の東部から南部にかけては，ア
フリカ大地溝帯が縦断する。この地溝帯に沿って，ヴィクトリア湖や　C　湖な
どの大小の湖が連なって分布し，このあたりを水源とする河川は，コンゴ川やナイ
ル川，　D　川となって海洋にそそぎこむ。地溝帯の周辺では，火山活動も活発
で，その1つである　E　山は，標高が5,800 mを超えるアフリカ大陸の最高峰
である。

　アフリカ大陸の気候分布は，大気大循環にもとづき，次のように説明される。ま
ず，年中高温となる赤道付近では，　甲　気流が発生するため，地表の気圧が
　乙　なり，熱帯収束帯が形成される。そこでは，強風をともなう激しい雨であ
る　イ　が降りそそぐ。そして，　甲　した気流は，地球の自転の影響によっ
て回帰線付近で　丙　気流となるため，その付近は年中乾燥し，北半球ではサハ
ラ砂漠が，南半球では　F　砂漠が形成されている。また，地軸の傾きの影響で，
熱帯収束帯は1年周期で南北に移動する。その移動の影響を直接うける地域では，
降水量が季節によって変動し，雨季と乾季の交互にあらわれる気候がみられる。こ
うした熱帯収束帯の移動は，サハラ砂漠からの乾いた風にのって，大量の砂塵が西
アフリカの南岸にまで運ばれる原因ともなっている。以上のように大気大循環に
よって，アフリカ大陸の気候は緯度に応じて大きく変化するが，その他の気候因子
の影響をうけて，特徴的な気候が形成される地域もある。

　アフリカ大陸では，気候帯ごとに異なった農業形態がみられる。熱帯に分類され
る地域では，赤色で酸性の強い土壌である　ロ　が広く分布しており，焼畑農業
が伝統的に行われてきた。また，植民地時代にはじまったプランテーション農業の
商品作物が，主要な輸出産品となる国もある。乾燥帯の地域に目をむけると，遊牧
が広く行われ，水の得られるところではオアシス農業も発達する。後者の例として，
　G　川からの取水や，北アフリカで　ハ　と呼ばれる地下水路による灌漑農
業があげられる。温帯に分類される地域では，気候条件を活かしたブドウや柑橘類

を栽培する農地もみられる。こうした従来からの農業形態以外にも，近年では，ア
フリカ大陸のさまざまな地域で，新しい農業手法の導入が試みられてきた。たとえ
ば，現地の気候や病虫害に対応した新品種である　ニ　米の生産については，国
連開発計画（ＵＮＤＰ）などが普及に取り組んできた。伝統的な熱帯雨林の利用法
を参考に，樹木を育てながら，その樹間で複合的に農作物を栽培する　ホ　につ
いては，持続可能な農林業の観点からも関心が高まっている。

〔1〕　文中の　Ａ　～　Ｇ　に当てはまる最も適切な地名を答えよ。
〔2〕　文中の　甲　～　丙　に当てはまる語句の組み合わせとして適切なもの
　　　を，表中の選択肢あ～えの中から1つ選び，符号で答えよ。

	甲	乙	丙
あ	下降	高く	上昇
い	下降	低く	上昇
う	上昇	高く	下降
え	上昇	低く	下降

〔3〕　文中の　イ　～　ホ　に当てはまる最も適切な語句をカタカナで答えよ。
〔4〕　下線部(a)に関して，この河川の沿岸に位置し内陸水運の拠点となっている，
　　　コンゴ民主共和国の首都名を答えよ。
〔5〕　下線部(b)に関して，1月における熱帯収束帯のおおよその位置として最も適
　　　切なものを，次の地図のあ～おの中から1つ選び，符号で答えよ。

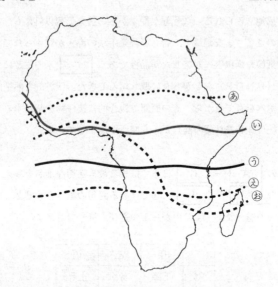

〔6〕　下線部(c)に関して，この風は何と呼ばれるか，最も適切な名称を次の選択肢
　　　の中から1つ選び，符号で答えよ。

　　　あ　ハルマッタン　　　　　　　　　い　フェーン

　　　う　ボラ　　　　　　　　　　　　　え　ミストラル

〔7〕　下線部(d)に関して，ケッペンの気候区記号でAw，Csに分類される地点を，
　　　3ページ前の地図中の●（1～8）の中から1つずつ選び，番号で答えよ。

〔8〕　下線部(e)に関して，次の表は，アルジェリア，エジプト，エチオピア，コー
　　　トジボワール，南アフリカ共和国の農業生産量（2018年）を示している。エジ
　　　プトはどれか，表中のあ～うの中から1つ選び，符号で答えよ。

（単位：千t）

国	小麦	米	とうもろこし	いも類
あ	8,800	4,900	7,300	5,405
い	4,239	144	7,360	9,421
アルジェリア	3,981	0	4	4,653
南アフリカ共和国	1,868	3	12,510	2,554
う	－	2,109	1,006	12,427

　　　注）0は四捨五入した値。－は皆無または該当する数値なし。

『世界国勢図会 2020/21年版』により作成

Ⅲ　世界の島嶼国に関する次の①〜⑤の文をよく読んで，〔1〕〜〔5〕の問いに答え
　よ。

　①　首都はマレである。この国は　　A　　洋に点在する島々から構成されている。
　　　これらの島々は，その内側に陸地を有さない　　B　　礁をなしている。また，海
　　　抜高度が低いため，地球温暖化により海面が1ｍ上昇すると，国土の約8割が
　　　失われるとする予測もある。国民のほとんどが，　　甲　　を信仰している。

　②　首都はレイキャビクである。この国の国土の大部分は北極圏の近くに位置して
　　　いる。国土の北部はケッペンの気候区分にもとづくと　　C　　気候区であるが，
　　　南部は暖流の影響により　　D　　気候区となっている。この島は2つのプレート
　　　の境界に位置しており，ギャオと呼ばれる大地の裂け目がみられる。

　③　首都はハバナである。この国は，西　　A　　諸島の中で最も西に位置している。
　　　公用語は　　E　　語であり，　　乙　　を信仰する国民の割合が高い。人種は，
　　　ヨーロッパ系（白人）とアフリカ系（黒人）のほか，ヨーロッパ系とアフリカ系
　　　との混血である　　F　　で構成されている。1959年の革命によって，社会主義国
　　　となった。

　④　首都はヤレンである。この国は，世界で3番目に面積の小さい独立国である。
　　　太平洋の赤道付近に位置し，マーシャル諸島やパラオと同じく　　G　　ネシアに
　　　属している。国民のほとんどが，　　乙　　を信仰している。20世紀末までは，リ
　　　ン鉱石の輸出により高い生活水準を維持していたものの，リン鉱石の枯渇にとも
　　　ない，1990年代後半以降は厳しい経済状態にある。

　⑤　首都は　　H　　である。約30万 km^2 の国土を有するこの国は南シナ海の東に
　　　あり，大小の島々によって構成されている。新期造山帯に位置するため，火山活
　　　動が活発であり，地熱発電所や温泉施設もみられる。国民の約9割が　　乙　　を
　　　信仰しているが，この国で2番目に大きい島である　　I　　島の西部には，
　　　甲　　を信仰する人々も居住している。

〔1〕　文中の　　A　　〜　　I　　に当てはまる最も適切な地名または語句を答えよ。
〔2〕　文中の　　甲　　・　　乙　　に当てはまる最も適切な宗教を，次の選択肢の中
　　　から1つずつ選び，符号で答えよ。

　　　　ⓐ　イスラム教（イスラーム）　　　　　ⓘ　キリスト教

　　　③　ゾロアスター教　　　　　　　　え　ヒンドゥー教

　　　お　仏教　　　　　　　　　　　　　か　ユダヤ教

〔3〕　①～⑤の文に当てはまる国はそれぞれどこか，国名を答えよ。

〔4〕　②の文中の下線部に関して，この暖流の名称を答えよ。

〔5〕　①～⑤の国の中で，ニッケル鉱の生産量が世界第1位（2016年）の国はどこ

　　　か，番号で答えよ。

2月1日実施分　　　解答 地理

I 　**解答**　〔1〕50000　〔2〕20（m間隔）
〔3〕ユニバーサル横メルカトル〔UTM〕図法
〔4〕編集図　〔5〕日本測地系　〔6〕59.5（km²）
〔7〕段丘崖（海岸段丘，海岸段丘崖も可）　〔8〕—ⓥ　〔9〕—ⓒ
〔10〕（※）
〔11〕隠顕岩：干潮時は水面上に現れ，満潮時は水面下に沈む岩。
理由：水の勢いを弱め，波により海岸が削られるのを防ぐため。
〔12〕半島の東側では，冬の北西季節風が山にさえぎられて，その影響を
受けにくくなっているから。
〔13〕(1)—×　(2)—○　(3)—×　(4)—×　(5)—○　(6)—×

※〔10〕については，地形図中にDで示した地図記号に誤りがあり，受験生全員正解
とする措置が取られたことが大学から公表されている。

◀解　説▶

≪北海道稚内市の地形図読図≫
〔1〕〔2〕等高線を読み取ると，主曲線が20m間隔，計曲線が100m間
隔で引かれていることから，縮尺は50000分の1とわかる。
〔4〕50000分の1の地形図は，実測図である25000分の1の地形図をも
とに編集して作成されている。
〔5〕緯度・経度の基準を測地系と呼ぶ。日本では独自の日本測地系が用
いられてきたが，2001（平成13）年から電波観測や人工衛星を使った世
界測地系が用いられるようになった。問題文ではこの地形図は「平成9年
発行（平成元年図式）のものである」と書かれていることに注意。
〔6〕南北・東西の長さを実際の距離に直すと，それぞれ
　南北：17〔cm〕×50000＝850000〔cm〕＝8.5〔km〕
　東西：14〔cm〕×50000＝700000〔cm〕＝7〔km〕
となり，地形図が示す範囲の面積は
　8.5〔km〕×7〔km〕＝59.5〔km²〕
と求められる。

〔7〕A 半島西側では，等高線から海岸段丘が発達していることが読み取れる。等高線の間隔が狭いところが段丘崖，広いところが段丘面である。

〔9〕等高線を読み取ると，「百年記念塔」は標高 160〜180m，自衛隊基地の建物は標高 20〜40m とわかる。

〔11〕水位の差により水面上に現れたり水面下に沈んだりする岩礁やサンゴ礁などは，隠顕岩として地図上で表される。また，海上に小さな丸印で表された水制が海岸と平行に並んでいることから，波の勢いを弱めるための防波堤（消波ブロックなど）が設置されているとわかる。

〔12〕A 半島の東側と西側の間に山地が見られること，北海道最北端に位置し，冬の北西季節風の影響が強い地域であることから，市街地の発達の差の理由が説明できる。

〔13〕(1)誤文。擁壁による直線的な海岸が見られ，埋め立て地であることがわかる。(2)正文。(3)誤文。砂州とは，沿岸流により運搬された砂礫層が，細長く堆積して形成された地形。(4)誤文。A 半島には果樹園の記号は見られない。広葉樹林の記号と間違えないように。(5)正文。水準点は主要道路に見られることが多い。(6)誤文。山地の頂上に見られる三角点や標高点を読み取れば，240m 未満であるとわかる。

II 解答

〔1〕A．アトラス　B．ドラケンスバーグ　C．タンガニーカ　D．ザンベジ　E．キリマンジャロ　F．カラハリ　G．ニジェール

〔2〕—ⓔ

〔3〕イ．スコール　ロ．ラトソル　ハ．フォガラ　ニ．ネリカ　ホ．アグロフォレストリー

〔4〕キンシャサ　〔5〕—ⓞ　〔6〕—ⓐ

〔7〕Aw—4　Cs—6　〔8〕—ⓐ

━━━━━━◀解　説▶━━━━━━

≪アフリカの地形・気候・農業≫

〔1〕C．タンガニーカ湖は，南のマラウイ湖とともに，アフリカ大地溝帯に位置する地溝湖。

E．アフリカ最高峰のキリマンジャロ山は，赤道直下でありながら山頂には氷河がみられる。

F．カラハリ砂漠は亜熱帯〔中緯度〕高圧帯の影響で降水量が少ない。沿岸を流れるベンゲラ海流の影響を受けたナミブ砂漠と間違えないように。

〔2〕赤道付近では空気が温められ上昇気流が発生し，地表付近の気圧が低くなり熱帯収束帯が形成される。赤道付近で上昇した空気は南北回帰線付近で下降し，その結果，亜熱帯高圧帯が形成され，南北回帰線付近では乾燥した気候がみられる。

〔3〕ハ．北アフリカでフォガラと呼ばれる地下水を用いた用水路は，イランではカナート，アフガニスタンではカレーズと呼ばれる。

ニ．ネリカ米とは，UNDP（国連開発計画）等の支援のもと西アフリカ稲開発協会により開発された新しい品種。高収量で，乾燥や病虫害に強いといった特徴がある。

〔5〕1月は南半球が高日季になり，熱帯収束帯は赤道より南に移動する。アフリカ東海岸は，暖流が暖かく湿った大気を運んでくることにより，西海岸より南部でも温暖になることに注意する。

〔7〕Cs（地中海性気候）がみられるのは，緯度 30～40 度付近の大陸西岸。6 のケープタウンが該当する。また，Aw（サバナ気候）は赤道からやや高緯度にみられ，地図中の 2・4・7・8 が候補にあがる。2 はエチオピア高原で標高が高く H（高山気候），7 は沿岸のベンゲラ海流の影響で降水量が少なく BW（砂漠気候），8 は 7 月頃に吹く南西季節風の影響で特に降水量が多くなるため Am（熱帯モンスーン気候）が分布する。残る 4 が Aw となる。また 1・3 は BW，5 は Cfb（西岸海洋性気候）が分布する。

〔8〕小麦が栽培されておらず，いも類の生産量が最も多い⑤が，熱帯で焼畑農業によるいも類の生産がさかんなコートジボワール。残る⑥と⑩のうち，米・小麦ともに生産量が多い⑥が，ナイル川の流域で灌漑農業がさかんなエジプトと判断できる。

Ⅲ　解答　〔1〕A．インド　B．環　C．ツンドラ
　　　　　　　D．西岸海洋性　E．スペイン　F．ムラート
G．ミクロ　H．マニラ　I．ミンダナオ
〔2〕甲―⑥　乙―⑩
〔3〕①モルディブ　②アイスランド　③キューバ　④ナウル

⑤フィリピン

〔4〕北大西洋海流　〔5〕—⑤

━━━━━━━ ◀解　説▶ ━━━━━━━

≪世界の島嶼国≫

〔1〕B．サンゴ礁地形のうち，「その内側に陸地を有さない」のは環礁。その他，海岸を取り巻く形で発達した裾礁，陸地との間にラグーン（礁湖）を隔てて沖合に発達した堡礁（バリアリーフ）がある。

C．かなり高緯度（北緯60度以北）で，大陸東岸では気温の年較差の大きい亜寒帯がみられる緯度帯であるが，アイスランドは大陸西岸に位置し，島嶼国で気温の年較差が小さいため，亜寒帯はみられない。

F．ラテンアメリカでは，ヨーロッパ系とアフリカ系の混血はムラート，ヨーロッパ系と先住民インディオとの混血はメスチソ（メスチーソ）と呼ばれる。

G．オセアニアのうち，マーシャル諸島やパラオなどがある，赤道以北で経度180度以西の地域をミクロネシアという。また，赤道以南で経度180度以西の地域をメラネシア，おもに経度180度以東の地域をポリネシアという。

〔2〕甲．かつてムスリム商人がインド洋で活躍したことから，モルディブやマレーシア・インドネシア，フィリピン南部のミンダナオ島などにイスラム教が伝播した。

乙．キューバなどラテンアメリカ諸国の多くやフィリピンでは，旧宗主国であるスペインの影響を受けてカトリックを信仰する人が多い。

〔3〕②アイスランドでは，プレートの広がる境界である大西洋中央海嶺が地上に現れたところがある。

④ナウルは，長い間積もった海鳥のフンがサンゴの石灰分と結びついてできたリン鉱石に恵まれていた。

⑤フィリピンは，日本と同じく環太平洋造山帯に位置し，火山活動が活発である。

〔5〕ニッケル鉱の上位産出国（2016年）は，1位フィリピン（17.0％），2位ロシア（12.4％），3位カナダ（11.6％），4位オーストラリア（10.0％），5位仏領ニューカレドニア（10.0％）。

❖講　評

　Ⅰ．北海道稚内市の市街地付近の地形図を用いた大問で，問われている語句は過去にも出題されているものもあり，読図に関する内容は基本的な問いであることから，確実に得点できる問題であった。地図記号が表している地形や工作物などを短文で説明できるかが，点数の差につながったと思われる。

　Ⅱ．アフリカの地形・気候と農業に関する大問で，空所補充や図・統計の読み取りなど出題方法は多様であるが，内容は標準的な問題であり取り組みやすい。気候分布については，赤道を挟んで南北対称になることに加えて，局地的にみられる気候区分を，原因とともに再度整理しておきたい。

　Ⅲ．世界の島嶼国についての大問であるが，小問を見てみると，領域や地形に関する問いというより，基本的には世界全体の地誌に関する問いである。首都名がわからないと国名を特定しづらいものもあり，地誌の基本として首都名の確認はしておきたい。広い範囲の地誌は，文字だけでなく，地図とともに空間的に把握することが大切である。

2月3日実施分　　**問題 地理**

（80 分）

Ⅰ　世界の人口・標高・気候に関する次の文と地図①〜④をよく読んで，〔1〕〜〔6〕の問いに答えよ。なお，地図①〜④には，経線と緯線が30度ごとにひかれている。

　地球的スケールで人文・自然現象を考えるために，世界全体をカバーするデータをもちいて，人口，標高，気候などの世界地図（メッシュマップ）を描くことにする。ここでは，経線と緯線をもとに，縦横2.5分ごとのメッシュで世界地図を作成した。このメッシュデータで世界全体をカバーすると，東西方向では　甲　メッシュ，そして南北方向では　乙　メッシュが必要となる。

　地図①は，経緯度による地理座標系にもとづき，正方形のメッシュで人口密度を描いたものである。3次元の球面を2次元の平面に描く際には，距離や面積の比率，角度・方位などを同時に正確に表現することができない。そこで，さまざまな地図投影法（図法）が考案されている。

　角度を正しく表わす図法としては，正角図のメルカトル図法がある。この図法をもちいて標高を描いたのが，地図②である。この図法では，高緯度ほど距離と面積のひずみが大きくなる。この地図上の任意の2点を結んだ直線は，　イ　航路を示す。(a)

　面積を正しく表わす図法としては，正積図のランベルト正積円筒図法がある。この図法をもちいてケッペンの気候区分にもとづく気候帯（A〜E）を描いたのが，地図③である。地図①の経線と緯線を直交させたまま，経線の長さを調整することで，高緯度ほど横に大きく広がって描かれるが，面積は正確に表わされている。このほかの正積図法としては，サンソン図法やモルワイデ図法があり，さらにこの2つを接合したホモロサイン（　ロ　）図法もある。

　地図の中心からの距離と方位を正しく表わす図法としては，正距方位図法がある。(b)この図法をもちいて各国の国境線を描いたのが，地図④である。この図法では，地図の中心から最短となる　ハ　航路が直線で描かれる。

　人口は，自然環境や社会・経済活動の影響をうけて，空間的に大きく偏って分布
している。人口密度，緯度帯，標高，ケッペンの気候帯，そして国別の地図を重ね，
さらにそれらのクロス集計を作成することで，人口分布の傾向を自然環境との関わ
りから明らかにすることができる。

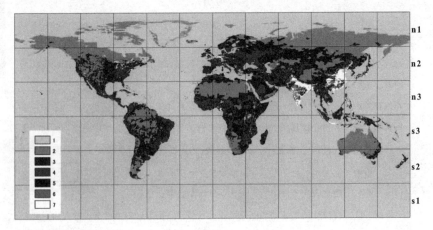

地図①

人口密度［人/km^2］（2000年）の区分は，1（0），2（0〜1），3（1〜10），4（10〜50），5
（50〜100），6（100〜200），7（200〜）である。

『Gridded Population of the World (GPW), v3』により作成

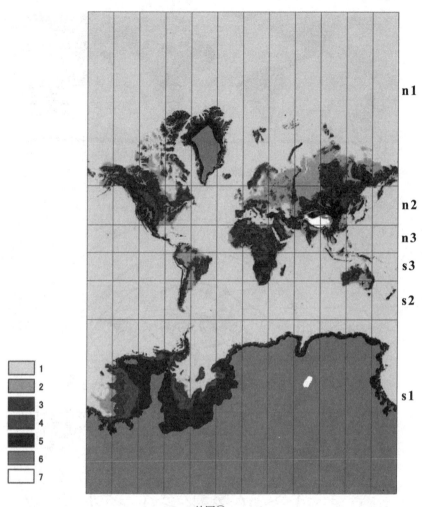

地図②

標高［m］の区分は，1（0），2（0〜200），3（200〜500），4（500〜1000），5（1000〜2000），
6（2000〜4000），7（4000〜）である。なお，海面と0m以下の地表面は1の区分に含まれる。

『地球地図全球版』により作成

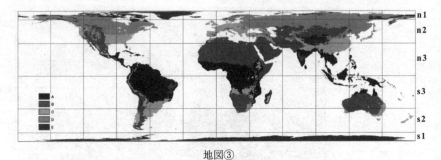

地図③

ケッペンの気候区分にもとづきA〜Eの5気候帯で表わしている。

『World Maps of Köppen-Geiger Climate Classification』により作成

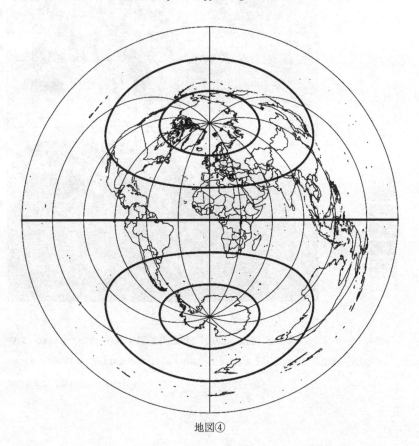

地図④

〔1〕 文中の 甲 ・ 乙 に当てはまる最も適切な数値を整数で答えよ。

〔2〕 文中の イ ～ ハ に当てはまる最も適切な語句を答えよ。

〔3〕 下線部(a)に関して，地図②では，緯度60度付近における緯線上の距離は赤道上と比べて約何倍に拡大して描かれているか，整数で答えよ。

〔4〕 下線部(b)に関して，地図④の中心は経度・緯度ともに0度の地点である。この地点から，東京とニューヨークまでの方位とおおよその距離について，最も適切なものを次の選択肢の中から1つずつ選び，符号で答えよ。

方位

㋐ 北　　㋑ 北東　　㋒ 東　　㋓ 南東

㋔ 南　　㋕ 南西　　㋖ 西　　㋗ 北西

距離

㋐ 0.3万 km　　㋑ 0.6万 km　　㋒ 0.9万 km　　㋓ 1.4万 km

㋔ 2.0万 km　　㋕ 2.4万 km　　㋖ 3.5万 km　　㋗ 4.0万 km

〔5〕 下線部(c)に関して，地図①～④をよく読んで，次の(1)～(6)に答えよ。なお(2)～(4)では，30度ごとの緯度帯を，北から，**n1**（北緯60－90度），**n2**（北緯30－60度），**n3**（北緯0－30度），**s3**（南緯0－30度），**s2**（南緯30－60度），**s1**（南緯60－90度）の6つに区分する。

(1) 人間が常に居住する地域はエクメーネと呼ばれる。エクメーネとは逆に，人間が居住しない非居住地域は何と呼ばれるか，カタカナで答えよ。

(2) 次の帯グラフ㋐～㋕は，地図①の人口密度7区分の構成比（メッシュ数）を6つの緯度帯ごとに示したものである。**n2**（北緯30－60度）と**s2**（南緯30－60度）の帯グラフはどれか，最も適切なものを1つずつ選び，符号で答えよ。なお，この帯グラフには海域のメッシュ数が含まれている。

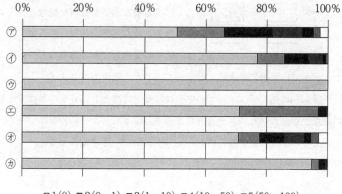

□1(0),■2(0〜1),■3(1〜10),■4(10〜50),■5(50〜100),
■6(100〜200),□7(200〜)（人口密度［人/km²］）

(3) 次の帯グラフ⑦〜⑰は，地図②の標高7区分の構成比（メッシュ数）を6
つの緯度帯ごとに示したものである。**n2**（北緯30-60度）と **s2**（南緯30-
60度）の帯グラフはどれか，最も適切なものを1つずつ選び，符号で答えよ。
なお，この帯グラフには海域のメッシュ数が含まれている。

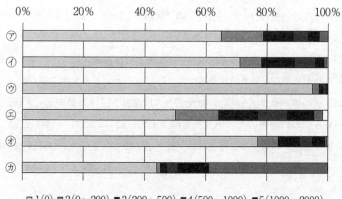

□1(0),■2(0〜200),■3(200〜500),■4(500〜1000),■5(1000〜2000),
■6(2000〜4000),□7(4000〜)（標高［m］）

(4) 次の帯グラフ⑦〜⑰は，地図③のケッペンの気候区分にもとづく5つの気
候帯の構成比（メッシュ数）を6つの緯度帯ごとに示したものである。**n2**
（北緯30-60度）と **s2**（南緯30-60度）の帯グラフはどれか，最も適切なも
のを1つずつ選び，符号で答えよ。なお，この帯グラフには海域のメッシュ
数は含まれていない。

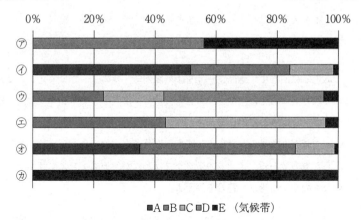

■A ■B ▫C ▫D ■E　（気候帯）

(5)　次の帯グラフ⑦〜㋕は，標高7区分の構成比（メッシュ数）を人口密度7
区分ごとに示したものである。人口密度1［0人/km^2］と人口密度7［200
人/km^2〜］の帯グラフはどれか，地図①・②をよく読んで最も適切なもの
を1つずつ選び，符号で答えよ。なお，この帯グラフには海域のメッシュ数
が含まれている。

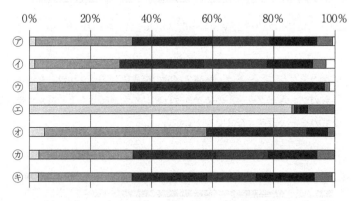

▫1(0), ▫2(0〜200), ■3(200〜500), ■4(500〜1000), ■5(1000〜2000),
■6(2000〜4000), ▫7(4000〜)　（標高［m］）

(6)　人口密度が7［200人/km^2〜］であり，なおかつ標高が7［4000m〜］
のメッシュ数は384である。このようなメッシュが分布する国はどこか，地
図①・②をよく読んで最も適切なものを次の選択肢の中から1つ選び，符号
で答えよ。

　あ　イエメン　　　　い　イギリス　　　　う　韓国

　え　フィンランド　　　お　ボリビア

〔6〕　下線部(d)に関して，地図①〜④をよく読んで，次の(1)〜(3)に答えよ。なお，ここで取り上げるのは，アメリカ合衆国，インド，インドネシア，中国，日本，ブラジル，ロシアの 7 か国である。

(1)　次の帯グラフ㋐〜㋖は，人口密度 7 区分の構成比（メッシュ数）を国別に示したものである。インドの帯グラフはどれか，地図①をよく読んで最も適切なものを 1 つ選び，符号で答えよ。

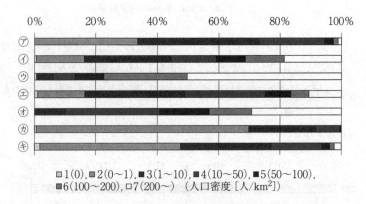

□1(0),□2(0〜1),■3(1〜10),■4(10〜50),■5(50〜100),
■6(100〜200),□7(200〜)（人口密度［人/km²]）

(2)　次の帯グラフ㋐〜㋖は，標高 7 区分の構成比（メッシュ数）を国別に示したものである。ブラジルの帯グラフはどれか，地図②をよく読んで最も適切なものを 1 つ選び，符号で答えよ。

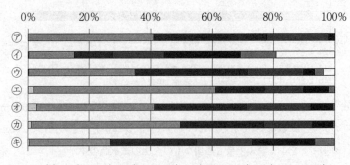

□1(0),■2(0〜200),■3(200〜500),■4(500〜1000),■5(1000〜2000),
■6(2000〜4000),□7(4000〜)（標高［m]）

(3)　次の帯グラフ⑦〜㋖は，ケッペンの気候区分にもとづく5つの気候帯の構成比（メッシュ数）を国別に示したものである。アメリカ合衆国とロシアの帯グラフはどれか，地図③をよく読んで最も適切なものを1つずつ選び，符号で答えよ。

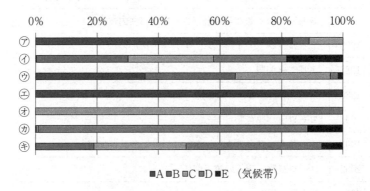

■A ▪B ▫C ▪D ■E　（気候帯）

Ⅱ　ヨーロッパ連合（EU）の成立と拡大に関する次の文・表・地図をよく読んで，〔1〕〜〔7〕の問いに答えよ。なお，文中の記号は，表と地図の中にある記号と対応している。

　　ヨーロッパ連合の成立と拡大について，外務省のウェブページに掲載された年表を参考にしてまとめたのが，次の表である。

年	事項
1952	ヨーロッパ石炭鉄鋼共同体設立　　原加盟国：イタリア，オランダ，ドイツ（旧西ドイツ），フランス，ベルギー，ルクセンブルク
1958	ヨーロッパ経済共同体設立，ヨーロッパ原子力共同体設立
1967	3共同体の主要機関統合（ヨーロッパ共同体発足）
1973	アイルランド，イギリス，デンマーク加盟
1981	ギリシャ加盟
1986	スペイン，ポルトガル加盟
1993	ヨーロッパ連合発足
1995	オーストリア，スウェーデン，フィンランド加盟
2002	ユーロ紙幣・硬貨の流通開始
2004	10か国加盟
2007	A　，ルーマニア加盟
2013	B　加盟
2020	イギリス離脱

　ヨーロッパにおける経済統合は，1940年代後半に発足したベネルクス3国（オランダ・ベルギー・ルクセンブルク）の関税同盟を先駆とするものの，上の表では，最初の事項としてあげられたヨーロッパ石炭鉄鋼共同体（ECSC）の設立をもって，ヨーロッパ連合形成の端緒としていることがわかる。それゆえ，この組織に参加したベネルクス3国ならびに，イタリア，ドイツ（旧西ドイツ），フランスの計6か国が，ヨーロッパ連合の「原加盟国」と位置づけられた。

　これら6か国は，域内の関税撤廃や資本・労働力の移動の自由化を推進するヨーロッパ経済共同体（EEC），そして原子力の利用と開発を共同して行うヨーロッパ原子力共同体（EURATOM）を設立する。この3つの共同体を統合して成立したのが，ヨーロッパ共同体（EC）である。

　他方，1960年には，イギリス，オーストリア，スイス，スウェーデン，デンマーク，　甲　，ポルトガルの7か国が，ヨーロッパ経済共同体に対抗するかたちで，

域内貿易の自由化を目的とするヨーロッパ自由貿易連合（ 1 ）を結成してい
た。この組織には，後にアイスランド，フィンランド，リヒテンシュタインが参加
するものの，脱退する国もあいついだ。イギリス，デンマーク，ポルトガルはヨー
ロッパ経済共同体に移り，オーストリア，スウェーデン，フィンランドもヨーロッ
パ連合の発足後に合流する。その結果，ヨーロッパ連合に加盟することなく，ヨー
ロッパ自由貿易連合にとどまっているのは，アイスランド，スイス， 甲 ，リ
ヒテンシュタインの 4 か国となった（2021 年 4 月現在）。なお 甲 は，北大西
洋条約機構（ 2 ）の原加盟国である。

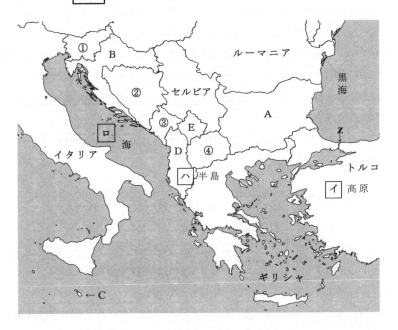

1993 年に誕生したヨーロッパ連合は，段階的に加盟国を増やしながら，その規模
と領域を拡大させてきた。ヨーロッパ連合の地理的拡大は，すでにみた1995年の 3
か国の加盟にはじまる。2004年には，バルト海に面する国々や地中海の島嶼国であ
るキプロスと C を含む，計10か国を迎え入れた。さらに2007年には，黒海に
面する A とルーマニアの 2 か国も加盟する。

2021 年 4 月現在，2013年の B を最後に新たな加盟国はなく，また近年では，
イギリスの離脱が世界的な注目を集めたものの，ヨーロッパ連合の地理的拡大は今

後も見込まれている。

　　 A 　とルーマニアの加盟によって，その地理的範囲の東は黒海にまで達し，ギリシャならびにキプロスも加盟していることから，今後の拡大の焦点は，大陸ヨーロッパと小アジア（　イ　高原）にまたがるトルコ，そして　ロ　海を挟んでイタリアと向かいあう，　ハ　半島西側の諸国となる。この半島諸国で加盟候補国として名があがるのは，セルビアとモンテネグロ，　D　と北マケドニア，さらには　E　とボスニア・ヘルツェゴビナである。

　　 乙 　の崩壊にともなって独立したこれらの国々は，民族と宗教が入り組み，いまだに1990年代の紛争が尾を引いている。その代表例が，　E　をめぐる問題である。　D　系の住民が多数を占める同国は，セルビアの自治州であったものの，セルビア系住民との民族・宗教対立が激化して紛争となり，北大西洋条約機構による空爆にまで発展した。　E　は2008年に独立を宣言するが，セルビアのみならず，ヨーロッパ連合内でも国内に地域の分離・独立問題を抱えるスペインが，国家として承認していない。

　このような民族や宗教をめぐる問題のほかにも，域内の経済格差など，ヨーロッパ連合の新たな課題が浮上している。

〔1〕　文中の　A　～　E　に当てはまる最も適切な国名を答えよ。

〔2〕　文中の　甲　・　乙　に当てはまる国名を答えよ。

〔3〕　文中の　1　・　2　に当てはまる略称を，アルファベットで答えよ。

〔4〕　文中の　イ　～　ハ　に当てはまる最も適切な地名を答えよ。

〔5〕　下線部(a)に関して，次の(1)・(2)に答えよ。

　(1)　地図中のzに位置する，ヨーロッパとアジアの境となる海峡の名称を答えよ。

　(2)　上の(1)の海峡をはさんで市街地が広がる，トルコ最大の都市はどこか，答えよ。

〔6〕　下線部(b)に関して，次の(1)・(2)に答えよ。

　(1)　同国の首都を答えよ。

　(2)　地図中の①～④は，北マケドニア，スロベニア，ボスニア・ヘルツェゴビナ，モンテネグロのいずれかに当たる。ボスニア・ヘルツェゴビナの位置として正しいものを，地図中の①～④から1つ選び，番号で答えよ。

〔7〕　下線部(c)に関して，次の(1)・(2)に答えよ。

(1)　スペイン国内で独立運動のみられる地域の1つとして，サッカーの名門チーム「ＦＣバルセロナ」が本拠を構える自治州をあげることができる。この州の名称を答えよ。

(2)　ピレネー山脈の西部で，スペインならびにフランスからの分離・独立を求めてきた民族がある。この民族の名称を答えよ。

Ⅲ　世界の経済格差と開発途上国（発展途上国）への援助に関する次の文と表をよく読んで，〔1〕〜〔5〕の問いに答えよ。

　21世紀の世界を考える際に重要となるのが，経済の格差をめぐる諸問題である。世界の経済格差に関しては，いくつかの指標をもちいて観察することができる。その中に，1人当たりの国民総所得（　Ａ　）がある。国内総生産（　Ｂ　）に国外からの所得を加算した国民総所得は，一国の経済力をはかる指標となるほか，人口で割って国民1人当たりの所得を算出することで，その高低差にもとづく地域区分を可能にする。

　1人当たりの国民総所得は，数値が高くなるほど経済的な豊かさを，逆に低くなるほど，貧困の度合いがますことを意味している。一般に，1人当たりの国民総所得の低い開発途上国は地球の南側に，豊かな先進国は北側に集中していることから，世界の経済格差はその位置関係にもとづき「南北問題」と呼ばれてきた。この問題に取り組むべく，1964年に国際機関として設置されたのが，　甲　（UNCTAD）である。

　南側諸国の中には，石油などの資源を有する国や，急速に経済成長を遂げている国もある一方で，1人当たりの国民総所得が極度に少ない「後発開発途上国」に分類される国も多数ある。後発開発途上国には，食料を自給できずに飢餓が深刻化している国もみられる。このような開発途上国間の経済格差とそこから生じる諸問題は，「　イ　問題」と呼ばれている。

　上記のような地域間・国家間の経済格差とは別に，一国の中でどれくらいの人々が貧困の状態に置かれているのかを知るためには，「国際貧困ライン」以下の人口割合などの指標をみる必要がある。国際貧困ラインとは，世界銀行によって定められた最貧困層を定義するためのボーダーラインである。近年のデータによると，貧

困ライン以下の人口が50％を上回る国はおもにアフリカでみられ，アジアでは
2002年に　①　から独立した東ティモールの値が約30％に達している。

　2021年1月現在，世界には約　乙　の国家が存在する。外務省の資料によると，
そのうちの約4分の3に当たる国々が開発途上にある。経済協力開発機構
（　C　）は，開発途上にある国や地域の経済成長に貢献することを目的の1つ
に掲げる国際機関で，経済格差や貧困問題に取り組む専門機関（開発援助委員会）
を設置している。1961年にヨーロッパを中心とする20か国で設立された経済協力開
発機構には，1960年代に日本とフィンランド，そして1970年代にオーストラリアと
ニュージーランドが加盟した。

　その後，新たな加盟のない空白期間が20年ほどつづくが，1990年代半ば以降，次
の表に示されるように，新規の加盟が相次いだ。

年	経済協力開発機構新規加盟国 (1990年代以降)
1994	②
1995	チェコ
1996	ハンガリー，ポーランド，韓国
2000	スロバキア
2010	③ ，スロベニア， ④ ，エストニア
2016	ラトビア
2018	⑤
2020	コロンビア

　まず1994年に，北アメリカ自由貿易協定（　D　）を結んだ直後の　②　が
参加する。アジアからは，1960年代後半以降の工業化政策によって，1970年代には
「　ロ　の奇跡」と呼ばれる急速な経済成長をとげた韓国が，1996年に加盟した。
2010年には，アジア太平洋経済協力会議（APEC）の参加国で，世界有数の銅鉱
産出国でもある南アメリカの　③　のほか，ヨーロッパからはスロベニアとエス
トニア，そして地中海東岸に位置する1948年独立の　④　もくわわった。2010年
のエストニアを皮切りに，ソビエト社会主義共和国連邦から独立したバルト海沿岸
のラトビアと　⑤　も相次いで参加している。

　　結果として，2021年1月現在，経済協力開発機構には37か国が加盟している。加盟国のすべてが開発援助委員会に参加しているわけではない。日本は開発援助委員会の構成国として，政府開発援助（ＯＤＡ）を通じた開発途上国の支援に取り組んできた。日本の政府開発援助実施機関の1つである国際協力機構（　Ｅ　）は，ボランティア事業として「青年」や「シニア」などに区分された　ハ　協力隊の派遣をつづけている。日本はほかにも，国連食糧農業機関（　Ｆ　）や国連世界食糧計画（ＷＦＰ）などに資金を拠出することで，途上国の食料支援などを実施している。

　　今後の国際協力は，開発途上国で草の根レベルの支援をつづけている非政府組織（　Ｇ　）と連携して，各地域のニーズに即して，きめ細かに対応していくことが求められる。

〔1〕　文中の　Ａ　～　Ｇ　に当てはまる略称は何か，アルファベットで答えよ。

〔2〕　文中の　甲　に当てはまる機関を，次の選択肢の中から1つ選び，符号で答えよ。

　　　　あ　国連環境計画　　　　　　　　い　国連人口基金

　　　　う　国連難民高等弁務官事務所　　え　国連貿易開発会議

〔3〕　文中の　乙　に当てはまる数を，次の選択肢の中から1つ選び，符号で答えよ。

　　　　あ　100　　　　い　150　　　　う　200　　　　え　250

〔4〕　文中の　イ　～　ハ　に当てはまる最も適切な語句または地名を答えよ。

〔5〕　文中の　①　～　⑤　に当てはまる国名を答えよ。なお，文中と表中の番号（②～⑤）は対応している。

2 月 3 日実施分

解答 地理

I 解答 〔1〕甲. 8640　乙. 4320

〔2〕イ. 等角　ロ. グード　ハ. 大圏（大円も可）

〔3〕2（倍）

〔4〕東京　方位：ⓘ　距離：ⓔ

ニューヨーク　方位：ⓚ　距離：ⓒ

〔5〕(1)アネクメーネ　(2)n2：ⓐ　s2：ⓕ　(3)n2：ⓔ　s2：ⓒ

(4)n2：ⓒ　s2：ⓔ　(5)密度 1：ⓔ　密度 7：ⓕ　(6)—ⓞ

〔6〕(1)—ⓒ　(2)—ⓐ　(3)アメリカ合衆国：ⓚ　ロシア：ⓕ

◀解　説▶

≪メッシュマップから見る世界の人口・標高・気候≫

〔1〕世界全体をカバーする世界地図であれば、経度（東西方向）は 360 度、緯度（南北方向）は 180 度の幅である。1 度は 60 分なので、経度は 21600 分、緯度は 10800 分の幅となる。経線・緯線ともに縦横 2.5 分ごとにメッシュを作成していることから、東西方向のメッシュは

21600〔分〕÷2.5〔分〕＝8640〔メッシュ〕

また、南北方向のメッシュは

10800〔分〕÷2.5〔分〕＝4320〔メッシュ〕

と求められる。

〔3〕北緯 60 度線・南緯 60 度線はともに、赤道の長さのおよそ半分になる。メルカトル図法では、すべての緯線が同じ長さで描かれており、緯度 60 度線は、実際の長さを 2 倍にして描かれている。

〔4〕図の中心から見て東京は図の右上、ニューヨークは図の左上にあることから、東京の方位は北東、ニューヨークの方位は北西とわかる。また、図の外周は中心の対蹠点を表しているので、図の中心から外周までの距離は地球の全周の半分にあたる約 20000km。そこから両地点へのおおよその距離が概算できる。

〔5〕(2)　地図①から、人口密度 1（0 人/km²）はほぼ海域メッシュと氷雪気候の地域で占められているとわかる。最も人口密度 1 の割合が高いⓒ

が s1, 2 番目に高い⑰が s2 と判断できる。また、人口密度 2 〜 7 を合わ
せた割合が最も高い⑦が、南極大陸を除いた陸地面積の割合が最も高い
n2 と判断できる。

(3)　標高 7（4000m〜）に注目すると、⑨が最も割合が高い。よって⑨は、
チベット高原やパミール高原など、特に標高が高い地域を含む n2 が該当
する。また、標高 1（0m）は海域を表していると考えられる。地図②か
ら、海域面積の割合が最も高い s2 が、標高 1 の割合が最も高い⑦とわか
る。

(4)　地図③から、D は北半球にしか見られないので、⑦と⑦の判断がしや
すい。D と E しか見られない⑦が n1、残る⑦が n2。また、⑰は E しか見
られないので s1 と判断するのも容易。残る④・⑨・⑦のうち、A が見ら
れない⑨が s2 と判断できる。

(5)　人口密度 1（0 人/km²）はほぼ海域であることから、標高 1（0m）
の割合が大半を占める⑨が該当する。また、人口密度 7（200 人/km²〜）
は標高の低いところが大半である。標高 2（0〜200m）と標高 3
（200〜500m）の割合が最も高い⑦が、人口密度 7 に該当する。

(6)　図のみで判断するのはメッシュ数が少なくて困難。標高 4000m 以上
の地域で人口が多い高山都市がある国を考えればよい。

〔6〕(1)　地図①から、インドが最も人口密度 7 の面積の割合が高いとわ
かる。

(2)　地図②から、標高 7（4000m〜）の地域が読み取りやすい。最も標高
7 の割合が高い④が中国、2 番目に割合が高い⑦がインド。残る選択肢の
うち、⑦は標高 5（1000〜2000m）と標高 6（2000〜4000m）を合わせた
割合が最も少ない。ブラジルは、国土の大半が安定陸塊であり、標高
1000m 未満の地域が大半である。

(3)　D が大半を占める⑰がロシアと判断するのは容易。アメリカ合衆国は、
A の割合が低いこと、また E も見られることから④と⑰にしぼることがで
きるが、地図③を見ると、チベット高原で E が見られる中国よりも、北極
海沿岸付近でのみ E が見られるアメリカ合衆国の方が、E の面積の割合は
低いと判断できる。

Ⅱ 　**解答**　〔1〕A. ブルガリア　B. クロアチア　C. マルタ
　　　　　　　　D. アルバニア　E. コソボ

〔2〕甲. ノルウェー　乙. ユーゴスラビア

〔3〕1. EFTA　2. NATO

〔4〕イ. アナトリア　ロ. アドリア　ハ. バルカン

〔5〕(1)ボスポラス海峡　(2)イスタンブール

〔6〕(1)サラエボ　(2)—②

〔7〕(1)カタルーニャ　(2)バスク

━━━━━━◀解　説▶━━━━━━

≪ヨーロッパ連合の成立と拡大≫

〔2〕甲. ヨーロッパ自由貿易連合（EFTA）の加盟国は，アイスラン
ド・スイス・ノルウェー・リヒテンシュタインの4カ国で，いずれもヨー
ロッパ連合（EU）には加盟していない。

乙. 国内に多くの民族を抱えたユーゴスラビアは，1991年，スロベニア
とクロアチアの独立を皮切りに，現在ではコソボを含めて8カ国に分裂し
た。

〔3〕2. 北大西洋条約機構（NATO）は，東西冷戦の最中の1949年，
アメリカ・カナダ・西欧諸国で結成された，対共産主義国のための軍事同
盟。冷戦後は東欧諸国も加盟し，地域紛争を含めた危機管理型の安全保障
体制としての役割をもつようになった。

〔5〕トルコのイスタンブールは，ボスポラス海峡をはさむ交通の要衝で
あり，ヨーロッパとアジアにまたがる文化の交流地点として，古代から都
市が発達した。トルコの首都アンカラと間違えないように。

〔7〕(1)　カタルーニャ州は，スペイン北東部に位置する州で，最大の都
市はバルセロナ。マドリードを中心とするカスティーリャとは違う独自の
言語・文化をもち，独立運動が展開されている。

Ⅲ 　**解答**　〔1〕A. GNI　B. GDP　C. OECD
　　　　　　　　D. NAFTA　E. JICA　F. FAO　G. NGO

〔2〕—ⓔ　〔3〕—ⓖ

〔4〕イ. 南南　ロ. ハン川〔ハンガン，漢江〕　ハ. 海外

〔5〕①インドネシア　②メキシコ　③チリ　④イスラエル

⑤リトアニア

■━━━━━◆解　説▶━━━━━■

≪世界の経済格差と開発途上国への援助≫

〔1〕A・B．GDP（国内総生産）とは，国内で一定期間に生産された財とサービスの合計のこと。これに，日本企業の海外支店等の所得を加えたものを GNI（国民総所得）という。

C．OECD（経済協力開発機構）はおもに先進国により構成され，開発途上国の支援などにあたる。DAC（開発援助委員会）は OECD の下部機関。

D．NAFTA（北アメリカ自由貿易協定）は，アメリカ合衆国・カナダ・メキシコ 3 カ国による自由貿易協定。2020 年には，NAFTA に代わり締結された USMCA（アメリカ・メキシコ・カナダ協定）が発効した。

E．JICA（国際協力機構）は，日本の ODA（政府開発援助）の実施機関であり，海外協力隊派遣などのボランティア事業にも携わっている。

G．NGO（非政府組織）は国際的な活動を行う民間の団体で，国際赤十字社やアムネスティ＝インターナショナルなどが例としてあげられる。

〔4〕イ．先進国と途上国の間の経済格差の問題を「南北問題」と呼ぶのに対して，途上国間の経済格差を「南南問題」と呼ぶ。地下資源や工業化の有無により，途上国の間でも経済格差が広がっている。

ロ．1960 年代後半からの韓国の高度経済成長は，首都ソウルを流れる河川の名称から「ハン川（ハンガン，漢江）の奇跡」と呼ばれる。

〔5〕①旧ポルトガル領であった東ティモールは，1974 年のポルトガルの撤退とともに独立を宣言したが，1976 年にインドネシアにより併合された。その後，インドネシアとの紛争が激化した時期もあったが，2002 年に独立した。

④1948 年，ユダヤ人により地中海東岸のパレスチナ地方にイスラエルが建国されると，周辺のアラブ諸国が反発し，第 1 次中東戦争が勃発した。

⑤バルト海東岸のエストニア・ラトビア・リトアニアを合わせて，バルト三国と呼ぶ。

❖講 評

Ⅰ. メッシュマップで描かれた複数の地図の読み取りが主題の大問である。問題文をしっかり読み，グラフとうまく重ね合わせて地図を見る必要があったため，解答に多くの時間を要する。地図を見ればすぐ解答できる問いと，背景にある知識が必要とされる問いが混在しており，短時間で正確に必要な情報を引き出すのは難しかったであろう。

Ⅱ. EUに関する大問であるが，東ヨーロッパに関する出題が多く，取り組みが不十分な受験生も少なくないだろう。特に旧ユーゴスラビアについては，地図上での位置に加えて，歴史的な背景も知っておく必要があり，幅広い地誌学習が求められる。

Ⅲ. 国際関係を主題とした大問で，おもに空所補充の形式で出題されており，奇をてらった問題はない。しかし，アルファベットの略称を曖昧に覚えていると，大きく失点を重ねてしまう大問である。普段からこうした略称に慣れておきたい。原語では何というかを一緒に学習しておくと，覚えやすくなるだろう。

2月1日実施分　　問題 政治・経済

（80分）

I　次の文章を読んで、あとの問いに答えよ。

　　アジア太平洋戦争終結後、日本では政党が次々と誕生し、政党政治が再生した。
①　　　　　　　　　　　　　　　②
1955年、左派と右派に分裂していた　イ　が統一を果たした。同年、　ロ
合同が実現し、自由民主党（自民党）が結成された。かくして、55年体制が成立し
③
たのであった。

　　55年体制下、自民党は、広範な利益を代表する　A　政党となった。また、自
民党内では、総裁を選出するうえでの重要なグループである　ハ　が激しく競い
合ったが、その状況下においては多額の政治資金が必要であり、金権政治という弊
害をもたらした。そして、1976年の　B　、1988年の　C　、1992年の
　D　などの汚職事件が発生した。

　　自民党に対する国民の不信が高まった結果、1993年の総選挙で自民党は敗北し、
　E　の細川護熙を首相とする非自民連立政権が発足した。こうして、55年体制
は、終焉を迎えたのであった。
　　しゅうえん

　　非自民連立政権が短期間で崩壊したあと、自民党は他の政党と連立を組み、政権
を担った。　F　を掲げた小泉純一郎が首相であった2005年の総選挙では、自民
党が圧勝した。しかし、その後、自民党は国民の支持を徐々に失い、衆議院では与
党が、参議院では野党が多数を占める「　G　国会」と呼ばれる状況となった。
そして、2009年の総選挙では　ニ　が勝利を収め、政権交代が実現したが、
　ニ　は2012年の総選挙で敗北したのであった。

〔1〕　A　にあてはまる語句を下から一つ選び、記号で答えよ。

　　　　あ　利益　　　　　い　包括　　　　　う　特権　　　　　え　包摂

〔2〕　B　、C　、D　にあてはまる語句を下から一つずつ選び、記
　　号で答えよ。

　　　　あ　佐川急便事件　　　　い　昭電疑獄事件　　　　う　ロッキード事件

　　　　② リクルート事件　　　⑧ 造船疑獄事件　　　⑨ 黒い霧事件

〔3〕　E　にあてはまる政党名を下から一つ選び，記号で答えよ。

　　　　⑧ 日本維新の会　　　⑩ 日本共産党　　　③ 日本新党

　　　　⑧ 公明党　　　　　⑧ 進歩党

〔4〕　F　にあてはまる語句を下から一つ選び，記号で答えよ。

　　　　⑧ 日本列島改造計画　　　　⑩ 構造改革

　　　　③ 戦後レジームからの脱却　　　⑧ 国鉄民営化

　　　　⑧ 戦後政治の総決算

〔5〕　G　にあてはまる語句を下から一つ選び，記号で答えよ。

　　　　⑧ 保革伯仲　　　⑩ ゆがみ　　　③ 与野党伯仲

　　　　⑧ ねじれ　　　　⑧ 逆転

〔6〕　イ　～　ニ　にあてはまる語句を記入せよ。なお，**イは漢字5字，ロとハは漢字2字，ニは漢字3字**で答えよ。

〔7〕　下線部①に関して，ヨーロッパにおいて誕生した初期の政党は，教養と財産を有する少数の有力者らによって成り立つ　(a)　政党といわれたが，選挙権が広がると，政党のあり方も変化し，一般の人々に基礎をおく　(b)　政党が中心となった。　(a)　と　(b)　にあてはまる語句の組み合わせとして，適切なものを下から一つ選び，記号で答えよ。

　　　　⑧ (a) 組織　(b) 大衆　　　⑩ (a) 組織　(b) 階級

　　　　③ (a) 名望家　(b) 幹部　　　⑧ (a) 名望家　(b) 大衆

〔8〕　下線部②に関する説明として，適切なものを下から一つ選び，記号で答えよ。

　　　　⑧ 政党は，国民のさまざまな意見や要求をくみ上げて，綱領や政策を決定して発表し，選挙の際には，政策や実績を国民に示し，支持を求める。なお，綱領とは，政党がその目的や運動方針などを定めたものである。

　　　　⑩ 通常，選挙によって議席の多数を獲得した政党が与党として政権を担う。他方，政権に参加しない政党は，野党と呼ばれる。大統領制においては，大統領が属する政党が議会の多数派を形成し，与党として政権を担う。

　　　　③ 政党政治の形態としては，アメリカやイギリスのような二大政党制がある一方で，多くの政党が存在する多党制もある。多党制のもとで，一つの政党が議席の過半数を獲得できず，複数の政党による連立政権が発

足した場合，政権は安定したものになることが多い。

〔9〕　下線部③に関する説明として，適切なものを下から一つ選び，記号で答えよ。

　　　あ　55年体制下において，自民党は，総選挙で過半数の議席を確保することができず，公明党や社会民主党と連立を組んで政権を維持したこともあった。

　　　い　55年体制が成立すると，本格的な二大政党制が幕を開けるかと思われたが，実際には自民党が優位に立ち，政権を握り続けた。そのため，55年体制は，「1と2分の1政党制」とも呼ばれる。

　　　う　1980年代に入ると，公明党，社会民主党や共産党の台頭による多党化が進んだ。よって，55年体制を自民党の一党優位体制と呼ぶのは適切ではない。

Ⅱ　次の文章を読んで，あとの問いに答えよ。

　　日本では1958年から1961年にかけて，　　A　　景気という長期の景気拡大期があった。1960年には池田勇人内閣により，1961年度から1970年度にかけての実質GNPの目標を示した　　B　　が策定された。1962年から1964年にかけての　　C　　景気では，東海道新幹線建設などの公共投資が景気拡大をけん引した。しかし過剰生産の反動により，1964年末頃より40年不況と呼ばれる不況が起こった。

　　1960年代前半までの日本では，好況期に輸入が増えて経常収支が赤字となることが多く，国際収支に制約が生じたため，金融の引締めにより景気の拡大が抑えられた。1960年代には，貿易や為替などの自由化が進められた。1968年には，日本のGNPはアメリカに次いで資本主義国で第二位となり，経済大国として躍進した。1970年代には，第一次石油危機による原油価格の高騰に加え，賃金上昇などが生じた。それらに起因して，1974年には　　D　　物価と呼ばれる物価の高騰が起こった。

　　世界では経済のグローバル化の中で，GATTやWTOによる貿易自由化の促進に向けたルールの形成が行われてきた。アジアでは，1967年にインドネシア，マレーシアなどの5か国によってASEANが結成された。1993年には，ASEAN域内の関税障壁を除いて貿易自由化をはかる　　E　　が発足した。1989年に，オーストラリア首相の提唱により，アジア太平洋地域の経済協力を目的とする　　F　　が発足した。2000年代以降においても，アジアの国々での地域的な連携が進んでい

る。

　また，発展途上国の成長を促すために，先進国から発展途上国への資金援助や技
術協力が重要である。2000年の時点では日本の<u>ODA</u>の額は世界第一位であり，地
域別にみると，アジアに向けての援助の比率が高かった。

〔1〕　| A | ～ | F | にあてはまるもっとも適切な語句を記入せよ。なお，**E
とFは英語略称をアルファベット（大文字）で答えよ。**

〔2〕　下線部①に関して，国際機関への拠出金は，国際収支のどの項目に計上され
　　るか。正しいものを下から一つ選び，記号で答えよ。

　　　あ　サービス収支　　　　　　　い　第一次所得収支

　　　う　第二次所得収支　　　　　　え　資本移転等収支

〔3〕　下線部②に関して，下の図は，2020年のＭ３の指標のマネーストックの内訳
　　を示したものである。イ，ロ，ハ，ニには，それぞれ現金通貨，預金通貨，準
　　通貨，ＣＤのいずれかがあてはまる。ロとニの組み合わせとして，正しいもの
　　を下から一つ選び，記号で答えよ。

　　　あ　ロ：準通貨　　ニ：ＣＤ　　　い　ロ：ＣＤ　　ニ：現金通貨

　　　う　ロ：準通貨　　ニ：預金通貨　え　ロ：預金通貨　ニ：現金通貨

　　　お　ロ：現金通貨　ニ：預金通貨　か　ロ：預金通貨　ニ：準通貨

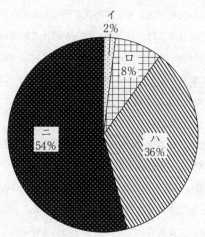

（出所）日本銀行調査統計局「マネーストック」時系列データより作成

（注）2020年1月から12月のマネーストック（月次）より平均残高を計算した。図では，イ，ロ，
　　　ハ，ニがＭ３のマネーストック全体に占める割合を百分率で概数で表している。

〔4〕 下線部③に関して，ＧＡＴＴの多角的貿易交渉として，1973年から1979年に
かけて行われた □□□ では，関税の引き下げと非関税障壁の軽減・廃止が合
意された。空欄にあてはまる語句を**6字**（「・」「＝」「‐」を用いる場合，そ
れらは字数には含めない）で答えよ。

〔5〕 下線部④に関して，1964年に日本は国際収支上の理由で為替制限をすること
ができない □□□ に移行した。空欄にあてはまる語句を**6字**で答えよ。

〔6〕 下線部⑤に関して，日本とアメリカの間で，1993年から □□□ が開かれ，
アメリカは日本に対して貿易不均衡の是正のために数値目標を設定することを
求めた。空欄にあてはまる語句を**漢字8字**で答えよ。

〔7〕 下線部⑥に関して，ＷＴＯは紛争処理に，全加盟国が反対しない限り採択す
るという議決方式をとっている。これを，□□□・コンセンサス方式という。
空欄にあてはまる語句を**カタカナ**で答えよ。

〔8〕 下線部⑦に関して，日本は2020年に，ＡＳＥＡＮ構成国を含めた15か国が参
加する地域的な包括的経済連携協定に署名した。この協定の**英語略称をアル
ファベット（大文字）**で答えよ。

〔9〕 下線部⑧に関して，日本では1992年にＯＤＡ供与の4原則が示されたＯＤＡ
大綱が閣議決定された。2015年には，ＯＤＡ大綱を改定した □□□ が閣議決
定された。□□□ においては，人間の安全保障の推進などの基本方針が示さ
れた。空欄にあてはまる語句を**漢字6字**で答えよ。

Ⅲ　次の文章を読んで，あとの問いに答えよ。

　　資本主義経済では私有財産制と契約の自由という法的枠組みの中で，生産者は需
　①
要量を見込んで，各自の判断で生産活動を行い，利潤獲得を目指す。この仕組みを
市場経済と呼ぶ。

　　イギリスで起こった産業革命により資本主義経済は確固たるものとなった。19世
　　　　　　　　　　　②
紀半ばには，ドイツやアメリカにも産業革命は波及し，近代国家の道を歩み始めた
日本も，　　A　　戦争後に支払われた賠償金の活用などを通じて，ほぼ産業革命
（工業化）を達成した。しかし，産業の飛躍的な発展の陰で，労働者は劣悪な労働
環境下での長時間労働を強いられた。イギリスだけでなく各国で労働問題が生じ，
いくつかの国の政府は工場法制定などの労働者保護政策を行い，労働条件の改善に
　　　　　　　　　　　③　　　　　　　　　　　　　　　　　④
乗り出さざるをえなくなった。

　　一方で，資本主義経済への批判から始まった経済体制がある。そこでは，生産手
段の社会的所有（共同所有）のもとで，国家が経済活動をコントロールし，年々の
財やサービスの生産・分配を決定する。この仕組みは計画経済とも呼ばれ，第一次
世界大戦後に　　B　　で，第二次世界大戦後に東ヨーロッパや中国で採用された。
　　　　　　　　　　　　　　　　　　　　　　　　　　　　　⑤
それらの国の経済体制の確立において多大な思想的影響を及ぼしたのが，ドイツの
経済学者マルクスである。マルクスは，その主著『資本論』において，利潤の源泉
　　　　　⑥
は労働の　　C　　にあると資本主義経済を批判的に分析した。そして　　C　　のな
い，労働者によるアソシエーション型社会を展望した。

〔1〕　　A　　～　　C　　にあてはまるもっとも適切な語句を記入せよ。なお，**A
とCは漢字2字，Bは国名を2字**で答えよ。

〔2〕　下線部①に関して，以下は17世紀～20世紀にかけての資本主義経済の変容と
　　　経済思想の歩みをまとめた年表である。

資本主義の変容	時代	経済思想	代表的論者とその主著
産業革命自由貿易	18世紀	ハ	トマス·マン『外国貿易によるイングランドの財宝』
		ニ	ケネー『経済表』
	19世紀	古典派経済学	アダム·スミス『諸国民の富』（『国富論』）リカード『経済学および課税の原理』J.S.ミル『経済学原理』
資本主義の矛盾		ホ	リスト『経済学の国民的体系』
		マルクス経済学	マルクス『資本論』
		近代経済学	ワルラス『純粋経済学要論』
イノベーション	20世紀	ト	『経済発展の理論』
イ			ケインズ『雇用，利子および貨幣の一般理論』
ロ		ヘ	フリードマン『選択の自由』

（a）　 イ ， ロ にあてはまる語句の組み合わせとして，適切なものを下から一つ選び，記号で答えよ。

  あ　イ：小さな政府　　ロ：マネタリズム

  い　イ：小さな政府　　ロ：大きな政府

  う　イ：大きな政府　　ロ：小さな政府

  え　イ：マネタリズム　ロ：大きな政府

  お　イ：マネタリズム　ロ：小さな政府

（b）　 ハ ， ニ ， ホ ， ヘ にあてはまる経済思想の組み合わせとして，もっとも適切なものを下から一つ選び，記号で答えよ。

  あ　ハ：重商主義　ニ：重農主義　ホ：保護主義　ヘ：新自由主義

  い　ハ：重商主義　ニ：保護主義　ホ：重農主義　ヘ：自由主義

  う　ハ：重農主義　ニ：保護主義　ホ：重商主義　ヘ：帝国主義

  え　ハ：重農主義　ニ：重商主義　ホ：保護主義　ヘ：新自由主義

  お　ハ：保護主義　ニ：重商主義　ホ：重農主義　ヘ：自由主義

　　　㋕　ハ：保護主義　　ニ：重農主義　　ホ：重商主義　　ヘ：帝国主義

（c）　⬜ト　にあてはまる人名を**カタカナ7字**で答えよ。

〔3〕　下線部②に関して，産業革命によって従来のマニュファクチュアにかわり
　　　⬜　が発展した。空欄にあてはまる語句を下から一つ選び，記号で答えよ。

　　　㋐　協業　　　　　　　　㋑　分業　　　　　　　㋒　工場制手工業

　　　㋓　工場制機械工業　　㋔　問屋制家内工業

〔4〕　下線部③に関する説明として，**適切でないもの**を下から一つ選び，記号で答
　　　えよ。

　　　㋐　1833年制定のイギリスの工場法では，18歳未満の深夜就業が禁止され
　　　　た。

　　　㋑　1833年制定のイギリスの工場法では，13歳未満の就労は1日9時間ま
　　　　でに制限された。

　　　㋒　1911年制定の日本の工場法は，治安警察法の「ムチ」に対する「ア
　　　　メ」の性格を有していた。

　　　㋓　1911年制定の日本の工場法は，女性と児童による労働を禁止した，戦
　　　　前の日本で唯一の労働者保護立法であった。

〔5〕　下線部④に関して，第一次世界大戦後の1919年には，ベルサイユ条約により，
　　　労働者の労働条件の改善をはかるための　⬜　が設立され，その運営は政
　　　府・労働者・使用者の三者によって行われた。空欄にあてはまる語句（英語略
　　　称）を**アルファベット（大文字）3字**で答えよ。

〔6〕　下線部⑤に関して，現在の中国では市場の大幅な自由化が断行され，株式会
　　　社の設立も認められている。このような経済体制を　⬜　と呼ぶ。空欄にあ
　　　てはまる語句を**漢字8字**で答えよ。

〔7〕　下線部⑥に関して，マルクスの指導のもと，1864年にロンドンで結成された
　　　世界最初の国際的労働者組織を何と呼ぶか。**11字**で答えよ。

2月1日実施分

解答 政治・経済

I　解答

〔1〕—い　〔2〕B—う　C—え　D—あ
〔3〕—う　〔4〕—い　〔5〕—え
〔6〕イ．日本社会党　ロ．保守　ハ．派閥　ニ．民主党
〔7〕—え　〔8〕—あ　〔9〕—い

◀解　説▶

≪55年体制以降の日本政治史≫

〔1〕国民各層からの支持を得るために，幅広い政策を掲げる政党を包括政党という。「広範な利益を代表する」とあるので選択肢からいが正解とわかる。

〔2〕い昭電疑獄事件は1948年，お造船疑獄事件は1953年と時代が大きく異なる。か黒い霧事件は1966年に起こった政界における一連の不祥事のことで，松本清張のノンフィクション作品の題名からこう呼ばれた。

〔3〕う日本新党は細川護熙が1992年に結党，1994年に新進党結成に参加したため解党した。

〔4〕い構造改革が正解。小泉純一郎内閣は「聖域なき構造改革」をスローガンに，特殊法人改革，郵政民営化などの改革を行った。

〔6〕55年体制は社会党再統一に危機感を覚えた保守政党の自由党と民主党が合同し自由民主党を結成したことにより成立した。ハは「自民党内」の「グループ」とあるので派閥とわかる。

〔8〕あが正解。いは，大統領制では大統領と議会の議員は別々に選挙で選出されるので，「大統領が属する政党が議会の多数派を形成」するとは限らない。うは，多党制では複数の政党による連立政権になることが多いが，連立の組み換えの発生などにより政権は不安定になりがちであるので，「政権は安定したものになる」は誤り。

〔9〕いが正解。あは，55年体制下では，自民党は，相次ぐ汚職事件で敗退した1983～86年には「新自由クラブ」との連立政権を組んだが，それ以外は国会の過半数を占め単独政権だったので誤り。うは，社会民主党ではなく民社党の誤りと，多党化の影響は自民党よりも野党第一党であった

社会党への影響が大きく，自民党の一党優位は崩れなかったので誤り。

Ⅱ 解答

〔1〕A．岩戸　B．国民所得倍増計画
C．オリンピック　D．狂乱　E．AFTA
F．APEC

〔2〕―⑨　〔3〕―㋠　〔4〕東京ラウンド　〔5〕IMF 8 条国

〔6〕日米包括経済協議　〔7〕ネガティブ　〔8〕RCEP

〔9〕開発協力大綱

◀解　説▶

≪戦後の日本経済史≫

〔1〕A・C．高度経済成長期の景気拡大期は，1954～57 年の神武景気，1958～61 年の岩戸景気，1962～64 年のオリンピック景気，1965～70 年のいざなぎ景気の 4 つである。

D．第一次石油危機の発生による原油価格の高騰により，物価上昇率は 2 桁を示し狂乱物価といわれた。

F．APEC（アジア太平洋経済協力）はアジア太平洋地域の 21 の国と地域が参加する経済協力の枠組みで，1989 年の閣僚会議から始まった。

〔2〕国際機関への拠出は，政府や民間の無償援助と同じく対価を伴わない資金移動なので，⑨第二次所得収支となる。

〔3〕㋠が正解。マネーストックとは日本銀行を含む金融機関全体から経済全体に供給されている通貨の総量を示す。マネーストックでは M1，M2，M3，広義流動性という 4 つの指標があるが，このうち M3 は「現金通貨と全預金取扱期間に預けられた預金の合計」を表す数値のことである。M3 のうち現金通貨は 1 割を切っており，預金通貨が上回る。ちなみにグラフのイには「CD（譲渡性預金）」，ハには「準通貨（定期・外貨預金）」があてはまる。

〔4〕東京ラウンドが正解。GATT（関税と貿易に関する一般協定）のおもな多角的貿易交渉（ラウンド）は，この他，1960 年代のケネディ＝ラウンド，1980～90 年代のウルグアイ＝ラウンドがある。

〔5〕日本は戦後の高度経済成長により，1963 年に GATT 11 条国（輸入制限の撤廃），1964 年に IMF 8 条国（為替制限の撤廃）に移行し，国際社会から先進国として認められた。

〔6〕日米包括経済協議が正解。日米間の貿易不均衡解消のため 1989 年から行われてきた日米構造協議を 1993 年に拡大させた。

〔8〕RCEP（アールセップ：東アジア地域包括的経済連携）協定は，ASEAN 10 カ国と日本，中国，韓国，オーストラリア，ニュージーランドの 15 カ国の経済連携協定で，世界の GDP・貿易総額および人口の約 3 割を占める。2022 年 1 月発効。

III 解答 〔1〕A．日清 B．ソ連 C．搾取
〔2〕(a)—⑤ (b)—⑧ (c)シュンペーター
〔3〕—⑥ 〔4〕—⑥ 〔5〕ILO
〔6〕社会主義市場経済 〔7〕第 1 インターナショナル

◀解 説▶

≪主な経済学者と経済学説≫

〔1〕C．マルクスは貧困は，労働者が賃金以上に生み出した価値を，資本家が搾取していることが原因（剰余価値説）と述べた。

〔2〕(a) ⑤が正解。ケインズは資本主義経済の矛盾に国家が有効需要を生み出す形で関わることを求めたので，イは「大きな政府」になる。フリードマンはマネタリズムの流れに属する経済学者で，国家の役割を限定した「小さな政府」論者である。

(b) ⑧が正解。ハは主著に『外国貿易によるイングランドの財宝』とあるので貿易を重視する重商主義であることが推定できる。ニの代表的論者であるケネーは農業のみが富を生み出すとする重農主義を唱えた。ホ．保護主義の代表的論者であるリストは歴史学派に属する経済学者であり，自国産業の育成のために保護貿易を唱えた。ヘの代表的論者であるフリードマンは「小さな政府」を唱える新自由主義の立場をとる。

(c) 『経済発展の理論』という書名と解答の文字数から，「イノベーション（技術革新）が経済発展をもたらす」と主張したシュンペーターと判断する。

〔3〕⑥工場制機械工業が正解。マニファクチュアとは工場制手工業のことで，産業革命で機械が導入された。

〔4〕⑥が誤り。日本の工場法は，(1)16 歳未満の児童および女子の労働時間の制限（1 日 12 時間）と，深夜労働の禁止，(2)12 歳未満の児童の雇用

禁止について定め,「女性と児童による労働を禁止」したわけではない。

〔7〕第1インターナショナルが正解。資本主義の急速な発展の中で,労働者の運動が高まり,国際的な連帯が行われるようになった。第1インターナショナル(1864~76年)の崩壊後,ドイツ社会民主党を中心とする第2インターナショナル(1889~1914年)が結成され,さらにその崩壊後,ソ連共産党を中心とする第3インターナショナル(コミンテルン,1919~43年)が結成された。

❖講　評

Ⅰ. 55年体制以降の日本政治史について問う問題である。〔1〕の包括政党や,〔3〕の細川護煕の所属する政党名を問う問題が出題され,戸惑ったと思われるが,〔1〕は言葉の意味から,〔3〕は消去法から正解を導けるなど,多くが教科書の知識から正解を導くことができる。

Ⅱ. 戦後の日本経済史について問う問題である。〔3〕マネーストックの内訳,〔5〕IMF 8条国,〔7〕WTOのネガティブ・コンセンサス方式,〔8〕RCEPなど,詳細な知識を問う問題も出題されているものの,多くが教科書の知識から正解を導くことができる。

Ⅲ. おもな経済学者と経済学説について問う問題である。〔2〕(c)主著からシュンペーターを答えさせる問題,〔7〕第1インターナショナルなど,詳細な知識や世界史の知識を問う問題も出題されているが,多くは教科書の知識から正解を導くことができる。

2月3日実施分　　問題 政治・経済

（80分）

Ⅰ　次の文章を読んで，あとの問いに答えよ。

　日本は，1945年8月にポツダム宣言を受諾し，9月に降伏文書に調印した。連合①国による日本占領が始まると，マッカーサーが率いるGHQは，日本の「非軍事化・民主化」をめざして公職追放や教育改革などさまざまな改革を行ったが，大日②本帝国憲法の改正は占領改革の核心というべきものであった。

　1945年10月，マッカーサーは　イ　首相に，憲法改正の必要性を示唆した。日本政府は，松本烝治を委員長とする　A　を設置し，憲法改正案を検討した。しかし，　A　が作成した改正案は，天皇が統治権を総攬（そうらん）するという大日本帝国憲法と大差のないものであった。

　そこでGHQは，　B　に基づいたGHQ草案を作成し，日本側に示した。なお，この頃，日本国内では，民間人による憲法改正草案作りが盛んに行われていた。GHQ草案の作成にあたり，GHQは，学者や知識人をメンバーとする　C　が作成した憲法改正案を参照したといわれる。

　1946年4月，　D　による初の衆議院議員選挙が実施された。そして，そこで選ばれた議員が参加した第90回帝国議会に，GHQ草案を基礎とする日本政府の憲法改正案が提出された。憲法改正案は帝国議会で審議・修正のうえ，圧倒的多数の賛成で可決された。こうして，日本国憲法は1946年11月3日に公布され，翌年③　E　に施行されたのであった。

　日本国憲法の最大の特徴の一つは，第9条である。1946年当時，　ロ　首相は，第9条について「直接には　ハ　を否定はしておりませぬが，第9条第2項において一切の軍備と国の　ニ　を認めない結果，　ハ　の発動としての戦争も，また　ニ　も放棄したものであります」との解釈を示したのであった。

〔1〕　A　～　E　にあてはまる語句を，下から一つずつ選び，記号で答えよ。

ⓐ　2月11日　　　　　　　　ⓘ　憲法研究会

ⓤ　小選挙区制　　　　　　　ⓔ　平和五原則

ⓞ　憲法問題調査委員会　　　ⓚ　11月29日

ⓚ　憲法調査会　　　　　　　ⓒ　5月3日

ⓖ　男女普通選挙制　　　　　ⓒ　憲法審査会

ⓢ　比例代表制　　　　　　　ⓛ　マッカーサー三原則

ⓥ　松本案

〔2〕　| イ |　～　| 二 |　にあてはまる語句を記入せよ。なお，**イとロは氏名を漢字で，ハとニは漢字3字**で答えよ。

〔3〕　下線部①に関する下の文章のうち，適切なものを一つ選び，記号で答えよ。

　　　ⓐ　1945年7月，ドイツのベルリン郊外のポツダムにおいて，アメリカ，イギリス，フランスの会談が行われた。その機会に，アメリカ，イギリス，ソ連の名で，日本に降伏を求めた文書が，ポツダム宣言である。

　　　ⓘ　ソ連を通した和平を模索していた東条英機内閣は，ポツダム宣言を「黙殺」した。その後，広島，長崎への原爆投下とソ連の参戦を経て，日本政府は8月15日にポツダム宣言を受諾した。

　　　ⓤ　ポツダム宣言には，日本の主権が本州，北海道，九州および四国ならびに諸小島に制限されることや，「日本国軍隊は，完全に武装を解除」されること，戦争犯罪人の処罰，「民主主義的傾向の復活強化」などが掲げられていた。

〔4〕　下線部②に関する下の文章のうち，適切なものを一つ選び，記号で答えよ。

　　　ⓐ　大日本帝国憲法においては，陸海軍の統帥権は天皇に属していたが，必要な場合には，議会や内閣が陸海軍の指揮命令に関与することも認められていた。1930年代以降，軍部は，「統帥権の独立」を盾に取り，政治的影響力を強めた。

　　　ⓘ　大日本帝国憲法は，プロイセン憲法の影響を強く受けた欽定憲法であった。大日本帝国憲法については，絶対主義的色彩が強く，近代的な憲法としての外見をもつものではなかったと一般に指摘される。

　　　ⓤ　大日本帝国憲法で国民に認められたのは「臣民の権利」であった。それは，天皇が国民に与えた権利として，法律の定める範囲内で保障されるものであった。大日本帝国憲法では，「臣民の権利」について「法律

の留保」がみられたといえる。

〔5〕　下線部③に関して，下の文章の　(a)　〜　(c)　にあてはまる語句を記入
せよ。

　　日本国憲法第11条は，「この憲法が国民に保障する　(a)　は，侵すことの
できない　(b)　として，現在及び将来の国民に与へられる」と定めている。
また，日本国憲法第13条は，「生命，自由及び幸福追求に対する国民の権利に
ついては，　(c)　に反しない限り，立法その他の国政の上で，最大の尊重を
必要とする」と定めている。

Ⅱ　次の文章を読んで，あとの問いに答えよ。

　　日本では，高度経済成長の時期に，生産の拡大が起こった。1970年代までに幾度
　　　　　　　　　　　　　　　　　①
かの物価や景気の変動を経て，1980年代には安定成長期に入っていた。1985年に開
　　　②　　　　　　　　　　　③
かれたG５によるプラザ合意，1987年のG７によるルーブル合意など，国際的な政
　　　　　　　　④　　　　　　　　　⑤
策協調への協議に日本も携わった。1990年代の日本ではバブル経済の崩壊によって，
金融機関は融資した貸出金のうち回収が不能となった巨額の　A　債権を抱える
ことになった。それまでの金融行政は，弱小金融機関を考慮して金融機関全体が存
続できるように規制や保護を行ってきたことから，　B　と呼ばれたが，1990年代
に金融の自由化が進むなかで，その見直しが必要となった。

　　世界では1990年代以降に，特定の二国間もしくは地域間において，貿易の自由化
に加えて，労働力の移動，投資，知的財産の保護などのさまざまな分野での協力と
経済関係強化をはかることを目的として，　C　を締結する動きが広まった。
ヨーロッパでは，経済統合に加えて通貨統合や政治統合が進展した。また，南アメ
⑥
リカでの地域経済統合として，1995年に４か国による　D　が発足した。

　　また，1980年代には，外国から資金を借り入れて工業化などを進めてきた国々の
一部で，累積債務問題が深刻化した。近年，発展途上国の経済安定と貧困の解消お
　　　　⑦
よび生活の向上をはかる取組みの重要性が一層大きくなってきている。貧困と飢餓
の撲滅などに関して，国連は2000年に行われたミレニアム・サミットで，2015年ま
　　　　　　　　　　⑧
でに達成すべき目標を採択した。

〔1〕　　A　〜　D　にあてはまるもっとも適切な語句を記入せよ。なお，**A**

は漢字2字，Bは漢字6字，Cは英語略称のアルファベット（大文字），Dは
漢字8字で答えよ。

〔2〕　下線部①に関して，生産量が増加するほど，単位当たり費用が低下すること
　を　□□□□　という。空欄にあてはまる語句を**5字**で答えよ。

〔3〕　下線部②に関する説明として，適切なものを下から一つ選び，記号で答えよ。

　　　　ⓐ　景気循環について，クズネッツの波は，約20年を周期とする建築循環
　　　　を指す。

　　　　ⓘ　インフレーションには，原材料費などの生産コストが上がることに起
　　　　因するディマンド・プル・インフレがある。

　　　　ⓤ　景気循環について，キチンの波は，約10年を周期とする設備投資循環
　　　　を指す。

　　　　ⓔ　企業物価指数は，企業が売る小売段階にある財やサービスの価格から，
　　　　平均的に計算される。

〔4〕　下線部③に関して，1985年から1989年の間に日本経済に起こったことについ
　て，**適切でないもの**を下から一つ選び，記号で答えよ。

　　　　ⓐ　消費税5％が導入された。

　　　　ⓘ　アメリカとの貿易摩擦が激しくなり，外需主導型から内需主導型に経
　　　　済構造を転換することが求められた。

　　　　ⓤ　低金利政策が行われ，地価と株価の高騰が生じた。

　　　　ⓔ　日本電信電話公社が民営化された。

〔5〕　下線部④に関して，これにより，輸出依存の高い経済構造であった日本は，
　□□□　不況と呼ばれる状況に陥った。空欄にあてはまる語句を**漢字**で答えよ。

〔6〕　下線部⑤に関して，2021年6月時点でG7に含まれない国を，下から一つ選
　び，記号で答えよ。

　　　　ⓐ　ドイツ　　　　　　ⓘ　イタリア　　　　　ⓤ　ロシア

　　　　ⓔ　カナダ　　　　　　ⓞ　イギリス

〔7〕　下線部⑥について，次の問いに答えよ。

　（a）　以下の文章の　イ　，　ロ　にあてはまる語句を記入せよ。なお，
　　イは漢字，ロはカタカナで答えよ。

　　　　　ＥＵでは，共通通貨としてユーロを用いている国の金融政策は　イ
　　　　が一元的に担っている。2010年には　ロ　の財政危機と国債価格の暴落

により，EUに金融不安が波及した。

　（b）　ヨーロッパの地域統合にかかわる歩みとして，下の条約の発効年を**古い**
　　　　順に並べ，記号で答えよ。

　　　ⓐ　アムステルダム条約　　　　　　　ⓘ　ニース条約

　　　ⓤ　マーストリヒト条約　　　　　　　ⓔ　リスボン条約

〔8〕　下線部⑦に関して，国際収支上の理由などにより債務の返済が難しくなった
　　　場合に，　　　　　という債務返済の期限を先に延ばす措置がとられることがあ
　　　る。空欄にあてはまる語句を**カタカナ**で答えよ。

〔9〕　下線部⑧に関して，これを引き継ぎ，2015年に国連で採択された　　　　　で
　　　は，健康と福祉の推進，気候変動への対応など，2030年までに達成すべき17の
　　　目標が設定された。空欄にあてはまる語句を**9字**で答えよ。

Ⅲ　　次の文章を読んで，あとの問いに答えよ。

　　　企業とは，生産活動を担う経済主体である。企業には，個人や私的な団体が出資
　　し，事業を通じて得た　A　を出資者に分配することをおもな目的とする営利法
　　人がある。特に，会社法にもとづいて設立される企業を会社という。
　　　　　　　　　　　　①

　　　もっとも代表的な会社形態が株式会社である。株式会社は，株式を発行して，ひ
　　ろく一般投資家から資金を集め，事業を展開する。会社の最高の意思決定機関であ
　　る　B　で，株主は，原則として，その有する株式の数に応じて　C　を有し，
　　行使することができる。そして，株主は，その有する株式の数に応じた分配として
　　　D　を受けられる。一方で，会社が倒産した場合には，出資額を限度とした責
　　　　　　　　　　　　　　②
　　任を負う。

　　　なお，経営の専門性・複雑性が高まるほど，株主は会社所有に特化する一方で，
　　　　　　　　　　　　　　　　　　　　　③
　　専門経営者層に経営を委ねると言われている。

　　　株式会社の目的は事業を通じて　A　をあげることにある。　A　から株主
　　に　D　された残りが　E　であり，これは企業の拡大・成長のための設備投
　　資，研究開発投資，さらには合併・買収や事業再構築の重要な原資となる。しかし，
　　　　　　　　　　　　　　④
　　　E　だけでは不十分なことも多く，その場合は外部資金の調達をはかる必要が
　　　　　　　　　　　　　　　　　　　　　　　　⑤
　　ある。

　日本経済を支えているのは大企業だけではない。多数の中小企業が存在し，国民
経済の中で大きな役割を果たしている。大企業との間で，資本装備率，賃金などの
面で大きな格差はあるが，現在の中小企業の中には大企業にはない独自の技術を開
発し，世界規模で市場を開拓して成長している企業も多い。戦後，国の中小企業政
策も，各時代の課題に対応して変遷してきた。

〔1〕　　A　～　E　にあてはまるもっとも適切な語句を記入せよ。なお，**A
とDは漢字2字，BとEは漢字4字，Cは漢字3字**で答えよ。

〔2〕　下線部①に関して，この法律が2006年に施行されたことにより，資本金が
　　　□□□円から株式会社の設立が可能となった。□□□にあてはまる数を**算
用数字**で答えよ。

〔3〕　下線部②に関して，このような責任を何というか。**漢字4字**で答えよ。

〔4〕　下線部③に関して，このことを何というか。**8字**で答えよ。

〔5〕　下線部④について，次の問いに答えよ。

（a）　合併・買収などにより多種の業種・企業を統合してできた巨大企業集団
　　のことを□□□という。空欄にあてはまる語句を**カタカナ8字**で答えよ。

（b）　下の文章のうち合併・買収に該当する記述として，**適切でないものをす
べて選び**，記号で答えよ。

　　　あ　二つの会社が株式の相互持ち合いによって，各々の独立的で安定的な
　　　　経営の実現をはかった。

　　　い　ある会社が後継者不足に悩む中小企業を取得した。

　　　う　R＆Dと呼ばれ，近年，事業拡大の手段として重視されている。

　　　え　経営の効率性を高めるために，情報処理や経理業務を外部の専門会社
　　　　にアウトソーシング（業務委託，外注）した。

〔6〕　下線部⑤に関して，直接金融で資金調達する方法として株式や□□の発
　　行がある。空欄にあてはまる語句を**漢字2字**で答えよ。

〔7〕　下線部⑥に関して，中小企業庁の中小企業者の定義によると，**中小企業に該
当しないもの**を，下から一つ選び，記号で答えよ。

　　　あ　資本金5億円，従業員300人の製造業

　　　い　資本金3億円，従業員100人の卸売業

　　　う　資本金1億円，従業員100人の小売業

　　　　　え　資本金１億円，従業員50人のサービス業

〔８〕　下線部⑦に関して，中小企業白書（2020年度版）によると，日本の企業のう
　　ち，中小企業は事業所数で全体の約99.7％（2016年実績），従業員数のおよそ
　　　 イ 　％（2016年実績），付加価値額のおよそ 　ロ 　％（2015年実績）を占
　　めている。 　イ 　， 　ロ 　にあてはまる数値の組み合わせとして，もっと
　　も適切なものを下から一つ選び，記号で答えよ。

　　　　　あ　イ：40　　ロ：30　　　　　　　い　イ：40　　　ロ：50

　　　　　う　イ：70　　ロ：30　　　　　　　え　イ：70　　　ロ：50

〔９〕　下線部⑧に関する下の文章のうち，**適切でないもの**を一つ選び，記号で答え
　　よ。

　　　　　あ　大企業と中小企業との二重構造問題は，高度経済成長の過程でかなり
　　　　　　改善した。

　　　　　い　1999年の改正により，中小企業基本法における中小企業政策の重点は，
　　　　　　格差是正・中小企業保護から創業・自立支援へと改められた。

　　　　　う　資本装備率とは，従業員一人当たりの建物，機械・設備などの有形固
　　　　　　定資産額のことをいい，大企業に比べ中小企業のほうが資本装備率は低
　　　　　　いが，従業員一人当たりの生産性はほぼ同じである。

　　　　　え　中小企業の中には未開拓の領域を切り開くベンチャービジネスと呼ば
　　　　　　れる企業があり，大学の研究成果を事業化するために設立された企業も
　　　　　　含まれている。

2月3日実施分　　　解答 政治・経済

I 解答　〔1〕A—お　B—し　C—い　D—け　E—く
　　　　　　〔2〕イ. 幣原喜重郎　ロ. 吉田茂　ハ. 自衛権

ニ. 交戦権

〔3〕—う　〔4〕—う

〔5〕(a)基本的人権　(b)永久の権利　(c)公共の福祉

◀解　説▶

≪日本国憲法の制定過程と基本原則≫

〔1〕B. しマッカーサー三原則が正解。三原則とは，①天皇は国の最高位にある，②国権の発動たる戦争は廃止する，③日本国内の封建的諸制度の廃止である。

C. 憲法研究会は社会統計学者の高野岩三郎の呼びかけで発足した。国民主権や生存権規定，寄生地主制の廃止などを盛り込んだ改正案の内容はGHQ に影響を与えた。

〔2〕ハ・ニ. 憲法 9 条の内容である戦争放棄，戦力および交戦権の否認から考えると正解を導ける。

〔3〕うが正解。あポツダム会談はアメリカ，イギリス，ソ連の会談であり，ポツダム宣言を呼び掛けたのはアメリカ，イギリス，中華民国なので誤り。いポツダム宣言を日本が受諾したのは 8 月 14 日であり，その当時は鈴木貫太郎内閣なので誤り。

〔4〕うが正解。あ統帥権は，陸海軍大臣の輔弼の範囲外であり，議会や内閣も関与できないとされ，軍部独裁の原因となった。い大日本帝国憲法は天皇中心の絶対主義的要素と，議会を設けるなど立憲主義的要素の両方の側面があり，外見的立憲主義と呼ばれているので誤り。

II 解答　〔1〕A. 不良　B. 護送船団方式　C. EPA
　　　　　　D. 南米南部共同市場

〔2〕規模の利益　〔3〕—あ　〔4〕—あ　〔5〕円高　〔6〕—う

〔7〕(a)イ. 欧州中央銀行　ロ. ギリシャ　(b)う→あ→い→え

〔8〕リスケジューリング　〔9〕持続可能な開発目標

━━━━━━━◀解　説▶━━━━━━━

≪1980 年代以降の日本経済と国際経済≫

〔1〕C．FTA（自由貿易協定）から，労働力の移動や投資などにも分野を広げた協定を EPA（経済連携協定）という。

D．MERCOSUR（メルコスール）と略称される。

〔3〕あが正解。い生産コストの上昇に起因するのは，コスト・プッシュ・インフレが正しい。うキチンの波は在庫投資を要因とする 3 ～ 4 年の短期の景気循環のことなので誤り。え企業物価指数は小売段階ではなく企業間で取引される段階の商品の物価水準から計算されるので誤り。

〔4〕あが誤り。竹下登政権下の 1989 年に消費税が導入されたが，当時の税率は 3 ％であった。5 ％への引き上げは橋本龍太郎政権下の 1997 年である。い日米貿易摩擦について話し合う日米構造協議が 1989 年に行われた。うはバブル経済の説明。え電電公社民営化は中曽根康弘政権下の 1985 年に行われた。

〔6〕G7 とはカナダ，フランス，ドイツ，イタリア，日本，英国，米国の 7 カ国のことで，サミット（主要国首脳会議）のメンバーである。1998 年から 2013 年までは，これにロシアが加わって G8 と呼ばれていた。近年は G7 にアルゼンチン，オーストラリア，ブラジル，中国，インド，インドネシア，韓国，メキシコ，ロシア，サウジアラビア，南アフリカ，トルコ，欧州連合を加えた G20 も開催される。

〔7〕(a)ロ．2009 年のギリシャでの政権交代により，旧政権の財政赤字隠ぺいが明らかになり，ギリシャに債権を持つ欧州経済全体に危機が広まった。

(b)　うマーストリヒト条約が 1993 年，あアムステルダム条約が 1999 年，いニース条約が 2003 年，えリスボン条約が 2009 年である。

〔9〕持続可能な開発目標は通称 SDGs と言われ，2015 年までの目標である国連ミレニアム開発目標（MDGs）に続いて定められた。

Ⅲ 解答

〔1〕A．利潤　B．株主総会　C．議決権　D．配当
E．内部留保
〔2〕1　〔3〕有限責任
〔4〕所有と経営の分離（資本と経営の分離も可）
〔5〕(a)コングロマリット　(b)—あ・う・え　〔6〕社債
〔7〕—う　〔8〕—え　〔9〕—う

◀解　説▶

≪株式会社と中小企業≫

〔1〕E．内部留保とは企業が生み出した利益から税金や配当などを除いた資金のことで，社内に蓄積された資金のことである。

〔2〕資本金とは株式会社設立の際，起業者が会社に払い込む資金のことで，会社法制定以前の商法では最低 1000 万円の資本金が必要とされていたが，2006 年の会社法施行により最低資本金制度は廃止され，1 円からの起業が可能となった。

〔4〕株式会社では，出資者である株主は基本的には経営にかかわらず，株主総会で選任された取締役会を中心に経営の専門家が会社の経営を担当する。

〔5〕(b)合併とは複数の企業が一つになること，買収は一つの会社が他方の会社や事業を買い取ることをいう。あは二つの会社が存続しているので不適切。いの R&D とは研究開発のことで，企業の中の活動の一種なので不適切。えのアウトソーシングも，企業の中の業務の一部を外部へ委託することなので不適切。

〔7〕中小企業基本法の定義では従業員規模，資本金規模のいずれかが基準に該当すれば中小企業となる。あの製造業は資本金 3 億円以下または従業員 300 人以下なので該当，いの卸売業は資本金 1 億円以下または従業員 100 人以下なので該当，うの小売業は資本金 5 千万円以下または従業員 50 人以下なので非該当，えのサービス業は資本金 5 千万円以下または従業員 100 人以下なので該当。

〔8〕中小企業白書（2020 年度版）によると，中小企業の占める割合は従業員数が 68.8 ％，付加価値額が 52.9 ％となっている。

〔9〕うが正解。資本装備率が低いと，従業員一人当たりの生産性も低くなるので誤り。

❖講　評

　Ⅰ．憲法の制定過程と基本原則についての出題である。〔1〕Cの憲法研究会や，〔2〕ハの制定当初の憲法9条についての政府見解など詳細な知識を問う問題もあるが，基本的には教科書の知識で十分正解できる。

　Ⅱ．1980年代以降の日本経済と国際経済についての出題である。〔7〕(b)のＥＵの条約について年代順に並べる問題は詳細な知識が必要である。また〔1〕Dの南米南部共同市場や〔9〕の持続可能な開発目標は，それぞれ MERCOSUR（メルコスール），SDGs という名称の方がなじみが深く，日本語の正式名称を聞かれて戸惑う受験生も多いだろうが，基本的には教科書の知識で十分正解できる。

　Ⅲ．株式会社と中小企業についての問題である。〔5〕(b)の合併・買収，〔7〕の中小企業に該当するかどうかを選ぶ問題は，定義を正確に理解していないと難しい。基本的には教科書の知識で十分正解できる。

2月1日実施分　　問題 数学

(80 分)

次の Ⅰ，Ⅱ，Ⅲ の設問について解答せよ。ただし，Ⅰ，Ⅱ については問題文中の ☐ にあてはまる適当なものを，解答用紙の所定の欄に記入せよ。なお，解答が分数になる場合は，すべて既約分数で答えること。

Ⅰ

〔1〕 $0 < a < 1$，$0 < x < 1$ とし，次の不等式を満たす x について考える。

$$3\log_x a + \log_a ax < 5$$

底を a とする対数で整理すれば，

$$\boxed{\text{ア}} + \frac{\boxed{\text{イ}}}{\boxed{\text{ア}}} - 4 < 0$$

である。ここで，$\log_a x = t$ とおいて，この不等式を t を用いて表すと，

$$\frac{\left(\boxed{\text{ウ}}\right)^2 - \boxed{\text{エ}} + 3}{\boxed{\text{ウ}}} < 0$$

と変形できる。ただし，$\boxed{\text{ウ}}$ と $\boxed{\text{エ}}$ は単項式とする。
$t > 0$ より，この不等式を解くと，

$$\boxed{\text{オ}} < t < \boxed{\text{カ}}$$

である。よって，x の範囲は，

$$\boxed{\text{キ}} < x < \boxed{\text{ク}}$$

となる。

〔2〕 k は定数とする。放物線 $y = x^2 - 1$ と直線 $y = kx - 3$ が異なる 2 点で交わるとき，k のとり得る範囲は，$k > \boxed{\text{ケ}}$，$\boxed{\text{コ}} > k$ である。また，この放物線と直線が接するとき，接点の座標は，$\left(\boxed{\text{サ}}, \boxed{\text{シ}}\right)$，

$\left(\boxed{},\ \boxed{} \right)$ である。ただし，$\boxed{} > \boxed{}$ とする。

　次に，$y = x^2 - 1$ 上にない点 $(a,\ b)$ から $y = x^2 - 1$ に接線を引くとする。このとき，接線を2本引くことができるための必要十分条件は a と b を用いて表すと，$\boxed{} > 1$ であり，この2本の接線が垂直に交わるとき，$b = \boxed{}$ である。

〔3〕　変量 x と変量 y からなるデータの組が下の表のように与えられている。ただし，a は正の定数とし，変量 x は自然数で，$p < q$ とする。

表

x	29	p	28	27	32	28	q	33	40
y	a	$2a$	$3a$	$4a$	$5a$	$6a$	$7a$	$8a$	$9a$

（a）　変量 x の平均値が 32，第1四分位数が 28，第3四分位数が 36 のとき
$p = \boxed{}$，$q = \boxed{}$ である。

　　このとき，変量 x の分散は $\boxed{}$ であり，変量 x から $z = 3x - 5$ によって新たな変量 z をつくると，z の標準偏差は $\boxed{}$ である。

（b）　変量 y の平均値と分散を a を用いて表すと，それぞれ $\boxed{}$，$\boxed{}$ となる。

（c）　（a），（b）より，変量 x と変量 y の相関係数の値は $\boxed{}$ である。

Ⅱ　ある海域における魚の生息量を一定の期間ごとに調査したとき，漁業をしない場合は生息量が毎期 1.6 倍になることが知られている。なお，量の単位はトンとする。

〔1〕　初期を第 1 期とし，第 n 期の初めの生息量を F_n で表すことにする（ただし，n は正の整数を表す）。この魚の増加する様子について F_n と F_{n+1} の関係は次式のようになる。

$$F_{n+1} = \frac{\boxed{\text{ア}}}{5} F_n$$

この関係式より，第 1 期の生息量を $F_1 = 80$ としたとき，第 n 期の生息量 F_n は数列 $\{F_n\}$ で表される。よって，この数列の一般項は次の式のようになる。

$$F_n = 80 \left(\frac{\boxed{\text{ア}}}{5} \right)^{\boxed{\text{イ}}} \quad \cdots\cdots ①$$

〔2〕　次に，漁業をするときの第 n 期の初めの生息量を G_n，この魚の第 n 期の漁獲量 C_n とすると，G_n と C_n の関係は，

$$G_1 = F_1 = 80, \quad C_n = \frac{1}{2} G_n + 10$$

となる。

　この漁業は第 n 期初めに行われ，そのときの魚の生息量は $(G_n - C_n)$ となる。次の第 $n+1$ 期初めに生息量は 1.6 倍に増加する。この場合，G_n と G_{n+1} の関係を C_n を用いないで表すと，次式のようになる。

$$G_{n+1} = \frac{\boxed{\text{ウ}}}{5} G_n - \boxed{\text{エ}}$$

したがって，第 n 期初めの魚の生息量 G_n を n の式として表すと，

$$G_n = 160 \left(\frac{\boxed{\text{オ}}}{5} \right)^{\boxed{\text{カ}}} - \boxed{\text{キ}} \quad \cdots\cdots ②$$

となる。

　このまま漁業を続けて，第 x 期の初めの生息量 G_x の値が 0 以下と予測される場合を絶滅と考える（x は正の整数）。②式から，$G_x \leqq 0$ を整理し，両辺を 2 を底とする対数をとり，x について整理すると次式を得る。

$$x \geq 1 + \cfrac{1}{\log_2 5 - \boxed{\text{ク}}}$$

ここで $\log_2 5 = 2.32$ として計算すると，この不等式を満たす最小の x は $\boxed{\text{ケ}}$ となり，第 $\boxed{\text{ケ}}$ 期の絶滅が予測される。

〔3〕 この魚の絶滅防止対策として第 $\left(\boxed{\text{ケ}} - 1\right)$ 期より生息量が第1期の 80 以上に回復するまでの y 期間を完全禁漁とし（$n \geq \boxed{\text{ケ}} - 1$ について $C_n = 0$），最小の y を求める（y は正の整数）。そのためにまず②式から $G_{\boxed{\text{ケ}}-1}$ を計算した値を $G_{\boxed{\text{ケ}}-1} = \boxed{\text{コ}}$ とする。ただし，$\boxed{\text{コ}}$ は小数第1位を四捨五入した値とする。

次に，完全禁漁を実施し始めた第 $\left(\boxed{\text{ケ}} - 1\right)$ 期を新たに第1期目とする。このとき，第 m 期目の生息量を H_m（ただし，m は正の整数）で表すと，①式の考え方を応用することができ，数列 $\{H_m\}$ が得られ，初期値を $H_1 = G_{\boxed{\text{ケ}}-1} = \boxed{\text{コ}}$ とし，その一般項は，

$$H_m = \boxed{\text{コ}} \left(\cfrac{\boxed{\text{ア}}}{5}\right)^{\boxed{\text{サ}}} \quad \cdots\cdots ③$$

となる。

y 期間完全禁漁であるので，③式に $m = y+1$ を代入し，$H_{y+1} \geq 80$ を満たす y を求める。この不等式の両辺を，2 を底とする対数をとり，y について整理すると，

$$y \geq \cfrac{\boxed{\text{シ}} + \log_2 5}{\boxed{\text{ス}} - \log_2 5} \quad \cdots\cdots ④$$

が得られる。

$\log_2 5 = 2.32$ として計算すると，不等式④を満たす最小の y は $\boxed{\text{セ}}$ となる。このことから，魚の生息量が 80 以上に最も早く回復するのは第 $\boxed{\text{ソ}}$ 期となることがわかる。

Ⅲ 7個の数字0，1，2，2，2，3，5がある。次の問いに答えよ。

〔1〕 7個の数字を全部使って，7桁の整数をつくるとき，整数は何個できるか。

〔2〕 7個の数字から5個選び，それら全部を使って5桁の整数をつくるとき，次の整数は何個できるか。

（a） 各位の数字がすべて異なる整数

（b） 一の位が5である整数

（c） 3の倍数である整数

〔3〕 7個の数字から2個を選び，2桁の整数N_1をつくり，残りの5個から5桁の整数N_2をつくる。$N_2 = N_1 \times N_3$を満たす整数N_3を大きい順に並べたとき，第1番目，第3番目のN_1とN_2をそれぞれ求め，（N_1，N_2）の形で答えよ。

2 月 1 日実施分

解答 数学

I **解答** ア. $\log_a x$　イ. 3　ウ. t　エ. $4t$
オ. 1　カ. 3　キ. a^3　ク. a

ケ. $2\sqrt{2}$　コ. $-2\sqrt{2}$　サ. $\sqrt{2}$　シ. 1　ス. $-\sqrt{2}$　セ. 1

ソ. a^2-b　タ. $-\dfrac{5}{4}$　チ. 32　ツ. 39　テ. 20　ト. $6\sqrt{5}$

ナ. $5a$　ニ. $\dfrac{20}{3}a^2$　ヌ. $\dfrac{7\sqrt{3}}{18}$

◀解　説▶

≪小問 3 問≫

〔1〕 底の変換公式より

$$\log_x a = \frac{\log_a a}{\log_a x} = \frac{1}{\log_a x}$$

また，$\log_a ax = \log_a a + \log_a x = 1 + \log_a x$ なので，与式は

$$3 \cdot \frac{1}{\log_a x} + (1 + \log_a x) < 5$$

つまり　　$\log_a x + \dfrac{3}{\log_a x} - 4 < 0$　→ア，イ

よって，$\log_a x = t$ とおくと

$$t + \frac{3}{t} - 4 = \frac{t^2 - 4t + 3}{t} < 0 \quad →ウ，エ$$

$t>0$ なので　$t^2 - 4t + 3 < 0$　　$(t-1)(t-3)<0$

よって　　$1 < t < 3$　→オ，カ

これより　　$1 < \log_a x < 3$

つまり　　$\log_a a < \log_a x < \log_a a^3$

$0 < a < 1$ なので　$a^3 < x < a$　→キ，ク

〔2〕 放物線 $y = x^2 - 1$ と直線 $y = kx - 3$ とを連立して

$$x^2 - 1 = kx - 3 \quad つまり \quad x^2 - kx + 2 = 0 \quad \cdots\cdots①$$

題意が成り立つとき，①の判別式 D_1 について

$$D_1 = k^2 - 8 > 0$$

よって　　$k>2\sqrt{2}$,　$-2\sqrt{2}>k$　　→ケ，コ

また放物線と直線が接するとき，$D_1=0$ より $k=\pm 2\sqrt{2}$ となるので，①より

$$x^2-2\sqrt{2}x+2=(x-\sqrt{2})^2=0,\ \ x^2+2\sqrt{2}x+2=(x+\sqrt{2})^2=0$$
$$x=\sqrt{2},\ \ -\sqrt{2}$$

よって　　$(\sqrt{2},\ 1)$,　$(-\sqrt{2},\ 1)$　　→サ〜セ

$y=x^2-1$ 上の点 $(t,\ t^2-1)$ における接線の方程式は，$(x^2-1)'=2x$ より

$$y-(t^2-1)=2t(x-t)\ \ \text{つまり}\ \ y=2tx-t^2-1$$

この接線が点 $(a,\ b)$ を通るとき　　$b=2ta-t^2-1$

つまり　　$t^2-2at+b+1=0$　……②

題意が成り立つとき，t についての 2 次方程式②が異なる 2 実数解をもつので，判別式 D_2 について

$$\frac{D_2}{4}=a^2-(b+1)>0\ \ \text{つまり}\ \ a^2-b>1\ \ \text{→ソ}$$

特に 2 本の接線が垂直に交わるとき，接線の傾きの積が -1 となる。②の異なる 2 解を t_1, t_2 とすると，2 本の接線の傾きの積は $2t_1\cdot 2t_2=4t_1t_2=-1$ となるので，解と係数の関係より

$$4(b+1)=-1\ \ \text{つまり}\ \ b=-\frac{5}{4}\ \ \text{→タ}$$

〔3〕(a)　変量 x の平均値が 32 であることから，各データから 32 を引いた数の総和は 0 となるので

$$-3+(p-32)-4-5+0-4+(q-32)+1+8=p+q-71=0$$
$$……①$$

また，p，q 以外のデータを小さい順に並べると

　　27，28，28，29，32，33，40

であり，第 1 四分位数は小さい方から 2 番目と 3 番目のデータの平均，第 3 四分位数は小さい方から 7 番目と 8 番目のデータの平均であることに注意すると，33 と 40 との間にデータが入ることになる。p，q がともに入るとすると $p=q=36$ となり①に反するので，q のみが入り，そのとき

$$\frac{1}{2}(33+q)=36\ \text{より}$$

$$q=39$$

このとき①より　　$p=32$

ここで, p, q も含めたデータを小さい順に並べると

　　27, 28, 28, 29, 32, 32, 33, 39, 40

となり, これらのデータは第1四分位数の条件も満たすので

　　$p=32$, $q=39$　→チ, ツ

これらのデータの分散を計算すると

$$\frac{1}{9}\{(-5)^2+(-4)^2+(-4)^2+(-3)^2+0^2+0^2+1^2+7^2+8^2\}$$

$$=\frac{180}{9}=20 \quad →テ$$

これより x の標準偏差は $\sqrt{20}=2\sqrt{5}$ となる。

変量 $z=3x-5$ の x の係数が 3 なので, z の標準偏差は

　　$3\cdot2\sqrt{5}=6\sqrt{5}$　　→ト

(b)　仮平均を $5a$ とすると

$$\frac{1}{9}\{(-4a)+(-3a)+(-2a)+(-a)+0+a+2a+3a+4a\}=0$$

よって, 平均値は　　$5a$　→ナ

また, 分散を計算すると

$$\frac{1}{9}\{(-4a)^2+(-3a)^2+(-2a)^2+(-a)^2+0^2+a^2+(2a)^2+(3a)^2+(4a)^2\}$$

$$=\frac{60a^2}{9}=\frac{20}{3}a^2 \quad →ニ$$

(c)　$a>0$ より, 変量 y の標準偏差は　　$\sqrt{\frac{20}{3}a^2}=\frac{2\sqrt{15}}{3}a$

また, x と y の共分散は, 平均との差が 0 であるデータを除くと

$$\frac{1}{9}\{(-3)\cdot(-4a)+(-4)\cdot(-2a)+(-5)\cdot(-a)+(-4)\cdot a+7\cdot2a+1\cdot3a+8\cdot4a\}$$

$$=\frac{70a}{9}$$

よって, 相関係数の値は　　$\dfrac{70a}{9}\cdot\dfrac{1}{2\sqrt{5}}\cdot\dfrac{3}{2\sqrt{15}\,a}=\dfrac{7\sqrt{3}}{18}$　→ヌ

II　解答

ア. 8　イ. $n-1$　ウ. 4　エ. 16　オ. 4
カ. $n-1$　キ. 80　ク. 2　ケ. 5　コ. 2
サ. $m-1$　シ. 3　ス. 3　セ. 8　ソ. 12

◀解　説▶

≪等比数列および一般項，隣接2項間漸化式，対数を含む不等式≫

〔1〕　条件より　　$F_{n+1}=1.6\times F_n=\dfrac{8}{5}F_n$　→ア

よって，数列 $\{F_n\}$ は公比 $\dfrac{8}{5}$ の等比数列となるので

$$F_n=F_1\cdot\left(\dfrac{8}{5}\right)^{n-1}=80\left(\dfrac{8}{5}\right)^{n-1}\quad →イ$$

〔2〕　条件より

$$G_{n+1}=\dfrac{8}{5}(G_n-C_n)=\dfrac{8}{5}\left\{G_n-\left(\dfrac{1}{2}G_n+10\right)\right\}=\dfrac{4}{5}G_n-16\quad →ウ，エ$$

これより $G_{n+1}+80=\dfrac{4}{5}(G_n+80)$ とできるので

$$G_n+80=\left(\dfrac{4}{5}\right)^{n-1}(G_1+80)=160\left(\dfrac{4}{5}\right)^{n-1}$$

つまり　　$G_n=160\left(\dfrac{4}{5}\right)^{n-1}-80$　→オ～キ

よって，$G_x=160\left(\dfrac{4}{5}\right)^{x-1}-80\leqq0$ を整理して

$$\left(\dfrac{4}{5}\right)^x\leqq\dfrac{80}{160}\cdot\dfrac{4}{5}=\dfrac{2}{5}$$

両辺底が2の対数をとると　　$x\log_2\dfrac{4}{5}\leqq\log_2\dfrac{2}{5}$

つまり　　$x(2-\log_25)\leqq1-\log_25$

$\log_25>\log_24=2$ より $2-\log_25<0$ に注意すると

$$x\geqq\dfrac{1-\log_25}{2-\log_25}=1+\dfrac{1}{\log_25-2}\quad →ク$$

$\log_25=2.32$ を代入して　　$x\geqq1+\dfrac{1}{0.32}=4.125$

これを満たす最小の整数は　　$x=5$　→ケ

〔3〕　②より $G_4=160\left(\dfrac{4}{5}\right)^3-80=1.92$ なので，条件より

$G_4 = 2$　→コ

よって，①の考え方より　　$H_m = H_1\left(\dfrac{8}{5}\right)^{m-1} = 2\left(\dfrac{8}{5}\right)^{m-1}$　→サ

これより，$H_{y+1} = 2\left(\dfrac{8}{5}\right)^{y} \geqq 80$ つまり $\left(\dfrac{8}{5}\right)^{y} \geqq 40$ の両辺底が 2 の対数をとると

$\quad y(3 - \log_2 5) \geqq \log_2(2^3 \cdot 5) = 3 + \log_2 5$

$\log_2 5 < \log_2 8 = 3$ に注意すると　　$y \geqq \dfrac{3 + \log_2 5}{3 - \log_2 5}$　→シ，ス

$\log_2 5 = 2.32$ を代入して　　$y \geqq \dfrac{5.32}{0.68} = 7.82\cdots$

これを満たす最小の整数は　　$y = 8$　→セ

よって　　$m = 9$

禁漁を始める前の 3 期分も合わせて　　第 12 期　→ソ

Ⅲ　**解答**　〔1〕　7 個の数字を並べた数字の列から，左端が 0 である（7 桁の整数とならない列）を除いて

$\dfrac{7!}{3!} - 1 \cdot \dfrac{6!}{3!} = \dfrac{6 \cdot 6!}{3!} = 720$ 個　……(答)

〔2〕(a)　数字が 0, 1, 2, 3, 5 の 5 種類しかないことに注意すると，〔1〕と同様に

$5! - 1 \cdot 4! = 4 \cdot 4! = 96$ 個　……(答)

(b)　5 が 1 つしかないことに注意して，一の位を 5 として万の位から十の位の並べ方を考える。残りの 4 つの数について，数字 2 の含まれる個数で場合分けを行うと

ⅰ）『1, 2, 2, 2』『2, 2, 2, 3』の場合

それぞれ　$\dfrac{4!}{3!} = 4$ 個

ⅱ）『0, 2, 2, 2』の場合

万の位を 0 とできないので　$\dfrac{4!}{3!} - 1 \cdot \dfrac{3!}{3!} = 3$ 個

ⅲ）『1, 2, 2, 3』の場合

$\dfrac{4!}{2!} = 12$ 個

ⅳ）『0, 1, 2, 2』『0, 2, 2, 3』の場合

ⅱ）と同様に，それぞれ　$\dfrac{4!}{2!}-1\cdot\dfrac{3!}{2!}=9$個

ⅴ）『0, 1, 2, 3』の場合

ⅱ）と同様に　$4!-1\cdot3!=18$個

以上より　　$4\cdot2+3+12+9\cdot2+18=59$個　……（答）

（c）mod 3として

グループA：$n\equiv0$となる数は　　$n=0,\ 3$（2個）

グループB：$n\equiv1$となる数は　　$n=1$　　（1個）

グループC：$n\equiv2$となる数は　　$n=2,\ 5$（4個）

よって，各々のグループの数の個数も考慮すると，選んだ5数の和が3の倍数となるのは

　　　　『Aから2個，Cから3個』『Bから1個，Cから4個』

つまり　　　『0, 2, 2, 2, 3』『0, 2, 2, 3, 5』『1, 2, 2, 2, 5』

これらの並び替えを考えて

$$\left(\dfrac{5!}{3!}-1\cdot\dfrac{4!}{3!}\right)+\left(\dfrac{5!}{2!}-1\cdot\dfrac{4!}{2!}\right)+\dfrac{5!}{3!}=16+48+20=84\ 個　……（答）$$

〔3〕　N_3をできるだけ大きくするには，N_2はできるだけ大きく，N_1はできるだけ小さくすればよい。

N_2がN_1の倍数になっていることに注意して，可能なN_1の小さい順に

ⅰ）$N_1=10$の場合

残りの5数『2, 2, 2, 3, 5』を並び替えても10の倍数はつくれない。

ⅱ）$N_1=12$の場合

残りの5数『0, 2, 2, 3, 5』の和が12なので，並び替えてできる整数N_2は3の倍数となり，4の倍数でもあればよい。4の倍数は下2桁が4の倍数なので，可能な並び替えは大きい順に

　　　$N_2=53220,\ 52320,\ 52032,\ \cdots$

このとき　　$N_3=4435,\ 4360,\ 4336,\ \cdots$

ⅲ）$N_1\geqq13$の場合

　　　$N_1\times4336\geqq13\times4336=56368$

よって　　$N_3<4336$

ⅰ）〜ⅲ）より，N_3を大きい順に並べると

　　4435, 4360, 4336, …

以上より求める（N₁, N₂）は

　　第1番目（12, 53220），第3番目（12, 52032）　……（答）

━━━◀解　説▶━━━

≪数字を並べる順列≫

7個の数字からすべてまたは5個を選び，並べてできる整数の個数に関する問題である。0を含み，かつ同じ数字2を3個含むので，丁寧な場合分けが必要である。〔3〕では題意をつかむことができるかが鍵になる。

❖講　評

　Ⅰは小問3問で，〔1〕は対数に関する不等式，〔2〕は放物線と直線が接するときの条件，〔3〕はデータに関する分散，標準偏差，相関係数を求める問題であり，3つの小問いずれも基本的ないし標準的な問題である。〔1〕については，底の範囲に注意を払う必要がある。

　Ⅱは例年と同じく文章量が多く，題意をきちんと把握することが必要とされる問題であった。個体を絶滅させないための適切な漁獲期間を題材とし，漸化式を立式した後に禁漁期間を求めさせるなど，実用的な問いが続く。丁寧な誘導があるので，見た目ほどには難しくはない。

　Ⅲは例年通りの記述問題で，数字の並べ替えの場合の数に関するものであった。0を含み，同じ数字2を複数含むので，丁寧な場合分けが必要とされる。倍数判定法の知識も必要とされた。また，〔3〕は方針をしっかり立てないと解答が難しい設問であった。

　全体的に，問題文の読解力と速く正確な計算力が必要とされる出題であった。

2月3日実施分　問題　数学

（80 分）

次の I , II , III の設問について解答せよ。ただし，I , II については問題文中の
□ にあてはまる適当なものを，解答用紙の所定の欄に記入せよ。なお，解答が
分数になる場合は，すべて既約分数で答えること。

I

〔1〕　図のように 0 から 7 までの番号のついた 8 つのマスがあり，次のルールに従
　　うゲームがある。

　　　ルール①　0 番のマスを起点とし，7 番のマスを終点として，1 個のさいころ
　　　　　　　　を投げて出た目の数だけ終点に向かってマスを進む。

　　　ルール②　2 回目以降は，直前の回に進んでとまったマスから，1 個のさいこ
　　　　　　　　ろを投げて出た目の数だけ終点に向かってマスを進む。

　　　ルール③　終点に到達すればゲームは終了になる。さいころの出た目の数が終
　　　　　　　　点までのマスの数より大きい場合もゲームは終了となる。

起点 0	1	2	3	4	5	6	終点 7

図

（a）　起点からゲームが終了するまでさいころを投げる回数が最も大きくなる
　　　のは ア 回で，その最大回数でゲームが終了する確率は イ （累
　　　乗で表すことも可とする）となる。

（b）　起点から 2 回だけさいころを投げてゲームが終了する確率は ウ で
　　　ある。

次に，ルール④を加えた場合を考える。

ルール④　3番のマスにとまると，その時点でゲームが終了となる。

（c）起点からさいころを1回以上投げて3番のマスにとまることでゲームが終了する確率は　エ　である。

（d）起点からさいころを投げる回数が2回以内でゲームが終了した。このとき，終点まで到達して終了した確率は　オ　である。

〔2〕$a_1 = 2$，$a_{n+1} = 2a_n + 2n$ によって定められている数列 $\{a_n\}$ の一般項を以下の手順で求める。ただし，　カ　から　ソ　までは数値で答えること。

まず，$b_n = a_{n+1} - a_n$ とおくと，数列 $\{b_n\}$ の初項は $b_1 = $　カ　であり，$b_{n+1} = $　キ　$b_n + $　ク　の関係が成り立つ。ゆえに，数列 $\{b_n\}$ の一般項は $b_n = $　ケ　$\times \Big($　コ　$\Big)^n - $　サ　となる。したがって，数列 $\{a_n\}$ の一般項は $a_n = $　シ　$\times \Big($　ス　$\Big)^n - $　セ　$n - $　ソ　である。

〔3〕k は定数とする。

直線 $l : (2k + 1)x + (k + 2)y - 5k + 2 = 0$ と円 $C : x^2 + y^2 - 2x = 0$ がある。

直線 l は k の値にかかわらず，定点 $\Big($　タ　，　チ　$\Big)$ を通る。

また，円 C の中心の座標は $\Big($　ツ　，　テ　$\Big)$，半径は　ト　であるので，直線 l が円 C に接するときの k の値は　ナ　または　ニ　である。その接点を P，Q とすると，直線 PQ の方程式は　ヌ　$= 0$ である。

Ⅱ　ある企業の顧客向け電話相談窓口は，1人の従業員Aによって運営されている。この電話相談窓口では，以下により応対を行う。

①　顧客の電話が着信した時刻にAが他の顧客と通話中でなければ，その顧客の電話が着信した時点から通話が開始される。

②　顧客の電話が着信した時刻にAが他の顧客と通話中であれば，その顧客は電話をつないだまま待機し，Aと他の顧客との通話が終了した時点からその顧客との通話が開始される。

③　他の顧客との通話が終了した時点で2人以上の顧客が待機している場合は，先に着信した顧客が優先される。

④　この電話相談窓口に電話する顧客は全員，着信してからAとの通話が始まるまで待機し続ける。

　例えば，午前9時0分に電話相談が開始されてから，1人目の着信が午前9時3分にあり2分間通話し，2人目の着信が午前9時4分にあり3分間通話したとする。この場合の1人目の待機時間は0分間，通話時間は2分間であり，2人目の待機時間は1分間，通話時間は3分間である。

　ある日の午前9時0分からの60分間に，Aは10人の顧客に応対した。右の表には，着信順に顧客の通し番号を付け，電話が着信した時刻，Aとの通話時間をまとめている。通し番号10の次の顧客の電話が着信した時刻は10時0分であった。

　この日の午前9時0分からの60分間の応対について考える。

表　ある日の10人の顧客への応対まとめ

顧客の通し番号	電話が着信した時刻（午前9時）	Aとの通話時間（単位：分間）
1	0分	5
2	9分	6
3	11分	8
4	16分	7
5	22分	6
6	27分	3
7	31分	5
8	37分	4
9	46分	5
10	54分	2

〔1〕 顧客とAとの通話時間の平均値は ┃ ア ┃ 分間，中央値は ┃ イ ┃ 分間，四分位範囲は ┃ ウ ┃ 分間，標準偏差は ┃ エ ┃ 分間である。

〔2〕 通し番号 k ($k = 1$，2，3，…，9，10) の顧客の電話が着信した時刻から次の顧客の電話が着信した時刻までの時間を着信間隔 a_k として定義する。a_k の平均値は ┃ オ ┃ 分間，標準偏差は ┃ カ ┃ 分間である。

〔3〕 待機時間が0分間でない顧客の数は ┃ キ ┃ 人である。また，Aが応対した10人の待機時間の平均値は ┃ ク ┃ 分間である。

〔4〕 ここで，待機時間の平均値を減らすことを目的に2つのシステムを考えた。

（a） 10人の顧客の電話が着信した時刻は表のデータのままで，従業員向けのマニュアルをわかりやすくすることなどにより，各顧客の通話時間を1分間だけ短くすることを考えた。このときの待機時間の平均値は ┃ ケ ┃ 分間となり，┃ ク ┃ よりも ┃ コ ┃ 分間減らすことができる。

（b） 10人の顧客の通話時間は表のデータのままで，通し番号1の顧客の電話が着信した時刻も午前9時0分のままとし，スマートフォンのアプリなどを用いた事前予約制にして着信間隔 a_k を6分間の一定間隔にすることを考えた。このときの待機時間の平均値は ┃ サ ┃ 分間となり，┃ ク ┃ よりも ┃ シ ┃ 分間減らすことができる。

Ⅲ　a は正の定数とする。3次関数 $f(x) = x(x - a)(x - 3a)$，2次関数
$g(x) = x(x - 3a)$，1次関数 $h(x) = -ax$ がある。このとき，次の問いに答え
よ。

〔1〕　曲線 $y = f(x)$ と直線 $y = h(x)$ が原点で交わり，他の1点で接するとき
の a の値を求めよ。

〔2〕　関数 $y = f(x)$ が $x = \alpha$ で極大値，$x = \beta$ で極小値をとるとき，2点
A$(\alpha,\ f(\alpha))$，B$(\beta,\ f(\beta))$ を結ぶ線分 AB の中点 M$(x,\ y)$ の座標を a を
用いて表せ。

〔3〕　直線 $y = h(x)$ が〔2〕で定めた点 M を通るときの a の値を求めよ。この
とき，曲線 $y = f(x)$ と直線 $y = h(x)$ で囲まれた2つの部分の面積が等し
いことを示せ。

〔4〕　$a \geqq 1$ とする。曲線 $y = f(x)$ と放物線 $y = g(x)$ で囲まれた2つの部分
の面積が等しくなるときの a の値を求めよ。

2月3日実施分　　解答 数学

I **解答** ア. 7　イ. $\dfrac{1}{6^6}$　ウ. $\dfrac{7}{12}$　エ. $\dfrac{49}{216}$　オ. $\dfrac{9}{13}$

カ. 4　キ. 2　ク. 2　ケ. 3　コ. 2　サ. 2　シ. 3　ス. 2

セ. 2　ソ. 2　タ. 4　チ. -3　ツ. 1　テ. 0　ト. 1

ナ・ニ. $\dfrac{13+3\sqrt{17}}{4}\cdot\dfrac{13-3\sqrt{17}}{4}$　（順不同）　ヌ. $3x-3y-4$

◀解　説▶

≪小問3問≫

〔1〕(a) 投げる回数が最も大きくなるのは 1 の目が 6 回出て，7 回目に終点に到達する場合なので，その回数は　　7 回　→ア

また，7 回目の目は何でもよいので，その確率は

$$\left(\dfrac{1}{6}\right)^6\cdot\dfrac{6}{6}=\dfrac{1}{6^6}\quad →イ$$

(b) 1 回目に出た目により場合分けを行うと，2 回目の目について

ⅰ）1 の場合：6 のみの 1 通り

ⅱ）2 の場合：5 以上の 2 通り

ⅲ）3 の場合：4 以上の 3 通り

ⅳ）4 の場合：3 以上の 4 通り

ⅴ）5 の場合：2 以上の 5 通り

ⅵ）6 の場合：どの目でもよいので 6 通り

よって，求める確率は

$$\dfrac{1+2+3+4+5+6}{6^2}=\dfrac{21}{36}=\dfrac{7}{12}\quad →ウ$$

(c) 投げる回数により場合分けを行うと

ⅰ）1 で終了する場合：『3』が出たとき

ⅱ）2 で終了する場合：『1, 2』または『2, 1』と出たとき

ⅲ）3 で終了する場合：『1, 1, 1』と出たとき

よって，求める確率は

$$\frac{1}{6}+\frac{2}{6^2}+\frac{1}{6^3}=\frac{36+12+1}{216}=\frac{49}{216} \quad\to\text{エ}$$

(d) 3番のマスにとまることでゲームが終了する確率は，(c)の i), ii)より

$$\frac{1}{6}+\frac{2}{6^2}=\frac{8}{6^2}$$

終点に到達してゲームが終了する確率は，1回目の目について場合分けすると

i) 1の場合：6のみの1通り

ii) 2の場合：5以上の2通り

iii) 4の場合：3以上の4通り

iv) 5の場合：2以上の5通り

v) 6の場合：どの目でもよいので6通り

これらより $\quad\dfrac{1+2+4+5+6}{6^2}=\dfrac{18}{6^2}$

よって，2回以内でゲームが終了する確率は $\dfrac{8}{6^2}+\dfrac{18}{6^2}=\dfrac{26}{6^2}$ なので，求める条件付き確率は

$$\frac{18}{6^2}\cdot\frac{6^2}{26}=\frac{9}{13} \quad\to\text{オ}$$

〔2〕 $a_2=2a_1+2\cdot1=6$ なので

$$b_1=a_2-a_1=4 \quad\to\text{カ}$$

また，与式で n を $n+1$ とした $a_{n+2}=2a_{n+1}+2(n+1)$ から $a_{n+1}=2a_n+2n$ を引くと

$$a_{n+2}-a_{n+1}=2(a_{n+1}-a_n)+2$$

つまり $\quad b_{n+1}=2b_n+2 \quad\to\text{キ, ク}$

この式は $b_{n+1}+2=2(b_n+2)$ と変形できるので

$$b_n+2=2^{n-1}(b_1+2)=6\cdot2^{n-1}$$

よって $\quad b_n=6\cdot2^{n-1}-2=3\times2^n-2 \quad\to\text{ケ～サ}$

これより，$n\geqq2$ において

$$a_n=a_1+\sum_{k=1}^{n-1}b_k=2+\sum_{k=1}^{n-1}(3\cdot2^k-2)=2+3\cdot\frac{2^{n-1}-1}{2-1}\cdot2-2(n-1)$$

$$=6\cdot2^{n-1}-2n-2$$

この式は $n=1$ のときにも成立するので

$\qquad a_n = 3 \times 2^n - 2n - 2$ →シ〜ソ

〔3〕 $l : (2x + y - 5)k + (x + 2y + 2) = 0$ と変形できるので，この式は k の値にかかわらず

$$\begin{cases} 2x + y - 5 = 0 \\ x + 2y + 2 = 0 \end{cases} \quad \text{つまり} \quad \begin{cases} x = 4 \\ y = -3 \end{cases}$$

のときに成立する。

よって，求める定点は　　$(4,\ -3)$ →タ，チ

$C : (x - 1)^2 + y^2 = 1$ と変形できるので

$\qquad$ 中心 $(1,\ 0)$, 半径 1 →ツ〜ト

直線 l が円 C に接するとき，C の中心 $(1,\ 0)$ と l との距離が C の半径となるので

$$\frac{|(2k+1) + 0 - 5k + 2|}{\sqrt{(2k+1)^2 + (k+2)^2}} = \frac{|-3k+3|}{\sqrt{5k^2 + 8k + 5}} = 1$$

つまり　　$|3k - 3| = \sqrt{5k^2 + 8k + 5}$

両辺正なので　　$(3k - 3)^2 = 5k^2 + 8k + 5$

整理すると　　$2(2k^2 - 13k + 2) = 0$

これを解いて　　$k = \dfrac{13 + 3\sqrt{17}}{4}$ または $k = \dfrac{13 - 3\sqrt{17}}{4}$ →ナ，ニ

接点を $P(p_x,\ p_y)$, $Q(q_x,\ q_y)$ とおくと，これらの点における円の接線 l_P, l_Q は

$\qquad l_P : (p_x - 1)(x - 1) + p_y y = 1, \quad l_Q : (q_x - 1)(x - 1) + q_y y = 1$

l_P, l_Q がともに先の定点 $(4,\ -3)$ を通るので

$\qquad 3(p_x - 1) - 3p_y = 1$ かつ $3(q_x - 1) - 3q_y = 1$

ここで，直線 $3(x - 1) - 3y = 1$ は P，Q を通り，P，Q を通る直線はただ 1 つである。

よって，求める方程式 PQ は　　$3x - 3y - 4 = 0$ →ヌ

Ⅱ **解答** ア. 5.1　イ. 5　ウ. 2　エ. 1.7　オ. 6　カ. $\sqrt{4.4}$

キ. 7　ク. 4.5　ケ. 2.2　コ. 2.3　サ. 0.8

シ. 3.7

━━━◀ 解　説 ▶━━━

≪データの整理，平均値，中央値，四分位範囲，標準偏差，データの変更≫

〔1〕　10個のデータを小さい順に並べると

　　　2, 3, 4, 5, 5, 5, 6, 6, 7, 8

これらの総和は51なので，平均値は

$$51 \cdot \frac{1}{10} = 5.1 \text{分間}　→ア$$

中央値は5番目と6番目のデータ5と5の平均値より

　　　5　→イ

また第1四分位数4，第3四分位数6より，四分位範囲は

　　　6-4=2分間　→ウ

さらにこれらのデータの2乗平均は

$$\frac{1}{10}(2^2+3^2+4^2+5^2+5^2+5^2+6^2+6^2+7^2+8^2) = 28.9 \text{分間}$$

よって，標準偏差は　　$\sqrt{28.9-(5.1)^2} = \sqrt{2.89} = 1.7$分間　→エ

〔2〕　定義より

　　　$a_1=9$, $a_2=2$, $a_3=5$, $a_4=6$, $a_5=5$, $a_6=4$, $a_7=6$, $a_8=9$, $a_9=8$,

　　　$a_{10}=6$

これらの平均は

$$\frac{1}{10}(9+2+5+6+5+4+6+9+8+6) = 6 \text{分間}　→オ$$

また2乗平均は

$$\frac{1}{10}(9^2+2^2+5^2+6^2+5^2+4^2+6^2+9^2+8^2+6^2) = 40.4 \text{分間}$$

よって，標準偏差は　　$\sqrt{40.4-6^2} = \sqrt{4.4}$分間　→カ

〔3〕　条件より顧客番号kとAとが通話を開始した時刻を午前9時b_k分とおくと

　　　$b_1=0$, $b_2=9$, $b_3=15$, $b_4=23$, $b_5=30$, $b_6=36$, $b_7=39$, $b_8=44$,

　　　$b_9=48$, $b_{10}=54$

よって，待機時間は順に

　　　0, 0, 4, 7, 8, 9, 8, 7, 2, 0

となるので，待機時間が0分間でない顧客は　　7人　→キ

また，平均値は

$$\frac{1}{10}(0+0+4+7+8+9+8+7+2+0)=4.5 \text{分間} \quad \rightarrow \text{ク}$$

〔4〕　システム(a)において，顧客番号 k とAとが通話を開始した時刻を午前9時 c_k 分とおくと

$c_1=0$, $c_2=9$, $c_3=14$, $c_4=21$, $c_5=27$, $c_6=32$, $c_7=34$, $c_8=38$,

$c_9=46$, $c_{10}=54$

よって，待機時間は順に

0, 0, 3, 5, 5, 5, 3, 1, 0, 0

となるので，平均値は

$$\frac{1}{10}(0+0+3+5+5+5+3+1+0+0)=2.2 \text{分間} \quad \rightarrow \text{ケ}$$

これより，待機時間の平均値は

4.5−2.2=2.3分間　　→コ

減らすことができる。

システム(b)において，顧客番号 k とAとが通話を開始した時刻を午前9時 d_k 分とおくと

$d_1=0$, $d_2=6$, $d_3=12$, $d_4=20$, $d_5=27$, $d_6=33$, $d_7=36$, $d_8=42$,

$d_9=48$, $d_{10}=54$

よって，待機時間は順に

0, 0, 0, 2, 3, 3, 0, 0, 0, 0

となるので，平均値は

$$\frac{1}{10}(0+0+0+2+3+3+0+0+0+0)=0.8（分間） \quad \rightarrow \text{サ}$$

これより，待機時間の平均値は

4.5−0.8=3.7（分間）　　→シ

減らすことができる。

III **解答** 〔1〕　$y=f(x)$ と $y=h(x)$ とを連立すると

$$x(x-a)(x-3a)=-ax$$

つまり　$x(x^2-4ax+3a^2+a)=0$

与えられた条件より，$x^2-4ax+3a^2+a=0$ が0以外の重解をもつような a

を求める。

この方程式の判別式 D について

$$\frac{D}{4} = (-2a)^2 - (3a^2 + a)$$

$$= a^2 - a$$

$$= a(a-1)$$

$\dfrac{D}{4} = 0$ より　　$a = 0,\ 1$

$a > 0$ より　　$a = 1$

このとき $x = 2$ となり，適する。

よって　　$a = 1$　……(答)

〔2〕 $f(x) = x^3 - 4ax^2 + 3a^2x$ を微分すると

$$f'(x) = 3x^2 - 8ax + 3a^2$$

$f'(x) = 0$ の判別式 D について，$\dfrac{D}{4} = (4a)^2 - 3 \cdot 3a^2 = 7a^2 > 0$ なので，これらの2解が $x = \alpha,\ \beta$ であり，解と係数の関係より

$$\alpha + \beta = \frac{8}{3}a,\ \alpha\beta = a^2$$

これより

$$\alpha^3 + \beta^3 = (\alpha+\beta)^3 - 3\alpha\beta(\alpha+\beta) = \frac{296}{27}a^3$$

$$\alpha^2 + \beta^2 = (\alpha+\beta)^2 - 2\alpha\beta = \frac{46}{9}a^2$$

なので

$$f(\alpha) + f(\beta) = (\alpha^3 + \beta^3) - 4a(\alpha^2 + \beta^2) + 3a^2(\alpha+\beta) = -\frac{40}{27}a^3$$

よって　　$\mathrm{M}\left(\dfrac{1}{2}(\alpha+\beta),\ \dfrac{1}{2}(f(\alpha)+f(\beta))\right) = \left(\dfrac{4}{3}a,\ -\dfrac{20}{27}a^3\right)$　……(答)

〔3〕 $-\dfrac{20}{27}a^3 = h\left(\dfrac{4}{3}a\right) = -\dfrac{4}{3}a^2$ より

$$\left(\frac{5}{9}a - 1\right)a^2 = 0$$

よって，$a > 0$ より　　$a = \dfrac{9}{5}$　……(答)

$y = h(x) = -ax$ と $y = f(x) = x^3 - 4ax^2 + 3a^2x$ とを連立して

$$x(x^2 - 4ax + 3a^2 + a) = 0$$

$x = 0$ 以外の 2 解を p, q $(p < q)$ とすると，解の公式より，$p = \dfrac{12}{5}$,

$q = \dfrac{24}{5}$ となる。これより，2 つの部分の面積について

$$\int_0^{\frac{12}{5}} (f(x) - h(x))\, dx$$

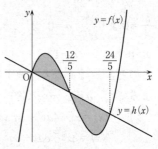

$$\qquad\qquad - \int_{\frac{12}{5}}^{\frac{24}{5}} (h(x) - f(x))\, dx$$

$$= \int_0^{\frac{12}{5}} (f(x) - h(x))\, dx$$

$$\qquad\qquad + \int_{\frac{12}{5}}^{\frac{24}{5}} (f(x) - h(x))\, dx$$

$$= \int_0^{\frac{24}{5}} (f(x) - h(x))\, dx$$

$$= \int_0^{\frac{24}{5}} \left(x^3 - \frac{36}{5}x^2 + \frac{288}{25}x \right) dx$$

$$= \left[\frac{x^4}{4} - \frac{12}{5}x^3 + \frac{144}{25}x^2 \right]_0^{\frac{24}{5}}$$

$$= \left(\frac{24}{5} \right)^2 \cdot \frac{1}{100} \left\{ 25\left(\frac{24}{5} \right)^2 - 12 \cdot 20\left(\frac{24}{5} \right) + 144 \cdot 4 \right\} = 0$$

よって，2 つの部分の面積は等しい。　　　　　　　　　　　（証明終）

〔4〕 $y = f(x)$ と $y = g(x)$ とを連立して

$$x(x - 3a)(x - a - 1) = 0$$

$a \geqq 1$ より $0 < a + 1 < 3a$ であり，右図より
2 つの部分の面積について

$$\int_0^{a+1} (f(x) - g(x))\, dx$$

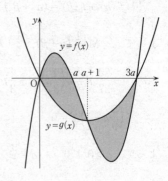

$$\qquad\qquad - \int_{a+1}^{3a} (g(x) - f(x))\, dx$$

$$= \int_0^{a+1} (f(x) - g(x))\, dx$$

$$\qquad\qquad + \int_{a+1}^{3a} (f(x) - g(x))\, dx$$

$$= \int_0^{3a} (f(x) - g(x))\, dx$$

$$= \int_0^{3a} \{x^3 - (4a+1)x^2 + 3a(a+1)x\}\, dx$$

$$= \left[\frac{x^4}{4} - \frac{4a+1}{3}x^3 + \frac{3a(a+1)}{2}x^2\right]_0^{3a}$$

$$= \frac{(3a)^2}{12}\{3(3a)^2 - 4(4a+1)\cdot 3a + 6\cdot 3a(a+1)\}$$

$$= -\frac{9a^3}{4}(a-2) = 0$$

が成り立てばよい。よって，$a \geqq 1$ より　　　$a = 2$　……(答)

━━━━━◀解　説▶━━━━━

≪1次関数，2次関数，3次関数，グラフで囲まれた部分の面積が等しくなる条件≫

3次関数と1次関数とが接する条件や3次関数の極大値を与える点と極小値を与える点とを結んだ線分の中点の座標，それぞれの関数のグラフで囲まれた部分の面積など，基本的な多くの知識と計算力が必要とされる。

❖講　評

　Ⅰは小問3問で，〔1〕はさいころに関する確率，〔2〕は誘導の付いた隣接2項間漸化式，〔3〕は円と直線との位置関係に関する問題であり，3つの小問いずれも基本的ないし標準的な問題である。〔3〕では，極線についての知識の有無で差がつく設問も含まれていた。

　Ⅱは題意の速やかな把握が必要とされる問題であった。電話応対に関する問題で，応対までの顧客の待ち時間の平均値や中央値，標準偏差などを求めた後，応対マニュアルを変更した場合の顧客の待ち時間の変化を考察するなど，実用的な問いが続く。丁寧なデータの整理が必要とされるが，計算そのものは難しくはない。

　Ⅲは例年通りの記述問題で，3次関数，2次関数および1次関数のグラフの位置関係に関する問いである。3次関数のグラフが，極大値と極小値を与える点の中点において点対称であることを知っているか否かで差がつく設問であった。ちょっとした計算の工夫で解答時間に差がつく設問でもあった。

　全体的に，正確な計算力と一つ上の知識が必要とされる出題であった。

教学社 刊行一覧

2025年版　大学赤本シリーズ
国公立大学（都道府県順）

374大学556点
全都道府県を網羅

全国の書店で取り扱っています。店頭にない場合は，お取り寄せができます。

---

1 北海道大学（文系−前期日程）
2 北海道大学（理系−前期日程）医
3 北海道大学（後期日程）
4 旭川医科大学（医学部〈医学科〉）医
5 小樽商科大学
6 帯広畜産大学
7 北海道教育大学
8 室蘭工業大学／北見工業大学
9 釧路公立大学
10 公立千歳科学技術大学
11 公立はこだて未来大学 総推
12 札幌医科大学（医学部）医
13 弘前大学 医
14 岩手大学
15 岩手県立大学・盛岡短期大学部・宮古短期大学部
16 東北大学（文系−前期日程）
17 東北大学（理系−前期日程）医
18 東北大学（後期日程）
19 宮城教育大学
20 宮城大学
21 秋田大学 医
22 秋田県立大学
23 国際教養大学 総推
24 山形大学 医
25 福島大学
26 会津大学
27 福島県立医科大学（医・保健科学部）医
28 茨城大学（文系）
29 茨城大学（理系）
30 筑波大学（推薦入試）医 総推
31 筑波大学（文系−前期日程）
32 筑波大学（理系−前期日程）医
33 筑波大学（後期日程）
34 宇都宮大学
35 群馬大学 医
36 群馬県立女子大学
37 高崎経済大学
38 前橋工科大学
39 埼玉大学（文系）
40 埼玉大学（理系）
41 千葉大学（文系−前期日程）
42 千葉大学（理系−前期日程）医
43 千葉大学（後期日程）医
44 東京大学（文科）DL
45 東京大学（理科）DL 医
46 お茶の水女子大学
47 電気通信大学
48 東京外国語大学 DL
49 東京海洋大学
50 東京科学大学（旧 東京工業大学）
51 東京科学大学（旧 東京医科歯科大学）医
52 東京学芸大学
53 東京藝術大学
54 東京農工大学
55 一橋大学（前期日程）
56 一橋大学（後期日程）
57 東京都立大学（文系）
58 東京都立大学（理系）
59 横浜国立大学（文系）
60 横浜国立大学（理系）
61 横浜市立大学（国際教養・国際商・理・データサイエンス・医〈看護〉学部）

62 横浜市立大学（医学部〈医学科〉）医
63 新潟大学（人文・教育〈文系〉・法・経済科・医〈看護〉・創生学部）
64 新潟大学（教育〈理系〉・理・医〈看護を除く〉・歯・工・農学部）医
65 新潟県立大学
66 富山大学（文系）
67 富山大学（理系）医
68 富山県立大学
69 金沢大学（文系）
70 金沢大学（理系）医
71 福井大学（教育・医〈看護〉・工・国際地域学部）
72 福井大学（医学部〈医学科〉）医
73 福井県立大学
74 山梨大学（教育・医〈看護〉・工・生命環境学部）
75 山梨大学（医学部〈医学科〉）医
76 都留文科大学
77 信州大学（文系−前期日程）
78 信州大学（理系−前期日程）医
79 信州大学（後期日程）
80 公立諏訪東京理科大学 総推
81 岐阜大学（前期日程）医
82 岐阜大学（後期日程）
83 岐阜薬科大学
84 静岡大学（前期日程）
85 静岡大学（後期日程）
86 浜松医科大学（医学部〈医学科〉）医
87 静岡県立大学
88 静岡文化芸術大学
89 名古屋大学（文系）
90 名古屋大学（理系）医
91 愛知教育大学
92 名古屋工業大学
93 愛知県立大学
94 名古屋市立大学（経済・人文社会・芸術工・看護・総合生命理・データサイエンス学部）
95 名古屋市立大学（医学部〈医学科〉）医
96 名古屋市立大学（薬学部）
97 三重大学（人文・教育・医〈看護〉学部）
98 三重大学（医〈医〉・工・生物資源学部）医
99 滋賀大学
100 滋賀医科大学（医学部〈医学科〉）医
101 滋賀県立大学
102 京都大学（文系）
103 京都大学（理系）医
104 京都教育大学
105 京都工芸繊維大学
106 京都府立大学
107 京都府立医科大学（医学部〈医学科〉）医
108 大阪大学（文系）DL
109 大阪大学（理系）医
110 大阪教育大学
111 大阪公立大学（現代システム科学域〈文系〉・文・法・経済・商・看護・生活科〈居住環境・人間福祉〉学部−前期日程）
112 大阪公立大学（現代システム科学域〈理系〉・理・工・農・獣医・医・生活科〈食栄養〉学部−前期日程）医
113 大阪公立大学（中期日程）
114 大阪公立大学（後期日程）
115 神戸大学（文系−前期日程）
116 神戸大学（理系−前期日程）医

117 神戸大学（後期日程）
118 神戸市外国語大学 DL
119 兵庫県立大学（国際商経・社会情報科・看護学部）
120 兵庫県立大学（工・理・環境人間学部）
121 奈良教育大学／奈良県立大学
122 奈良女子大学
123 奈良県立医科大学（医学部〈医学科〉）医
124 和歌山大学
125 和歌山県立医科大学（医・薬学部）医
126 鳥取大学 医
127 公立鳥取環境大学
128 島根大学 医
129 岡山大学（文系）
130 岡山大学（理系）医
131 岡山県立大学
132 広島大学（文系−前期日程）
133 広島大学（理系−前期日程）医
134 広島大学（後期日程）
135 尾道市立大学 総推
136 県立広島大学
137 広島市立大学
138 福山市立大学 総推
139 山口大学（人文・教育〈文系〉・経済・医〈看護〉・国際総合科学部）
140 山口大学（教育〈理系〉・理・医〈看護を除く〉・工・農・共同獣医学部）医
141 山陽小野田市立山口東京理科大学 総推
142 下関市立大学／山口県立大学
143 周南公立大学 新 総推
144 徳島大学 医
145 香川大学 医
146 愛媛大学 医
147 高知大学 医
148 高知工科大学
149 九州大学（文系−前期日程）
150 九州大学（理系−前期日程）医
151 九州大学（後期日程）
152 九州工業大学
153 福岡教育大学
154 北九州市立大学
155 九州歯科大学
156 福岡県立大学／福岡女子大学
157 佐賀大学 医
158 長崎大学（多文化社会・教育〈文系〉・経済・医〈保健〉・環境科〈文系〉学部）
159 長崎大学（教育〈理系〉・医・歯・薬・情報データ科・工・環境科〈理系〉・水産学部）医
160 長崎県立大学
161 熊本大学（文・教育・法・医〈看護〉学部・情報融合学環〈文系型〉）
162 熊本大学（理・医〈看護を除く〉・薬・工学部・情報融合学環〈理系型〉）医
163 熊本県立大学
164 大分大学（教育・経済・医〈看護〉・理工・福祉健康科学部）
165 大分大学（医学部〈医・先進医療科学科〉）医
166 宮崎大学（教育・医〈看護〉・工・農・地域資源創成学部）
167 宮崎大学（医学部〈医学科〉）医
168 鹿児島大学（文系）
169 鹿児島大学（理系）医
170 琉球大学 医

2025年版 大学赤本シリーズ

国公立大学 その他

私立大学①

医 医学部医学科を含む
総推 総合型選抜または学校推薦型選抜を含む
DL リスニング音声配信　新 2024年 新刊・復刊

掲載している入試の種類や試験科目、収載年数などはそれぞれ異なります。詳細については、それぞれの本の目次や赤本ウェブサイトでご確認ください。

akahon.net

赤本　｜ 検索

難関校過去問シリーズ

出題形式別・分野別に収録した
「入試問題事典」
定価2,310～2,640円（本体2,100～2,400円）

20大学 73点

先輩合格者はこう使った！
「難関校過去問シリーズの使い方」

61年、全部載せ！
要約演習で、総合力を鍛える
東大の英語 要約問題 UNLIMITED

DL リスニング音声配信
新 2024年 新刊
改 2024年 改訂

いつも受験生のそばに — 赤本

大学入試シリーズ＋α
入試対策も共通テスト対策も赤本で

入試対策
赤本プラス

赤本プラスとは、過去問演習の効果を最大にするためのシリーズです。「赤本」であぶり出された弱点を、赤本プラスで克服しましょう。

大学入試 すぐわかる**英文法** DL
大学入試 ひと目でわかる**英文読解**
大学入試 絶対できる**英語リスニング** DL
大学入試 すぐ書ける**自由英作文**
大学入試 ぐんぐん読める
　英語長文(BASIC) DL
大学入試 ぐんぐん読める
　英語長文(STANDARD) DL
大学入試 ぐんぐん読める
　英語長文(ADVANCED) DL
大学入試 正しく書ける**英作文**
大学入試 最短でマスターする
　数学I・II・III・A・B・C
大学入試 突破力を鍛える**最難関の数学**
大学入試 知らなきゃ解けない
　古文常識・和歌
大学入試 ちゃんと身につく**物理**
大学入試 もっと身につく
　物理問題集(①力学・波動)
大学入試 もっと身につく
　物理問題集(②熱力学・電磁気・原子)

入試対策
英検® 赤本シリーズ

英検®(実用英語技能検定)の対策書。
過去問集と参考書で万全の対策ができます。

▶過去問集(2024年度版)
英検®準1級過去問集 DL
英検®2級過去問集 DL
英検®準2級過去問集 DL
英検®3級過去問集 DL

▶参考書
竹岡の英検®準1級マスター DL
竹岡の英検®2級マスター CD DL
竹岡の英検®準2級マスター CD DL
竹岡の英検®3級マスター CD DL

CD リスニングCDつき　DL 音声無料配信
新 2024年新刊・改訂

入試対策
赤本プレミアム

赤本の教学社だからこそ作れた、
過去問ベストセレクション

東大数学プレミアム
東大現代文プレミアム
京大数学プレミアム[改訂版]
京大古典プレミアム

入試対策
赤本メディカル シリーズ

過去問を徹底的に研究し、独自の出題傾向をもつメディカル系の入試に役立つ内容を精選した実戦的なシリーズ。

〔国公立大〕医学部の英語[3訂版]
私立医大の英語[長文読解編][3訂版]
私立医大の英語[文法・語法編][改訂版]
医学部の実戦小論文[3訂版]
医歯薬系の英単語[4訂版]
医系小論文 最頻出論点20[4訂版]
医学部の面接[4訂版]

入試対策
体系シリーズ

国公立大二次・難関私大突破へ、自学自習に適したハイレベル問題集。

体系英語長文　　体系世界史
体系英作文　　　体系物理[第7版]
体系現代文

入試対策
単行本

▶英語
Q&A即決英語勉強法
TEAP攻略問題集 CD
東大の英単語[新装版]
早慶上智の英単語[改訂版]

▶国語・小論文
著者に注目! 現代文問題集
ブレない小論文の書き方 樋口式ワークノート

▶レシピ集
奥薗壽子の赤本合格レシピ

入試対策　共通テスト対策
赤本手帳

赤本手帳(2025年度受験用) プラムレッド
赤本手帳(2025年度受験用) インディゴブルー
赤本手帳(2025年度受験用) ナチュラルホワイト

入試対策
風呂で覚える シリーズ

水をはじく特殊な紙を使用。いつでもどこでも読めるから、ちょっとした時間を有効に使える!

風呂で覚える英単語[4訂新装版]
風呂で覚える英熟語[改訂新装版]
風呂で覚える古文単語[改訂新装版]
風呂で覚える古文文法[改訂新装版]
風呂で覚える漢文[改訂新装版]
風呂で覚える日本史(年代)[改訂新装版]
風呂で覚える世界史(年代)[改訂新装版]
風呂で覚える倫理[改訂版]
風呂で覚える百人一首[改訂版]

共通テスト対策
満点のコツ シリーズ

共通テストで満点を狙うための実戦的参考書。重要度の増したリスニング対策は「カリスマ講師」竹岡広信が一回読みにも対応できるコツを伝授!

共通テスト英語[リスニング]
　満点のコツ[改訂版] 新 DL
共通テスト古文 満点のコツ[改訂版] 新
共通テスト漢文 満点のコツ[改訂版] 新

入試対策　共通テスト対策
赤本ポケット シリーズ

▶共通テスト対策
共通テスト日本史(文化史)

▶系統別進路ガイド
デザイン系学科をめざすあなたへ

2025年版　大学赤本シリーズ　No. 550

立命館大学（文系選択科目〈全学統一
方式2日程×3カ年〉）

2024年6月10日　第1刷発行
ISBN978-4-325-26608-2
定価は裏表紙に表示しています

編　集　教学社編集部
発行者　上原　寿明
発行所　教学社
　　　　〒606-0031
　　　　京都市左京区岩倉南桑原町56
　　　　電話　075-721-6500
　　　　振替　01020-1-15695
印　刷　太洋社